科学新经典文丛

*T*IEDON
TYTTÄRET
OPPINEITA EUROOPPALAISIA NAISIA
ANTIIKISTA VALISTUKSEEN

蒙尘缪斯的微光

从古代到启蒙时代的博学女性

[芬] 马里奥·T. 努尔米宁 (Marjo T. Nurminen) / 著

林铮颍 / 译

人民邮电出版社
北京

图书在版编目（CIP）数据

蒙尘缪斯的微光：从古代到启蒙时代的博学女性 / （芬）马里奥·T.努尔米宁（Marjo T. Nurminen）著；林铮▲译. -- 北京：人民邮电出版社，2018.10（2024.3重印） （科学新经典文丛） ISBN 978-7-115-48870-1

Ⅰ. ①蒙… Ⅱ. ①马… ②林… Ⅲ. ①女性－知识分子－研究－世界 Ⅳ. ①D561

中国版本图书馆CIP数据核字(2018)第147451号

版 权 声 明

◆ 著　　　[芬]马里奥·T.努尔米宁（Marjo T.Nurminen）

　　译　　　林铮

　　责任编辑　韦　毅

　　责任印制　陈　犇

◆ 人民邮电出版社出版发行　　北京市丰台区成寿寺路 11 号

　　邮编　100164　　电子邮件　315@ptpress.com.cn

　　网址　http://www.ptpress.com.cn

　　北京虎彩文化传播有限公司印刷

◆ 开本：880×1230　1/32

　　印张：15.25　　　　　　2018 年 10 月第 1 版

　　字数：349 千字　　　　2024 年 3 月北京第 9 次印刷

　　著作权合同登记号　图字：01-2016-0522 号

定价：88.00 元

读者服务热线：**(010)81055410**　印装质量热线：**(010)81055316**

反盗版热线：**(010)81055315**

广告经营许可证：京东市监广登字 20170147 号

内 容 提 要

　　本书作者以罕见的讲故事的天赋，将女性史置于庞大的时空脉络下，从宏观角度切入，深入古代到启蒙时代的女性思想家和科学家的日常生活，以及各时空背景下她们从事科学研究时所面对的外在环境限制。本书可帮助读者了解这些在男性主导的历史中被遗忘的蒙尘缪斯如何在各种压抑且黑暗的困境中努力发出思想及科学的微光，同时也展现了数千年来人类社会知识、权力及性别领域之间错综复杂的关系。

前　言

20 世纪 80 年代，我在赫尔辛基大学攻读哲学史和文学专业的时候，经常疑惑为什么讲师们从不曾告诉我们任何与过去的博学女性有关的事情，而唯一提过的文艺女性是萨福。当时我曾怀疑，难道真的没有其他博学女性存在过？也许有，但她们被笼罩在时间的迷雾里，或者因某种原因而从人们的视线中消失了，没有留下任何痕迹。

在大学期间，我经常随身携带一个小笔记本，用来记录搜集到的早年博学女性的名字。我将这个笔记本取名为"萨福的姐妹"。我想知道，在人类历史上，是否还有其他女性胸怀有趣的理念，践行哲学与神学思想，撰写历史著作，观察星象与大自然，进行探索性的远征，研究并教授数学、物理、化学、医学、古典语言，以及撰写与这些主题有关的书籍。

一点一点地，到最后我的小笔记本中写满了这些名字：阿斯帕西娅、希帕蒂亚、安娜·科穆宁娜、宾根的赫德嘉、克里斯蒂娜·德·皮桑、路易丝·布尔乔亚、玛丽亚·西比拉·梅里安、埃米莉·德·夏特莱，以及其他许多人。这些女性是谁？她们在一生中有什么样的成就，是否值得人们记住和研究？还有，为什么她们会被遗忘？

网络时代之前，搜寻与那些被历史遗忘的女性有关的信息不但速度慢，而且工作非常枯燥。我日复一日地坐在位于芬兰国家图书馆地下室最深处的国际学术期刊阅览室里，寻找那些起初除了名字以外，其他方面我们一无所知的女性的相关资料。逐渐地我发现了一些线索，它们引导我找到了一些图书和研究成果，然后这些内容又帮助我朝目标迈进了一步。

当研究中世纪后期作家克里斯蒂娜·德·皮桑的生平时我才知道，早在600年前，她就已经从事类似的调查工作了，而且提出过的问题和我现在所提出的相同。她也想搞清楚，过去是否存在值得让人记住的博学女性。她列出了一张古代博学女性的清单，而且在她的著作《淑女之城》中讲述了她们的故事。她向与她同时代的人证实，女性也完成了某些值得记住的事情。克里斯蒂娜·德·皮桑通过这部作品还传达了一个重要的信息，即通过描述历史上的女性的成就，她想捍卫女性受教育的权利，同时增强她们的自信心。在15世纪的法国，这是一项巨大的成就——在女权主义产生之前的时代，由女性来捍卫女性的权利。

本书以绪论作为开端，探索了与科学及女性的历史有关的重要问题和概念。它显示出千百年来，在准许某一类人可以从事科学研究及实践方面，知识、权力、性别如何发挥其影响力，以及为什么并以何种立论把女性排除在男性主导的学术及科学实践之外。不过，许多女性仍设法在各个领域从事研究并获得了知识。我在此呈现了25位女性的故事，想要引领读者穿越时间线走一段旅程，同时也"照亮"这些问题。我写这本书的最终意图是，让这些过去被遗忘的博学女性重新鲜活起来。

历史学家总是被迫做出抉择：在一部作品中，谁的故事将被保留，而谁的故事又将割舍。我的研究主要受到史料及研究文献可用性的引导。在21世纪，我的工作变得相当简单，因为与不同时代的博学女性相关的学术研究成果有很多。2000 年，由玛丽莲·奥格尔维和乔伊·哈维主编的《从事科学之女性的传记辞典》出版，其中包括从古至今约 2 500 位博学女性的传记。这一全面性的传记作品出色地反驳了这个臆测——在历史上仅有几位博学女性的故事值得被写下来。如今，原本缺乏研究资料的问题不但完全改观，而且资料过于丰富。在这样的情况下，我知道我必须慎重选择书中的主角们，方能创作出主题一致、内容多样、文字有趣的合奏曲——但选择过程非常不容易。

我依据 4 个不同的方面筛选出了本书的博学女性。首先，我必须写那些在她们的一生中有足够史料可资运用的博学女性。为了以有趣的方式讲述她们的故事，她们的生活和学术成果就必须让人们了解得足够多。其次，我希望本书中的主角包括不同领域的女性，而且越多越好，这也影响了我的选择。再者，我想介绍的是那些家庭背景和社会地位极为不同的博学女性的故事，而且涵盖范围尽可能大。最后，我想公平而又深入地进入这些博学女性所处的文化、历史以及社会背景中，了解她们是怎样生活的、在什么样的条件下工作。为了避免将本书写成数千页的百科全书，我所选择的主角们仅限于生活在古代到启蒙时代这个时间范围内的女性。

在创作之初，我发现这本书的时间跨度非常具有挑战性，因为我无法接近主角们以往生活的世界。后来，随着创作的展开，数世纪的时间跨度逐渐变小，而且我溜进了这些女性的思想、希望、努力、欢乐、悲伤之中。当我越来越了解她们时，我注意到，她们的生平和所取得的成就存在着令人惊异的相似和永恒的要素。我看到了代沟，它处在母亲和踌躇满志的女儿之间，因为女儿不愿意接受身为女性的传统角色。我看见父亲们付出极大心力，帮助博学的女儿，增强她们的自信心。我也分担了这些女性的忧虑——源自想把事业与好妻子、好母亲的角色都兼顾到的艰难。

我要衷心感谢本书英文版的出版者——芝加哥大学出版社，特别是资深编辑凯伦·玛丽肯格斯·达林，她信任我的作品，而且想把它与更多的人分享。我也要谢谢将芬兰文翻译成英文的译者艾瑞克·米勒和他的团队，他们的翻译非常优秀。我把最热忱的感谢送给作家唐诺德·琼森，他仔细地阅读了本书的整份英文手稿，在文字和内容方面提出了许多无价的改进建议。也感谢我的文学经纪人克里斯蒂娜·盖林博提，她花了数年工夫将此书推向世界。最后，对数年来经常在我身边向我提出问题、意见和给予我鼓励，从而让本书得以出版的所有人致谢。

2013 年 5 月 15 日于赫尔辛基

马里奥·T. 努尔米宁

目 录

摘自玛丽亚·西比拉·梅里安所著的《苏里南昆虫变态图谱》（1726）中的插画
《甲虫和柠檬》。

APOLLO.

CLIO

EVTERPE

THALIA

MELPOMENE

ΓΥΝΑΙΚΕΙΟΝ:
or,
NINE BOOKES
of
Various History.
Concerninge Women;
Inscribed by y̌ names
of y̌ Nine Muses.

Written by
Thom: Heywoode.
*Aut prodesse solent
aut delectare.*

LONDON.
Printed by ADAM ISLIP. 1624.

TERPSECHORE

ERATO

POLYMNIA

Aut prodesse solent, aut delectare.

CALLIOPE

VRANIA

绪　论

在科学领域中的考古、权力游戏及性别角色

20 07 年夏天，发表在一份日报上的一篇短文引起了我的注意，那是有关某个死于 3 500 年前的女性的[1]。古埃及唯一的女法老哈特谢普苏特有好几天成了世界各地报纸专栏的焦点。根据 DNA 和牙齿的鉴定结果，在开罗国家博物馆内的木乃伊之中，有一尊就是这位博学的女统治者。在本书中，她的故事具有伟大的意义：逝世了很久且遭忘却的女性，再一次从人们记忆的深处浮现。

　　在本书中，我介绍了从古代到启蒙时代的博学女性，通过她们检视早期女性的学习传统，以及女性在欧洲科学史中所扮演的各种角色。我聚焦于现代科学出现之前，也就是早于居里夫人（1867—1934）很久的时期，当时自然科学依旧与哲学紧密联系在一起，而且还被称作"自然哲学"。在哲学和科学中占主导地位的人物正是那些富裕又有闲的人。社会地位和性别决定了一个人是否能被视为有能力运用其智力，以及是否有资格出现在科学与教

　　（第11页）古代神话中围绕着阿波罗神的9位缪斯女神。该图摘自托马斯·海伍德（约1570—1641）的《诸史九书》（*Gynaikeion*）的标题页。

育机构中，比如创立于中世纪的大学和后来创立于17世纪的科学学会[2]。

直到最近数十年，在学术舞台上，男性仍旧扮演着关键角色。在古代，自然哲学被归属于自由人；然而在中世纪，该领域属于学者和教士；至于现代，则属于绅士。除了缪斯的角色以外，还有什么可让女性利用的吗？为什么我们应该对博学女性、科学的考古[3]、古代科学三者的历史感兴趣？女性"最后"成功地在传统上由男性占尽优势的领域中为她们自己清扫出了空间，而且今天她们也积极参与了用科学来理解现实世界的各项研究工作。可是，这样就足够了吗？

针对长期慢慢改变的文化结构——诸如知识、权力、性别的合流——进行研究是很重要的，因为它能够帮助我们了解，为何与这个三位一体（知识、权力、性别）的概念相联结的文化理念及实践难以被辨认和改变。它们的根在时间上可以回溯至数千年以前，而且至今仍以某些形式在西方文化中继续发挥其影响力。它们已深深嵌入我们的日常思考和社会结构里，同时因为它们是如此不证自明，所以已经变得几乎让我们视而不见了。

研究旧世纪博学女性的生活与工作，对于今日的科学姐妹们而言也是必需的，因为她们呼吁女性之间应相互对话。根据哲学家萨拉·海伊纳玛的说法，"为了让一个知性的传统出现，从事写作及做研究的女性必须连接彼此的思想和言辞。女性光读她们所处的时代的教科书是不够的，她们必须在她们的思想和写作中，从那些不再出现的女性所做的工作中确定一个立场。最重要的是，她们必须能够辨认她们的前任，也就是那些如今已不在世，却给后人留下她们的著述的女性[4]"。当我们确定了在过去什么是重要的和值得研究的事物之后，我们同时也获得了机会去思索我们这个时代的价值。由历史学家照向过去的聚光灯对着两个方向：在探察过去的同时，光线也照了我们目前的所在之处。过去有可能引导出另一种未来。确立一种历史的随机感，有助于了解过去的动态本质、与其相关的各种力量，以及人类的各种欲望和心愿——这些通常互不相容。虽说历史著作总是从胜利者的角度撰写的，但失败者也参与了各个历史事件，而且对历史产生了影响。在研究科学史和思想史的过程中辨认出胜利者和失败者其实不难。

对于过去而言，与其说它是一座让历史学家可以从中雕刻出历史"真相"的冰山，倒不如说它是一个拥有纵横交错的小径、地层、凹坑、死巷等无尽排列的地貌的巨大洞穴。历史学家每次都只能从这个巨大的实体中选择窄窄的一小块，也就是说聚光灯有选择性地照射过去。然而在这一小块上经常出现一个新的翻转，而且这种翻转还会无止境地继续出现。我们必须甘心于解释零零落落的轨迹，甘心于跟随差劲的甚至彼此冲突的一些引导。

不过，解读历史最终往往能凝聚出"真相"——如果一些历史资料以足够的频率重复出现的话。像这种根据事实而来的历史"真相"，会形成一种历史的学说、规则、指导路线，进而引领历史的研究。依照思想学术史的传统说法，在欧洲科学的发展史上，女性的表现还不卓越，因此，研究她们是无意义的。虽然学者们在研究过程中并未明言，但是从历史书籍的索引来看就很明显——没有引用过女性的著作 [5]。可是，当西方科学的基础从古希腊文明发展而来时，当修道院和中世纪的大学开始誊写和研究古书时，当自然哲学在文艺复兴时期移入王侯宫廷以及在 17 世纪移入科学学会和贵族沙龙的时候，难道都没有女性参与过吗？固然，"正式的"学术团体和教育机构，比如大学与科学学会，把女性排除在外，但是她们中有许多人仍然成功地获得了教育，也成功地以各式各样的方式实现了对科学的追求。

在超过 3 500 年的一段时间里，我所研究的女性在许多学术领域——哲学、神学、数学、物理、化学、天文学、自然史、医学——工作，她们以独立的科学家、不可替代的助手，以及男性家族成员（父亲、兄弟、丈夫）的同事的身份，发挥自身的影响力。她们提出计划，提供经济资助，指挥科学探险；她们出版和翻译科学书籍，并充当科学研究的杰出赞助人。她们通常是科学的推广人和科学文献的读者。如果我们想要听历史的复音，那我们就必须倾听这些女性的故事。

　　根据仍普遍存在于通俗科学史作品里的旧学说而写出来的历史书籍，依然强调科学的线性发展。那些尽管遇到障碍和挫折仍朝着知识和真相前进，因而被提升至天才地位的男主角们——个人科学家——被置于这些故事的中心 [6]。不过，当解构此种现象之后我们却可以看出，从来就没有一个人能够独自，也即在完全与他人隔离的情况下从事发明或研究工作。科学在与他人的对话中发展，并且在不同的方向上、在不同的讨论中，与先前的研究者、学者、捐助者以及大众形成互动。这样的学术团体十分常见。少数博学之人在世时便已出名；就像在生活中的其他领域一样，某些人则要到去世后才会被提升到主角地位；其他人则被忘掉。科学并非直线前进，相反，新的理念和创新往往经由冲突而产生，那是既存的概念和理念受到挑战之故。新科学并未遵从占主导地位的真理，反而向它发起挑战。因此，很明显，科学史与其说是以连续叙事的方式，不如说是以欲望、心愿、权力关系、理念、创新等不断纵横交错、相互碰撞的方式延续着。在表面的统一之下，科学史具有几乎令人窒息的多样性。

　　20 世纪 60 年代，美国科学哲学家托马斯·库恩（1922—1996）在他的名著《科学革命的结构》中，对科学史的既定叙述方式提出了质疑。他最先使用"概念模式"一词来表述科学中的成规，这些成规决定了研究的主题、如何指导研究工作、如何阐述科学问题、如何解读研究发现、谁有资格介绍它们。他质疑科学的线性发展，而且提出了模式转变或革命——通过它们，进步才得以达成——的概念，以取代连续性。在后来的著作中他也强调，科学进步的伟大故事只能根据事实重新建构。

根据从公元前 300 年到 17 世纪一直占上风的亚里士多德学派的科学理念的说法，世上所有不可或缺的知识在古代就已经都被发现了。在中世纪，学者的任务仅仅在于陈述传承下来的智慧的某个方面，并且组织它，同时与亚里士多德的各种解释相互比较罢了。对亚里士多德学派的科学理念产生怀疑，最早发生在 16 世纪和 17 世纪，然而新的科学模式绝对不会立刻完全取代既存的概念和实践。科学革命变成了"进化"，也即一个缓慢的过程，在其中仍有一些传统理念被保存下来和继续发展，而其他的则逐渐衰亡。这整个革命性的概念是历史的；在不同的背景下，它改变和承载着不同的意义 [7]。现代科学的概念经过至少 300 年的时间才最终形成，所以旧的和新的观念、概念、技术、工艺并存了很长一段时间。

从古代到 17 世纪，炼金术士和占星师用来解释、感知宇宙及其力量的方法是不科学的，事实上，这些方法本身就是时代的错误和违反历史常识的。按照我们目前的科学概念，他们的方法无疑是不科学的；炼金术士和占星师既没有想过，也没根据现代的科学概念来做。普遍存在的科学模式——库恩称它为一般科学——不但解释了这个世界，而且维持了主流的解释。固然，新的知性、概念性、技术性的工具可以逐渐驳倒对于世界的旧解释，并且创造出一个新的解释，可是，旧的模式和新的模式并不相称。或许对活在数百年前的科学家而言，立足于当前知识的西方科学和我们的生活方式显得很粗糙。当我们想了解过去的人是如何感受他们自己的世界时，虽然我们无法完全融入他们的时代，但我们必须试着在他们自己的规则的基础上进行评估。

当我们认识到并且承认我们的性别概念是历史的产物，而且性别的社会尺度和永久的分类一样，都是不自然的，我们将成功地从对以往历史学的束缚中解脱出来。只不过数十年前，"女性史"和"性别史"仍处于混乱中，事实上，在一般的历史研究中，尚不为人知[8]。近年来，这种情况发生了幸运又戏剧性的转变[9]。

写作与研究女性史的主要目标通常在于改善与女性的生活及权利领域相关的真实情况，这一点在早期的历史著作中未被关注。与此同时，还有一种愿望，想让人们看见并质疑基于性别的规范、价值以及内建于文化中的等级制度。此外，还有人指出，将女性史单提出来，实际上使女性被人们以一种新的方式边缘化了。女性学者和她们的研究被巧妙地贬至她们自己的领域中，而且她们无法跳出这个领域去影响其他的研究[10]。

女性史学家尤其指责早期的历史著作，因为它们完全排除了女性和许多社会边缘群体，比如小孩、年长者、穷人等。有些历史学家在他们的研究中，就只把女性描写成男性的——男权运作下的——附属品，这种做法令他们自己也感到汗颜。固然女性曾经是这种权力运作下的牺牲者，但是社会地位及财富也会影响社会上人与人之间的权力关系。社会地位低的男性也会成为社会地位高的女性权力运作下的马前卒。

目前的性别史强调，"两性"的区分源自主流的文化概念、社会价值、习惯[11]。越多强势的阶级将权威施加在弱者身上，这样的关系比它第一眼所呈现出来的就越为复杂。依赖所属性别而享受到的权威，是从涉及的所有人员的互动中产生并维持的。这种权威并非永恒的，必须经过不断的再协商，而这个协商的过程则

决定了占主导地位的现实与真理的界限所在。同时在意识的假想
现实与四周环境中的物理现实之间也存在这样的界限。然而革命
不就是将旧界限抹去，再划定新界限吗？不论社会革命还是科学
革命，都是这样。

在欧洲，作家在文学作品里谈论女性的能力与成就并非什么
新鲜事。直到 19 世纪，男性作家仍主导着对女性议题的公开讨
论。意大利早期人文主义作家乔万尼·薄伽丘（1313—1375），在
14 世纪 60 年代写了一本名为《西方名女》[12] 的书。在薄伽丘之
后不过数十年，法国作家和出版人克里斯蒂娜·德·皮桑（1364—
1430）按照薄伽丘的主题，写出了自己的作品《淑女之城》[13]。
她是第一个将女性观点带入与女性有关、由男性主导的论争中的
人，在传统上，此事被称为"女性的争吵"。直到 17 世纪，法国、
德国和英国才开始出版与著名的博学女性相关的书籍[14]。在过去
十几年里，当我在为本书搜集资料时，出现了许多有关博学女性
的新研究，尤其是英美女性的故事[15]。如同本书最终所显示的，
自古以来就已经有数目惊人的女性参与和知识、权力、性别有关
的公开辩论。

根据文化历史学家安妮·奥利拉的说法，女性研究和其他"新
历史"（心理研究、日常生活史、微观历史、心理历史学）所带来
的最重要的信息是，历史叙事发生了改变。首先，不是用缺失的
部分来补充历史，而是以更精确的描述将存在于历史之上的坑坑
洞洞填满。其次，研究的目标不是在重要的历史叙事中增添次要
的章节，而是解构和质疑这些叙事，以及重新改写历史。新的叙
事方式不再是那种连绵不断的实体——包含一个清晰的开头、一

个具有一致进展的情节、一个合理的结尾。此外，取代优雅的概括与宏伟的叙事的是精确的简介和多方向的探索。连贯的历史流程变成了推测，并且是残缺不全、矛盾对立的，同时可以有多种的解读[16]。在本书中，我的用意不是只把博学女性当作注脚，加进科学史的旧学说之内。如果我们试图让人看见和了解嵌在文化里的机制，而且这个机制曾经被努力用来将女性从对学问、对科学的追求中排除，那我们就必须设法重新分析和重新接合那些文化价值、规则、习惯，因为它们维护着普遍存在的性别系统。

从边缘通过旧的、既有的观点来检视历史，是一件既令人兴奋又充满挑战的事情。之所以令人兴奋，是因为新的、以往不知道的形式与特点，从历史的洞穴、从它曲折的迷宫和地层中出现。之所以充满挑战，是因为这些令人兴奋的新特点由于缺乏素材来源，通常我们只能知道个大概。另一方面，许多研究者强调，传统史学所倚赖的官方文件，未必比真实的纪事，例如私人日记或书信来得可靠。此处的问题是，我们想在过去里找什么，以及我们想从过去中带出来的又是什么。假如我们放弃追求"真相"，换句话说，放弃追求一个具有合理发展脉络的、让我们的研究主题免于冲突的叙事，并认同历史所具有的动态、矛盾、复音的本质，那我们还能获得什么？也许是较少而且更有限的事实。如果不希望历史的写作变成完全的非结构化和支离破碎，那就必须采取某种方法。在"新历史"中，例如女性史，所谓"方法"就是指分析，而分析的目标是研究、评价以及改变过去的历史概念。

我在处理博学女性的早期历史资料时，兼顾了两个层面：宏观历史与微观历史。作为一个实体，本书形成了一个宏观历史的连续体，在这一连续体当中，出现了某种持久的历史进程和缓慢改变的结构[17]，例如亚里士多德学派的自然哲学对科学和普遍存在的性别体制有着 2 000 多年的影响。在微观层面上，本书包含了由各章所提供的微观历史 [18] 的观点。

　　我选择若干位博学的欧洲女性作为本书的主要人物，通过她们的故事来检视其所处时代对学习的设想和女性所拥有的追求科学的机会。本书每一章的内容依据的都是微观历史的最新研究成果，以及对于所涉及之人的生活与工作的彻底分析。我把她们的生活摆在较广阔的文化和社会背景之中，并尝试将选择的主要人物当作较宽泛的历史实体的一部分来检视。由于篇幅有限，本书只能介绍一些经历颇丰的人物，所以我在书后另外添加了"博学女性一览"，介绍了近百位诞生于 19 世纪初期以前的博学女性。

　　把博学女性当作宏观历史和微观历史的研究对象，既有趣又富于挑战性，因为她们无法轻易被归入任何传统类别。提起博学女性，她们无疑是边缘人，而她们被边缘化，乃是出于性别的原因。至于社会地位，她们多属于较小的文学团体，或是一群拥有特权的女性。总之，理念和学问的历史是精英的历史。无论性别，男男女女唯有拥有适当的财力，方能专心于做学问与认真追求科学。

　　在科学的边缘，还有一大群形形色色的助手和工匠，比如科学仪器制作者。人们对于这一大群无名氏的研究兴趣之所以逐渐增加，是因为有人研究了在 16 世纪和 17 世纪科学革命期间助手和工匠的重要性。也有大量女性拥有在各种科学领域里工作的背景，例如助产士路易丝·布尔乔亚（1563—1636）；科学插画家和语源学开拓者玛丽亚·西比拉·梅里安（1647—1717）；天文学家和日历制作人玛丽亚·温克曼－基尔希（1670—1720）；蜡质解剖模型制作人安娜·莫兰迪·曼佐利尼（1716—1774），她还被聘为博洛尼亚大学的教授。通过研究带有工艺背景的女性科学家和艺术家，可以了解为何在某种情况下，她们也能够成为独立的专业人士。而只有那些得以运用某些同业公会给予的专业权利的女性才能够达到这一成就。成为专业人士和公会成员后，女性便能够以她们的工作养活自己及其家族。一旦守寡，她们也不会被迫再嫁，依然可以过着独立的生活。在过去，只有极少的女性无论在经济还是学问研究方面均能保持独立。

根据许多和她们同时代的人的看法，在文艺复兴以后，进入男性的传统领域，而且让她们的著作成为公开讨论的主题的女性，失去了女性的韵味。女性公开追求学问的做法，经常被视为冒犯了传统价值和性别角色，这就有点像过去女性穿长裤。虽然博学女性代表一种不明确的第三性，但是在文艺复兴时期，人们对待女性的态度基本上还是正面的。后来在 16 世纪和 17 世纪，当对自然哲学的追求从贵妇的沙龙扩展到中产阶级的女性群体时，女性追求学问的心愿受到大众更多的嘲笑。法国剧作家莫里哀（1622—1673）的《妇女学堂》、尼古拉·布瓦洛（1636—1711）的讽刺诗，都把对科学有兴趣的女性贬为傻瓜。

为什么女性追求学问以及朝着那个目标的心愿，从古代到 19 世纪都一直被视为问题，而且还遭到了反对、鄙夷、蔑视？我们借着更进一步的询问来找寻这个问题的答案：对人类、自然、宇宙的看法，由谁提出才被认为是适当的？同时，人类借助这些知识所追寻的社会目标是什么？

知识就是力量，至于由谁来行使这种力量，本无关紧要。在公元前 4 世纪的雅典，女性追求学问的机会和权利第一次成为政治问题。亚里士多德认为人的本质是理性，人与其他生物的区别就在于理性。依他的看法，女性只被赋予了有限的理性。他认为，由于女性与生俱来的智力低于男性，所以没有必要讨论她们的学问，或者意图在哲学和科学上指导她们。根据亚里士多德的说法，性别之间的不平等事实上对社会有利，这样业已存在的自然阶级关系可以更牢固地维持。唯有女性顺从丈夫，就像奴隶顺从主人那样，才可以保持社会和平。因此，女性被排除在知识与权力的行使之外。

在亚里士多德之前，古希腊著名哲学家柏拉图曾提出激进的想法，他认为男性和女性的灵魂近似，因此两者都能理性地思考和行动。不过，在后来的著作中，柏拉图试图将自己对不同性别智力相同的看法和与他同时代人的沙文主义加以调和。数百年来，许多博学女性都抓住了柏拉图在这方面的思想。对柏拉图来说，教育主要是个政治问题，而且他提议应给予上流社会女性高等教育，这样才能在公共决策上赋予她们相应的角色。

柏拉图从追求哲学－宗教的生活方式的毕达哥拉斯学派那儿，继承了男女智力相同的理念。在有关毕达哥拉斯学派的理念中闪耀着许多博学女性的名字。据说是毕达哥拉斯妻子的西雅娜是该学派最有名的人，而且她在讨论女性学问的著述中扮演着核心角色。也有人宣称，西雅娜只是后人创造出来的一个传说人物。总之，对后世的博学女性来说，西雅娜作为智慧的女性和女哲学家这个"概念"，比她生活上的某些实际证据显得更重要。文艺复兴运动以来，许多博学女性都相信男性和女性在智力方面应具有同等地位，同时女性的知性能力也能使人性更丰富[19]。作为古代智慧女性的典型，西雅娜名正言顺地为后世的女性扮演了带有激励作用的角色，并说出了她们的个人目标：获得智慧与学问。

由柏拉图和亚里士多德所引发的与女性的理性有关的讨论，其实也是一项针对女性身为"人"的价值的辩论[20]。亚里士多德挑选出"理性"作为人类最重要的特征。在中世纪，博学男性主导了一个热闹的辩论，主题是：如果女性天生缺乏理性思考的能力，那么女性是否真的拥有和男性相同的感觉。基督教早期的教父意图拿《圣经》的教义来调和古代的性别概念，进而强化博学的基督教徒们提出的有关女性在智力及体力上的弱点的观点。

　　尽管世纪更替，女性对学问的追求却总是遭受公众道德的限制，这主宰了性别阶级，以及不同的性别被期待进行何种不同的活动、采取何种不同的行为。一般的习惯也左右了提供给女性的选择，比如将照顾家庭和孩子的责任指定给妻子，这就限制了她们把时间投入学习和研究。由于大学和后来设立的科学学会都拒绝女性进入，所以实际上她们没有接受更高教育的正式渠道。博学女性缺乏一贯的、传统的以及被认同的学问，因为她们被拒绝于追求科学的公共舞台之外。每一个博学女性都必须寻找和建立属于自己的博学身份，然后清理出一个不是由传统来认可的地方。对与她们同时代的人来说，博学女性往往是一个优秀的群体。

　　为什么公众道德、教堂、大学、科学学会反对女性运用理性？从公民和平的观点来看，人们认为，套住女性的身体、灵魂、头脑，以便"服侍"家庭、丈夫等这类需求，往往是男权社会所不可或缺的。女性本身的身心需要，实际上毫无例外地被认为从属于男性身心的需要。人们也相信，占主导地位的性别阶级对公民和平是必要的，而且令人害怕的是，一部分拥有学问的女性，将使得被视为神圣的权利与性别的关系变得不牢固。在欧洲，一直到男性和女性在政治与经济上平等了，女性才被赋予学习的自由。然而在这样的背景下，还有那么多女性敢于冲破禁锢，反抗当时的性别阶级并获得受教育的机会，然后成功地在由男性主导的学问公共舞台上"演出"，真是了不起！

勒内·笛卡儿（1596—1650）相信每个人——不论地位和性别——天生就具有常识。当有更多人同意"理性无性别之分"的时候，柏拉图有关灵魂平等的旧观点于16世纪末再度流行起来。17世纪住在巴洛克式宫殿和18世纪居于洛可可式大厅的上流阶层女性，可以在她们主持的沙龙里与博学之士自由讨论科学和哲学，只要这种追求发生在她们家的围墙之内即可。那时候，由上流阶层女性主持的沙龙非常流行，尤其是在法国。

在17世纪末，有更多的人同意，每个人——不论阶级或性别——天生就具有常识，不过，只有少数人能自由地运用和发展它。在阶级社会里，一个人的行为与社会地位和性别相符，这被视为最重要的社会规范；对不适当的行为，则有各种惩罚措施。通常人们认为，能让人立刻辨认出阶级不同很重要。这些不同通过服装表现，或将建筑物彼此分开，在不同的区域强调。在17世纪的庄园建筑内，沙龙属于主人，厨房属于仆人。空间也被按性别分割。家，被视为私人空间，传统上是女性的领域；而公共空间，比如咖啡馆、客栈、私人俱乐部，以及其他提供给上流社会人士的聚会场所等，则属于男性的领域。

在17世纪末期，首先在英国，后来在欧洲其他国家，人们认为女性不能公开追求科学；换句话说，她们不能参加科学学会，因为她们不但在社会上不是自主的，而且在追求科学时也不是自由公民。若想追求科学，一个人必须在法律上具有资格、自由、值得信任，而且能独立获得收入，并拥有财产。由于这些标准在法律上除了极富有的人之外，普通大众不可能达到，所以很容易将女性排除在大学和科学学会之外。在欧洲的许多国家，甚至到了20世纪，如果女性想完成中等教育，而后成为大学生，她们还会被要求取得"性别上的豁免权"，因为她们是身在一个为男性而规定了种种的世界里的女性[21]。

固然，在 18 世纪，博洛尼亚大学将学位授予了医师劳拉·巴锡（1711—1778）、解剖学家安娜·莫兰迪·曼佐利尼（1716—1774）、数学家玛丽亚·盖达娜·阿涅西（1718—1799），但是对大多数有志于获得学问的女性来说，通往高等教育之门仍然关闭了很长一段时间。

从古至今，性别和阶级被当作托词，用来限制女性参加公开的活动。政治的、经济的以及法律的权力行使于许多"舞台"，然而除非女性被这些"舞台"接纳成为正式成员，否则她们会受到公众的反对。那些想用自己的本名写书并出版的女性，比如文艺复兴时期的人文主义者劳拉·切蕾塔（1469—1499）与卡桑德拉·菲德勒（1465—1558）、天文学家玛丽亚·库尼茨（约 1604—1664）、语言学家和宗教哲学家安娜·玛丽亚·凡·舒尔曼（1607—1678）、哲学家玛格丽特·卡文迪什（约 1624—1674）、物理学家埃米莉·德·夏特莱（1706—1749）等人全都明白，如果她们进入了男性的公共领域，或许会将自己暴露在严厉的批评中。不过，她们的作品也得到了一些人的支持，因为她们可以凭借其性别而被贴上杰出个人的标签。尽管受到好评，她们仍不会被男性创立的科学社团接纳，更不用说被视为平等的会员了。

与性别相关的界限往往是任意的。出现在本书中的许多博学女性，并不怕越过设置在她们那个时代的任意界限。今天，当我们知道历史的开拓者已领先我们，并且为后人清出了一条道路，对于追求学问的姐妹（和兄弟）来说，挑战这些界限就变得更容易了。

　　在古希腊神话中，缪斯是宙斯和谟涅摩叙涅（司记忆的提坦女神）所生的9个女儿，是艺术和灵感源泉的守护者。此图为古希腊酒瓮上的图画。

第 1 章

古代的博学女性

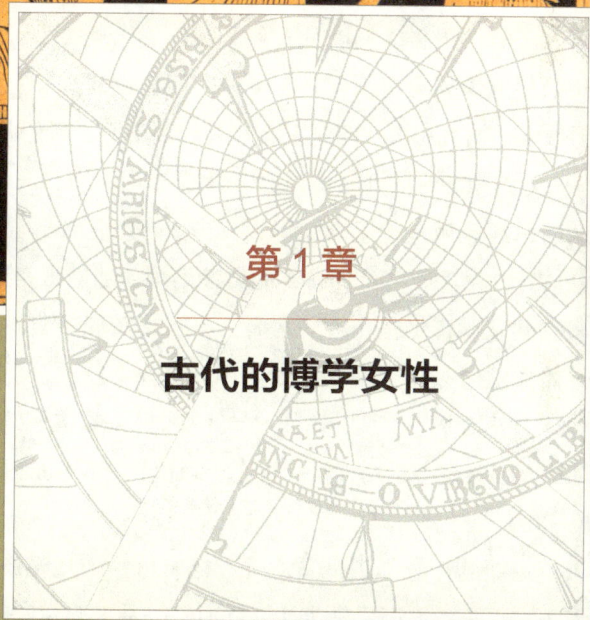

来自东方，光[22]！对于欧洲科学史，当我们研究女性思想史最早期的阶段时，不得不回顾数千年前的情况，并且把我们研究的地理范围扩大到今日欧洲以外的地区。整体来说，古代两河流域[23]的人对古希腊文化以及此后欧洲文化传承的影响至关重要，因此可以名正言顺地说，包含了科学的西方文化里有着东方的灵魂[24]。

在欧洲人之前几千年，古埃及人和美索不达米亚人为了编制他们的日历而研究天体运行情况，为了建造纪念性建筑和工程的需要而发展数学，而且对医疗问题有着惊人的洞察力。到公元前9世纪，这些古老的东方学问开始传到地中海地区。

在早期的两河流域文化里，知识、权力、宗教三者形成一个无缝的结合体，并由宗教精英和博学的男性维护。他们研究天文，担任统治者的建筑师，也是正规的医者。在古埃及和美索不达米亚，从一开始女性就被排除在这些专业领域之外，就像在后来的整个欧洲一样。然而某些女性，比如大约3 500年前古埃及的法老哈特谢普苏特，决意综合运用知识、权力、宗教这三者，加强她们的统治地位和维护领土的完整。

在由男性主导的传统知识体系之外，还有另一个知识体系与其并行发展。它更多地面向日常生活，同时也是从经验中获得的。它涉及不同材料和物质的使用，例如制造工具、编织、香料的制取、食物制备以及食品保存等。自从人类出现以后，社会中的所有女性在发展日常生活中的知识并把它传授给较年轻的女性方面，都扮演了关键的角色。

化学的根源可以追溯到美索不达米亚妇女的厨房，而且人们也发现，举凡蒸馏、萃取、染色的方法都在厨房里获得改善。也许这就是为什么知名的早期化学家毫无例外都是女性,像塔佩蒂－贝拉特－埃卡里。公元前 13 世纪,她在亚述的寺庙内担任高级技师和管理者,尤其擅长制香。

到公元前 6 世纪,东方的天文学、数学、医疗知识开始影响古希腊人思索宇宙起源的原有方式。他们理解世界的思辨性方式,结合东方文化的影响之产物,首先出现在古希腊东部,被取名为哲学,亦即"爱智"。古希腊的自然哲学家对与知识起源有关的宗教神话提出质问,目的是为了打破知识、权力、宗教三者的结合。古代的哲学团体——毕达哥拉斯学派、伊壁鸠鲁学派、昔兰尼学派——最受女性欢迎,而且她们踊跃成为这些学派的成员。活跃于古代哲学界的最有名的女性是西雅娜。按照传统说法,她生活在公元前 6 世纪,是毕达哥拉斯的学生、聪慧的妻子。

古希腊人率先讨论男性和女性的权利,以及二者在理性思维方面的潜力。他们尤其设法将性别的本质加以定义,并设定对于他们而言自然又适合的行动。他们讨论女性是否像男性一样受到理性思维的引导。公元前 5 世纪,古希腊著名政治家伯里克利的情人阿斯帕西娅在论辩中崭露头角。她以技巧熟练的辩士和社会领袖的身份名闻雅典。

以古希腊早期自然哲学家所提出的问题为基础,欧洲科学逐渐建立起来。他们辩论宇宙的起源——它如何形成、如何运作。从一开始,在科学诞生和改革的过程中就已出现了女性的身影,比如希帕蒂亚,在 4 世纪和 5 世纪之交的欧洲,她是最著名且最具影响力的数学家和天文学家。

亚里士多德把女性视为"天生的奴隶",这种看法本不是出自理性,而是出于情绪,不过却流行于中世纪基督教早期的教父之间,结果在欧洲它成为主导的性别概念。古希腊人也将女性的社会角色局限在厨房里,因此将她们拒之于公共权利和知识之外。到第二次世界大战前夕,欧洲一直在采用由女性主导的家庭生活和由男性主导的公共生活(政治、经济、科学)这样的区分。

哈特谢普苏特

古埃及综合运用知识、权力、宗教的女性统治者

公元前 1518 年夏天，尼罗河泛滥，就如同数千年来不断地发生在每年的夏天一样，所以人们都已经忘了此事起于何时。洪水把肥沃的淤泥带到农民种植小麦、大麦以及亚麻（制作服装的原料）的土地上。沿着慷慨的河流而居的古埃及人，相信自己是神的选民，因为比起邻近的部落，他们享有无比的丰饶。上、下埃及的居民认为他们同属一国，有着共同的风俗、共通的语言、单一的统治者——法老，也就是神在地球上的化身。

此刻，王城底比斯正等待一位新法老的诞生。建在王宫花园内的楼阁里摆满莲花，王后雅赫摩斯产下一名女婴，取名为哈特谢普苏特（公元前 1518—公元前 1458），意思是"最值得骄傲的

🖎 （上图）法老哈特谢普苏特。
🖎 （对页）富裕的古埃及人用描绘奢华生活的壁画装饰他们位于尼罗河岸的坟墓。来自约公元前1500年底比斯地区的坟墓壁画。

贵妇人 [25]"。尽管给自己的孩子取了这个带有预言性的名字，但王后几乎无法预料她女儿在这一生中会有些什么成就。

法老图特摩斯一世是哈特谢普苏特的父亲，也是一位英明的统治者。按照他的前任的做法，他继续强化古埃及的地位。一个长达 500 年的繁荣时期，就从他统治的公元前 1550 年开始。在埃及历史上，这个时期被称为黄金时代或帝国主义时代。图特摩斯一世去世后，哈特谢普苏特遵照古埃及的风俗嫁给一个近亲，也就是她的异母弟弟图特摩斯二世。两人产下一女，叫作涅弗鲁利。图特摩斯二世的另一个妻子为他生下一个儿子，亦即后来的统治者图特摩斯三世。体弱多病的图特摩斯二世在儿子出生不久之后便去世，而哈特谢普苏特意外地以继母的身份为图特摩斯三世摄政。

在古埃及，女性担任摄政者并不奇怪。比起邻近的部落，古埃及女性享有非常高的社会地位，还有许多权利，例如所有权和继承权。像男性一样，她们可以通过法律手段寻求她们的权利。而美索不达米亚的传统则认定，在婚姻中，女性是男性的财产。古埃及女性也不像后来古雅典的女性一般，被从公共生活中赶入家庭。尽管古埃及人高度重视母性，但是妇女仍可在外从事像纺织者、烘焙师、农业人员、音乐家、舞者、专业哭灵者或者祭司等职业的工作。

至于官方职位，因为要求读写能力，所以只开放给男性。总而言之，许多地位高的女性都识字，而且协助她们的丈夫从事管理工作。一般而言，唯有男性可以成为法老，但是在古埃及 3 000 年的历史中，有几位优秀女性成功地到达权力的巅峰。其中，纳芙蒂蒂王后于公元前 1340 年开始自己的统治；陶斯瑞特王后约统治于公元前 1188—公元前 1186 年；克利奥帕特拉七世，原希腊人，在希腊化时代（约公元前 323—公元前 30）于公元前 51—公元前 30 年统治古埃及。然而在所有统治者当中，最杰出的是哈特谢普苏特。

法老哈特谢普苏特

哈特谢普苏特是个手段灵活的统治者,她知道如何运用知识、权力、宗教,以及如何保持她的王国稳定。哈特谢普苏特的统治长达22年,足以证明她的统治是成功的。起初,她以摄政王和王后的身份进行统治,几年后被加冕为法老。哈特谢普苏特命人把自己的模样做成雕刻和壁画,不但加上统治者的胡须,而且还穿上男性服装,可是她从来不隐瞒自己的性别。由于她具有很高的权力和地位,甚至还穿着男性的战袍,即使当她的继子图特摩斯三世长大成人可以亲政时,她仍把权力掌握在自己手中。图特摩斯三世后来放弃了王权,而由哈特谢普苏特统治到她逝世为止。很显然,终其一生,她在宫廷和人民之中享有巨大的声望。

在古埃及,政治、经济、宗教权力集中在统治者身上,其执掌最高的世俗权力,而且是最高祭司。法老虽身为凡人,但却被认为是地球上天道的代表和守护者,当法老被当作神祭祀时,祭祀的对象是他的灵魂,而这神圣的力量隐藏在他身上。古埃及人相信,这个世界分成由神统治的大宇宙和由法老统治的小宇宙。据传说,在人与神之间有一项协议:服侍神与生活在尘世的法老,乃是人类的任务;就回报来说,神准许洪水泛滥以保证农作物丰收,这正是古埃及人的福祉基础。

古埃及人相信,自己在尘世的生命仅是漫长旅途的一个过渡阶段,而旅途的终点是那个在幸福之地、在众神陪伴下的永恒生命。对古埃及人来说,死后在尘世留下纪念碑极为重要,因为在另一个世界里的生命,若无物质的身体或身体的形象,是不可能存在的。他们相信,灵魂会访问尘世的纪念碑和那个按照正确仪式做好防腐处理的身体。穷人只能将他们的名字雕刻在石头上,而富人却可以拥有自己的雕像，并且还可以将身体做防腐处理。至于最富有、最具影响力的人物，则建造宏伟的陵墓，不仅为了自己，而且也令他们所祭祀的神荣耀。

在这些纪念碑中，最突出的正是那些不可思议的金字塔。它们最早建于古王国时期（公元前2686—公元前2181），作为陵墓之用。另一个具有纪念性的建筑——坐落在代尔·埃尔－巴哈里的哈特谢普苏特女王神殿，则始建于哈特谢普苏特统治下的新王国（公元前1553—公元前1085），十分堂皇。

法老将自己描述成众神的一员，然而这有赖于他们想将怎样的形象和信息传达给自己的百姓。哈特谢普苏特有一座自己的雕像，表现的是幻化成牡牛的女神哈索尔哺乳她的模样。根据流传甚广的神话，哈索尔是荷鲁斯的母亲，而强壮的"隼头人身神"荷鲁斯被公认为法老的守护神。通过这座雕像，哈特谢普苏特想传达的是，她像荷鲁斯一样，也是广受欢迎的爱、欢乐、舞蹈、音乐以及其他知识的女神。荷鲁斯在人出生的一刹那决定了人的命运，并在另一个世界保护死去的人。

哈特谢普苏特不像她父亲那样，意图成为一名伟大的战士统治者；她宁愿强化自己作为一个宗教领袖和消除分歧者的形象。固然她从不曾变成像她父亲一样的统治者，但是她凭借着将自己打造成神圣的存在，的确成功地去除了那些把性别看得很重，进而怀疑她作为女性是否适合执政之人的疑虑。哈特谢普苏特编造了一个故事，那自然是有关她自己神圣的出生的，据说她是由阿蒙所生的。阿蒙是底比斯地区最重要的神祇。有谁敢质疑"阿蒙之种"权力的正当性呢？她给自己取了"马特卡拉"这一君主封号，意思是"真理是太阳神之魂"。为了强化这层意思，哈特谢普苏特希望给她的对手传达一个信息：别想在我背后密谋什么，因为没有什么事情可以逃过太阳神和统治者的法眼。

　　法老哈特谢普苏特还对教育做了评价。她认为，教育对于拥有尘世和神界最高职位的统治者来说，无疑有着不可估量的价值。她也希望给予女儿涅弗鲁利尽可能最好的教育。首席管家及哈特谢普苏特最亲近的顾问山姆特，在涅弗鲁利短暂的生命里担任她的老师，考古学家在她的坟墓中发现了和学问有关的大量资料。

知识、权力、宗教三者的结合

　　在古代文明里，知识、权力、宗教紧密地结合在一起。统治者可以说具有神圣的权威，而且是一个似神的存在，因为他们拥有权力。既然权力源自众神，他们的专业仆人——宗教领袖——就扮演了一个居中调和凡人与神祇权力的重要角色。古埃及的法老，其任务是守护这项工作的一贯性，并借着每天供奉祭品给神祇，以及通过制定规范百姓生活的法律，负起在尘世间的职责，以维持这个神创造的世界。古埃及祭司的宗教权威，建立于代表法老执行每日供奉祭品给众神一事之上。如果没有这些神圣的祭品，整个被创造出来的世界将遭到破坏，并回复到创造前的原始状态。

　　不论对宗教生活还是国家管理来说，精确的天文知识都极为重要。借助这种知识，古埃及人规范了他们整个社会的功能。天体运行的知识主要被用来测定时间和编纂日历。按照日历，祭司能够告诉人民，何时应举行重要的宗教仪式，何时将奉上动物献给某个星座以换取所需，以及河流在何时会需要祭品。这些仪式的礼仪正确与否，直接关系到进行宗教仪式活动的团体的福祉，因此它们必须在恰当的时间正确地实施。

　　古埃及人在创造了"十分角星座"的基础上发展出了天文学。"十分角星座"被用来测定晚上的时间。祭司保存了关于此星座何时出现在夜空中的精确记录。由于地球 24 小时自转一周，因此每隔一段时间都有一个新的星座出现在天空中的特定位置。虽然古天文学家，包括古埃及人还不了解这一现象，但这并未阻碍他们进行观察。他们系统性地研究夜空中的现象，并且正确地记录下了他们所观察到的天体运行情况。在获得足够的运行知识后，他们确定了夜间的"时间"。古埃及人总共划定了 36 个"十分角"（黄道 10 度分度），并将它们视为守护灵。在希腊化时代，这些知识都被纳入希腊天文学里，而且至今依然影响着我们的观星活动。古埃及的星座难以和我们今天的星座比较，因为其划分方法不同于古巴比伦，而我们现在的星座系统则是继承后者而来的。

发展于古埃及的另一个科学分支是医药，有一部分原因是宗教生活的需要。古埃及人相信，人类前往另一个世界的旅程很漫长，而且在前往黄泉的路上，人是需要其身体的。在另一个世界，生命若无身体——那是一个经过防腐处理的身体（也就是我们所说的木乃伊），或是身体的替代物，例如一个形象或雕像——是全然不可能存在的。灵魂也有可能来造访木乃伊。通过为前往另一个世界的旅程所做的身体防腐处理工作，古埃及人对于人类身体的解剖结构变得很熟悉。在这方面，他们不同于另一个巨大的两河流域文明——美索不达米亚，那里的人们把破坏尸体视为禁忌。

古埃及在医药方面的先进性令人惊异，尽管在治疗仪式上法术扮演了重要角色。古埃及人成功开发出了有效的医药。他们从动物体内提取出了治疗沙眼的药物，至今埃及人仍在使用它。他们也有效地治疗了呼吸道和尿路疾病、骨折、严重烧伤、虫咬，以及其他许多外伤和病痛。古埃及医师甚至实施环锯术，以减少颅内压力。

大量来自古埃及的莎草纸卷上面详细描写了各种疾病的症状，并提供了建议的治疗方法，这些都被保留了下来。古埃及人也将他们的注意力集中于预防和治疗妇科疾病上。对孕妇和婴儿来说，生产都是最危险的时刻，可以通过按摩和采用油品使生产顺利进行。当生产的时刻接近时，古埃及人便制作一些守护灵和众神的形象。令人意想不到的是，在古埃及医学著作中从没有出现过"助产士"这样的字眼 [26]。如果只因为这样，便臆断熟谙助产的妇女并未参与分娩过程，这是不对的。在古埃及医学论文中，"助产士"一词的出缺，或许更显示出，当男性专业医师在莎草纸卷上书写自己的观点时，他们并不认为在官方记录中有必要提及那些充当助产士的人——未经正式训练的女性。

古王国时期保留下来了一些与受人尊敬的女医师有关的参考资料，其中之一是佩丝谢特，据说她于公元前 2400 年居住在吉萨。她的牌位保存在她儿子的坟墓内。根据描述，佩丝谢特是一位受到高度尊崇的"女医师的监工" [27]。这个描述意味着，至少在古王国时期，女性还比较容易获取医学知识。在孟斐斯之北的塞易斯的神庙内，人们发现了一些医学数据，是与女性有关的 [28]。

人们特别把男神赫卡和女神塞尔凯特与法术的治疗力量相关联。法术、宗教、医学紧密交织在一起，而且在古埃及，有大量各式各样的医者在工作，其中也包括女性医者。不过，由于没有保存下来关于女性医者的书面资料，我们对她们的了解自然少于公开行医的男性医者。有关哈特谢普苏特的史料表明，她曾研读医学著作和试验药用植物的效果 [29]。

现今，考古学家也试图了解与古人日常生活相关的知识，而这些知识不是男性宗教领袖的专利。在这样的研究中，焦点被置于和食物、织品、香料制作有关的器具之上，由此可以看出大量的古文化的技术性知识。通过女性口耳相传而保留下来的知识，为后来欧洲民间医学和日用化工品的发展奠定了基础；这些知识主要是关于如何实现一些植物的药效及物质的化学性质等的。

🐾 在哈特谢普苏特女王神殿，普恩特大厅内装饰着浮雕壁画，描绘的是前往普恩特国的商业任务与探险的画面。在浮雕中间的那个身材粗壮的女性人物是普恩特国女王。

哈特谢普苏特的探险活动和遗产

古王国时期的法老们有个传统，用来展示自身的伟大：他们派出和平商业使节和军队到遥远的地方，并从那里带回具有异国情调的豪华货品。众多的这类远征从古埃及出发，而有关它们的庞大信息被留存在古王国时期的古埃及官员的坟墓内。在古埃及历史上有一次由哈特谢普苏特组织的前往普恩特国的航行，其过程记载得相当翔实。虽然不知道普恩特国的准确地点何在，但是埃及古物学者推测它位于非洲之角，也就是在现今的厄立特里亚或者索马里一带。

由哈特谢普苏特组织的、前往普恩特国的出访活动甚至可以被称为"探险"。在哈特谢普苏特女王神殿里有个大厅，每面墙上都装饰着描述此次探险从准备到返国所有阶段的细致浮雕，这是人类首次描绘东非的以棕榈叶编成的蜂窝形的独特高脚屋，以及该地充满异国情调的动物、五颜六色的植物、当地人民等。对研究船舶历史的学者来说，描绘普恩特国的壁画也是有用的资料，因为它们提供了公元前3500年前古埃及人建造船舶的一些想法。在古代，普恩特国尤其以没药出名，它也是象牙、黑檀树、凤仙花、狒狒、猴子、灰猎犬的重要产地或栖息地，以及其他国家奴隶及其孩子的重要来源。活的没药树被从普恩特国带回缺乏树木的古埃及，后来哈特谢普苏特又将它们移植到古埃及。通往女王神殿的大道两边种植着古代的树木。没药树的树脂被用作熏香和焚香，在很多宗教仪式里都很重要。

普恩特国探险壁画也成为哈特谢普苏特所实施的政策的证明。对她来说，重要的是，她要让人们记住她是一位追求和平的统治者，不但促进国内人民的团结，也和其他民族一同创造商业上的互利关系。总之，哈特谢普苏特的注重和平，不应该被解读为和平主义。对于表现良好却身为女性的法老来说，明智之举是，不要将自己的形象提升为一位战士统治者。

哈特谢普苏特被视为西方历史上第一位伟大的女性，她熟练地运用自身的权力，成功地达到了自己的和国家的目的。她的一生和所处的时代，让一代又一代的学者和民众都非常感兴趣[30]。有很多考古学数据来自哈特谢普苏特统治时期，所以我们能够绘制一幅令人信服的图像，显示出在古埃及，知识、权力、宗教、性别是如何交织在一起的。古希腊人把自己的习俗和居住在地中海南岸的古埃及人进行比较，而这种比较促使他们以一种新观点来审视自身的文化。

塔佩蒂－贝拉特－埃卡里

美索不达米亚的"化学之母"

当太阳在晨曦中放光，
当油、水和芳香物混合在一起，
火熊熊燃烧。
盖上锅盖，让它冷却。
取出一小罐作为药用油。
另外放一块滤布在这小罐的罐口，
让油通过滤布进入罐内。
清除锅底的杂质和剩余物，
然后离开。

——塔佩蒂－贝拉特－埃卡里 [31]

🐌（上图）在古代美索不达米亚，有影响力的女祭司会祭祀强大的女神。这个大眼苏美尔女神的雕像来自公元前约2500年喀拉蚩的一座庙宇。

世界上已知最早的化学家是一位女性。虽然与她的生活有关的书面资料并未保留下来，但据知她生活在公元前1250年至公元前1200年之间。在亚述的寺庙废墟中，一块写有她的名字和香水配方的泥板，和其他数千块破泥板片一起被发现。她的名字是塔佩蒂－贝拉特－埃卡里。

将这个配方的写作日期划定在图库尔蒂－尼努尔塔一世在位（公元前1243—公元前1207）期间是恰当的，因为这是亚述王国最强盛的时期。公元前13世纪，在亚述最大城市的王宫和寺庙里，人们的生活是很奢华的，甚至一般人也能享受由繁荣又强大的国家所提供的舒适生活。城镇有厚实的城壁，可让居民免遭攻击；有公共邮政服务来投递城镇居民写在泥板上的书信，寄送时泥板被封入具有信封功能的泥盒中。公元前13世纪后期，亚述人开始用石头铺设城镇的路面，城镇居民不再蒙受泥泞粘黏鞋子之苦。在宫廷里，塔佩蒂－贝拉特－埃卡里所属的上层阶级还可享受抽水马桶的奢华。

在和平时期，美索不达米亚的城镇和围绕着它们的农村都很兴旺，城镇居民从附近的乡间取得食物，而且国际贸易也很频繁。关系密切的贸易伙伴是埃及人和居住在今日叙利亚、伊朗所在地的部落，美索不达米亚人则从他们那儿买进大象、骆驼、金子。最长的贸易通路延伸至地中海，美索不达米亚人从那里的港口买入金属、木头、有价值的石头，作为宫殿和寺庙的建筑材料。用来换取这些东西的是农产品，例如枣、大麦，以及有价值的艺术品、玻璃器皿、织品、香、油类。在战争期间，国内外贸易全部停摆，美索不达米亚许多城镇的发展倒退了数十年，或者一并被摧毁。

香夫人——"化学之母"

在美索不达米亚的市场，不论内需还是外销，香料的需求量都极大。它们以香水和熏香的形式用于美容保养和各种宗教仪式；若在医学上，则作为制作药物的原料。香料的制造者受到社会的敬重，有时候还升至王宫和寺庙阶级制度中的高层位置。以塔佩蒂－贝拉特－埃卡里的名字来说，最后一部分的意思是"在香料的制造上有成就的大师"[32]。

玫瑰、迷迭香、柠檬、肉桂、丁香、大茴香等的浓郁香味，从塔佩蒂－贝拉特－埃卡里的部属展现技艺的作坊，沿着王宫走廊一路飘散而去。而取自羊、野禽、鱼、坚果等动植物的油则是用于制作香料和乳液的原料。

需要知识与技巧的工艺在亚述和美索不达米亚的其他地方都受到高度尊重。在美索不达米亚，香料的制剂专门由女性主导配制[33]。很明显，西方化学起源于美索不达米亚妇女的厨房。在数千年的时间里，她们在那里开发出了各式各样的化学技术，例如食物的萃取、蒸馏、织品染色，以及用各种方法对食品进行防腐处理。这些妇女在厨房工作的形象被刻划在浅浮雕的石头上。早期的书面资料也支持身为化学家的妇女拥有较高社会地位的观点。在亚述发现的楔形文字中，muraqquit 这个词指的是女性制香者；比较不常出现的则是 muraqqui，它表示的是从事相同职业的男性。

虽然美索不达米亚人对化学现象在理论方面的意义没有兴趣，但他们在实用化学方面的成就却是令人惊讶的。他们能够调节各种加热设备上火的大小，因此被加热的溶液可以保持所希望的温度。他们了解液体如何汽化，如何将冷却的蒸气恢复成液态，因此还发明了一种方法，在蒸馏之后可以将蒸馏物还原。他们还能够从种子和腹足动物的壳中通过溶解的方法萃取出染料与芳香油。

当时，染料的用量很大，尤其用于彩色织品上。美索不达米亚人采用羊毛制造衣服，后来也用麻和棉花。早在公元前 4000 年，苏美尔人就已经有昌盛的羊毛工业。蓝色是当时流行的颜色，取自蓝草。珍贵的紫色，采自软体动物的外壳。12 000 个壳才能产出 1.5 克的染料，因此用量庞大。染料除了源自植物和动物以外，也有来自矿物的，如黄赭色采自氧化铁，黑色取自硫化铅，绿色来自孔雀石。

美索不达米亚的妇女也学习如何在家中的厨房通过发酵作用制作形形色色的食物。奶酪通常以牛奶制造，而酒则用枣和其他水果制作。在美索不达米亚的一块泥板上，人们发现了世界上最古老的一种啤酒的配方。以大麦酿造的啤酒在一般的美索不达米亚人中是很普通的解渴饮料。人们认为，啤酒能使肝脏和心脏快乐，所以必须经常备有。当家里没酒时，口渴的城镇居民会到当地的"酒馆"喝上一杯。酿酒人和酒馆老板通常是女性，不过在"值得尊敬的"妻子们眼中，她们的名声并不好。

在美索不达米亚的家庭里，各种油类像水一样，是一种十分重要的物品。芝麻油和橄榄油用于烹饪。除了植物油以外，人们也大量使用昂贵的动物性油脂。它们的原料是野禽、鱼、羊，甚至狮子的脂肪。油的用途很广，除了制作食物之外，也被作为香料和医药的原料；油还用来点灯。

男性阴影下的女性专业人士

美索不达米亚文化属于父权制；父亲是无可争议的一家之长，妻子、孩子都是他的财产，而且重男轻女。虽然照顾家庭和孩子被认为是女性最重要的任务，但仍有众多的女性服务于王宫和寺庙，而且担任许多受尊敬的职务。当时有女烘焙师、女制陶匠、女织工、女染匠，以及采用塔佩蒂－贝拉特－埃卡里发明的方法制造芳香物质的人。

和性别有关的文化观念，在很大程度上决定了女性和男性成人后的角色。在父权制文化里，女性很少达到一种能够被称为"高明"（阿卡德语 apkullu）的社会地位 [34]。总之，美索不达米亚人认为智慧分好几种，而 nēmequ 通常用在女性身上，它的意思是"从事某种职业时所需要的知识、技巧和智能" [35]。在美索不达米亚，女性也能够展现她们的能力，特别是在化学方面，这门学问由于需要手工及家务上所需要的技巧，所以常由母亲传授给女儿。相对地，美索不达米亚妇女不懂天文学和数学，这些知识只提供给男性，给熟谙天文学和数学的文士，以及给那些做预测工作的祭司。

尼萨巴是写作女神，而历史上第一位知道姓名的作家是一位女性，也是苏美尔女祭司——恩海杜阿娜。她生活在公元前23世纪。当仅有少数男性能够读和写时，"书写"这种职业受到极大的尊敬。社会的每个领域都需要文士：在处理法律事务时、在政府内以及在交易上。他们也写私人信件，而且还大声读信给收件人听。唯有富裕家庭的孩子（主要是男孩）才有可能被培训为文士，而这项培训从5岁开始直到成年为止。

在古巴比伦的许多城市，例如基什、尼普尔、拉尔萨、西帕尔，有专供富有女性使用的修道院，她们可以在那里读书而成为文士。她们之中有许多人以文士的身份工作了很长时间。比如，考古学家就曾发现由一位名叫阿玛特－玛姆的女文士书写的、跨越40年时间的文件。此外，拥有其他特权的女性还擅长商业活动，因而在她们自己的故乡成了具有影响力的人物。

美索不达米亚文字源于楔形文字，并且被印在泥板上。此处的泥板来自约公元前2400—公元前2200年，用的是阿卡德语。形状类似但体积较小的泥板被当作城镇居民之间的通信用品。

在古巴比伦的汉谟拉比在位期间（约公元前1792—公元前1750），女性拥有比美索不达米亚其他任何时期都高的社会地位。她们可以拥有和继承财产，她们可以和暴力的丈夫离婚，而且她们有权参与交易，并追求其他职业。即使女性在婚姻中被视为其丈夫的财产，但是当离婚时，她们仍然可以收回自己的嫁妆；除了服装和珠宝之外，富有的女性还可以收回原本属于自己的奴隶和土地。有时候，具有创造力的女性甚至可以达到某种程度的经济独立，虽然从法律的观点来看，她们仍是丈夫的财产。最差的情况是，她们处在暴虐的配偶的摆布之下。

实用知识与超自然力量

在美索不达米亚的文化里，实用的和超自然的成分都扮演了强有力的角色。很明显，美索不达米亚人在实用性领域发挥了他们的才干，尤其在化学、实用技术、建筑方面。他们创造了车轮，并且发明了精确的测量单位，因而方便了交易。在有关这些实用性活动的文字中很少提及法术；相反，在美索不达米亚的医学中，存在着众多的法术成分。疾病通常用咒语和护身符来治疗，而疾病的严重程度则依据各种征兆判定。在前往病患家的途中，医者会观察所遇到的动物的种类及颜色，据此预测疾病的原因。不过，对于征兆的解释，并非美索不达米亚独有的现象，因为在所有的文化里，都存在着和预测有关的民间信仰；人们对未来的事件许愿，以寻求超自然力量的帮助。

虽然美索不达米亚人坚信超自然力量的存在，却不完全受其摆布。解读各种征兆也可以更好地理解神祇的意志。人们相信，未来——尤其是国王和王国的命运——可以根据天文现象加以预测。基于这个原因，专精天文学和借助星象做预测的祭司，保留了一份他们认为是神圣的、天体运行的精确记录。

美索不达米亚人相信，神造人的主要目的是让人来服侍神。判定神的意志很重要，这样就不会因为人们对神的无知而引起自身或家庭的任何不幸。对于敬神，美索不达米亚人显得很务实，如果第一个神明没有带来所希望的结果，他们会选择祭祀另外一个神明。他们认为祭祀的神祇越多越好。

美索不达米亚的文化遗产

始于 6 000 多年前，在中东美索不达米亚南部的城镇发展，奠定了西方文明的基础。我们认为属于古希腊的许多文化现象，比如语言学、数学、音乐理论、冶金、法律，其实都源自美索不达米亚。文化的影响有一部分直接随着手艺人，有一部分间接通过贸易，从美索不达米亚传到古希腊。美索不达米亚的工艺是先进的，在公元前 8 世纪，亚述工匠很可能参与建造了古希腊的寺庙和宫殿。古希腊神学、天堂的概念、医学以及为祭祀神所安排的比赛（如古希腊的奥林匹克运动会），很明显都受到美索不达米亚的影响。当时住在今天黎巴嫩所在地的腓尼基人，经常扮演居于美索不达米亚和古希腊之间的文化交流媒介的角色。

西方科学深深扎根于美索不达米亚的文化中。即使美索不达米亚人既没有发展出具有现代意义的科学理论，也没有为科学而科学，但他们却系统地观察着周遭的世界。他们是各种目录的灵敏的编辑者，他们对各种植物和动物进行编目，进而掌握它们，并将这些知识运用到香料和油的制作上。纵然不像后来的古希腊人那样系统地使用几何概念，但他们在数学领域也相当进步。美索不达米亚人借助他们先进的算术解决了几何问题。早在公元前 18 世纪，远在古希腊人之前，他们就已经知道毕达哥拉斯三角形（也即勾股定理），会运用平方和立方根以及复杂的方程式等解决实际生活中的问题，而且将数学的地位提得很高。

在美索不达米亚，天文学和占星术（根据星星的相对位置和运动情况，预测人的命运和行为）彼此是不可分离的。天文知识有两个主要功能：用来编日历和解释神的意图。天体的名字根据神的名字而来，祭司则设法按照它们的运行轨迹精确地预测出月食和日食。总之，对于天体的运行轨迹，虽然他们还没有提出明确的理论，但仍设法在观察中找出一贯性。这项严谨的数学工作乃是由古巴比伦人的先进数字系统促成的。

在度量商品和原料方面，苏美尔人创造了一套米纳度量系统。它采用六十进制，对于香料、染料、金属这类需要精确度量单位的物品的交易来说尤为重要。性喜精确的希腊人很显然对米纳系统充满信心，因而采用了它。我们现在所使用的时钟的计时方法便源自美索不达米亚的六十进制。

公元前 612 年，当波斯人摧毁了亚述王国的首都尼尼微时，亚述王国的强权统治也随即告终。约百年后，古巴比伦人也经历了相同的命运。公元前 331 年，马其顿王亚历山大大帝（公元前 356—公元前 323）从波斯人手中夺取了美索不达米亚，最终使它成为希腊化时代希腊的一部分。由于在公元前 4 世纪，美索不达米亚被纳入希腊文化圈，所以美索不达米亚人直接在这个圈子里传播天文、数学、化学方面的知识，这加速了科学的发展。

美索不达米亚人和古埃及人关于化学的知识在希腊化世界里合流，尤其在埃及文化名城、首都亚历山大城，这一特点表现得更为明显，同时还产生了炼金术，由此打下的基础让现代化学在 2 000 年后得以发展。溶剂和溶质的分离与融合的基本技术如今仍然被用于化学工业中，然而它们源自妇女制作食品及严谨的制香工作。塔佩蒂－贝拉特－埃卡里和她的美索不达米亚的姐妹们被视为"现代化学之母"是很合理的。

美索不达米亚的文化和语言在千余年间逐渐被遗忘。比起古埃及，美索不达米亚繁荣城市中的大量建筑和陵墓未能留给后人——在无数战争中几乎都被夷为平地。19世纪早期，英国的亚述学家乔治·史密斯在挖掘尼尼微城遗址期间，发现了亚述王国最后一位统治者亚述巴尼拔（约公元前668—公元前627年在位）的巨大图书馆。经过近20年的研究，史密斯成功地解读了泥板上的楔形文字。他发现了世界上最古老的英雄史诗《吉尔伽美什》[36]。这项发现轰动一时，因为它向欧洲人展示了，而且是第一次展示了《圣经·旧约》里的故事与美索不达米亚的文学有关，西方文化有一具美索不达米亚文化的灵魂[37]。同时，美索不达米亚女性基于经验而得来的知识与智能，也是西方传统文化的一部分。

西雅娜

毕达哥拉斯的追随者——第一位女性哲学家

公元前 6 世纪时，西雅娜的出生地克罗顿[38]是位于意大利南部众多成长中的古希腊殖民地之一。它和坐落在安纳托利亚西岸的母城米利都有着紧密的贸易关系。米利都是个兴旺的交易中心。和那一带的其他古希腊城市比起来，克罗顿的面积相当小。它之所以有名，主要是因为这里的运动员，还有这里的商人借着将货物从东方卖到意大利和西方其他国家而使得城镇繁荣。在古希腊的殖民地中，意大利南部的古希腊人因此地没有外敌入侵而相当安全。然而殖民地之间的争斗是无情的，而且无论何时，只要机会一出现，他们都企图摧毁对方的城镇。独立的古希腊城邦不仅总是和外敌作战，而且彼此之间也经常展开凶狠的战斗。

　　游历各地的哲学家毕达哥拉斯（约公元前 580—公元前 500）大约在公元前 520 年来到意大利南部的小城镇克罗顿。他对宗教有兴趣，尤其对奥菲斯教感到好奇。在克罗顿他遇到奥菲斯教的拥护者布龙蒂诺斯。这个教派和在传统上由女性扮演主要角色的狄奥尼索斯礼拜仪式有很大的关联，或许在其影响之下，布龙蒂诺斯欢迎博学的毕达哥拉斯到他的出生地来，后来还把自己的女儿西雅娜介绍给毕达哥拉斯。

　　（对页）刻在墓石上的浮雕（约公元前430），发现于希腊的萨摩斯岛。它描绘了一个女人打开一个盒子，内有一卷莎草纸卷。在古希腊，读写只是少数女性的特权。

　　根据来自古代的文学资料，西雅娜是毕达哥拉斯的第一个学生，后来成为他的妻子。她是第一位出版哲学论文的女性，而毕达哥拉斯则是第一位接受女学生的哲学家。后来的研究显示，毕达哥拉斯并未把他授课的内容写成文字作品，而是仅仅以口传的方式教学。显然，他的学生也没写书，至少在他们老师还活着的时候如此。"毕达哥拉斯文体"只是在毕达哥拉斯去世后才开始出现的，因为人们有一种愿望，想将他的学问传承下去。

　　当时有许多以毕达哥拉斯文体写成并冠以女性之名的作品。数十年来，学者举办过许多次和这些作品的作者有关的热闹的讨论会[39]。今天，大多数学者的意见是，这些作品起源于希腊化时代（约公元前 323—公元前 30），那时博学多闻的毕达哥拉斯学派成员经常以可敬的毕达哥拉斯先哲之名写作[40]。虽然女性在毕达哥拉斯学派中扮演着重要的角色，但我们没有确实的证据足以证明究竟哪些作品系出自当时的女性之手。在古代，不存在像今天一样的版权，而且人们经常使用笔名。此外，作品署较年长学者的名字是一种传统上表达尊敬的方式。在我们思考毕达哥拉斯学派的女性成员（西雅娜除外）对于哲学以及对于自己和自己的社会角色所拥有的概念产生了何种影响之前，首先我们必须简要地介绍一下毕达哥拉斯自己的想法。

毕达哥拉斯——巫师或哲学家？

　　在今天，有关毕达哥拉斯的书籍汗牛充栋。对于他的生活，或者他在西方哲学和科学领域的卓越表现，虽然学者的意见并不一致，但是与他相关的书籍却大量存在，这就证明了世世代代的人们对他的兴趣只增不减。在无数关于毕达哥拉斯的故事中，事实与虚构难解难分地混合在一起。他的教义——他的追随者试图对门外汉隐藏（至少在他活着的时候）——似乎被蒙上了一层神秘的面纱，因而显得模糊不清。

据传，毕达哥拉斯生于古希腊东部的萨摩斯岛，而且在此度过了他的青年时期。他的父亲是一个叫作姆内沙尔可的腓尼基人，他是铁匠或者图章雕刻师。毕达哥拉斯年轻时在许多地方居住过，包括米利都，一般认为在公元前7—公元前6世纪，希腊哲学就是从这里起源的。思想家，比如我们所知的爱奥尼亚自然哲学家，便活跃于当时；他们思索地球的起源。根据希腊"哲学之父"泰勒斯（约公元前624—约公元前546）的说法，万物都是由水产生的。

毕达哥拉斯将他在所到之处所受的影响都融入他的思想。除了泰勒斯以外，人们相信，他在米利都还接触了阿那克西米尼（公元前585—公元前525）、阿那克西曼德（公元前609—公元前547）的思想，兴许他还认识后者本人。显然，从阿那克西米尼那儿，毕达哥拉斯采纳了灵魂是"生命之精神"的观点，并认为它是有如空气一般的元素。按照传说，毕达哥拉斯有个奴隶名叫扎尔莫克西斯，因为他的缘故，毕达哥拉斯熟悉了北方的巫术传统以及灵魂轮回的说法 [41]。除米利都的哲学家之外，毕达哥拉斯还从斐瑞库得斯处受到东方哲学思想的影响，因为斐瑞库得斯很清楚腓尼基和奥菲斯教传统先哲的教义。在四处旅行并吸收了来自古埃及和古巴比伦的哲学思想后，毕达哥拉斯在意大利南部的小镇安顿下来，在此建立了一种礼拜仪式。

有关毕达哥拉斯的学说，在学术上长期存在两种派别。一派强调毕达哥拉斯学说的宗教内涵，另一派注重哲学这一面。根据希腊神话和礼拜仪式学者德国人瓦尔特·伯克特的看法，毕达哥拉斯主要是个具有魅力的巫师，并教授一种个人救赎的学说。由毕达哥拉斯创立的团体，其典型行为是神秘又严格的净化仪式、对阿波罗神的崇拜，以及一种故意含糊不清的格言，叫作"阿库斯

古雅典的宗教活动是女性唯一可以自由参与的公共生活。在祭祀酒神狄奥尼索斯的仪式上，会安排女性兴高采烈地唱歌和跳舞。

马他"（akusmata）或"西莫拉"（symbola）。以下是一些例子："不要跨过横杆""不要以剑挑起火来""小便时，不要面对太阳""不要在戒指上刻神的形象"。在毕达哥拉斯去世 700 余年后，活跃于罗马时代的公元 3 世纪之传记作家第欧根尼·拉尔修认为对这些说法应该注重其象征意义，不可按照字面意思来解释。"不要以剑挑起火来"的意思是，不要招惹较强壮的人来攻击你。"不要跨过横杆"是说，不要做不合理和不公正的事情。禁食豆类，是因为它们易导致胀气，会使食用者出现不良的身体反应。根据另一种解读，古代有许多禁忌和信仰都与豆类有关，并且与性、生育、死亡联系到一起，因为豆子的形状像是睾丸或胎儿[42]。

注重毕达哥拉斯学说哲学这一面的派别，强调毕达哥拉斯的地位，并把他视为最初的思想家及哲学家[43]。按照这个派别的说法，毕达哥拉斯第一个把世界可以通过数字和数学来理解，以及有一个真实的世界与此物质世界并存的观念，介绍给古希腊哲学界。后来，柏拉图称这个"真实的世界"为"理念世界"，同时公开承认毕达哥拉斯对他有重要影响。在柏拉图之后的人们，若想把毕达哥拉斯的思想从柏拉图的思想之中分离出来根本是不可能的。

毕达哥拉斯既是宗教领袖，也是最早的思想家，他为希腊哲学留下一个不可磨灭的标记，也为所有西方思想留下了标记。根据亚里士多德的看法，毕达哥拉斯意图为世界的起源寻找一个理性的解释，这一点使得他的学说（尽管有神秘的成分）更像一个哲学体系，而非宗教体系。

毕达哥拉斯相信世界起源于数字。通过数字，这个世界可以被精确地排列——从一粒沙到宇宙的每一件事情，都可以用数字和图形加以定义。

毕达哥拉斯还对音乐有兴趣。音乐，尤其是歌曲形式的诗（即唱诗），在古希腊的祭祀中有着非常重要的功能，它可以塑造年轻人的品格及道德修养。依照毕达哥拉斯的看法，虽然人们喜欢在酒宴上演奏音乐，但唯有合适的宗教音乐才能促进健康。在祭祀酒神狄奥尼索斯的仪式上，由女性所跳的热闹舞蹈的配乐，并不符合毕达哥拉斯对优雅音乐的定义。对毕达哥拉斯来说，音乐是人类和宇宙之间最基本的链接，音乐就像宇宙之中的其他每一件事物一样，可以通过数学和图形而了解。在研究此事时，毕达哥拉斯提出了音乐的"谐波"论，此外还有我们至今仍然在使用的"调和平均数"和"调和级数"概念。

毕达哥拉斯的数论、宇宙学观点、音乐理论、灵魂轮回说等，全部与道德红线交织在一起。整个毕达哥拉斯的学术体系，试图教导人们过一种公正和良好的生活；借着纯化灵魂，人们可在来世化为一个更高的存在。人们应该固守某些习俗，最重要的是，思索宇宙和人类各自的角色定位——这是毕达哥拉斯教义的基础。毕达哥拉斯的哲学提供了一个与宇宙本质之说有关的结构，以及一种净化灵魂的方法。

由毕达哥拉斯所创立的礼拜仪式，其哲学要素涉及宇宙学和数论，在毕达哥拉斯去世好几十年后，这些理论和教义才由哲学家菲洛劳斯整理编撰成书。700 余年来，在其拥护者的作品中，也包括女性所写的文章，足见毕达哥拉斯学说和思想的影响力。

毕达哥拉斯是第一个收女性为徒的古希腊哲学家。他认为灵魂没有性别之分，因此每个人，甚至女性，都能够净化它。毕达哥拉斯学派显然从住在斯巴达的那些讲多利安方言的人那儿习得了尊重女性的观念。在属于军事城邦的斯巴达，女性拥有显著可见的社会地位。事实上，那时的女性通常遭到蔑视，尤其是在雅典。在意大利南部的古希腊殖民地，比如克罗顿，人们通常说多利安语，而且早期的毕达哥拉斯文本也是以多利安文写成的。奥菲斯教对女性的评价是正面、赞赏的，毕达哥拉斯从中获得了一些重要概念。或许他从住在意大利北方遥远之地的伊特拉斯坎人那儿，也学到了伙伴婚姻[44] 的概念。在任何情况下，比起古希腊许多其他哲学团体，在毕达哥拉斯学派显然能看到更多女性的身影，她们也能获得较多的尊重。

西雅娜——第一位女性哲学家？

如果想依靠目前可得到的、稀稀拉拉的文字来构建西雅娜的形象，以及她的哲学活动，我们必须按照我们所知的、与古希腊女性的一般地位有关的知识，检验其来源。在大约作于公元前 7 世纪的赫西俄德的教诲诗《工作与时日》里，作者描写了为何神创造女性来惩罚男性，同时把疾病、辛苦的工作及死亡也带到这个世界来。人们将古希腊的古典时期（约公元前 500—约公元前 330）视为与女性有关的权利的黑暗期，尤其在雅典。在法律上，女性完全倚赖她们的父亲和丈夫；她们被严格限制待在家里，而且

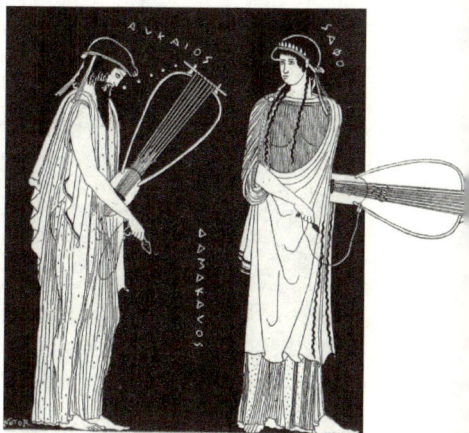

公元前7—公元前6世纪在莱斯沃斯岛单口抒情诗（由一个人咏唱）蓬勃发展，其中最出名的代表人物是阿尔卡埃乌斯（约公元前200年）和萨福（约公元前630—公元前570）。在右图中画家刻意将二人画在一起，因为虽然两人生活的时代相差甚远，但是他们同为诗人，且都生活在希腊。此图是有名的瓶画复制品（约公元前470）。

住在专为女性设置的不同屋子里；实际上，她们没有任何社会权利和自由。

　　然而考虑到古典时期男性对女性的态度及女性的地位，这些并非全部的真相。虽然在雅典以及在阿提卡省的其他地方，女性受到严格控制，但这并不代表在所有的古希腊殖民地和城邦国家都如此，比如斯巴达。在古希腊神话里，女性也受到高度的尊重。荷马（公元前8世纪）在《伊利亚特》和《奥德赛》里关于女性的观点经常受人赞赏，这也是古希腊人所熟知的。他赞美女性，尤其赞美她们作为妻子和母亲的美丽、技巧、智力。女性不是只被创造出来进行传宗接代的，在管理家庭方面其扮演着重要角色。

　　古代最有名且令人叹赏的女诗人萨福（约公元前630—公元前570）便是一个例子，她坚强、独立、有天分。许多纪念碑和浮雕都细致地描绘了女性的形象，由此可见在公元前7—公元前6世纪女性所受到的尊重。人们认为，在古希腊，有时候女性的数量比男性少得多，适婚女性的短缺也有可能为她们带来更多的尊重，而且女性在婚姻上也能进行一些选择。富裕家庭的妻子和母亲可能有令人吃惊的经济大权，使得她们与丈夫的地位更为平等。

　　西雅娜出身于上流社会家庭。西雅娜的父亲准许女儿聆听毕达哥拉斯的教诲，这意味着他们之间具有良好的关系，所以对西雅娜来说，嫁给毕达哥拉斯几乎没有遭到家人的反对。很明显，这种结合对他们两人都是一个好的安排：西雅娜的嫁妆给这个家带来了财富，毕达哥拉斯则为西雅娜带来文化以及对女性的尊重。这个由家庭成员组成的讨论小组快速成长为一个宗教团体，而西雅娜在其中担任一个重要角色。

　　《论美德》这本涉及毕达哥拉斯的数论、思考灵魂的轮回、描述和谐的宇宙结构的著作，乃是以西雅娜之名写的。根据作者（即使署名西雅娜，但她可能只是一个荣誉作者）的说法，有人宣称毕达哥拉斯曾说万事源于数字，然而这是一种误解。作者的看法是，众生与数字应该被理解为一种比喻，换句话说，众生"像"数字。众生可以像数字一样地计算，而且凭借计算，我们在世界上建立起了秩序。通过数字，我们可以了解现象有长短——有开始，有结束。灵魂当然是既没有开始也没有结束的，因为它是不朽的。按照作者的看法，在死亡的一刹那，灵魂转往一个新的身体，有可能是动物的，也有可能是人类的。人类应该设法与宇宙和谐相处。宇宙是有秩序的，同时每个人也有一个预先就确定好的位置。众生和现象遵从逻辑法则，即使人类也必须服从道德和宗教的规定。如果人类不服从这些规定，破坏这种和谐的关系，他们所受的惩罚将是来世变为非人类。

后来的毕达哥拉斯学派女性成员：芬蒂丝和佩立克多内

　　起初，毕达哥拉斯团体在克罗顿享有很高的名望，后因政治原因而遭驱逐。有关这个团体的命运，来自古代的记录提供了相互冲突的观点。根据某些说法，在毕达哥拉斯去世后，西雅娜及其儿子们一起领导这个团体的活动。第欧根尼·拉尔修提到，毕达哥拉斯把和他的学说有关的秘密著作移交给他的女儿黛莫，并且禁止她将这些资料泄露给团体以外的任何人。

尽管这么希望，但毕达哥拉斯的学说并没有被保留在自己人的小圈子里，反而广泛传播，甚至还影响了柏拉图和亚里士多德。那些持续研究毕达哥拉斯的学说及教导约700年的哲学家，起初被称为"后毕达哥拉斯学派"（公元前400—公元前200），后来改称"新毕达哥拉斯学派"（公元前100—公元200）。这些团体中也有女性，其中以芬蒂丝和佩立克多内最有名。有一篇讨论人类的美德、名为《女性的理性》的哲学论文，其署名便是"克罗顿的芬蒂丝"。根据她的说法，勇气、公平、智慧是两性的美德。依她的观点来说，不可否认，比起女性，男性在他们的社会职责上被要求拥有更多的勇气与智慧。

在以爱奥尼亚方言写就的《女性的和谐》中，柏拉图的母亲佩立克多内重述了芬蒂丝所描述的美德。佩立克多内鼓励女性在家培养那样的美德。按照她的观点，一个女性的主要职责是管理好家庭，所以即使她的丈夫无法履行自己的责任而忽视家庭时，她也必须处理好家庭事务。比起许多男性哲学家的理念，芬蒂丝和佩立克多内的思想比较实际。她们设法给女性提供一些清楚的指导，教导她们如何生活方能使家庭和谐。

"和谐"是毕达哥拉斯学派最重要的中心主题之一，因此在教学的各个层面都一再重复。毕达哥拉斯认为宇宙建立在和谐的基础之上，所以人们在生活中应该遵守和谐的原则。根据毕达哥拉斯学派女性成员的看法，当两性之间传统劳务的区分得以维持时，社会和谐可获得最佳保障。然而这并不意味着女性是被动角色，恰恰相反，女性要很起劲地、勇敢地、公平地、智慧地管理她们自己的领域——家庭。

毕达哥拉斯学派女性成员的写作形式中也包括书信，在信中有关于抚育孩童、管理家庭等内容，女性之间会互相讨论并给予指导。这些信件署名西雅娜以及玛莉萨、米娅，据说玛莉萨和米娅是西雅娜的女儿。此事佐证了毕达哥拉斯学派的女性成员"能读会写"这种观点，然而在古希腊，读和写本是一件不寻常的事，尤其对女性来说。这些信件还描写了许多其他事情，比如女性的文化、与女性友人分享的生活、由女性管理的家庭领域、教育对毕达哥拉斯学派的重要性。按照毕达哥拉斯学派的世界观，家就是小规模的国家，它该如何管理和领导，绝非无关紧要的事情。economy（经济）源自希腊文 oikonomia（oikos，指房屋、住宅；nomos，指规则、法律），而且指的是住宅管理及其经济。因此，住宅管理超出了准备食物和清洗衣物的范围，这意味着还必须留心整个房子及其居住者——家族成员、佣人、奴隶——的福祉。

毕达哥拉斯学派女性成员的著述，对所讨论的女性和她们在当时的地位产生了什么作用呢？就她们本身的例子来说，毕达哥拉斯学派女性成员的表现说明女性是有能力参加哲学性和社会性讨论的。她们提高了女性传统角色（母亲和妻子）的地位，同时也证明，这个世界之所以由男性主导——涉及政治、政府、司法、军队领域——是因为有家庭可倚靠，而那里正是女性的领域。家（oikos）和城邦（polis）绝对不是彼此分开的两个领域，反而紧密相连，以至于模糊了公私领域的界限。由此可知，20 世纪 60 年代女性主义者所提出的口号"个人即政治"，有一段漫长曲折的历史。

毕达哥拉斯学派女性成员的著述确有其事吗？

对于毕达哥拉斯学派女性成员的著述的真实性，人们业已争论了数十年的时间 [45]。比如人们在新柏拉图学派哲学家杨布里科斯（约245—约325）的文章中发现了一些被保存下来的断编残简。他在对毕达哥拉斯哲学进行广泛介绍时，把毕达哥拉斯学派女性成员的著述和他的毕达哥拉斯生平介绍合并在一起。在他的书里，提到了在毕达哥拉斯哲学发展历程中不同时代的17名最重要的女性。

许多语言学家曾争论说，那些以女性之名写成的文章，最早完成于公元前4—公元前2世纪，或者最迟到公元3世纪。这些文章里所使用的方言和内容掺杂了受希腊化时代影响的东西，从而混淆了毕达哥拉斯学派女性成员著述的日期，同时该学派还支持使用笔名，因而无法确认作者的真实身份。语言和内容的不连贯，也有可能是由那些照抄文章者造成的，是出于故意或不小心。

根据研究这些著述比较透彻的当代芬兰学者侯格勒·泰斯雷夫的说法，在毕达哥拉斯学派中有一种倾向，尤其在希腊化时代的公元前4世纪到公元前2世纪期间，经常使用较早的知名作家的名字。在毕达哥拉斯学派中，某些著述会署上某些知名思想和主张的提出者的名字。比如说，如果某个作者想强调某位特别的学者的思想，他可能就使用此人的名字写作。另一方面，假使有个作者想表达另一种意见，他也许会署上另一个更有权威的、较年长的学者的名字。因而我们可能永远无法确定，究竟是谁以女性的名字撰写了宣扬毕达哥拉斯学派学说的文章，因为有可能是男性，由于他们非常熟悉那些在毕达哥拉斯学派中由女性所掌握的重要部分，所以就用她们的名字来写作。不过，我们也不能排除下面这种可能性（甚至是概率），即文章有可能是由从事哲学研究的女性所写的。

毕达哥拉斯团体在本质上是宗教团体。而在古希腊，宗教也是女性的舞台。甚至在完全重男轻女的雅典，宗教活动场所也是女性唯一可以自由出入的公共场合。或许毕达哥拉斯团体可以被拿来和早期的基督教团体比较，一开始都还看得到女性，等到她们被排除在教会的领导位置之外，便被无视了。毕达哥拉斯学派的女性成员在公元 1 世纪时也可能遭遇到和基督教团体女性成员相同的命运，因此把自己并入罗马时代的柏拉图学派之中。

不论是毕达哥拉斯还是他的拥护者，相关的古代资料常有矛盾。然而争议及含混所不能排除的事实是，我们在毕达哥拉斯学派中发现了女性的名字。或许我们从来不能确定西雅娜和其他毕达哥拉斯学派女性成员对哲学的贡献，但是通过毕达哥拉斯学派，女性在哲学讨论中第一次获得了合乎道德的、知性的、社会性的身份。至于取得与毕达哥拉斯学派女性成员之学问有关的、完整的历史证明，则并无必要。把博学女性和女哲学家这种概念加在西雅娜身上，对后世女性所产生的影响，远比有无任何结论性的东西可证明她的成就来得重要。西雅娜解放了新世纪女性，让她们不断为自己受教育的权利而战，同时在母亲和妻子这种传统的女性身份旁，建立起她们的新身份——博学女性。

在古代，有多少女性哲学家在努力研究学问？

古希腊人区分知识和技能的类别时，所依据的是它们出现在何种条件和情境下。在他们看来，手艺人实际掌握的技术不同于哲学上的概念性理解，而不同种类的知识和技能也与不同的性别联系在一起。

由于古希腊理论家大体上都相信，女性的理性思维不如男性，所以女性不会像男性一样被期待成为哲学家。可是，在古希腊和后来在基督教盛行的欧洲，女性在宗教情境下展现出了智慧。古希腊的女祭司和神谕，以及后来基督教欧洲的神秘主义者，都被认为和神圣的智慧有直接的关联。这也让杰出的女性有可能在某些哲学团体中从事哲学工作。这些女性通常在她们的男性亲属身边，服务于哲学流派。

在古代，女性不仅为毕达哥拉斯学派所接受，而且她们也被昔兰尼学派和伊壁鸠鲁（公元前341—公元前270）学派认可。最有名的女性哲学家是昔兰尼学派的阿雷特（生活与工作于公元前370—公元前340）。她的父亲——昔兰尼的阿瑞斯提普斯，曾经在雅典拜苏格拉底为师，后来在故乡昔兰尼（位于今日利比亚）创立了自己的学派。在那里，由他的女儿阿雷特和孙子小阿瑞斯提普斯（接受母亲教诲）担任导师。在公元前4世纪的同一时期，有一位名为雷翁提翁的女性哲学家活跃于伊壁鸠鲁学派，此学派也被称为"花园学派"。古代的资料提到，雷翁提翁有一著述，针对亚里士多德的拥护者泰奥弗拉斯托斯（公元前371—公元前287）的思想提出了批判性的观点。在雅典，女性参加哲学辩论是不受青睐的，所以雷翁提翁被人们称为"直言不讳之交际花"。不论是阿雷特还是雷翁提翁的著述，都没有保留下来。无论如何，后人频繁引用古希腊女性哲学家的著述，此即肯定了她们的存在和努力[46]。

阿斯帕西娅

女性能思考吗？

阿斯帕西娅（约公元前 470—公元前 410）是谁[47]？我们之所以知道她，是因为在阿提卡喜剧中，柏拉图（公元前 427—公元前 347）、色诺芬（约公元前 430—公元前 350）、埃斯基涅斯（约公元前 390—约公元前 314）3 人的对话里提到了她。而我们对苏格拉底的认知也基于相同的途径。阿斯帕西娅和苏格拉底是同一时代的人。就已知的资料，他们没有一人写过哲学论文，尽管这两人都被认为能言善辩。与他们同时代的人采用足以激起强烈情感的、赞扬或诽谤的言辞来描述他们。阿斯帕西娅被称为"女苏格拉底"并不是没有原因的。比起苏格拉底，雅典有权势的政治家伯里克利（约公元前 495—公元前 429）之妻的故事则鲜为人知。在古代喜剧中，即使辩论大师苏格拉底受到嘲讽，但是当柏拉图为他的老师写了一则赞赏有加的纪事之后，苏格拉底在西方哲学史上的基础地位遂建立了起来。阿斯帕西娅就没有这么幸运了。

在希腊人，尤其在雅典人的想法中，女性的名誉十分重要，可是对于名誉的最终定论却是由男性来下的。从阿斯帕西娅所处的时代算起，至今已超过 2 400 年，由于人们对她有太多的解读，我们无法分辨其中的真假。可是，通过研究解读她名誉的资料，我们可以找出一个重要问题——古希腊人相信女性能思考吗——的

🐟　（对页）阿斯帕西娅的石雕头像。

🖼 萨福读诗给朋友听。萨福是古希腊最有名的博学女性，她的诗流传甚广。此为古希腊瓶画复制品。

答案。因此，阿斯帕西娅成为这个问题的头号案例。对于和她同时代的人来说，她是个奇怪的存在：一个接近雅典的权力核心的知性妇人。当时有无数的纪事提到由她引起的混乱。雅典人看不惯博览群书且拥有思想和见解的女性，他们更看不惯女性在公开场合勇于表达自己。然而这些正是阿斯帕西娅所做的事。

阿斯帕西娅出生于国际都市米利都，此地从公元前 7 世纪起便以贸易和哲学出名。公元前 494 年，波斯人摧毁了米利都，不过大约在阿斯帕西娅出生的公元前 470 年，米利都快速重建了起来。由于此时安纳托利亚的局势仍不稳定，所以很多人离开了米利都，抵达古希腊的西部城市而成为移民。阿斯帕西娅也随着家人在公元前 450 年左右搬到雅典，因为在这里有他们的亲戚。当他们到达时方才得知，该市最有权力的政治家伯里克利刚刚颁布法律，规定只有双亲皆是雅典人的人才能享有雅典公民的权利。这对阿斯帕西娅来说是不幸的，身为一个移民，她无法使自己将来的孩子生活在一个合法的家庭，并获得雅典的公民权。

伯里克利是个具有争议的政治家，他企图运用所有可能的手段，在政治上重要的多数人，亦即穷困的工人和农民之间，强化他自己的权力。"直接民主"政策给比较贫困的雅典人提供了机会，让他们可以对国政表达意见。当时，所有雅典的成年男性公民都有权利和责任在公开集会中投票，但唯有富裕的公民才可以取得正式职位，因为那是无薪的。伯里克利强行通过改革，为正式的职务争得报酬，使较不富裕的人愿意寻求公职，而不会觉得不划算。伯里克利也借着安排雅典人的工作，加强他的政治援助；对于那些住在雅典的移民，他也会借着承包宏伟的帕特农神庙——祭祀雅典守护神雅典娜的寺庙——的工程，给予他们工作机会。晚年，伯里克利曾发动了一场所费不赀的对抗斯巴达的战争，目的在于确保雅典能够在古希腊城邦国家之中保持贸易、工艺、海权的主导地位。对进取的伯里克利来说，雅典是个未来什么都可能发生的仙境。

无论何时论及古希腊在民主、建筑、文明、艺术上的伟大成就，最常被提到的都是伯里克利时期的雅典。雅典是祭祀女神雅典娜的城市，根据神话，雅典娜是从她父亲宙斯的前额生出来的。宙斯吞下他的配偶——智慧女神墨提斯，因为他害怕妻子会生下比他聪明的孩子。在祭祀一个强有力的女神的同时，却把他们自己的妻子、母亲、姊妹锁在家里的围墙内，而且让她们在经济上和法律上都完全倚靠男性，这对雅典男性而言并没有什么不对劲。

伯里克利和移民中的知识分子维持着良好的个人关系。从古希腊其他地方移民到雅典的博学之士——哲学家和诡辩家——中的大多数加入了有名的伯里克利小圈子。圈子中有个和伯里克利同时代的人阿那克萨戈拉（公元前500—公元前428），将爱奥尼亚的自然哲学带到雅典。来自米利都的知识分子与上流社会人士彼此维持着紧密联系。所以，当阿斯帕西娅和家人一起抵达雅典时，她非常有可能会和她的同乡联络。虽然我们不能确定，但似乎自然而然会让人觉得，那些强有力的联结确实存在。

伯里克利和这位来自米利都的年轻、可爱、反应灵敏的女性坠入了情网。按照当时雅典通行的法律，他们无法正式结婚，因为阿斯帕西娅是移民。虽然伯里克利本人参与制定了这一法律条款，但当他希望阿斯帕西娅成为他公开的配偶时，却又无视此规定。他们至少有一个儿子，尽管这个儿子属于移民的后代，但仍获得保证在他父亲去世后有权成为雅典公民。对于阿斯帕西娅和伯里克利之子的公民资格保证，显示出大多数雅典人对他的父母是心存敬意的。

对于这位大政治家的外国妻子，并非所有的雅典人都投以善意的目光。他们还指控阿斯帕西娅和其他博学的爱奥尼亚人（比如阿那克萨戈拉）怜悯波斯人和无神论者。许多博学的移民受到伯里克利的保护，但最终仍受到迫害，甚至被迫离开雅典。针对阿斯帕西娅的控告显示，人们认为她有过度的政治影响力。更有些人把她看成对雅典的威胁。针对伯里克利小圈子的指控大都被导向她。当政治明星伯里克利因所费不赀的伯罗奔尼撒战争而开始失去光环时，他的政治对手和阿斯帕西娅的诽谤者便随之不断增加。

伯里克利小圈子里的阿斯帕西娅

在伯里克利的小圈子中，阿斯帕西娅虽是唯一的女性成员，却很活跃。由于雅典人对于具有影响力的女性还感到不习惯，所以这引起了人们的敌意。雅典的喜剧作家阿里斯托芬（公元前446—公元前385）和欧波利斯（公元前446—公元前411）将阿斯帕西娅塑造成一个粗鄙的女性，而其真正的用意是间接攻击伯里克利。

在古希腊艺术中，不像在伊特拉斯坎艺术中那样有许多恩爱夫妻的绘画作品。然而从阿斯帕西娅和伯里克利的故事来看，在古希腊也有互相敬重的伴侣。图为香水盒上的夫妇画像（复制品）。

他们的喜剧深受大众喜爱。在喜剧里，阿斯帕西娅被贴上交际花和妓院老鸨的标签。她也被指控为无神论者以及追求权力的女性，还操弄伯里克利做出对国家不利的决定。甚至在喜剧中，对斯巴达的那一场漫长又所费不赀的战争（伯罗奔尼撒战争，公元前431—公元前404），也被加入她的"罪恶清单"中。

对于政治和哲学本质相当严重的许多指控，被加诸在阿斯帕西娅的身上。许多具有影响力的雅典人觉得，阿斯帕西娅散发出一种威胁，因为她能影响伯里克利，从而影响到整个国家。按照柏拉图和其他哲学家的观点，诡辩家是对国家的一种威胁，因为他们把太多的重点放在了语言的说服力上，而没有做出足够的努力去思考他们所主张的理由是否公正且值得捍卫。由诡辩家所传授的、被用于具有说服力的辩论和修辞之中的技巧，流行于雅典的自由民众之间，因为在伯里克利的时代，社会大众对于政治越来越重视。而柏拉图的兴趣在于真相本身，因此他担忧诡辩家更有可能以他们的修辞技巧来隐藏真相，而非揭露它。

在伯里克利的时代，雅典是个开放的社会，因此喜剧作家可以通过其作品对社会进行批判。对拥有权力之人的严厉批判，有可能对拥护批判观点的人产生重大的影响，因此社会批判必须罩上一件讽刺的披风来加以掩饰。柏拉图是反对伯里克利政策的人之一。他对于老师苏格拉底在公元前399年被判处死刑一事内心感到特别沉痛。当时，由通过抽签选出来的公民们判定对苏格拉底的指控——"祭祀假神，腐化年轻人"——是否成立。占微弱多数的人认为苏格拉底有罪，这一点令柏拉图和许多其他苏格拉底的追随者感到失望。虽然对苏格拉底的死刑判决不是伯里克利宣布的，但柏拉图认为，伯里克利不能支持这种社会竟然把像苏格拉底这般有智慧的人判处死刑。

阿斯帕西娅出现在柏拉图的对话录《美涅克塞努篇》里。柏拉图以苏格拉底的口吻取笑虚伪的修辞以及诡辩家（比如阿斯帕西娅）的种种表现。在对话录里，柏拉图显然想说的是，写一篇赞美国家且符合修辞规则的文章很容易，任何人——甚至阿斯帕西娅——都做得到，然而分析一个国家是否值得感谢就困难多了。弦外之音是，柏拉图批判伯里克利和由雅典发动的对抗斯巴达的战争。在对话的字句里，他借苏格拉底之口赞美阿斯帕西娅，然而这些赞美却是带有讽刺意味的。一方面，柏拉图攻击阿斯帕西娅在喜剧中传达给众人的形象；另一方面，则攻击她处在伯里克利小圈子内作为诡辩家的名声。按照柏拉图的说法，阿斯帕西娅并不是像苏格拉底那样的真正的哲学家，只不过是个好演说者，是个诡辩家而已。

关于阿斯帕西娅的名声实在很有趣。何以交际花与职业艺人的形象也和她牵连在一起？那是因为她通过性而到达了权力的核心（阿提卡喜剧的说法）；另一方面，是她博学和雄辩的演说者形象。在一个女性保持沉默、服侍丈夫乃是最高美德的社会里，一个雄辩滔滔的女性必然会带来混乱。

比起柏拉图，居住在阿提卡的斯菲托斯的埃斯基涅斯（约公元前390—约公元前314）将阿斯帕西娅塑造成了一个较为正面的形象。埃斯基涅斯是一位政客和雄辩家。虽然他不像柏拉图那样是一位有地位的哲学家，但他把柏拉图对话的形式用在了他的写作之中。后来这些对话被称为"苏格拉底式的"。在埃斯基涅斯所写的对话《阿斯帕西娅》里，富人卡利亚斯请求苏格拉底为他儿子推荐个好老师。苏格拉底推荐了阿斯帕西娅，因为她曾是他在修辞学方面的老师。

在色诺芬所写的对话中，阿斯帕西娅是一个独立的修辞学教师，而且和苏格拉底的内部小圈子有联系。事实上，色诺芬不是哲学家，而是有成就的散文家、历史学家、马术专家，他还接受过军事训练。除了历史著作，他还写了广受欢迎的、与马术及家庭管理相关的指南。在他写的对话中，苏格拉底是一位在现实和道德问题方面的睿智顾问，比如在《经济论》里便探讨了家庭管理与婚姻的问题。在古代的雅典，以法律用语来说，婚姻主要是一项财物协议。在这个对话里，阿斯帕西娅扮演家庭管理者和婚姻顾问的角色。色诺芬强调，美满的婚姻和良好的家庭管理，其基础在于相互信任。这样的观念通过苏格拉底和阿斯帕西娅而传达出来。

在史料中，阿斯帕西娅的形象多种多样，难以定义。在阿提卡喜剧中，她被贴上具有影响力的交际花的标签，而在其他著述中则是像苏格拉底那样的哲学家。与阿斯帕西娅有关的、公元前5世纪的资料，并未提到阿斯帕西娅曾经是个交际花或职业艺人。在阿斯帕西娅去世500年后的罗马时代的作家，则怀疑她是交际花，因为伯里克利并没有合法地迎娶她，而且当时有影响力的人通常都和交际花有关系。显然，这些作者没想到其实是雅典的法律阻止了这桩婚姻，因为阿斯帕西娅并非雅典本地人。

和阿斯帕西娅有关的罗马方面的资料，其最重要的来源是普鲁塔克（约46—120）的作品。他写的古希腊和古罗马名人传记在古代就很流行，而且极大地影响了今人对古代的看法。从普鲁塔克的基于毕达哥拉斯/柏拉图哲学的观点来看，在男女的关系上，他可能支持两者的彼此和谐，而非服从关系。在普鲁塔克所写的与伯里克利的生活有关的历史著作中，他很明显地对于阿斯帕西娅作为一个具有影响力的雅典人这种角色非常感兴趣。虽然普鲁塔克认为她是个交际花，但并未否定她的智力和政治影响力。

如果我们考虑到雅典人对这方面的挑剔，那么伯里克利和一名交际花过着像夫妻一般的生活，是不太可能的。的确，当时男性在妓院与交际花勾勾搭搭是可以被接受的，但雅典人却不准把这种做法带到自家的屋檐下。伯里克利几乎不可能以这种事情来刺激雅典人，进而影响自己的政治地位。即使阿斯帕西娅极有可能不是交际花，雅典人依旧把她看成一个可疑的移民，因为对一个女性而言，她明显拥有太多的学识和野心。

伯里克利死于公元前429年，之后阿斯帕西娅改嫁给吕西克列斯，他是个雅典政客和养羊的农户。在结婚典礼后不久，阿斯帕西娅生下第二个儿子。结婚典礼之后不到一年，她的丈夫去世，当时鼠疫正侵袭雅典。没有准确的历史记录显示阿斯帕西娅死于何时、何地。如果她活到很老，应该见证了雅典的兴衰。

女性能思考吗？看看柏拉图和亚里士多德的观点

想判定阿斯帕西娅的真实个性，实际上是不可能的，因为与她生活相关的事实记录数量很少。然而在关于博学女性的历史中，她是一位杰出人物。在她所处的时代，人们因为她而第一次严肃讨论了有关女性的知性和思维能力的问题。这项讨论一直延续到我们这个时代。

由于阿斯帕西娅，雅典人必须面对女性是否能思考的问题。柏拉图是第一位深入提出这个问题的人。虽然他在《美涅克塞努篇》的对话中讽刺了阿斯帕西娅，但是这增强了阿斯帕西娅在对话中所扮演的角色的重要性，也算是一种肯定。这位哲学家一辈子单身，而且在他的对话录中，仅包括3位女性人物：赞西佩，苏格拉底爱吵架的妻子；女祭司狄奥提玛；以及阿斯帕西娅。

在阿斯帕西娅所处的时代，或许她是一位超级名人，所以经由她而引起的与女性社会地位有关的公开讨论，迫使柏拉图不得不思考这个问题。

根据柏拉图的说法，无论男女都有相同的能力，可以吸收理论知识和使用逻辑。在柏拉图看来，这是可能的，因为他认为男女的灵魂拥有相同的结构，而且人类吸收知识乃经由灵魂。按照柏拉图的观点，通过严格的学习和对生活的禁欲态度，灵魂能得以净化。在柏拉图所写的对话录《理想国》里，他提出国家必须有一套养育和教育的系统，不论什么性别的人，都能够在其中纯化他们的能力，并达到最大的可能性。对于上流社会的男孩、女孩，应该按照他们的能力，教以音乐、体育、马术、哲学、军事和统治技巧。柏拉图认为，评估每个人的社会地位时，不必与性别相对应。权力应该执掌于那些在客观上深知什么是对每个人最好的人手中。在这方面，性别不会自动让任何人比其他人更能干。柏拉图认为，唯有哲学家，不论他们是男是女，才能拥有这样的智慧，因此他们能公正且对全民有利地行使权力。

在当时，柏拉图的性别平等的思想——固然只在统治阶级之间——可以视为极为激进。这一思想不但对他的时代来说非常惊人，而且在欧洲保持其激进性超过 2 000 年。虽然柏拉图所提出的理想国的其他许多特点多在贬抑女性，但是他相信她们的知性能力，这一点却是异常先进的。在柏拉图的理想国里，他想移除婚姻的以及上流社会父母子女之间的纽带。柏拉图想把上流社会的女性从母职和家庭管理中解放出来。女性是否想要从母职中解放出来以便为国家服务，柏拉图并无兴趣知道。柏拉图不是女性主义者。他并不关心女性所真正感受到的、想到的、希望的、需要的是些什么。总之，柏拉图对于什么东西对个人有利并没有兴趣。他在乎的是，什么对团体有益。对他来说，对个人有利的东西通常都从属于对国家有利的东西。

柏拉图在《法律篇》中也提出了一种对女性社会地位的更为保守的看法，而这正是他的学生亚里士多德思想的出发点。他思考在雅典的一般人所能接受的性别观点，然而在雅典，女性被视为一种不证自明的、低于男性的存在。在许多希腊人看来，并没有特别的理由需要去改变这种观点，即使亚里士多德企图找出女性比男性更易感到自卑的原因。他认为，人与人之间的关系自然而然就有等级之分——它是介于统治者和被统治者之间的关系。按照亚里士多德的观点，男性和女性原本就有不同的美德。他认为，在价值上，女性的美德大大低于男性，但他并没有把女性降低到动物的层次。谈论女性的理性和勇气等方面没什么用，因为她们小小的理性不足以控制她们的欲望和感情。有鉴于此，女性被谴责为意志薄弱的感情动物、"自然的奴隶"，因为她们受激情和诱惑的引导。

在亚里士多德的观念中，就智能而言，女性的禀赋低于男性，而且这种观念主导着欧洲直到 20 世纪。然而这种对女性知性能力的轻视态度，在削弱更多女性的正面形象方面并未获得成功。在过去的 2 400 年间，阿斯帕西娅经历了许多次"复活"。在中世纪，一位熟悉古代哲学的法国修女爱洛伊丝（约 1100—约 1164）写道，她想成为阿斯帕西娅。1864 年，阿斯帕西娅的人像出现在雅典大学主建筑物新近完成的门厅上。许多古希腊最杰出的思想家被画在壁画中，称为"阿斯帕西娅沙龙"。在壁画中，阿斯帕西娅回家了——她坐在伯里克利的旁边，一只手轻搭在他的肩上，听着以手指天的柏拉图说话。

希帕蒂亚

从缪斯女神到学者

约从公元前 300 年到公元 400 年，大约 7 个世纪的时间，埃及的亚历山大城是希腊化世界里学术、航海、贸易的中心。在城内的许多优秀的机构中，最突出的是被奉献给缪斯女神的"缪斯学院"（Musaeum），它具有科学研究和文化中心的职能。巨大的图书馆藏有成千上万的手稿，吸引了来自希腊化世界的各地学者，后来吸引来的则是罗马帝国各地的学生。所有希腊罗马世界的知识，以及古埃及人、美索不达米亚人、腓尼基人、犹太人的智慧，全都被收罗在亚历山大城图书馆的围墙内[48]。

🏛 （上图）古代晚期，描绘亚历山大城的马赛克镶嵌画（位于格拉森的圣施洗约翰教堂，公元6世纪30年代）。

公元 4 世纪末到 5 世纪初期，在这段动荡不安的时期，希帕蒂亚（约 370—415）可以直接感受到她的故乡带着知性气息的氛围。在这一时期，罗马帝国正式改信基督教。希帕蒂亚的父亲席昂，是缪斯学院的最后一位伟大的数学家和天文学家，以及女儿的野心勃勃的教师。虽然缪斯学院的各项活动逐渐停止，而且它的图书馆最终在 4 世纪末期被烧毁，但是希帕蒂亚以一位受尊敬的学者的身份继续她的工作，直到公元 415 年逝世为止。许多当代和后来的学者认为，她是她那个时代最杰出的希腊数学家，也是古代晚期最重要的新柏拉图学派哲学家[49]。

在过去的几个世纪里，对于希帕蒂亚的人生和悲剧之死，我们堆起了厚厚一摞虚构小说。不过，比起其他的许多古代学者，我们对希帕蒂亚还能够有所知，也算是幸运的了。大量写给她的书信被保存下来。辛奈西斯（约 370—413）从古希腊城市昔兰尼寄给其老师的信里提供了一些信息，让我们知道希帕蒂亚是怎样的人，以及她教导些什么。虽然只能确定希帕蒂亚学术工作的头衔，但基于这些，我们可以肯定她对于古希腊数学的所有领域都很精通。她撰写了有关佩尔盖的阿波罗尼奥斯（约公元前 262—公元前 190）的圆锥曲线、丢番图（约 246—330）的算术、阿基米德（约公元前 287—公元前 212）的球体及锥体的表面积和体积的理论、托勒密（约 90—168）的天文学等的评论。希帕蒂亚的数学工作的价值，不会因为她在年轻时曾与父亲席昂一起密切地工作而减色。希帕蒂亚并非只是她父亲的小助手，事实上她是一位值得尊敬的独立学者、数学家、天文学家、哲学家。当代资料显示，希帕蒂亚也是一位有魅力的教师。

被用作船头装饰的古埃及王后贝勒尼基二世的肖像，由此可以看出，亚历山大城占据着海上霸权地位。

亚历山大城——古希腊的科学首府

公元前 333 年，亚历山大大帝（公元前 356—公元前 323）在尼罗河三角洲面对法罗斯岛的一块土地上建立了亚历山大城。而在 5 个世纪以前，荷马曾在《奥德赛》里将此地描写为极佳的天然海港。亚历山大想把亚历山大城打造成他辽阔帝国的首都，这个帝国从希腊穿过埃及到遥远的东方，直到古希腊人所知的世界边缘——美索不达米亚。随着亚历山大的过早死亡，帝国在一场血腥的权力斗争之后被马其顿的将军们瓜分，其中"救主"托勒密一世（约公元前 367—约公元前 283）占领古埃及。起初，古埃及人视古希腊人为解放者，因为在他们的协助下，古埃及人才有办法摆脱前统治者——波斯人。后来，古埃及人和古希腊人的关系变得非常复杂，利益分配并不平均。虽然在 3 个世纪中两种文化彼此融合，但古希腊的上流社会人士特别坚持他们的古希腊传统、习俗和语言。

托勒密一世攫取权力后不久，宣称自己为埃及法老，而且他的家族在希腊化时代的 3 个世纪里一直统治着埃及。托勒密家族的权力随着最后一任统治者克利奥帕特拉的去世，在公元前 30 年结束。托勒密一世有一个雄心勃勃的目标，想把亚历山大城打造成一个进步和文化多元的城市，在这里，科学和艺术同样受到青睐。这一点他是成功的，尤其在科学方面，因为古希腊世界最杰出的学者，例如数学家阿基米德、佩尔盖的阿波罗尼奥斯、欧几里得（约公元前 330—公元前 275）、埃拉托色尼（公元前 276—公元前 194），以及天文学家喜帕恰斯（约公元前 190—公元前 125），在他们生命中的某个时期都在亚历山大城从事研究或工作过。罗马时代，则有著名的天文学家和地理学家克劳狄乌斯·托勒密（与统治者托勒密家族无关系）。此外，数学家丢番图也在亚历山大城的科学界扮演着重要角色。

到了希帕蒂亚所生活的 4 世纪 70 年代，亚历山大城成为罗马帝国的一部分已长达几乎 4 个世纪。它仍保持着作为地中海世界科学首府的地位，即使在雅典仍有相互竞争的学者圈子，而且文学和哲学流派也融入了罗马的圈子。在希帕蒂亚的一生中，亚历山大城的 50 万人口由希腊和罗马上层阶级、埃及工人、犹太人、奴隶组成，他们的境遇因他们的背景和技艺而有所不同。以罗马人为例，亚历山大城是罗马帝国的重要港口和贸易中心，埃及的古物和其他财宝便经由此地转运到地中海地区各处。

在罗马帝国内，亚历山大城无论在知性上还是管理上，都能够维持住希腊城邦的状态。尤为明显的是在措施上，希腊的上层阶级小心翼翼地守护着自身在商业和管理上的利益，以及文化和法律。在克利奥帕特拉之前，出身托勒密家族的法老中没有任何一位学习过埃及语言，亦可证明这个城市的希腊特性。由于遵从希腊的风俗，这个城市的立法不利于女性，她们没有被赋予拥有财产或起草遗嘱的权利，这一点和她们的埃及姐妹们不同。实际上，在亚历山大城有许多具有影响力的女性。此外，罗马帝国其他地方的女性，在丈夫去世后能以她们成年的儿子之名义接手家庭事业。

希帕蒂亚的圈子及其哲学的参考架构

希帕蒂亚主要在家中教授一个小团体，有时候也会对较大群的听众演讲。根据书信，我们知道她在家教授的情况多于公开演讲。出席的年轻男学生来自富裕的希腊家庭，许多人都有光明的未来等着他们，若不是成为城邦官员，便是服务于教会。比如辛奈西斯，双亲富有，他宣称自己是斯巴达国王的后裔，后来他成为昔兰尼加地区的希腊托勒密城的主教。至于希帕蒂亚学生的宗教背景，既有基督教，也有异教徒。就目前所知，希帕蒂亚没有希腊宗教或者基督教信仰。对她来说，比起正式宗教，新柏拉图学派的哲学似乎是更重要的哲学参考架构。

在希腊化时代，科学已经开始分化为独立的学科。到了罗马时期，介于哲学与各个科学学科之间的对话实际上已经结束。与同时期的其他学者比起来，希帕蒂亚在这方面似乎是个例外。在学习数学和天文学的同时，她的小圈子也热心研究新柏拉图学派的哲学，比如普罗提诺（205—270）的作品，这些作品在当时就已经被认为是对柏拉图哲学的最佳再解读。普罗提诺把自己的哲学观点和柏拉图、亚里士多德、斯多葛的思想结合，并鼓励向内观照，他认为，借着向内观照，可以见到缪斯女神（理智或神圣的精神）；借着向外观照，可以看到感官世界的不足。倘若没有更深入的普罗提诺的哲学，那我们可以说，基督教神学受到柏拉图很大的影响，而且他对灵魂与肉体的关系的思索，直到 19 世纪初期依然影响着哲学。对希帕蒂亚的思想有所贡献的另一位新柏拉图学派哲学家波菲里乌斯（约 232—310）是普罗提诺的学生。然而与他的老师不同的是，他也以希帕蒂亚的方式研究毕达哥拉斯学说和数学。

对希帕蒂亚来说，新柏拉图哲学并非只为数学、天文学提供了一个参考架构；更进一步，它塑造了她的生活的伦理基础。我们可以从辛奈西斯的书信中看出，希帕蒂亚设法按照新柏拉图哲学的教义生活，也教授学生们她的生活方式。身为教师和学者，她散发出源自毕达哥拉斯和新柏拉图学派的神秘的宗教之光。而且她强调伦理的价值，同时还展现出一种对数学和天文学的热情。比起她的哲学典范们的学问，她的教授已经醇化成一种更为科学的形态。

对古希腊数学著作的注解

公元 10 世纪有一部完成于拜占庭、与希腊和罗马上古史有关的百科全书——《苏达辞书》。书中提到希帕蒂亚对一些理论的评论，比如针对丢番图的《算术》、阿波罗尼奥斯的有关圆锥曲线的著作《圆锥曲线论》，以及克劳狄乌斯·托勒密的《数学文集》——到 11 世纪时该书以阿拉伯译本的名字《天文学大成》而闻名。根据数学史家威尔伯·克诺尔的说法，希帕蒂亚也研究和撰述针对阿基米德数学理论的评论。

古希腊数学作品的评论者，比如希帕蒂亚和她的父亲席昂，在他们的时代勉强称得上是科学编辑。在评论旧作的过程中，他们也对其进行修改，使它们变得更容易阅读。古代的数学手稿，原本就让同时代的人难以阅读，因为古希腊人进行各种计算的时代，还没有运算符号被发明出来，他们是用语言说明的。此外，在古代和中世纪的科学世界里，人们不存在如同今天一样的版权观念。在评论旧手稿时，古代学者觉得他们正参与一场可敬的科学传统。现今，我们谈论研究主题，然而古代学者在思考他们的题目时，比较在意的反而是参与他们所尊重的科学传统的方式。

如同所有的古希腊数学家一样，希帕蒂亚把 Stoikheia——更广为人知的名字是拉丁文的 Elementa（《几何原本》）——这本由欧几里得完成于公元前 4 世纪、有关几何学的作品视为科学的集大成者。对学者来说，很幸运的是，一篇由席昂编辑的有关《几何原本》的注释保留至今。数学史家托马斯·希斯认为，出于教学的目的，席昂的学生也参与编辑了这份手稿。考虑到希帕蒂亚也是席昂的明星学生，那么她本人极有可能也参与了《几何原本》的编辑工作。

在《几何原本》中，欧几里得，或者可能是一群顶着欧几里得之名的数学家，把到那时为止古希腊人所积累的全部数学知识都收集在这一卷之中。虽然这本书并未包含任何全新的东西，但它的结构以及呈现数学难题的方式令人眼花缭乱。《几何原本》呈现了科学知识不言自明的道理，这原本是由亚里士多德创制的，其所依据的想法是，举凡可论证的科学公理，都可导源于少数基本又普遍的公理，特别是每个来自假设的科学——在这种情况下的几何学。

《几何原本》以几何图形的定义开始，接着是 5 个公理和 5 个公设的介绍。在欧几里得之前很长的一段时间里，古希腊人发现，定义一个图形的最好方法，就是解释它是怎么画成的。唯一获得古希腊数学家认可的工具是画直线的直尺和画圆的圆规。然而不

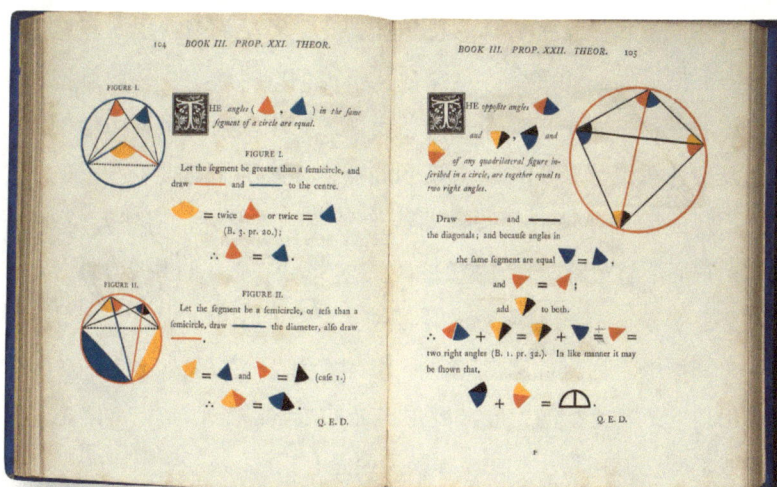

🐚 目前，讲解几何基本原理的课程仍然依据的是欧几里得所写的教科书《几何原本》，他出生和工作于公元前4世纪。《几何原本》杰出的英语版发行于1847年。

是所有的几何问题都能用直尺和圆规解决，例如一个任意角的三等分，以及画圆为方，就不能靠这些工具来解决。古希腊数学家最后尝试根据是否只靠直尺和圆规便足以呈现，或者还需要其他圆锥曲线和更为复杂的曲线这样的差异来对几何问题进行分类。由此可见，欧几里得的作品内容还不够全面，因为它只呈现了那些能够用直尺和圆规解决的几何问题。虽然欧式几何只是许多种可能的几何学之一，但事实证明《几何原本》是如此优秀，因此在超过两千年的数学教学中，它的地位一直未被撼动。即使今天《几何原本》一书已不再被用作教科书，但学校仍继续教授欧式几何。

在亚历山大城，学者们对科学的兴趣在于理论方面。希腊化时代，许多学者就像在亚历山大城工作的欧几里得和阿波罗尼奥斯一样，受到托勒密宫廷的特别保护。学者享受来自国家丰厚的财力支持，因而能够全心全意地从事他们的科学工作，而且他们的赞助者并不要求任何直接的、实质的结果。阿基米德为他的故乡锡拉丘兹设计了更好的水泵和武器，并找到了对抗罗马人的方法。阿波罗尼奥斯有关圆锥曲线的研究在当时并没有实际用途，而且它们能够解释物理现象的重要性，即使在他去世快 2 000 年时也并不显著。当约翰尼斯·开普勒（1571—1630）发现行星轨道不是圆形的，而是椭圆形的，而且当艾萨克·牛顿（1643—1727）提出他的运动定律时，阿波罗尼奥斯的数学以及他所创造的概念，例如椭圆、抛物线、双曲线才被证明是有用的。

希帕蒂亚也注释了丢番图在 3 世纪所发明的数字系统。他提出各种一元、二元、三元方程，而且它们有单独一个解，或者无限个解。14 个世纪以后，也就是在 17 世纪，丢番图的著作强力影响了欧洲数论的发展。拥有无限个解的方程，直到今天仍被称为丢番图方程。就源自古巴比伦的旧代数－算术理论在古希腊的进一步发展而言，丢番图起了承前启后的重要作用。

希帕蒂亚所写的有关古典数学作品的注释，相信大多数都已经遗失了。对今日的数学史家来说，实在很难区分哪些是原文的注释，而哪些是原文；作品中经常被添加用于解释说明的注释，却没有任何说明指出哪些是原文，哪些已被改变。数世纪以来，手稿从某个抄写者和注释者传给另一个抄写者和注释者。还有许多在中世纪时首先翻译成阿拉伯文，后来在 13 世纪逐渐从阿拉伯文或者直接从希腊文翻译成拉丁文。极少的古代手稿以原有的形式保留下来，大多数古代最早的手稿都是古代资料的中世纪抄本。

数学史家威尔伯·克诺尔研究古代数学手稿多年 [50]。他通过比较古代手稿中世纪抄本的风格与内容的特性，判断谁有可能写了许多匿名手稿。至于希帕蒂亚，她的情况特别复杂，因为没有任何单一手稿能够被确定是她所写的，并且可以拿它和其他匿名手稿进行比较。然而克诺尔能够在那些确定希帕蒂亚和她父亲所写的文本中，分辨出她的某些典型的风格特色。根据克诺尔的看法，不寻常的清晰乃是希帕蒂亚的典型风格。按照他的看法，此现象可以通过她的性别来解释，因为她的学术性工作总是处在不断地严格审查之下，所以希帕蒂亚所坚持的工作作风堪称完美。

克诺尔还试图判定另一本被保留下来的图书的作者；该书与阿基米德的圆形测量理论有关，但却以匿名的方式用拉丁文写成，即《圆周的测定》，此书翻译自希腊文文本。克诺尔研究的这个版本，有许多内容均异于阿基米德的最初文本，后者有无数版本被保留下来。这个版本虽然某些部分遗失了，但其他部分却获得进一步的完善。很明显，这些手稿是以教学为目的制作的，而且是由某位非常了解古代数学家及发明者的最早期理论的人所写。根据克诺尔的说法，最有可能完成这些手稿的人是希帕蒂亚，理由是，她是该时代最伟大的数学家。克诺尔认为，希帕蒂亚不仅继承了古代的学术传统，而且是一位独立和创新的思想家，她为旧问题找出了新的解决之道以及表达它们的新方法。

对古希腊天文学著作的注解

除了哲学和数学之外，希帕蒂亚也研究及教授天文学，尤其是克劳狄乌斯·托勒密的著作。希帕蒂亚的父亲席昂，在古代晚期是最重要的托勒密学者之一。席昂对托勒密的名著《天文学大成》的注解是当时和天文学有关的最卓越的工作。希帕蒂亚对于该书最大的贡献从前言里席昂的解释可以得知。他说他女儿特别注释了该书的第 3 章，而这一章涉及了太阳的运行。席昂指出他的女儿是"哲学家"，这显示了在她父亲的有生之年，希帕蒂亚已经获得了作为受人尊敬的学者的地位。

托勒密的《天文学大成》作为与天文学有关的欧洲最杰出著作，其地位保持了长达约 1 500 年的时间。它对于西方天文学的重要性至少可以与欧几里得的《几何原本》之于欧洲数学比肩。如同《几何原本》一样，《天文学大成》是科学的里程碑，在其中托勒密汇编了他那个时代所有的天文学知识。《天文学大成》展现出被古希腊人所接受的一般宇宙观点：地球坐落在中心，它是不动的、球体的，其他天体则以完美的圆形轨道绕着它旋转。亚里士多德所属的柏拉图学派，早在托勒密之前 450 年就已经为此理论奠定了能够被一般的古希腊人所接受的基础。

为了解释何以——不借助在他去世大约 2 000 年之后才由牛顿提出的万有引力理论——天体看起来像在移动，为何物体总是掉落在地上，亚里士多德提出了元素的自然方位说，以及所有物体都向其自然位置移动的理论。按照古希腊人的解释，世界包括 4 种元素：地、水、气、火。至于太空，亚里士多德称它为"月亮以上的世界"，由以太组成。就如同在宇宙里的一切，元素会设法到达它们的最终目的地，也就是说如果它们还未到达，那它们将会朝着本身自然和正确的位置移动。

地元素的自然位置在宇宙的中心，而火元素则会设法从中心移开，或者更正确地说往上移动，因为火的位置在气元素的上方。古希腊人认为，地球坐落在宇宙中心是相当合理的，因为奋力向中心前进正是地元素的固有特性。这个想法似乎很自然，就像一个橡子的固有元素只会让它变成橡树而不会变成橄榄树。

地球的球体形状显然是由毕达哥拉斯学派的哲学家导入的，这些人对数学很有兴趣。按他们的说法，球体或圆形的形状是完美的——因为它的对称性。此外，太阳和月球看起来像球体，这

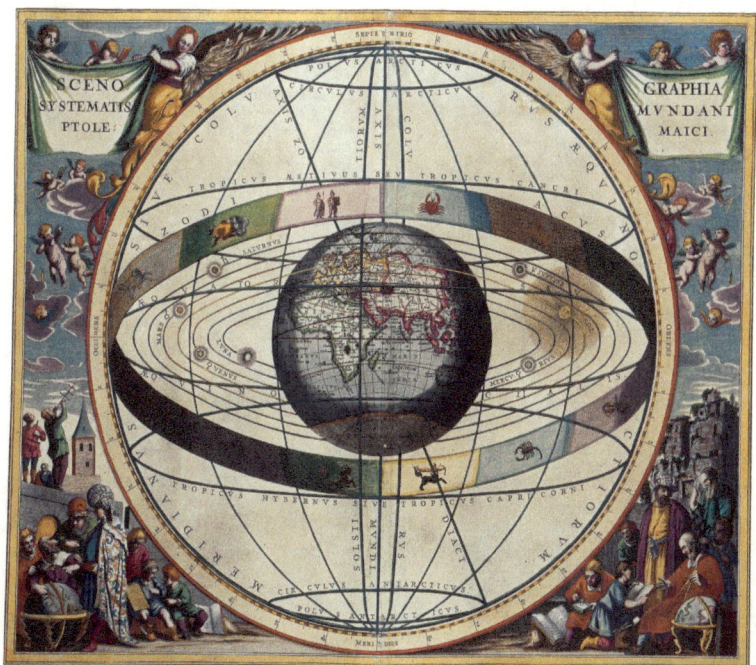

根据托勒密的说法，地球是宇宙的中心，其他天体则绕着它转。这个看法在欧洲天文学领域占据主导地位直到17世纪。

一点更强化了古希腊人的想法——地球是球形的。另一个证据是，当发生月食的时候，地球边缘的阴影投在月球表面上，总是呈现圆弧的形状。如果地球是个圆盘子，它的阴影会在月食期间因月球和太阳的相关位置而有所不同。根据观察，古希腊人对于地球的球体形状有许多争论。在《天文学大成》中，托勒密解释了为何随着帆船靠近海岸，船上的人会看到山峰从地平线上渐渐出现——因为水面是弯曲的。

虽然早在数千年前，美索不达米亚人和古埃及人就已经熟悉天体运行的知识，但最早为天文现象发展出系统性理论的却是古希腊的天文学家。然而就像他们的前人，古希腊人未能获得地球绕轴自转（每转一圈用时 24 小时）以及行星绕太阳公转的知识。若想获得这样的知识就需要望远镜，可是它直到 17 世纪才被发明出来。早期的天文学家必须对夜空做出正确的观察，同时记录每小时天空所发生的变化。黄昏的天空和破晓的天空看起来不同；某些星星升起，其他的则落在地平线之下，此乃根据地球自转一圈用时 24 小时而来。当然，星星的移动只是一种"表面上的"移动，事实上它们并没动。古希腊人认为，当宇宙绕着它的轴做日常公转时，星星牢牢地停留在它的位置上。他们相信，星星被固定在一个透明的球壳上，这个壳以每转一圈 24 小时的速度绕着它的中心点——地球——旋转。

　　为了解释这种每天天空的变化和天空中其他天体的移动，古希腊人进一步发展了球壳绕地球转动的理论，并且认为太阳、水星、金星、火星、天王星、土星等这些肉眼可见的星球附着在球壳上。有关月球、恒星附着在球壳上的这种古希腊人的理论，似乎从他们的观察中可得到支持。然而"漫游的星星"——行星——则不遵守这样的规律。亚里士多德时代的古希腊天文学家已经观察到，行星以不同的速度移动，而且相对于其他天体，它们的行径有点奇怪。如果行星确实绕着地球转，那么它们应该全都在球壳上，和太阳朝向同一方向，不断向西前进。然而事实并非如此。起初它们似乎按照预期向西移动，这样经过几天甚至几个月，某一天它们会突然停止，接着改为向东移动，直到再次停止，然后又回到它们的轨道上，接着再朝西前进。

　　有关行星在球壳上以圆形轨道运行的理论，是由柏拉图和亚里士多德发展出来的。不过，它很快就被行星以椭圆轨道运行的理论所取代，而且后者更能有效地调和对天体的实际观察和宇宙以地球为中心的观点之间的矛盾之处。根据这个巧妙的想法，每颗行星按照它自己的节奏，间歇性地造出另外的"本轮"（在希腊语中是"在圈上"的意思），然后回到它圆形的轨道上。

希帕蒂亚对《天文学大成》的第 3 章进行了大量数学上的完善，而这些又涉及太阳的运行。她也针对《天文学大成》的第 4 章和第 9 章做了订正。第 4 章涉及月球的运行，而第 9 章解释了某些例外，这些是在解释行星运动时所必须顾及的。根据克诺尔的看法，希帕蒂亚的校订工作具有重大意义；她在传授数学和天文学知识方面做出了贡献，而且其影响持续了 1 000 多年。

希帕蒂亚之死——希腊科学在欧洲的枯萎

415 年，希帕蒂亚遭到残忍的谋杀，这让亚历山大城内的人们内心翻搅了好一段时间。最有力的证据显示，感到内疚的教士企图安慰群众，所以在谋杀发生之后还散布谣言说她搬到雅典了，而且生活得很好。然而真相是惨烈的。根据当时的记录，一群基督教僧侣在一座教堂内切开了她的喉咙，肢解了她的身体，杀了她。在遭暴力而死亡后，希帕蒂亚被奉为希腊科学的烈士。对后来的世世代代而言，她被谋杀这一事件显露出两个世界的分水岭。她被认为是新时代中异教徒的代表，是那个时代希腊科学及文化领域最后一位伟大的人物；而诛戮她的人，则是敌视科学的、基督教世界的早期领头人物。

希帕蒂亚因为哲学和政治的因素而亡。基督教的教徒加诸那些被他们称为异教徒身上的，正是早期异教徒加之于他们的。这些基督教的教徒们迫害和摧毁每一件被他们认为是异教邪说的东西和每一个异教徒。在古代晚期，数学被运用到天文学和星座运势表的制作上，此二者都源于古代美索不达米亚。由于只有少数教士熟知数学，这些人无法将星座运势表制作者和学院派数学家区分开来，所以所有与数学有关的事物都被视为令人质疑的东西。希帕蒂亚在生前就曾遭到教士的攻击，因为她是亚历山大城地位最高的世俗官员"完美者"奥雷斯特的亲密朋友及政治支持者。由于亚历山大城牧首西里尔除了掌握教会的力量以外，还寻求拥有政治力量，因此和奥雷斯特起了冲突。有个传遍全市的谣言说，希帕蒂亚施行了一种巫术——终究她是一位可疑的"数学家"——同时煽动奥雷斯特反抗西里尔。415 年，教会的代表们所助长的对希帕蒂亚的仇视达到了重要关头，一群愤怒的基督教僧侣对她实施了可怕的威胁行动。

直到 19 世纪，历史学家才认为希帕蒂亚是古希腊的最后一位学者，因为在她之后，西罗马帝国进入毁坏和黑暗的时代。这类浪漫的历史著述，在 1720 年由约翰·托兰德出版的希帕蒂亚传记中获得最佳的体现。1735 年，著名的德国哲学家和数学家约翰·克里斯蒂安·沃尔夫（1679—1754）出版了一本有关古代希腊、罗马博学的女性的书，该书名为《希帕蒂亚：或者一位最美丽、最有道德、最有学问、各方面都有成就的淑女之历史》[51]。书中指出，亚历山大城的教士将希帕蒂亚粉身碎骨，为的是帮助他们的大主教圣·西里尔去除心头之恨；除了希帕蒂亚以外，沃尔夫还提到数十位博学的古代女性，例如毕达哥拉斯学派的女性成员和阿斯帕西娅 [52]。

现代史学家解释希帕蒂亚之死所造成的影响，不像约翰·托兰德所说的那样具有戏剧性。亚历山大城的学术和科学研究并未随着希帕蒂亚之死而结束，只是不能再与过去的荣光相比拟了。许多值得一提的新柏拉图学派基督教哲学家，比如辛普利西奥、西米亚斯之子阿摩尼奥斯、阿斯克勒庇欧多特斯、约翰尼斯·菲罗波诺斯，他们都是有成就的数学家，在 5—6 世纪仍在该城市中居希帕蒂亚和其他古代希腊天文学家都很熟悉这种用来将天体定位的星盘。在中世纪，它沦落至无人使用的地步。直到12世纪，它才由穆斯林天文学家重新引入欧洲。

住和工作。6 世纪 30 年代，菲罗波诺斯写出了和星盘有关的最早的现存作品。星盘是一种天文工具，用来预测太阳、月球、行星、除太阳外的其他恒星的位置；从特定的纬度来确定当地的时间，反之亦然。在菲罗波诺斯有关星盘的著作中，他也提到希帕蒂亚的父亲席昂在这方面所做的努力。虽然缪斯学院的学术和科学工作逐渐被世人遗忘了，但是当阿拉伯人最后在 642 年征服亚历山大城时，城内仍有约 4 000 家公共澡堂、400 家剧院在运营中。

　　在中世纪的欧洲，这一古代遗产仅有一小部分留存下来。410 年，当西哥特人行军进入罗马时，强大的西罗马帝国迅速瓦解。

然而这并不意味着古代文化遗产全部被毁坏和最终消失，它们被保存于修道院中。在那里，博学的修士和修女一个世纪接着一个世纪耐心地抄写古代的手稿。在阿拉伯人手中，这一古代遗产在7—12世纪得以复活。它也在拜占庭帝国（即东罗马帝国）获得了新生，在拜占庭保存了许多古代的原始手稿。阿拉伯人和拜占庭人都是古希腊科学手稿的热心学生，这些手稿还被阿拉伯人翻译成自己的语言。

若非阿拉伯人和拜占庭学者对古希腊文明抱持兴趣，大量的古代遗产将会遭遇和希帕蒂亚手稿一样的命运：消失无踪。在后来的史学中，希帕蒂亚是第一位被视为独立学者，而且还是真正与男性并驾齐驱的女性。

（对页）在中世纪中叶，阿拉伯人对古希腊科学非常感兴趣，遂开始将古希腊手稿译成阿拉伯文。到了12世纪初，西欧学者发现了许多在中世纪早期为人遗忘的古希腊文本（多亏阿拉伯人），并将它们翻译成拉丁文。

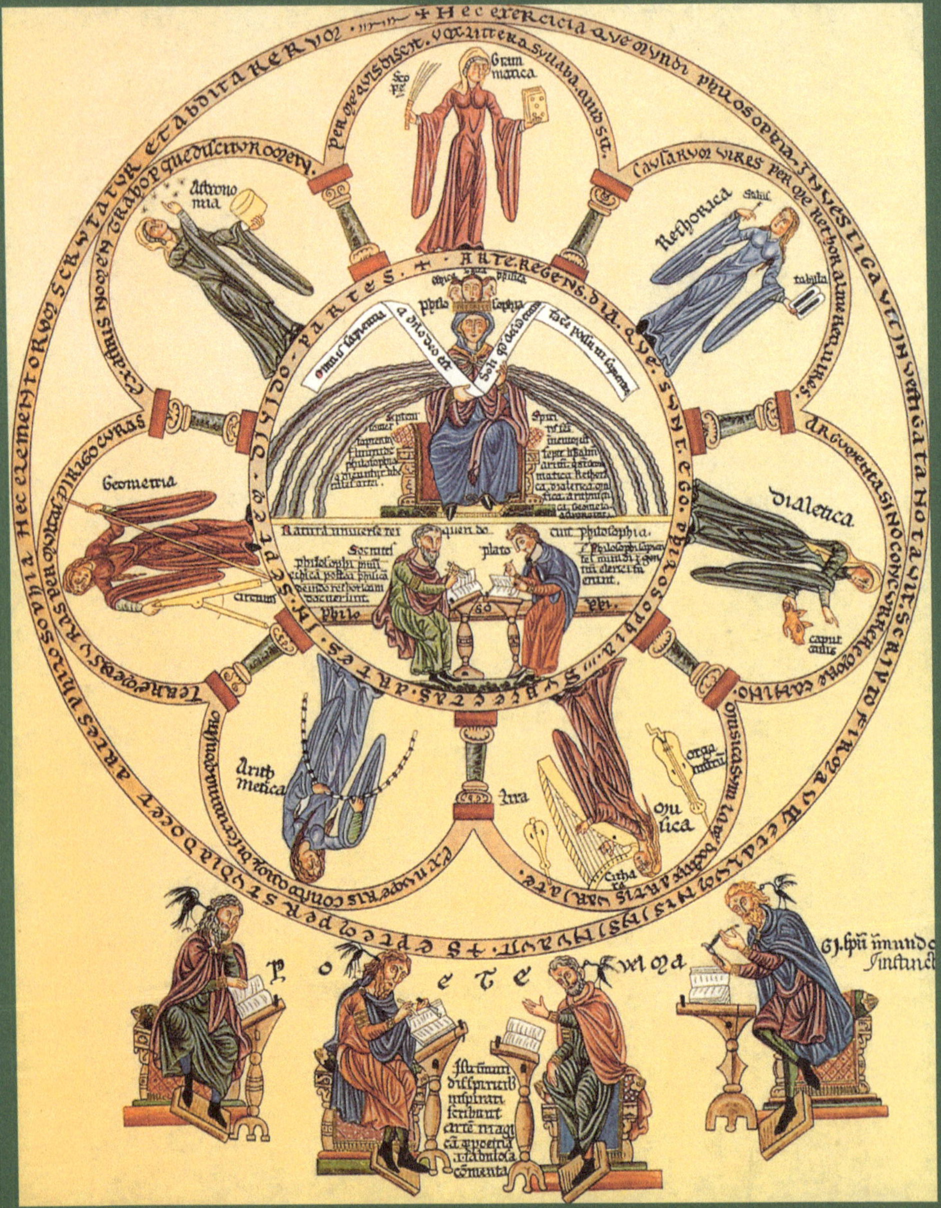
Rethorica
Dialetica
Geometria
Socrates
Plato

第 2 章

中世纪博学的修女和
温文尔雅的女性

　　中世纪的基督教文化给古代的缪斯分派了新的任务，她们成为7种科目的象征——文法、修辞、辩证或逻辑、算术、地理、天文学、音乐理论。从12世纪起，除神学之外，这些都是高等教育或学问的基础。对页图出自12世纪70年代，为遗失的德文手稿的复制品。

拜占庭帝国，或称东罗马帝国，是中世纪最强大的欧洲国家。那里的精英致力于古希腊文学遗产的传承。12世纪，在拜占庭帝国中，最博学的女性是安娜·科穆宁娜公主（1083—1153）。她是第一位写出具有影响力的编年史的欧洲女性，而且该书的内容与她父亲阿历克塞一世的统治有关。此举为安娜·科穆宁娜在历史上赢得了一席之地。

西欧的修道院保存了古代的文学遗产，而且它在 12—13 世纪也是欧洲大陆的学问中心。然而这些学问仅为贵族家庭的子弟享有。在修道院里，人们坚信上帝所安排的社会秩序，并且根据社会地位和正规的教育，将人分成不同的阶级[53]。在各种互相竞争的宗教团体中，本笃会修士最支持对古典著作的研究。在这样的背景下培养出了一位在那个时代最有名的女性——宾根的赫德嘉（1098—1179），她不但具有影响力，而且又博学。她那和宇宙学、医药以及自然史有关的写作，反映出 12 世纪时人类对古代自然哲学的兴趣。

13 世纪，当欧洲的第一所大学创立时，在社会的舞台上出现了一种受过教育的男性阶级。就在这种发展状况逐渐削弱女修道院院长及女性神秘主义者的地位时，上流社会女性所受的文学教育持续在修道院内进行着，直到进入现代为止。就像僧侣一样，修女继续她们由来已久的工作——研究、誊写、阐释古典文本的手稿。虽然大学不接纳女性，但某些上流社会的女性却可以在宫廷中接受文学教育。

中世纪社会严格区分等级。一个人的人生轨迹受到其家庭背景、阶级、性别的左右。占主导地位的社会秩序和性别角色被认为是终极神圣和无懈可击的真理。人们被要求对那些出身较高的人表现出谦逊和顺从，而女性被要求服从她的父亲，一旦出嫁则需顺从她的丈夫。虽然中世纪社会对等级进行了划分，但是女性在其基本的经济单位（家庭）里，却扮演着一个中心的角色。因为若没有女性的努力，家庭的日常生活便无法运转。但即使如此，女性的地位也没有获得公开的承认。

当女性的社会地位被认为低于男性时，女性只在表面上受到人们的赞赏。大自然，亦即物质福利的主要来源，被视为一种阴性、有机、活生生的实体。女性与大自然之间的象征性关联有着漫长的文化历史背景，尽管关系暧昧，多数仍被视为正面的，而且这样的看法一直延续到中世纪。巫术和超能力也与女性联系在一起。不过，因女性的"神秘黑暗面"而施加的政治迫害并非中世纪独有的现象，16世纪一场因宗教冲突而引发的系统性迫害拉开帷幕。

在中世纪盛期，西方基督教变得越来越孤立于拜占庭帝国和东正教之外。除了宗教与文化的差异，它们也被语言分隔开来。在天主教堂和在西方受教育的人士之间，拉丁语是通用语言。在东方则使用希腊语，这也是一种在西方仅有少数受教育的人士才懂的语言[54]。

从11世纪末到13世纪末，在西欧，骑士文化非常兴盛，同时它还赋予上流社会女性新的象征意义与社会角色。在吟游诗人的诗歌和有关骑士的浪漫文学中，四处流浪的年轻骑士歌颂高不可攀的贵族小姐，并设法赢得她们的爱情。他们爱慕的目标是如此遥不可及，因此这些文本往往把女性描写成在道德上完美无缺的人，不然就是极为可怜的人。在中世纪末期，生于意大利、长于法兰西的克里斯蒂娜·德·皮桑（1364—1430）反对这些贬抑性的观点。她认为这些观点可以在有关骑士的诗歌及许多博学男性的作品中发现。她是欧洲第一位出身中产阶级的专业作家；今天，全世界的大学正热心研究其作品中的重要部分。

安娜·科穆宁娜

把自己写进历史的拜占庭公主

　　"我，安娜，是皇帝阿历克塞和皇后伊琳的女儿，生养于紫殿（皇宫里的某处，皇子和皇女都在此出生），并非不熟悉文学（曾献出最大的热情研究希腊文学），并非不熟于修辞（其实曾彻底读过亚里士多德的论文和柏拉图的对话录），只是以科学四艺（几何、算术、天文、音乐理论）巩固我的心智。"[55] 拜占庭公主安娜·科穆宁娜（1083—1153）在她写的编年史《阿历克塞》（*Alexiad*）[56] 的前言中这样写道。不论在拜占庭或者东欧，让一个有如安娜一般崇高地位的女性写书，实在不是一件寻常的事情。那么她是如何成功地写出当时最具意义的编年史的呢？这个答案是：高贵的出身、不寻常的广泛教育、文学的野心，以及想在历史上留下痕迹的不屈不挠之意志。因为《阿历克塞》，她成功了。这本书描述了她的父亲阿历克塞·科穆宁从 1081 年到 1118 年的统治，而且可以确定的是，相比作者成书的时代，今天阅读它的人更多。

　　在书中，除学问之外，安娜·科穆宁娜还强调她高贵的出身及其所带来的美德。她和她的家族所表现出来的古典希腊教育传统，乃是她的理想。当时，一个上流社会女性的学问被紧密地与她的道德联系在一起。据安娜公主描述，她的母亲伊琳·杜卡纳（1066—1123）因皇后的身份而必须在公开场合露面，其实她并不喜欢引人注意，所以即使克制住害羞，但红晕仍总会飞上双颊。安娜将她谦逊的母亲比诸于毕达哥拉斯博学的妻子西雅娜，那是因为西雅娜在拜占庭的传统道德中有其影响力。有一次，西雅娜在某个场合露出胳膊，一位与会者开玩笑说："你的胳膊好漂亮！"西雅娜回答道："或许吧，但这绝不意味着每个人都可以看到。"[57]借着把她的母亲与西雅娜——古代聪明的女性——相比较，安娜希望强调的是，她知道古代的文学传统，而且也相信，对有道德的贵族女性来说，例如她自己和她的母亲，古代的学问是适合她们追求的。

安娜·科穆宁娜认为，虽然她是个女性，但是她的贵族血统将一项重大的任务加在她的身上，同时也提供适当的天赋让她可以完成它。安娜·科穆宁娜读过《荷马史诗》，所以她能跟上当时神学和古典文学讨论的脚步。她也熟知医药知识，而且拥有天文学和占星术的基本知识，尽管她不能完全区分关于天体的知识和通过观测星象所做出的预测。"我一度决定研究些许天文学，并非——或许上帝保护我免于学习它——我认为它多少有点用处，而是因为我可以弄清天文学家轻浮的喋喋不休背后的真相，从而让他们难堪。我没有写出这些真相以吹嘘自己，却表明了在阿历克塞·科穆宁统治期间，许多学科会取得进步……"[58]这种对天文学和占星术的质疑是很典型的，尤其对于她那个时代的许多基督教教徒而言。

当安娜·科穆宁娜开始写作时已经60岁了，而且被放逐在修道院中。过去，在豪华的宫殿里，她有快乐的童年、明显幸福的婚姻和独特的为母之道，以及因争夺皇位而与兄弟对立——就是这件事导致她遭到放逐——所进行的艰难斗争。尽管安娜在她的书中既没有提到她的为母之道，也没有说到如何对抗她兄弟的阴谋，不过从当时的其他资料可以得知，权力斗争使她在余生充满怨恨，而且差点儿毁了她。在修道院的安宁中，她开始努力撰写关于父亲一生的编年史。然而这本书——一个辛酸、年迈的妇人所写的传记——并没有藏在书桌的抽屉内，很明显，安娜有个更具野心的目标。虽然她失去了继承皇位及和丈夫一起统治拜占庭帝国的机会，但是她仍想为自己在历史上留下一席之地。如同在该书前言中所解释的，她走上作家之路，是想纪念父亲，并且希望父亲的善行不被人遗忘。她也为自己在未来世代人们的心中清出一个位置。安娜·科穆宁娜是第一位写出伟大历史著作的女性，她的著作不但受到人们的广泛尊敬，也被大量研读，还被翻译成许多种文字。

安娜·科穆宁娜笔下的拜占庭

拜占庭在它 1 000 年的历史中见证了许多文化的兴衰。帝国的边界有时往东、有时往西移动，不过，帝国的中心君士坦丁堡直到 15 世纪中期为止，一直都是东欧最大的城市。基督教教会作为一个国家的机构以及帝国一般臣民生活的监管者，拥有显著的地位。在拜占庭有数以千计的东正教教堂（有如今天的希腊一样），而且教徒们普遍存在一种想表达宗教理想的愿望、一种对安定和永久价值的怀念，并希望自身能和所有神圣之物建立起联系——即使宫中的日常生活与圣像所处的神圣世界两者相去甚远。

当拜占庭人宣称他们是罗马皇帝所建立的国家之继承者时，经常说自己是罗马人[59]。可是，当他们想强调他们的古希腊文化遗产时，却又说自己是希腊人。罗马皇帝君士坦丁大帝（约 272—337）创建了东罗马帝国（拜占庭帝国），并于 4 世纪 30 年代在古希腊的拜占庭城址上兴建了首都君士坦丁堡，目的是为了强化罗马在东方的霸权。人们相信，拜占庭帝国皇帝的权力直接来自上帝，所以君士坦丁堡是上帝的圣城——天国的图像。这里的居民觉得

🐚 在拜占庭文化中，有关皇帝的仪式和宗教信仰被紧密地联系在一起，统治者希望将他们自己不朽化，跻身于教堂墙上的圣者之间。就如同君士坦丁堡圣索菲娅大教堂的这一马赛克镶嵌画（约完成于12世纪20年代），描绘了皇帝约翰二世（阿历克塞一世的儿子）、圣母玛利亚和圣子耶稣（居中），以及皇帝的匈牙利配偶艾琳。

自己是这个神圣帝国的继承者。他们对国家的认同首先建立在共同的信念和语言之上。他们相信，他们的东正教信仰、希腊语言、源自古代的法律，以及他们的古典文化遗产，使得他们优于其他地方的人。

将军阿历克塞一世，安娜·科穆宁娜的父亲，于1081年继承皇位，当时拜占庭正处于国内外政治问题交迫的艰困时期。安娜公主从她父亲设法抵挡国内外的威胁写起。国家的行政机构困于腐败和前任统治者造成的财政赤字，为了填补这个赤字，阿历克塞出售了自己和妻子的不动产，接着征收新税，并从威尼斯商人那里获得了数额庞大的借款，条件是承诺给他们在整个拜占庭帝国内的税务优惠。依靠这种方式凑来的款项，他装备了军队，并开始驱逐威胁拜占庭边境的敌人。

安娜·科穆宁娜在她的书中表现出了对新统治者解决国家问题的决心和精力的钦佩。不过，她不知道或者不想提及她父亲的行动也给人民带来不愉快的结果。固然，政府的腐败遭到遏制，外部安全问题也有改善，但是普通小农所面对的情况却普遍恶化。威尼斯商人在得到阿历克塞一世的税务优惠之后，很快就涌入拜占庭的城市市场，把地方的商人和小农扫到一边。不久，许多拜占庭的小农被迫把他们的土地出售给大地主，变成佃农，从而使封建领主的权威得到了强化。

安娜公主的文学写作模式和历史写作的理想

就在阿历克塞一世的女儿诞生时，拜占庭正经历一场文化复兴，一种类似希腊化的复兴。证据是，有学问的人对于古代哲学家、诗人、史学家表现出极大的兴趣。上流社会人士对文化有兴趣，除了亚里士多德和柏拉图的作品之外，博学的人还读荷马（公元前 8 世纪）的《伊利亚特》及《奥德赛》、阿尔基罗库斯（约公元前 670—公元前 620）的抑扬格诗作、最重要的古希腊女诗人萨福（约公元前 630—公元前 570）的作品。对于以精确和客观而闻名的修昔底德（约公元前 460—公元前 396），以及继承他的风格、著有《罗马史》的波利比乌斯（约公元前 203—公元前 120），人们怀着特别的钦佩之情。希罗多德（约公元前 480—公元前 425）的作品比起前述两人，风格属于较为笼统和叙述性的，但也被人们认真地阅读。古代的历史学家不仅描述历史事件，而且把它们当作素材，用在他们的与地理、民族志、神话有关的著作里，这些东西提供了关于风俗和信仰的有趣信息。安娜·科穆宁娜在她的编年史作品中，对各种资料进行了多样化使用。

虽然安娜·科穆宁娜没有直接透露她的文学榜样，但是在她的《阿历克塞》一书中，其影响却显而易见。该书有近 2 000 处参考了荷马的著作——有学问的拜占庭人士喜欢引用荷马的作品。对于整本书的结构安排，她借鉴了荷马的特洛伊战争英雄史诗《伊利亚特》。她以荷马描写英雄的方式，描写她眼中的父亲和丈夫这两位拜占庭的真英雄。在《伊利亚特》和《阿历克塞》这两本书中，英雄都经常面对不可能完成的任务，而且只以直面挑战的勇气来武装自己。就像《伊利亚特》一样，《阿历克塞》也从对手的、观点来描写战争。

在《阿历克塞》中，坚强的女性人物扮演了重要角色，正如同她们在《伊利亚特》和《奥德赛》里所表现出来的一样。各种事件一个接着一个被描述出来，有如它们在《伊利亚特》之中：有许多战争画面、对一封信的确切引用，然后是对基督教异端信条的深刻分析。《伊利亚特》是以韵文写成的，《阿历克塞》与其不同，是散文史诗，是编年史，是内容丰富的叙述。它在荷马式作品结构的基础上，还采用了基督教世界观加以修饰。

这部编年史具有崇高的写作风格，而语言则采用古代阿提卡方言。在古代，雅典人使用阿提卡方言，而且柏拉图和亚里士多德把其运用在他们的作品中。虽然在 12 世纪的拜占庭，它已是一种"死文字"，但拜占庭学者仍然选择它作为表达工具。《阿历克塞》的结构（《伊利亚特》式的英雄史诗）、它的风格（史诗散文），以及它的语言（阿提卡方言），这些都是令人信服的证据，确认了安娜书写的模式和她希望延续古代传统的意图。她所选择的语言、风格、主题，远离了当时新的和流行的文学趋势，例如以白话写成的讽刺和浪漫的故事。安娜·科穆宁娜不想以写作取悦他人；她写伟大的历史，而且在其中她也设法体现自己。

　　在该书的序言中，安娜·科穆宁娜讨论了历史作品的写作理想，以及她提笔写作的动机。她提到了希罗多德真诚的抱负和理想，她企图通过记载重大事件而使它们不被历史之流冲刷掉。此外，将修昔底德的方法——对资料采取批判的观点——用于记录历史事件，也是很重要的。她宣称，她只写某些事件，它们若非她亲眼所见，便是她拥有可信的口头及书面资料。对她来说，意图保持中立是很重要的，而这是古代历史学家波利比乌斯所坚持的。有时，安娜·科穆宁娜直接对她的读者说话，并且提醒他们：我决定说出一个伟人的真相……读者可以确定的是，我绝不叛离被历史所掩盖的真相[60]。然而英雄史诗的写作风格以及她的坚持中立，两者没有那么容易调和，因此她无法达成这个目标。

博学

　　在所有拜占庭的学者中，安娜·科穆宁娜特别钦佩米迦勒·普塞留斯，他是政府高官和历史学家，而且他所写的与拜占庭统治者相关的著作《时间记录》也被她用作素材。生于中产阶级家庭的普塞留斯受过不寻常的广博教育，这也说明了为什么他在 14 岁时就可以背诵荷马的《伊利亚特》。后来他又学习修辞、柏拉图哲学、地理、音乐、法律、天文学、医药。这不是无聊的吹嘘，因为对于这些主题他还用心地写了文章。尽管普塞留斯熟悉迦勒底或美索不达米亚文明的学问，但不论是他还是安娜·科穆宁娜，对文化的兴趣都不会延伸到拉丁文学上去。如同一般拜占庭的学者，他们主要关心的是扶持希腊化传统，对拉丁传统则没有兴趣，即使他们经常自称为罗马人。

　　在 11—12 世纪的拜占庭，虽然上流社会的男孩们在骑马和武术之外还接受文学教育，但是只有少数人像当时的米迦勒·普塞留斯那样受到深入的文科教育。而更少的女性能像安娜·科穆宁娜那样热心地研究古代文学和基督教的神圣作品。在上流社会的家庭中，双亲致力于书本学问，并为孩子（不论男女）提供某些起码的学习机会。拜占庭人中的母亲，比如米迦勒·普塞留斯的妈妈，也鼓励儿子学习，尤其当她们自己没有机会接受教育时。

安娜·科穆宁娜热心支持国人中较贫穷阶层的人接受教育，因为她认为，缺乏知识是造成迷信和异端的主要原因。安娜在作品中表达了自己为父亲所设立的孤儿院，以及连同它一起经营的、不论男孩女孩都可以在其中接受希腊文读写教育的学校感到骄傲。这个孤儿院主要用来安置来自拜占庭各地的阵亡军人的子女，而且让这里的所有孩子将希腊语作为母语。《阿历克塞》并没有提供任何与孤儿院有关的明确授课信息，不过，若根据时代精神，孩子们当然被教授了基督信仰的主要教条。在孤儿院中还设有供战争致残者使用的疗养院。在这些机构内工作的男女比邻而居，同时照料孤儿们，这对皇帝来说是很重要的。

除了古典文学以外，安娜·科穆宁娜也通晓相当广泛的当代医药知识。她在书的最后一章里精确描写了她父亲最后 6 个月卧病在床的情况，包括他生病的过程和各种症状，以及服侍父亲的医师所开的处方。她检查父亲的脉搏和呼吸，同时为他准备容易吞咽的食物。她以生动的文字、渊博的学识描写了医师的工作。虽然医师检查他的脉搏，而且注意到它持续地不规律跳动，但他们仍然无法判断原因。他们知道皇帝的饮食是十分简单的，那真的是粗茶淡饭，是典型的军人和运动员所吃的食物。因此，疾病不可能是因为消化系统吸收过量的黏稠、油腻物质造成的。医师们认为，他呼吸困难是由其他原因引起的，而且还说，他生病的主要原因是过多的工作和持续的忧虑[61]。

安娜·科穆宁娜对地理也有兴趣。在她所写的编年史里，她以生动的文字描述了许多地方，并提到了这些地方的当地名称。在中世纪，系统地将地理环境制成图表是不可能的，而且人们对广大地区的了解也很浅薄。商业的或军事的重要地区与城镇，彼此之间的距离经常以所需要的旅行天数来表述，甚至拜占庭或西欧的统治者自己也弄不清楚其国土的地理范围。身为皇帝的女儿，安娜到过许多她所描述的地方，因为她经常陪伴父亲去旅行。

安娜·科穆宁娜鲜少涉及科学四艺——算术、几何、天文、音乐理论——此事在《阿历克塞》的序言中曾经提过。根据现有的资料，实在很难判断出她到底了解这些学科到什么程度。无论如何，她至少能够分辨出真正的专家和那些只有浅薄知识的人。安娜·科穆宁娜的特殊之处，基于她所习得的广博的知识，这对中世纪的拜占庭女性来说相当少见。她在书中非常强调学习的重要性，而其他事物则明显被排除在外。比如，虽然她不止一次提到她是 3 个孩子的母亲，在拜占庭，为母之道也被褒奖成女性最伟大的成就，但安娜·科穆宁娜在她的书中并不想表现出她是个母亲，反而希望人们知道她是一位博学的历史学家。

一个女性撰写的政治史和战争

安娜·科穆宁娜在《阿历克塞》一书中，用了最大的篇幅仔细描述在 11 世纪和 12 世纪之交，阿历克塞统治期间所发生的拜占庭战争和政治史。令人惊奇的是，一个居住在拜占庭宫殿内、受到相当保护的女性，竟然对战场上的事件掌握得这么好。她对战术和军人生活的描写非常细致，展现出知识的广度，以至于让人怀疑这本书会不会出自某个曾撰写过皇帝传记的退伍将领之手[62]。不过，多数拜占庭的男性史学家并不写他们自己的战斗经验。这位皇帝的女儿则以她自己的声明进一步加强公信力，她说她直接从父亲或者其他参与这场战役的男性亲戚口中获得了这些信息。她也自行记录其丈夫——尼基弗鲁斯·布里恩尼奥斯——对此的看法。目前的研究[63]结论倾向于，安娜·科穆宁娜有可能将庞大的信息用于描述她父亲在位时的战争上，而且刻意运用它们来创造自己所希望的事件的形象。固然，安娜为了有利于她的父亲，经常粉饰和强调某些事件，可是对她所描述的这段时期的拜占庭历史来说，《阿历克塞》仍是重要的第一手史料。

安娜·科穆宁娜的著作包含了大量的战争描述，这绝非巧合，因为那是时代的风气，那是时代的精神。实际上，在当时战争不断被发动。当来自外部敌人的压力瞬间消解时，国家内部却仍然持续着与异端的宗教敌人的对抗。安娜·科穆宁娜尽其所能描写自己的国家和在东方战争前线的土耳其人以及各种游牧部落，比如佩切涅格人之间的长期争斗。在她的描述中，土耳其被视为一个民族，而并不只是个看不见的对手而已。她把父亲看成一位经验丰富的军队指挥官和外交官，他之所以能成功地驱逐土耳其人，是因为他对他们的文化和军队战术有着深刻的了解。当时的其他许多学者以及后来的史学家，都同意对皇帝阿历克塞一世进行这样的解读。

当安娜在描述异端审判时，忘掉了她身为历史学家所应具有的客观性。她所描述的审判，告诉了今天的读者许多和正式的拜占庭宗教及东正教有关的事情，而且它必然与皇帝崇拜有关。顺便一提，她也显示了她自己和教会的狭小肚量。在拜占庭，宗教教义也是国家政策，而且为了国家的团结，阿历克塞一世无法忍受内部的混乱与宗教的宽容。祭司如果被判决为异端，则将被迫公开承认他们的信仰错误。倘若他们不愿这样做，在最坏的情况下，他们可能被绑在木桩上烧死。所有这些事情，安娜·科穆宁娜都以沉重的心情去描写，但同时也给人一种印象——为了国家的团结，牺牲几个异端总比让国家陷入无政府状态要好些。

坚强的女性

由于阿历克塞一世将他大部分的人生放在前线，所以他下令让母亲安娜·达拉希尼负责国家内部的管理。正如同人们所预期的，他并没有指定他的兄弟——他的知己——担任摄政王。安娜·科穆宁娜几乎以每个可以想象得到的赞美之词来描述她的祖母；她是一位有智慧、道德高尚、充满活力、有勇气、反应机敏的女性以及支持孩子的母亲，而且还是帝国杰出的摄政王。某些拜占庭的历史学家将安娜·达拉希尼描写成铁腕人物，她在拜占庭政治上的权威被"限制"在财政与司法事务上。安娜·达拉希尼显然是一位博学、具有影响力、令人尊敬，以及或许令人惧怕的皇族女家长，因此当机会来临时，她毫不犹豫地行使她的权力。

安娜·科穆宁娜将母亲——皇后伊琳描写成一位无私的女性，后者将自己献身给丈夫及其生涯，而且仅在婆婆去世后才从旁协助丈夫治理国家。伊琳与大女儿安娜特别亲近，直到1123年她去世。两人同样对于知性的和神学的学说感兴趣。皇后伊琳也保护安娜和安娜的配偶，以对抗她那后来继承帝位的儿子。在丈夫去世后，皇后设立了一座修道院，而她的女儿后来便到此写作及安度晚年。可是，安娜·科穆宁娜并没有告诉我们这些事，反而集中描写皇后的德行，将她写成一个献身给统治者的妻子和母亲。

母亲的身份在拜占庭受到高度尊重，从圣母与圣子的大量画像与教堂壁画中即可明显地看出来。然而，为了从历史中找出一个适当的标准以进行比较，安娜从古希腊传统中选择了一个模范——女神雅典娜，并且拿母亲和她进行比较，就像在她的书中

与古代进行的其他比较一样。不过，书中她母亲的画像非常接近于理想化的母亲形象和当时人们对美的理想认知。从以下的描述可以看出：她大多数时候紧闭着嘴，她的沉默使得她像一尊活雕像，而这尊雕像的任务，在于描绘美及和谐。通常她说话时，伴随着优雅的姿势；她的双手至手腕裸露，手指和手掌看起来好像工匠雕自象牙一般。她的双眼有着深蓝的颜色，犹如风平浪静的大海，而眼白部分则闪闪发光。整体看来，她有一种言语无法形容的、特别的光泽与魅力[64]。

借着引用古代的女神和博学的女性，安娜·科穆宁娜想把其家族的女性与在智慧方面受尊敬的伙伴及传统联系在一起。根据她的世界观，某些非常虔诚的女性可能拥有优异的知性天赋，就如同她本人一样。

有关她自己和她的态度，作者透露出什么？

固然，《阿历克塞》主要是一部编年史，而且是由具有历史学家资格的女儿描述她父亲及其在位时的情况，但是除了主要情节，本书尚有平行叙事——这是作者本身的故事。安娜·科穆宁娜对于该说与不该说的事情是有所选择的。阅读这部作品，可以感受到作者拥有无限的力量和眼界，她创造了一个符合自身喜好的形象，而且绝不试图隐藏旁白者的声音，相反，她始终提醒读者，她的存在与这个故事有关。她把自己描写成事件的观察者，可是她并

（对页）在拜占庭历史上有许多强势的女统治者。狄奥多拉皇后（约500—548）起初在她丈夫查士丁尼一世身旁统治拜占庭，后来她独自统治了27年。她出生于穷困的驯熊师家庭，在马戏团中度过童年。图为意大利拉韦纳市圣维塔教堂里狄奥多拉皇后的马赛克镶嵌画，在她生前便已完成。

不满足于只是一个历史的旁观者或记录者。在读《阿历克塞》时，人们会产生这样的印象：虽然阿历克塞一世是故事的主要角色，但通过将历史可视化和为后代而记录它，安娜·科穆宁娜反而成了与皇帝差不多的历史人物。

出身于拜占庭的人并不一定就能得到名声的保证，相反，对人的评价来自其道德和成就。安娜·科穆宁娜相信她出身高贵这一点给她提供了更佳的机会，使她拥有比一般人更高的道德及成就。在她的书里，她解释为什么自己出生在专为皇室夫妻的后代而准备的、特别的"紫殿"中，因为她是受双亲期待又钟爱的第一个孩子。她也给予我们一个绝佳的机会，让我们从内部知道11世纪拜占庭的宫廷生活、人际关系以及出现在皇室家庭里的紧张局面和冲突。

从表面上来，拜占庭宫廷像是一个在极严格的礼仪管理下的舞台。理想的行为是自律、心平气和，以及无论何种情况下都要以圣人的方式保持尊严。在此公开的形象旁，由安娜所描绘的个人肖像因涉及心理层次，显得更为深刻、更具人性。这本书中的角色——他们不是英雄便是敌人——都有各自的强项与弱点。

在拜占庭的宫廷里，许多贵族女性具有影响力和真正的权力，这些信息明显来自安娜·科穆宁娜的《阿历克塞》和米迦勒·普塞留斯的《时间记录》。安娜将最接近她的坚强妇人塑造成一个令人羡慕和理想化的形象，比如她的母亲、祖母和外祖母，以及她的第一任和第二任婆婆。相同的美德被赋予这些坚强的女性：出身高贵、意志坚强、慈悲、机智、优雅以及美貌。安娜也告诉我们，诺曼人的指挥官罗贝尔·吉斯卡尔的第二个妻子希赫盖塔，是一个与她的丈夫不相上下的勇敢的战士。不过同时她也评论道，战争的确适合"野蛮"民族的女性，但决不适合拜占庭公主。她并未将整体的女性形象理想化，而且她一再指出她的妹妹们不论在心理上或生理上都是"柔弱的容器"。然而这个对女性的典型定义，却和她本身成为历史学家的这种成就相冲突。按理来说，女性也许是"柔弱的容器"，但她毫无疑问是个例外。安娜公主是她那个时代与社会阶级的产物。她是拜占庭最高贵族家庭的成员，这使得她和丈夫受到极大的尊重，甚至这个家庭的孩子被给予他们母亲的名字，而不是父亲的。

社会地位和贵族家庭的背景迫使她以基督教之名从事慈善工作。安娜·科穆宁娜热心地描写由她父亲创立的、用来照顾因战争受伤的残疾人士的疗养院，收容因战争而成为孤儿的孤儿院，以及其他对穷人有利的慈善行动。不过，她显然对一般人并无兴趣。这些慈善事例的主要用意在于称赞她父亲道德高尚及好心肠，而不在于指出当时任何的社会疏失。一位贵族公主从其宫殿的窗户望向世界，却没有写下任何与发生在她父亲在位期间因封建社会而引起的内部动乱有关的东西。

安娜·科穆宁娜的价值观是保守的，她喜欢保持传统甚于改造它们。但身为一个人和一个女性，她绝对不属于传统的那一类。她是当时东欧最博学的女性，同时多亏特权阶级赏赐她以财富，她得以实现梦想——研究和写出在千年之后才被人们阅读的作品。虽然她被人从她所钟爱的宫廷里驱逐，但此事却不可能将她从历史中放逐。她早就看穿此事，她也希望将她的家族以及她自己与希腊千年的遗产联系在一起；在历史上，至少在她的书页上，为博学的女性留下空间。

宾根的赫德嘉

写作了宇宙学、医药、自然史著作的修女

　　1141年，当拜占庭公主安娜·科穆宁娜正在君士坦丁堡完成有关她父亲的那部编年史的时候，在遥远的西方，一个默默无闻的名叫"宾根的赫德嘉"（1098—1179）的修女，据说拥有强大的灵视能力。在她人生的第42个年头，在灵视过程中，上帝对她说话，并且命令她将上帝所传送的影像记录下来。赫德嘉从8岁起便住在修道院里，而且据说她在孩提时就已经能够产生光彩炫目的幻视，但由于太害羞，她不敢将这件事告诉任何人。在听她忏悔的神父的鼓励下，她开始将灵视内容记载下来，并加上插图，而且一直这么做，直到去世。

　　宾根的赫德嘉所写的文章，其多样性与广泛性令人惊讶。她的主要作品是附带插画的三部曲：《认识主道》阐释了世界的起源、天使及人类的起源、人类的堕落、救世奇迹等原始的神学/宇宙学的观点；《生之功德书》则是实际的生活指导，以范围更广的宇宙为参考架构，教人们如何处理日常的人类问题；在《神之功业书》中，赫德嘉进一步发展了她关于宇宙和人类乃是上帝最伟大的创

🔖　（对页）宾根的赫德嘉天生具有灵视能力。在她一旁的是僧侣沃玛，帮她记录灵视内容。这幅画摘自《认识主道》（1151）——宾根的赫德嘉的主要作品。

造物的思想。《美德典律》则是历史上第一部宗教剧。赫德嘉也写了科学性的作品《自然奇妙百用之书》，该书早在 13 世纪就被分为两本书：《自然界》和医药书《病因与疗法》。

宾根的赫德嘉所写的 300 多封信被保留下来，而她广泛的通信对象包括皇族、教士和普通的修女。有关她广泛的社会关系、影响力，以及想提供给人们实际帮助的愿望，这些书信提供给我们一个清楚的概念。她也创作了在许多人眼中当时最优美的音乐。此外，她还写诗，并且到莱茵河两岸旅行，向一大群人演讲。对一名修女和一名女性来说，如果没有深具影响力的男性保护人，是无法拥有如此公开的公众生活和书写作品的。赫德嘉不仅信服上帝对她的召唤而写作及讲道，而且也成功地说服最高的教士（包括教皇）认可有关她的任务的真实性。

1098 年，赫德嘉出生于贝尔梅尔斯海姆的一个贵族家庭，排行第十。由于她体弱多病，双亲觉得将来无法为她找到合适的丈夫，因此她被送往迪希邦登堡的本笃会修道院，以获得照顾和受教育。年轻的修女尤塔·冯·斯彭海姆特别照顾她，并负责她的教育。1136 年，宾根的赫德嘉在她的老师去世后成为修道院的女院长。10 年之后，她决心创立属于自己的修道院，然而一开始便遭到修道院僧侣的反对。

贵族家庭有一种习惯：如果将女儿送往修道院接受修女的教育，也会把土地或其他不动产送给修道院当"嫁妆"。一座独立的修道院意味着会给原来的大型修道院带来损失。然而赫德嘉最终成功达成了目标，1150 年她在莱茵地区的鲁培兹堡建立了自己的修道院，而且和约 20 名有心成为修女的贵族女孩一起搬进去。由于赫德嘉的名声越来越响亮，越来越多的初学修女来到她的修道院。

　　宾根的赫德嘉的出生地属于神圣罗马帝国的一部分，帝国的全称为"德意志民族神圣罗马帝国"，或"日耳曼民族神圣罗马帝国"。在中世纪，它包括现今德国的一部分地区、法国的一部分地区以及意大利北部。帝国被划分成许多独立的公国，由执政的伯爵和公爵（选侯）一起选出皇帝，也就是他们的共同统治者。和12世纪其他许多欧洲王国比起来，神圣罗马帝国有着复杂的、类似拜占庭的宫廷生活，以及有效的管理机构。12世纪50年代，当"红胡子"皇帝腓特烈一世（1152—1190年在位）向教皇发起挑战，并争夺在罗马的霸权时，帝国的社会出现动乱。鲁培兹堡修道院的女院长——宾根的赫德嘉坚定地追随皇帝的脚步，并频繁地与其通信。但是在皇帝与教皇的纠纷中，最终她选择站在教皇亚历山大三世（约1105—1181）这一边。

　　按照女院长的看法，她那个时代的男性不但柔弱，而且没有才华，因此上帝选择她——一个傻瓜——来羞辱那些比较聪明的人，选择她——一个弱者——让那些相信自身权力之人感到羞愧。事实上，这位自称傻瓜、弱者的女性，是一位极其多产的作家、原创性的思想家、宗教改革者、神秘主义者、作曲家、女诗人、疗愈者、哲学家，以及德国的第一位自然科学家，而且她的植物学、地质学、动物学研究成果还为德国的这些学科奠定了命名法的基础。

站在欧洲新旧世界的分水岭上

　　在12世纪与13世纪之交，欧洲经历了在其历史上最活跃的时期。东方的市场开拓到了西欧诸国，尤其对意大利北部的城邦国家最为有利。中欧的城市开始繁荣，同时专业工匠这个新阶级开始兴起，他们不再直接依赖农业或者大地主。在法律上，城镇的居民也从封建领主手中独立出来。虽然与东方国家的贸易并未直接导致西欧城镇和中产阶级的产生，但西欧本身的经济发展培育出更大的经济区域。在中世纪后期的贸易中，放牧在英国沼泽的羊群、佛兰德斯的纺车、意大利城邦国家的银行，全都紧密地联系在一起。

12 世纪起，西欧的各个王国发展迅速，不仅在经济和技术上，同时也在管理方面取得很大成就。多亏了更有效率的耕作方式和工具，农民收获了较多的作物，这种状况在比较繁荣的乡村很明显。

12 世纪的修道院仍旧是当时社区的精神和文化中心；除了宗教仪式，教会的神父还负责保存古代文化遗产和扶植相关文化活动。很多有影响力的男女修道院院长都来自贵族家庭，而他们之中最博学的人通过收集有价值的古代作品而建立起修道院图书馆。在富有的修道院里，由于强调学问，僧侣和修女的任务包括抄写古代手稿。在宾根的赫德嘉去世后仅数十年，欧洲设立了第一所大学，修道院遂失去了知识中心的地位。在 12 世纪与 13 世纪之交，医药知识也从修道院移入了大学。赫德嘉在世时，仍有大量的医药知识和医疗经验被保存在修道院里。不过到了 12 世纪末，教会开始反对由修道院对病人提供医疗照顾，后来所有的天主教神父都被禁止学习医药知识。虽然有这样的变化，但修道院中依然出现了新型医院，以满足军队的需要。事实上，教会、修道院和医院之间的联系持续了几个世纪。

中世纪盛期价值观和权力的运作

在中世纪盛期，大众对女性的抗拒情绪开始高涨。在 7—8 世纪，规模庞大的联合修道院和一般修道院仍由女性负责管理。12 世纪，在修道院层级中，因为苦行主义和隐遁逐渐流行，修女的声望衰退。最狂热的僧侣鼓励人们抛弃婚姻、家庭、尘世之爱。不过，当修女在修道院层级中逐渐失去她们的地位时，天主教会对圣母玛利亚的敬重之心反而转强。在拜占庭，圣母玛利亚在传统上享有强势地位，而且逐渐变成欧洲女性最重要的、正面的共通认同对象。

就这一时期所流行的对女性的态度来看，宾根的赫德嘉显然特别幸运，因为她生活在一群会鼓励她的教士之间。她成功地让自己对于神学、道德及社会问题的有关想法传播出去，并在她那个旧时代里成为受欢迎的传道者。她被教皇指定为德意志民族女性先知，而且在中西欧她也以"莱茵女巫"之名广为人知。

中世纪盛期的社会有着严格的阶级制度，一个人的出身深深影响其未来的人生。当时，每个人都有自己的位置与社会地位，而且必须对此感到满意；某些人生而为主人，其他的则是仆人。这些是上帝的安排，所以质疑社会秩序是不恰当的做法。此外，人们相信，世俗的权力也是上帝安排的，所以臣民服侍及服从上级，女性服从丈夫，孩子服从父母，本是理所当然。

在中世纪社会，除了性别和社会阶级之外，在有学问的人和没学问的人之间尚有区分。有学问的阶层，包括教士、贵族以及某些商人；没有学问的人，则是农民、仆人、农奴、其他穷人。在教会、修道院、文化领域，正式语言是拉丁语，它不是一般人能了解的。中世纪盛期，在设立大学期间，人们愈发崇敬学问和教育，因为人们相信它能强化基督信仰。各种通俗教育的项目由教会承办。教皇亚历山大三世（1159—1181 年在位）鼓励教区为贫穷的孩子安排免费的阅读指导。在民间，异端传统、异教信仰、巫术一直与正统信仰并存，所以教会设法除去它们。可是，博学之人和普通人之间的关系并非完全单向的，因为博学之人也采纳来自民间的关于传统的概念。

对于性别和社会阶级之间的不平等，宾根的赫德嘉和她同时代的许多人一样采取了当时的观念。由于女性不论在精神上还是肉体上都被视为弱者，所以很自然地她们在社会上和家庭中都从属于男性。不同阶级应该被分开，就像不同的动物应分别关在它们自己的笼子内。在修道院中，来自较下层社会阶级的女孩必须对庶务修女的地位感到满足。

不过，在"莱茵女巫"的许多文学作品中，有很多例子显示出，她是以积极的心态来描写男女之间的关系的。虽然女性通常被视为"柔弱的容器"，而且按照《圣经》的说法，还是用亚当的肋骨造出来的，但是，宾根的赫德嘉却强调，每个人，包括女性，都是上帝创造的。许多男神学家认为，只有男性是神创造的，女性不过是个容器，经由她，男性进入了这个世界。赫德嘉对于婚姻的看法比教会中的许多男性更积极，甚至将它描写成一种伙伴关系，在最好的情况下，还可丰富两者的人生。赫德嘉的教义不像那些男神学家一样完全男性化，她将男性和女性因素包含在神圣的三位一体之中。伴随圣父、圣子的是圣灵，然而它拥有女性的一面。赫德嘉经常把教会描写成一位母亲，轻柔地抱着她坚贞的孩子。

然而对女性开放、积极的想法，在当时对赫德嘉来说是致命的，尤其在许多博学之人对女性采取公开敌对的态度时。她可以很容易地被贴上标签，说她威胁世俗的权威，甚至说她是魔鬼的佣工。不过，赫德嘉仍保持着她的崇高地位，因为"莱茵女巫"显然能够娴熟地运用其影响力，把周围有权势的人拉到她这一边。她很聪明，经常求助于上帝这个当时人们心中的最高权威。教会的男性发现，比起接受她的学问是通过知性的努力而获得的这一点，不如接受女先知的强大灵视能力和异乎寻常的知识乃源自上帝这种看法，这样会容易得多。

12 世纪的科学理想——宾根的赫德嘉的书面资料

早在罗马帝国毁灭于 5 世纪之后的古代晚期，对于受过教育之人，欧洲开始分为"拉丁的西方"和"希腊的东方"。语言的障碍延缓了希腊手稿传至西欧的进程。相反，从 7 世纪起征服了许多希腊城市的阿拉伯人逐渐亲近古代希腊文本，而且积极地将它们翻译成自己的语言。11 世纪末，当他们被迫从伊比利亚半岛和西西里岛上的占领地撤退时，古代的科学、哲学著作的阿拉伯文译本更广泛地被西欧学者研读。这意味着"科学复兴"的开始，并提供了"拉丁的西方"研究自然科学的原动力。对自然科学有兴趣的神学家孔什的威廉写出以下的评论："无视自然的力量，而且期待在他们的无知中有人陪伴；他们不让人们学习任何事情，只希望我们应该像乡巴佬一样地相信，不必找寻事物背后的原因……由于这样的想法，他们对于僧侣的信心超过对任何智慧的信任。"[65]

总之，12世纪的科学理想在于掌握真理，不像今天一样在于找寻或发现新的知识。因此，它主要涉及的是现存知识的采用及系统化。不论人或大自然，在本质上都被视为不变的，因此科学和哲学的任务是尝试了解其中的意义。通过理性，人们可能获得最多的和本体的最终结构有关的知识，而且是原物的精确复制。人们不相信知识可以扩展或改变，它只是按照原样整个被学习和采用而已。然而12世纪的哲学家和神学家，针对有关人、世界、上帝的正确知识以及这个正确知识的来源，进行了一场大辩论。

12世纪滋生的人类对自然科学的新热情，在宾根的赫德嘉的作品中表现得也很明显。她在自传中把自己描写成一个缺乏正规教育、没有学问的女性。对她来说，谦虚是一种有意识的选择，因为可以避免泄露她的学问来源。身为女性和修女，夸耀学问并不适当，因为可能马上被解读为傲慢或攻击权威。事实上，谦虚符合她身为女先知的形象，因为人们认为上帝以灵视的形式对她说话。如果赫德嘉的知识直接来自上帝——显然不论她还是其同时代的人都会相信这一点——那么她就不必提及知识的其他来源。然而从这位女修道院院长的科学著作来看，她读过很多古代和中世纪学者的神学、哲学、自然史、医药方面的作品。

赫德嘉以拉丁文写作，就像中世纪西欧的其他学者一样。她的拉丁文作品中有一些特质，明显透露出她的拉丁文主要是自学的。

（对页）仿照神父奥古斯丁（354—430）的方式，宾根的赫德嘉将教会描绘成保护信徒的母亲。赫德嘉深知奥古斯丁的思想，而且将其广泛地应用在她自己的作品中。

在她写作时，有抄写僧侣帮助她，把她写在蜡版上的东西抄写到纸上。赫德嘉从不照章全录书面资料，她只引用其中的一部分并自行编辑，以符合自身的需要。比如她所见到的明亮的"活生生的光"，人们认为通过它，她直接与上帝联系，而此光非常类似于神父奥古斯丁（354—430）所描写的"上帝是光"中的形象。根据奥古斯丁的说法，上帝打开人类的心智，所以人类才有可能了解现实和自己。赫德嘉没有直接引用奥古斯丁的这个说法，取而代之的是以她自己特有的方式塑造了一个属于她自己的灵视，但仍足以让当时的神学家不会感到陌生。

虽然本笃会修道院对学问采取正面的态度，但这并不等于鼓励修女们对神学或自然哲学的问题表达她们的意见。对文学的正面态度明显表现在修道院内藏书丰富的图书馆中。最大的图书馆可能拥有几十或数百部古代和中世纪学者所撰写的与神学、哲学、医药、自然哲学有关的手稿。

到 12 世纪中期，连同神学文本，西欧的修道院图书馆已拥有古代医师希波克拉底（约公元前 460—公元前 370）、盖伦（约 129—200）、老普林尼（约 23—79）等人作品的拉丁文抄本，这些作品在图书馆之间相互流通。在赫德嘉的作品中可以清楚地看到他们的影响。老普林尼内容丰富的百科全书《博物志》涉及天文学、人类学、历史、动物，并提供超过 1 000 种可以作为药品的植物样本。此外，很明显，赫德嘉对于神父塞维尔的依西多尔（约 530—636）的自然哲学著作也很熟悉。除了这些著作，她对民间的治疗传统和民间故事也颇熟悉，她以独特的方式将它们和古代医药及中世纪的自然哲学结合在一起。

宇宙论与人在宇宙中的位置

虽然在 12 世纪，亚里士多德的自然哲学著作依旧被热心的人们由希腊文、阿拉伯文翻译成拉丁文，但是在中世纪，古代自然哲学学说陷入遭人遗忘的处境。从赫德嘉所写的与宇宙学有关的著述看来，很明显，在 12 世纪 60 年代，亚里士多德的学说已传至德国北部的修道院了。虽然在《认识主道》一书中出现了她提出的第一个宇宙模型，但却显示出对于当时亚里士多德所写的与宇宙构造有关的作品，她还不是很熟悉。

宾根的赫德嘉把她的第一个宇宙模型描述为"卵形"，不像古代思想家所描述的那么圆。在卵形的中心，有个球形的地球，上面标记了 4 个元素——地、水、火、气——以符合古代的理论。图片显示，在月球及其上方的世界——太空——中附着了行星、太阳及其他恒星。赫德嘉对于亚里士多德理论的了解，足以让她采用被古代学者接受的秩序来标示天体。赫德嘉把金星和水星直接置于月球的上方，然后是太阳，最后是火星、天王星、土星。这与托勒密所提出的理论一致，他认为，太阳是天然的分隔者，分开了那些看起来靠近它的行星，以及那些与太阳的相对位置不固定的星球。

赫德嘉在其最后一本书《神之功业书》里放弃了最初的卵形的宇宙模型，并且按照古代的方式，把它描述成一系列的同心环（圈）。这暗示，到了 1160 年，赫德嘉已接触过古代宇宙学文献的拉丁文译本，但并非托勒密的《天文学大成》，因为此书直到 1175 年才译成拉丁文。

比起早期作品《认识主道》，在《神之功业书》中，她表达了微观宇宙与宏观宇宙彼此相互作用的看法——这个主题被她纳为新的环状宇宙理论的一部分。在这个理论模型中，天父从一个元素般的存在——永恒之爱——的顶部升起。"永恒之爱"伸长它的臂膀形成一个火圈，围绕着宇宙，并将各种不同的层封闭在内。宇宙是由基本元素组成的同心圆，最外层是火圈，然后是气圈、水圈，最里面的一圈则是地圈。这符合亚里士多德所提出的元素顺序。外圈包含3颗最远的行星（火星、海王星、土星）、16颗恒星，以及南风。向内的一圈包括太阳，这里是吹北风和自然力——闪电、雷、雹暴——的范围。西风在第三圈或气圈里吹，而且最近的两颗行星（金星、水星）也坐落在这里。剩下的恒星被置于第五圈，也就是最内圈。最靠近地球的圈是云的领域。在圈子中心的是地球，而在地球上，人把手伸向环绕的圈子。人类——微观宇宙——在天体与自然力量之间被提出来，因此宇宙的力量——宏观宇宙——渗入了人体内。另外的解释是，人类将宇宙的射线或弦握在手中，因此和宇宙接触。

在中世纪盛期，根据微观宇宙／宏观宇宙的模型来呈现人和宇宙的关系变得很流行，宾根的赫德嘉的文章或插画中也经常采用这种模型。创造物是个实体，其中的所有部分，哪怕微小如沙粒，也彼此相互作用。这个宇宙模型隐藏于每个人之中——人类是微观宇宙，反映了整个宇宙，亦即宏观宇宙。赫德嘉的《神之功业书》里所描写的宇宙是个圆圈，处于能持续不断繁衍的运动中，它的每一部分都持续相互作用。根据她的神学解释，那个因魔鬼而形成，因竞争、比较、嫉妒而中毒的相对世界，是宇宙内形势持续紧张之源，为回应这项斗争，上帝派出他的儿子来拯救这个世界，并挽救那些有罪之人。赫德嘉把宇宙，包括它最细微的部分，编织成一个带有神学解释的东西，归根结底，怜悯、救世、永恒之爱以及生命力，被赋予它们应有的意义。

🔖 摘自《认识主道》（1151），宾根的赫德嘉的第一个宇宙模型。在卵形的宇宙中心是圆形的地球，其上显示了4个基本元素——地、水、火、气——以符合古代的理论。在图片上端的红花是环绕的星星，其中最大的是太阳。

摘自《神之功业书》（1160），宾根的赫德嘉的第二个宇宙模型。左下角描绘的是传说中赫德嘉接收到灵视的画面。

务必健康，避免患病

《病因与疗法》及《自然界》是宾根的赫德嘉有关医疗和自然史的作品，和她的其他著作比较起来，这两部作品相当缺乏学术研究价值。然而它们引起了天然药物鼓吹者的极大兴趣。天然药物专业医师，例如研究宾根的赫德嘉的德国学者维查德·斯蒂雷罗和戈特弗里德·黑兹卡，对于他们的研究对象似乎采取了存疑但不加批判的态度，要不是他们，赫德嘉的医药知识会被遗忘，而无法提供给一般大众使用了。

鲁培兹堡修道院女院长所秉持的医学体系，曾经被视为东方医学的西方副本。这两个体系都把人当作由身体、灵魂、精神所组成的一个整体来处理。按照这个观点，是不能忽略检查病人的精神、与上帝的关系而对身体的疾病进行治疗的。在赫德嘉的医学中，精神要素固然重要，但并不意味着灵魂比身体重要。相反，她总是把人类当作部分物质实体——大自然的一部分——来观察。既然物质实体——大自然（包括人类）——是由上帝创造的，那么，归根结底，对其做检查就等于在研究上帝的作品。

宾根的赫德嘉的晚期作品特别强调对大自然的正面观念，在《生之功德书》里，她表达了自己对肉体与灵魂的关系，以及对性方面的事情的看法。对赫德嘉来说，灵魂是隐藏在体内的活生生的火或力量。人类应该被理解为由肉体和灵魂组成的一个整体：两者都是上帝的创造物。在生命中，人类能够在肉体和灵魂上获得欢愉。灵魂的欢愉，理所当然是精神的，而且使人类更接近上帝。不过，肉体的欢愉也未必都是罪恶。她以照顾孩子为例，并且说明，所谓"好的照顾"意味着兼顾了孩子的灵魂和肉体。唯有在爱的照顾下，孩子才能明白灵魂和肉体两者的乐趣所在，同时成长为完整的成人。比起只强调纪律的教养方式，赫德嘉的观念看起来相当进步。

按照宾根的赫德嘉的看法，灵魂和肉体最好能够找到一个宛如太阳（灵魂）温暖了月亮（肉体）那样富有成效的联结方式。就肉体与灵魂之间的关系来说，她后期著作里的看法和老师尤塔·冯·斯彭海姆的相去甚远。尤塔的想法掺入了苦行主义，这个主义主张，为了净化灵魂，肉体应该凋萎和受罚。这种极端苦行主义最后导致了尤塔的早逝。赫德嘉尽管带着病体，却比当时一般的女性多活了50年。

宾根的赫德嘉的神学和自然哲学，其中心概念是由朝气、生活的原则、"大自然的绿色"、创造的精神共同组成的。这些很容易从她有关性事的著作中看出来。既然上帝选择性事作为手段，而且通过它，他所创造的众生得以复制（繁衍），所以性事本身并非邪恶。不过，在女修道院院长看来，性关系的目的只是生育而已。

世界由4种基本元素——火、气、水、地——组成的概念源自古希腊，也重复出现在宾根的赫德嘉的医学作品中。"如同多次描述的，仅此4种基本元素把世界聚在一起；它们也塑造了人类躯体的状态。在整个人体中，这些元素的分布和功能对所有人来说都是一样的，就像它们被散布在了世界的其他地方一样，而且它们在其中发挥作用。火、气（空气）、水、地是人性，人是由它们'形成的'。人类从火中获得温暖，从空气中获得呼吸，从水中获得血液，从地里获得身体。人类可以为视力而感谢火，为听觉而感谢空气，为行动而感谢水，为能够走路而感谢地。"[66]

正如同这个世界由上述4种基本元素组成一样，4种基本液体也在人体内运作：血液、黄胆汁、黑胆汁、黏液。按此源自古希腊的理论，疾病乃因为这4种体液之间的不平衡而引起。赫德嘉特别注意到黑胆汁与疾病的关系。黑胆汁与负面的感受、心理的沮丧状态、愁思、愤怒、痛苦等相关联。她认为，凡能够被治疗的疾病，一定可以在自然中找到治疗方法。仅照顾身体是不够的，如果一个人时常沮丧，同时失去了对健康的信心，那就没有任何疗法是有裨益的。以现代术语来说，赫德嘉认为，人是一个具有心理和生理的整体，情绪影响生理疾病的疗愈，同时生理的疾病也会影响情绪，两者可以同时治疗。

宾根的赫德嘉赋予了疾病的起因医学和宗教上的解释。在医学的解释上，疾病归因于体内4种基本体液的不平衡。至于宗教上的解释，疾病是由于人类从天真地服从于上帝的状态堕落，落入一种对上帝不服从的有罪状态，结果是原本由上帝创造的完美和谐的世界遭到破坏，而且人类也失去了其与神性的联系。不过，宾根的赫德嘉也相信，上帝以其伟大的智慧，也会为人类提供了解和预防疾病的能力。因此，她并不满意于只告诉人们有关疾病的宗教来源（堕落），她还为他们提供治疗方法。最重要的是，她支持一种良好的生活方式，以增进健康，同时避免患上疾病。

有助于身体健康的生活方式，包含正确的饮食、合理的运动、有效的休息、聆听和谐的音乐、正面和开放的心态，以及信仰。这个写于900多年前的著述，听起来很像今天我们教人如何过良好生活的指导。这位女修道院院长不推荐苦行主义或严格的素食主义，只要适度即可。甚至掺水的葡萄酒以及啤酒，如果适度摄取，也是良好的生活方式，因为它们能提振精神。

依赫德嘉的意见，好的治疗包括各种医药，它们由植物制成，可内服，也可外用，就像当今许多天然药物指南所推荐的东西。不过，她把按摩、泡澡、桑拿、放血、石头治疗等也当作良好的治疗方法。在她所推崇的治疗方法中，阳光亦扮演了一个重要的角色，尤其在制作各种医药的时候。根据女修道院院长的说法，许多物质，比如石头和植物，在使用它们之前，应该先在阳光下加温。按照所需，将物质加温、冷却、干燥、润泽，这也与古人对 4 种基本元素的认识相关联，物质被视为这些元素及其属性的组合。人们认为，许多物质，例如植物、金属、石头具有的各种药效，主要是由包含在其中的元素之多寡及物质属性而定的。

宾根的赫德嘉在她有关医学的书中，介绍了 300 多种药用植物的用法。在消化方面，她推荐茴香：任何人因为吃了炸肉、炸鱼或者其他油炸食品而感到身体不舒服时，就应该吃茴香的种子，这可以减轻痛苦 [67]。她也知道杏仁有促进健康的功效：任何人如果觉得脑袋空空，皮肤颜色不佳，因而造成头痛，那就应该经常吃杏仁，这样，脑力可以集中，而且可以拥有正常的肤色。此外，如果某人肝脏受损，他应该经常吃生的或煮过的杏仁，而且它们会增强肺部的力量，因为它们能减轻身体疲劳，并给人以力量 [68]。桦树的叶子能缓解风湿症，按照赫德嘉的意见：假使某人有一侧肢体罹患风湿，或者四肢断了且伤痕累累，这个人应拿水煮过桦树叶后使用。如果病人已经躺在床上有些时日了，就用煮过的桦树叶包扎他，而且务必将树叶放在疼痛的部位 [69]。

在宾根的赫德嘉的医学著述里提到，饮食非常重要，不论在预防还是治疗疾病方面。伴随药用植物，她也提供了异于古代医师著述中的方剂，而且对医药行业和食物制作工作进行了清楚的区分。而古代的医师对厨师和医师做出了区分。医药行业——唯有男性才能够从事的行业——被严格地与食物制作行业分隔开来，后者被认为是没有什么价值的女性从事的工作。赫德嘉在她的书中借鉴了别人的很多观点，进而提高了女性家庭工作的地位。她暗示说，身体健康的整体基础决定于正确的饮食，就传统来说，那一直是女性的责任。换句话说，女性的家庭工作，特别是食物制作，普遍说来乃是社会幸福的基础。

自然史

宾根的赫德嘉是第一位已知姓名的德国自然史学家，她的著作体现出了作者所具有的深厚知识，尤其在植物方面。《自然界》的第一部告诉了我们有关植物以及它们被使用于营养和医药领域的知识。第二部涉及大自然的元素，尤其是各种形式的"水"和"地"。第三部是关于石头和金属的。最后的第四部谈到动物区系，包括鱼、野禽、其他能飞的鸟类、昆虫、"野狗动物"、爬行动物、食肉动物、家畜。

《自然界》一书超过 1/3 的部分讲的是植物。在古代，园艺很早就是一项受人推崇的消遣。在中古时代，人们对花园的兴趣并未消失。修道院的花园在传统上由 3 个部分构成：药草园、花园、果园。在药草园内，多数的植物和在古代花园里所发现的一样：马郁兰、鼠尾草、山萝卜、薄荷、芫荽。在花园中，形形色色的玫瑰是最重要的植物；在中世纪盛期，它们是象征圣母玛利亚的花卉之一，直到中世纪晚期，它们才成为浪漫的爱情与性事的象征。赫德嘉不仅为药草的使用提供了指导，也解释了它们应该何时及怎样收割，以提供最佳的可能的疗效。富有的修道院也能够从花园获得昂贵的香料，所以她亦熟悉肉桂、丁香、姜、肉豆蔻、白胡椒、荜拔，以及一种特别的姜——南姜。

赫德嘉提到的许多植物，都是她所在那个地区的原生种，这也说明了她对自己的周遭环境很熟悉。她没有推荐长在地上的蘑菇，不过却提到那些长在树上的蘑菇可用作调味品。对于用于治疗的树木，她指出了叶子（新叶子和老叶子）、果实、树皮、种子、根的疗效，甚至还呼吁她的读者"注意树木周围的土地"。

赫德嘉对石头和金属感兴趣，主要把它们当作治疗用的护身符。例如，她描写水晶石的文字如下：水晶石被发现在冷冽、深色的水中，这种水的温度极好，可以消除水晶石内的火。当空气和太阳光接触这种水时，水晶石的色泽显现出来，变得清澈、坚硬。水晶石内部的冷使其结构更为致密与纯净，因此火不再能够熔化它们。水晶石的性质源自冷和水[70]。赫德嘉推荐用水晶石治疗眼睛的疼痛。水晶石在太阳底下加热后，放在眼睛上面，能改善视力，因为水晶石可以从眼睛里抽出不好的体液。她解释说铅具有毒性，因此不应该用铅来制作盛装食物的器皿。此外，使用各种石头和金属作为治疗用护身符的做法一直持续到 16 世纪。

女修道院院长所具有的有关动物学的知识是一个有趣的混合体，包含了民间传说、古代的动物区系的知识，以及她自己的观察。就动物区系的研究来说，在中世纪最流行的资料是《博物学》，一般认为该书源自埃及。经过几个世纪，许多学者陆续把新知识增添到这本有千年历史的手稿中。事实上，赫德嘉没有引用这本书中的材料，而是将它当作参考，并把书中的知识拿来和她自己的观察进行比较。

在赫德嘉的《自然界》中，引起现今学者最大兴趣的是有关鱼的章节。鱼是中世纪修道院最重要的食物来源之一，它们的使用情况反映了当地的环境状况及修道院内的家政管理情况。赫德嘉描写了 37 种不同的鱼，并以一种直到今天仍可作为参考的分类学方式将它们分类。她以一位真正的自然科学家的身份，把研究方向定在鱼的出现、它们的习性以及生殖上。她专注于研究淡水鱼，因为它们对于生活在内陆河岸旁的女修道院院长来说毕竟是比较熟悉的。

《自然界》也描述了野禽、昆虫、陆地动物、爬行动物，其中有些是本地的，有些是异国的，有些是神话中的。独角兽被描述得就像牛、老鼠、马一样真实。这些对神话动物的描述有些可以追溯到古代，还有一些则源自 12 世纪德国的动物民间传说。虽然赫德嘉对自然的理解综合了观察、神话和民间传说，可是她对自然及其现象的兴趣既真诚又只增不减；结果，她在科学史上获得了应有的地位。

赫德嘉的思想是全面的。对她而言，在她的灵视中，人、自然以及整个宇宙形成一个整体，而在其中，上帝是无所不在的。对她来说，研究人类、自然、宇宙构成了对上帝的工作的研究，因此书写它们就意味着对上帝的赞美。这个想法在欧洲思想史上"复活"了好几回。在文艺复兴与宗教改革期间，新柏拉图派天主教和新教天文学家对这个想法有着特别的兴趣，即使他们并不熟悉赫德嘉的著作。她的思想在当今的读者中引发了更大的兴趣，因为她把宇宙视为一个有机体，而且每一部分都有其重要性，正是这一点吸引了世人。

克里斯蒂娜·德·皮桑

法国职业作家

　　法国人长久以来的文学辩论传统是很有名的，而且他们也以此感到自豪。第一次激烈的文学辩论发生在巴黎，从 1401 年持续到 1403 年，而且欧洲的第一位职业女作家、学问广博的女权保卫者克里斯蒂娜·德·皮桑（1364—1430）也参加了这次的辩论 [71]。

　　辩论的产生源于"英明的"查理五世的秘书让·蒙特勒伊写了一封与当时很流行的《玫瑰传奇》有关的公开信。他大力称赞这个由纪尧姆·德·洛里斯（约 1200—1240）和让·德·默恩（约 1240—约 1305）[72] 合著的寓言长诗。小有名气的年轻女诗人克里斯蒂娜·德·皮桑将她自己的公开信送给国王的秘书。她议论道，按照她的意见，这本书，尤其是让·德·默恩所写的部分，并不值得让·蒙特勒伊赞美。随着辩论愈演愈烈，令克里斯蒂娜·德·皮桑感到吃惊的是，当男性以他们的语言侮辱和贬低女性时，竟然有那么多像蒙特勒伊一样平常热衷捍卫道德的文化男性都没有对这件事表现出最微小的兴趣。

　　依照克里斯蒂娜·德·皮桑的看法，在《玫瑰传奇》的第二部分，贬低女性一事是绝对存在的。在由纪尧姆·德·洛里斯所执笔的第一部分中所酝酿出来的那种在骑士故事里特有的辩才，

　　（对页）书桌旁的克里斯蒂娜·德·皮桑。摘自最早出现于1410年的《歌谣百首》，德·皮桑的微型画。

竟然在第二部分里完全走了调。克里斯蒂娜·德·皮桑议论说，让·德·默恩的文本是假情假意的典型例子，它宣扬浪漫的爱情，但是在当时的社会，对男性和女性会分别产生非常不同的结果。更糟的是，男性从浪漫的爱情之中获得了瞬间的欢愉与继续发展下去的自由关系，但这也可能是女性遭到家庭和社会放逐的理由。

现在文学辩论的舞台搭建好了。克里斯蒂娜·德·皮桑在巴黎文学圈赢得了短期的名声。有哪个女性敢在一群博学又值得尊敬的男性面前发表自己的意见并捍卫她的性别？克里斯蒂娜·德·皮桑不仅仅是个敏感的女诗人，如果被要求，她甚至也能够和博学男性一样发表尖刻的言论。《玫瑰传奇》所带来的轰动效应改变了克里斯蒂娜·德·皮桑的生活，她的兴趣逐渐从爱情诗转移到女性地位、历史、教育、社会问题，以及战争与和平的外交上。

查理五世的图书馆

克里斯蒂娜·德·皮桑如何成为一名重要的作家和第一位靠写作维生的中产阶级女性的？那时，手写书籍是奢侈品，就像用金线和紫线刺绣的服装，那不是中产阶级的博学女性所负担得起的。克里斯蒂娜·德·皮桑是如何获取到所有她声称读过的大量图书的？此外令人惊讶的是，不论拉丁文还是希腊文，克里斯蒂娜·德·皮桑显然都不熟悉 [73]，然而在当时，这两种文字属于学术文字。

为了找寻这些问题的答案，我们必须回到 14 世纪 50 年代中期，回到德·皮桑出生之前的时期。当时法国正由国王"好人"约翰二世（1319—1364）统治。虽然国王有正面的贡献，但是国家治理情况欠佳，而且法国人发现他们正陷于深刻的社会危机以及和英国无止境的战争中。约翰二世对于书籍和学问很感兴趣，并决定将古代文学作品翻译成法文；他的儿子查理五世在父亲去世后成功地继续了这项工作。第一本翻译成法文的著作是李维（约公元前59—公元17）的《罗马史》，由多米尼加的僧侣皮埃尔·贝舒尔（约1290—1362）在1354年到1356年将它从拉丁文译为法文[74]。

1364年，查理五世继承王位，这一年克里斯蒂娜·德·皮桑出生于威尼斯。国王热心地继续他父亲在文学方面的努力和翻译计划。仿照古希腊和罗马的做法，他希望使语言成为教育和政治的武器。查理五世设法在国民之间激发那种只能经由语言亲和力及优越感而产生的民族情感。有如拉丁语和希腊语一般，法语变成了文明的语言。

查理五世邀请欧洲的权威学者到他的宫廷。1368年，他送请柬给住在威尼斯的托马斯·德·皮桑，也就是克里斯蒂娜的父亲，邀请这位受尊敬的意大利学者担任他的宫廷占星师和医师。在发出邀请的时候，托马斯在威尼斯拥有薪水丰厚的工作，而且他的职务还包括了改善这个城市的卫生保健状况。然而他毫不犹豫地答应了国王，同时很快就移居巴黎。次年，他的妻子和小女儿克里斯蒂娜也随他而来。

查理五世的图书馆1368年的时候位于卢浮宫的楼塔内。当皮桑家族到达之时，翻译计划已经成为一项重要的事业。多年来，尼克尔·奥里斯姆（约1325—1382）全心致力于翻译工作，在14世纪70年代他已经把亚里士多德的主要著作《尼各马可伦理学》和《政治学》从拉丁文翻译成法文。奥里斯姆还翻译和评论了《有关天空和宇宙之书》，此书涉及亚里士多德学派的天文学理论。查理五世图书馆的书目被保留了下来，阅读之后人们往往会产生相当的敬意。除了亚里士多德的作品以外，神学、通史、政治学、天文学、古代文学方面的书也被译成法文。图书馆还收藏了当代文学作品，例如意大利"人文主义之父"弗兰齐斯科·彼特拉克

（1304—1374）作品的翻译本。这个当时在欧洲最重要的图书馆确实是克里斯蒂娜·德·皮桑获取学问的关键。

当和家人一起住在查理五世的宫廷时，年轻的克里斯蒂娜·德·皮桑拥有特殊的机会得以熟悉这一文学宝藏。翻译计划使她能以法文阅读这些作品。多亏她父亲的职位，以及她那位后来担任国王秘书的丈夫，她可以获取这些图书。可是，像这样的机会，对当时欧洲其他的中产阶级女性来说是不存在的。查理五世图书馆的大多数藏书，包括了附带精美微型插画的王室版本，其中有些在王室收藏的目录中曾经提及[75]。克里斯蒂娜·德·皮桑接近这一宝藏，而且善用这一大好机会。后来，在写查理五世传记时，她赞美了国王在文学方面的努力和翻译计划。卢浮宫里的图书馆收藏了约900卷图书[76]，她说出了几十种著作的名称，无疑她也读过它们。

人文主义：中世纪后期欧洲的新思潮

在早期人文主义运动时期，克里斯蒂娜·德·皮桑就开始从事写作。这股源自意大利自由城市的思潮随后传播到巴黎的文学圈[77]。在法国，此思潮获得让·蒙特勒伊和让·格尔森（1363—1429）[78]的支持，后者是巴黎大学的校长，也是克里斯蒂娜·德·皮桑的好友。在因《玫瑰传奇》所引起的辩论中，他像德·皮桑一样站在让·蒙特勒伊的对立面。由于克里斯蒂娜·德·皮桑积极参与法国人文主义者的文学讨论，所以她深知这些人的想法。

14世纪70年代，弗兰齐斯科·彼特拉克以近70岁的高龄亲自拜访了查理五世的宫廷，而且在国王的图书馆里发现了他的作品的法文译本[79]。克里斯蒂娜·德·皮桑所受到的文学影响，有许多来自早期意大利人文主义者，比如彼特拉克、薄伽丘（1313—1375）、克鲁乔·萨卢塔蒂（1331—1375），即使她不是古代语言拉丁文和希腊文的学者[80]。受许多早期人文主义者的影响，克里斯蒂娜·德·皮桑对文学教育、古代的书写传统、社会议题等的道德意义感兴趣。她早期作品的结构和风格比较接近中世纪寓言文学，可是后来她的作品改为非小说类风格，同时她也对新的主题感兴趣，例如政治理论[81]。

人文主义者对语言和历史都有兴趣[82]。中世纪后期和文艺复兴早期的意大利人文主义者最早了解到，语言概念对生活于不同时代的人来说具有不同意义。他们导入"不合时宜"[83]这样的概念，他们想借着它指出，文化现象或观念不应该被从它们所属的历史脉络中单独截取出来。人文主义者与中世纪钻研古代学问的学者不同，他们意图了解在历史脉络中的古代文本。

这种新的思考方式由弗兰齐斯科·彼特拉克首创于 14 世纪，而它的兴起如同向中世纪的经院哲学（后来也被称为烦琐哲学）与自然哲学提出了挑战，这就是大家一般所知的"人文学"。人文主义者教导文法、修辞、政治学、伦理、历史等科目的学习。人文主义运动的支持者把古代文化理想化，并且贬低中世纪的经院哲学，因为他们认为，它包含了为议论而议论、不切实际的议题。作为一种大学的教学方法，经院哲学遭到拒绝，并且被实践哲学取代，其中道德层面受到特别注意。

受意大利人文主义者的影响，克里斯蒂娜·德·皮桑强调通过文学实施道德教育的意义[84]。道德教育类文学作品被认为可以提高人类的品格，不过依她来看，《玫瑰传奇》并未做到这一点。人文主义者相信，归根结底，在一般社会中哲学和文学应该再一次思考道德问题，而这一点唯有通过古代的思想才有可能实现。而语言和修辞学则变成人文主义学者对抗经院哲学家的武器。

人文主义者将注意力集中在拉丁文和希腊文的研究上。一方面，语言把人和过去分开，可是另一方面，它又是人类唯一想象得到的桥梁，能够将人和历史、未来、上帝联结起来，也使得人成为社会和大自然的一部分。对人文主义者来说，语言——说与写的表达——不仅是从前为学院派所用的、为议论而存在的媒介，而且是人类最重要的工具，可以让人感知自己与这个世界。

被新人类和新哲学作为模型的原型取自古代。克里斯蒂娜·德·皮桑的作品广泛多元，即使使用了寓言的形式——她早期作品的典型形式，植根于较古老的中世纪文学，仍可从中明显看出她对古代文化遗产的兴趣。《雅典娜写给赫克托尔的信》一书是出现在1400年的寓言故事。在书中，智慧女神给特洛伊王子赫克托尔写了许多信，教导的内容与生活的各个方面有关。在写这本书之时，她对欧维德（约公元前43—公元17）的《变形记》、希腊神话、特洛伊战争产生了兴趣。《雅典娜写给赫克托尔的信》是克里斯蒂娜·德·皮桑最流行的作品之一，在16世纪至少发行了6版。她以诗歌形式写作的两本大部头著作《有关长期研究之路的书》和《幸运的转变》，是以寓言的方式处理世界史，这显示出她是一个勤勉的历史著作读者，而这些著作来自古代，另有中世纪的旅游书和但丁（1265—1321）的《神曲》。她最喜爱的作者波爱修斯（约480—524）的作品《哲学的慰藉》，是她有关整个古代哲学的知识来源，以及思考道德、正义、命运、自由意志等问题的素材。

由弗兰齐斯科·彼特拉克倡导的对于书籍的新热情，成为部分人文主义者的政治纲领；他们的目标是，向具有独占性的教会书籍和一般史学著作提出挑战。人文主义者希望，历史写作可以脱离基督教救世的教条，而且希望其所描写的不是上帝创造的，而是人们所塑造的世界。中世纪早期的历史学家主要对圣人和教士感兴趣，另一方面，中世纪晚期的人文主义趋势把个别的统治者及战争英雄当作历史著作里的主要角色。克里斯蒂娜·德·皮桑所著的法国国王查理五世的传记《有关英明的国王之书》，是第一本以法文撰写、与世俗统治者有关的历史作品。

　　除了历史的重要性，人文主义者还强调研究政治的意义和政治活动的重要性。在意大利的城邦国家，有必要研究政治学，因为当地富裕且积极从事政治活动的中产阶级希望在公开场合能有发言权。于是他们尝试将亚里士多德的《政治学》、柏拉图的《理想国》、李维的《罗马史》中的思想运用到城邦国家的政治统治之中。人文主义运动的支持者不希望他们的思想只被运用于单纯的学术运动，他们有更远大的抱负；他们通过塑造一种新的榜样——人格独立且在公共生活中很活跃的人——设法影响整个社会。

　　在克里斯蒂娜·德·皮桑那个时代，她是法国最活跃的社会作家之一。她的《淑女之城》一出版，立刻成为最重要的，而且是第一本由女性撰写、公开捍卫女性权利的书。这本书尚在写作期间便引起很多注意。她有一本给予女性指导、名为《三种美德》的书，在男性中间特别流行，兴许是因为它比《淑女之城》拥护更多保守的价值观吧。该书被翻译成葡萄牙文和其他文字则是后来的事情。它也是最早在葡萄牙印刷的图书之一[85]。在她的其他与社会主题有关的著作，如《政治体》中，她思索了善政的特点。《论和平》是一本政治小册子，在作品中，她表达了对法国施政的可悲状态的关心，而且举出了可更有效管理的诸多事例。《战斗与战争》是一本有关战争以及战争与和平之外交的书，不过却是受人之托所写作的作品。

　　同15世纪活跃于社交界的人文主义者的看法一致，对克里斯蒂娜·德·皮桑来说，孩童的教养是个重要议题。人文主义者拟订了一项教育计划，特别注重沟通技巧、实践哲学、道德教育、历史知识、艺术等方面的教学。克里斯蒂娜·德·皮桑有关教养、教育、礼节的著作《道德教育》《道德箴言》《三种美德》，均符合人文主义者的教育计划，它们是当时的畅销书。

克里斯蒂娜·德·皮桑的父亲托马斯·德·皮桑，可能和他有名的同胞弗兰齐斯科·彼特拉克及克鲁乔·萨卢塔蒂相熟；他们3人同时就读于博洛尼亚大学。克里斯蒂娜·德·皮桑通过她父亲，与这些早期人文主义者的思想有了第一次接触。彼特拉克对于托马斯·德·皮桑的医学观点印象并不深，在他的《反医师》一书中还嘲笑了医师。相反，许多人文主义者对于托马斯·德·皮桑第二专长的占星术则采取了正面的看法，然而在中世纪，占星术和医药却被紧密地联结在一起。克里斯蒂娜·德·皮桑从她父亲那儿获得这方面的基础知识。占星术和医药之所以在中世纪会被联结在一起，是基于较宽泛的宏观宇宙／微观宇宙思想。该思想认为整个宇宙以非常小的规模被复制在人体里。人们相信，黄道十二宫的星座及星座运势与身体的各部分有联系，而且对它们产生影响。就早期教育心理学来说，星座运势被当成一种"工具"，因为它们显示出有关孩童性格上的某些关键之处。宫廷占星师被指派去负责解释统治者的特点、将某些特殊的日子与星象相联系，以及根据星座运势预测国家的未来。

单亲和专业史学家

即使克里斯蒂娜·德·皮桑本身并非出身贵族家庭，她的人生也经常与法国宫廷有联系。她的孩提时期在充满文化气息的查理五世宫廷中度过，而成年后，她的文学成就引发了国王亲戚们的兴趣，比如奥尔良公爵路易一世（1372—1407）和勃艮第公爵"勇敢的"菲利普二世（1342—1404）。在这些宫廷里所培育出的氛围，不光有文化的，还有新的音乐类型，例如微妙艺术便非常流行。奥尔良公爵是克里斯蒂娜·德·皮桑早期诗歌创作的重要赞助人。后来她受雇于勃艮第公爵菲利普二世，便不再写诗，而改写非小说类作品，在勃艮第宫廷受到更高的评价。

奥尔良和勃艮第家族之间的权力斗争带来的社会动荡，使得克里斯蒂娜·德·皮桑的生活困顿。在她转变成职业作家和社会评论家之前，她终于明白，幸运之轮的转动在影响个人和国家方面并无不同。运气的盲目及任性这类出现于古代、走过中世纪、直到文艺复兴时期的文学主题，对她个人来说变成了痛苦的熟悉。

经过 10 年幸福的婚姻生活后，克里斯蒂娜·德·皮桑在 1390 年守寡，一个人照顾 3 个孩子、母亲和侄女。当时她 26 岁。虽然她的丈夫艾蒂安·德·凯斯提勒曾经是国王的秘书，但这并不能确保这名寡妇的未来生活。结果，这位单身、中上阶层的母亲必须靠自己，而且一开始只能充当一个单纯的手稿抄写员，以赚取生活费用。不久，她开始写流行的爱情诗，内容和以往的幸福时光以及缅怀死去的丈夫有关。在中世纪末期的法国，一个女性出版自己的作品是个非常怪异的现象，其实克里斯蒂娜·德·皮桑最先引起人们兴趣只因她的性别。这样的兴趣带来了更丰厚的佣金，因此在她丈夫去世 10 年后，她已经可以仅靠写作就支撑起整个家庭的生活了。这是一项杰出的成就，因为当时的出版物主要出自未婚的男性学者之手。

在成为寡妇和选择写作作为职业之后，克里斯蒂娜·德·皮桑的生活起了许多变化。她最年幼的儿子夭折，而且在悲痛中她被迫送走了女儿和大儿子，因为赚钱维生的前景似乎不怎么明朗。在朋友的帮助下，她为女儿能在普瓦西的多米尼克修道院找到一个好的归宿而感到高兴。同时，她与索尔兹伯里伯爵相熟，而且后者受到她的诗作的极大影响。伯爵建议她送大儿子到英国受教育，同时陪伴同龄的伯爵之子。克里斯蒂娜终其一生都与她的孩子们保持着通信联系，并且定期去看望他们。

克里斯蒂娜·德·皮桑的《幸运的转变》一书，以及由此书所传播的学问与知识，让查理五世的弟弟勃艮第公爵菲利普二世印象深刻。这位公爵邀请她写一本其兄长的传记，这对她来说是一项极大的荣誉。公爵就像他的哥哥一样，受过良好的教育，而且赞助了许多有才华的学者。撰写查理五世传记的目的，是要为他的侄子，亦即未来的统治者提供一个理想的榜样。当时，查理六世，也就是王位继承人，逐渐无法对抗日益恶化的精神疾病，到1393年以后，不论是身为教育者还是统治者，他都已完全无法行使自己的职责。纵使犯了以过度赞赏的眼光呈现主题的错误，《有关英明的国王之书》仍留给中世纪后期的法国学者重要的资料。克里斯蒂娜·德·皮桑似乎也意识到这一点，所以她在序言中提醒读者，并借此机会为自己辩护说，她是被请来描写国王的成就，而不是来批判他的。

在为国王写传记时，克里斯蒂娜·德·皮桑体会到，孩提时期自己在王室宫廷里所过的是怎样的一种特权生活。因此，这本书也透露了作者自己孩提时期的光景：克里斯蒂娜·德·皮桑的孩提时期，也是查理五世积极、活跃的统治时期，在法国和英国王权之间爆发了一场似乎永无止境的百年战争（1337—1453）。为这场战争付出最大代价的，是普通的农场工人和农民。多数普通的法国人尽其所能避免遭遇瘟疫、饥馑、盗匪。然而一年接着一年，英国对法国的乡村进行攻击，破坏了乡村和小城镇。农民受困于暴乱的强盗匪帮——他们留下来的破坏痕迹实在与英国人不分轩轾。封建领主征收的重税以及普遍的苦难，迫使农民走向极为血腥的反抗。在苦不堪言之中，鼠疫从1340年开始流行，每隔一段时间便横扫欧洲，造成众多领主或佃农死亡。

当时，查理五世统治着一个规模空前的帝国。他首先禁止贵族发动个人之间的战斗，并试图为王国制定一套统一的税收制度，以保障对英国的防卫。查理五世也是第一位了解建立海军的重要性的瓦卢瓦王朝成员，并借此试图把战争从法国国土移至海面。查理五世通过资助书籍的复制与传播工作来提高人们学习的兴趣。他在位期间，巴黎成为最重要的书籍复制中心之一。

克里斯蒂娜·德·皮桑在书中热心地描写了国王对文学的追求，以及她父亲身为国王的科学顾问这一角色的重要性。她也在作品中表露出了自己对科学的兴趣。查理五世的宫廷鼓励真正的科学思想、古代文化遗产的复兴，并支持早期人文主义运动。对宫廷具有影响力的尼克尔·奥里斯姆在他对于亚里士多德天文学理论的评论中，提出了一个革命性的看法：地球就像其他的天体一样，可能也在转动着。

1381 年，当查理五世去世时，他几乎为法国重新征服了那些在他统治之前已遭英国掠夺的全部土地。然而这些胜利却是通过对农民课征重税而达成的，所以在农民中间国王的声望并未获得提升。倘若和查理五世去世后的数十年战争时期比较起来的话，固然在他的统治下国家运作得很有效率，但查理五世——即使拥有高水平的教育——并没有真正成功地管理好国家，甚至还让国家处于负债状态之中。

如今的中世纪研究者对克里斯蒂娜·德·皮桑所写的查理五世传记特别感兴趣，因为它是唯一留存下来的、当时之人对国王的描写。除了政治和战争，该传记也描写了宫廷的日常生活和国王的亲戚们，因此也提供了对 14 世纪末期法国宫廷生活有趣的观察。克里斯蒂娜·德·皮桑描述的国王在学术方面的努力，以及尼克尔·奥里斯姆广泛的工作，证明了在中世纪即将结束时，法国宫廷非常热心于对学术的追求。

女权主义者和教育家

在中世纪即将结束时的法国，女权主义可能意味着什么？克里斯蒂娜·德·皮桑遭受了许多来自博学男士的厌女症观点的攻击，因而感到悲伤，而且当时法律与现实社会也都轻视女性。1405年，这种合理的义愤被纳入她的《淑女之城》一书中。克里斯蒂娜·德·皮桑另一本有关女性的著作《三种美德》，在内容和思想上比《淑女之城》保守多了。

克里斯蒂娜·德·皮桑的与女性和她们的地位有关的著作，在当今的女性学者之间唤起了一种冲突性的感受。根据许多女性历史学家的看法，在当时，她是一位重要的女性权利捍卫者。但其他的学者并不认为她是一位真正的女权主义者，因为她没有向当时流行的重男轻女的社会结构提出质疑。在《三种美德》一书中，即使面对一个暴力的丈夫，事实上她仍鼓励女性服从与谦逊。然而她的捍卫者却提醒我们，无论如何，她是第一位通过写作来捍卫自己的性别，并反抗轻视女性的行为的欧洲女性。期待一位中世纪晚期的博学女性质疑重男轻女的社会结构，本来就不切实际。因为直到 18 世纪结束时，随着整个社会的演变，女性才开始朝那个一向被视为神圣的性别角色提出质疑。

在欧洲，作者特别将读者限定为女性的第一本书正是《淑女之城》。在捍卫女性权利方面，克里斯蒂娜·德·皮桑较早所采取的做法，例如针对《玫瑰传奇》所写的评论，便锁定目标读者为男性。由于《淑女之城》和《三种美德》两本书受到了女性读者的重视，因此文学变成了她们活跃的舞台。

《淑女之城》一开始的场景是，作者描写自己坐在书桌旁，浏

女性建造的她们自己的城市。摘自克里斯蒂娜·德·皮桑的《淑女之城》，1410年。

览着收集来的手稿。她的眼睛落在一本关于女性弱点的小册子上。这本小册子虽然意在讽刺，却使得皮桑开始思索何以有这么多男性——包括有学问的人——意图诽谤女性。她决定追问以下的问题：如果她生而为男性，会比较好吗？她很快便睡着了，被她自己的思想弄得很难过。故事的正式开始是，寓言性的角色——理性女士、诚实女士、正义女士——出现在她眼前，而且与她就女性的成就展开冗长的讨论。这些淑女领她到一个地方，在那里她们鼓励她建造一座"淑女之城"，作为被世界敌视的有德女性的避难所。

《淑女之城》的书名参考了神父希波的奥古斯丁（354—430）所著的《天主之城》。奥古斯丁意图借该书巩固基督教团体。《淑女之城》是与其相似的寓言，其内容有关女性道德，以及跨越时间与文化的有德女性。随着内容的展开，克里斯蒂娜·德·皮桑和女士们开始讨论女性的真正本质、在生活的各个领域女性对人类的贡献，以及何以女性经常在社会上遭受鄙视。它显示出，王室或贵族女性、献身于信仰的女性、中产阶级女性、女工匠、一般家庭主妇和母亲等对于社会的贡献——她们所做的家务和照顾孩子。克里斯蒂娜·德·皮桑设法呈现出女性在许多领域，例如农业、园艺、纺织、缝纫、食物烹饪方面都比较有才干。她提醒我们说，对于人类的发展所做的贡献，没有任何群体，甚至包括古代的哲学家，会像这些被低估的女性一样多。

1405 年，在写《淑女之城》时，克里斯蒂娜·德·皮桑手上有一本乔万尼·薄伽丘（1313—1375）所著的《名媛》。她把薄伽丘的作品当作重要的原始资料，同时按照薄伽丘的写作方式呈现出历史上的女性及神话中的女性。克里斯蒂娜·德·皮桑文学作品的目标在政治方面：她不像薄伽丘那样只是欣赏或批判女性，她是要捍卫她们的权利。关于女性的成就，《名媛》一书可以说是较具娱乐和道德性质的，而非意在赞赏。克里斯蒂娜·德·皮桑无惧于反抗传统学术权威，而且批评说，古代哲学家或者意大利人文主义者可能是错的。此外，她还有其他动机。在讨论女性的正面例子时，她希望鼓励她的姐妹们加强团结，同时增强她们的自尊心。

克里斯蒂娜·德·皮桑的《淑女之城》捍卫了女孩和妇女受教育及做研究的权利。按照她的说法，唯有教育，而且是文学的或实用的，才能保证女性有自立的机会，能照顾她们自己和她们的家庭，以及为社会创造某些有价值的东西。根据她的教育计划，来自所有社会阶级的女性，必须学习符合她们的社会地位和生活状态的技能。来自上流社会的女孩应该和她们的兄弟一样被送去学校，如此才能学会以书面形式来保护她们自己和她们的性别。女孩可能在生理上比男孩弱，但是皮桑说她们具有较高的敏锐性。关于这一点，她认为，如果女孩被允许接受和她们的兄弟一样的教育，其智能将会很明显地表现在所有的学术科目上。除了上流阶层有时间、有方法可以选择科学和文学科目进行学习，其他的人则没有办法选择，所以她也不推荐前者去从事其他职业。

在那时候的社会，女孩使用比较多的是家务管理所需的技能，而非熟悉拉丁文。至于商人和工匠的女儿，按照她的意见，应该学习数学和簿记，这样才能在自家所开设的工厂或店铺里帮忙。城堡里的贵族女性应该学习各种与农业有关的技能，比如数学和簿记，此外还要能够保护她们的财产、家族、下属；当遇到特殊情况时，能以武装力量抵抗掠夺团体。

克里斯蒂娜·德·皮桑对生活在社会基层女性的凄凉景况也有她的想法。她鼓励性工作者寻找像护士、仆人、洗衣女工之类的工作。在她看来，光彩的生活是唯一能够保护女性及让女性较好地活在世上的自尊之法。谦逊、勤勉、服从以及和谐是女性最重要的道德，尤其在婚姻中。即使在暴力的丈夫面前，聪明的女性也很谦逊，因为谦逊会有回报。在丈夫临终时，他通常会经历心理煎熬，然后将自己的财产馈赠给妻子。她的意见是，总之，一个聪明的寡妇应该会做得不错，同样的错误不会犯第二回；她应该光荣地、独立地支撑她的家族，莫将这负担放在其他男性肩上。

在稍后的著作《道德教育》和《道德箴言》之中，克里斯蒂娜·德·皮桑按照人文主义者的方式，通过检验流行的道德教条，将注意力集中在道德教育的意义上。中世纪后期的基本美德是正义、理性、保守、坚忍不拔；另有 7 种宗教美德：谦逊、虚心、节制、耐心、仁慈、贞洁、和谐。克里斯蒂娜·德·皮桑认识到，当这

些美德以教育性的故事或箴言的形式呈现时，由于容易记住，所
以孩童最能接受。在文艺复兴时期，特别是在上层阶级和中产阶
级之间，因为人文主义学者的影响，这些教育方法大为流行。

战争背景下的政治作家及传达者

固然，克里斯蒂娜·德·皮桑是当时最多产且具有社会导向
性的政治作家之一，但是令人惊讶的是，今天人们对她这方面的
思想却所知不多[86]。她的所有作品，除了早期的爱情诗以外，主
要涉及社会主题和动机。在《政治体》《论和平》《战斗与战争》3
本书中，她思考了理想的统治者、理想的政治制度、战争及和平
时期外交的特点。从 15 世纪一直到 18 世纪末，人们引用、参考
她的政治作品的次数至少 50 多次，这显示出至少在某些方面她的
著作已为人知超过两百年了。

在法国的内战期间，克里斯蒂娜·德·皮桑经常给各式各样
的统治者写信，包括法国王后伊萨博（1370—1435）。她深知，以
她的社会地位和性别不可能影响得了政治结构，但是，为了和平，
借着写出公开呼吁信，她可以善尽其真正的公民身份的责任。虽
然她只是个中产阶级女性，不是那种能够在社会上真正行使权力
的贵族，但她觉得自己有权利直接跟决策者说话。她真正关心的
问题是，她的国家缺乏有效率的统治以及因此引起的凄惨的社会
状况。

"公民身份"是一个吸引人文主义者的重要概念。在意大利的
自由城邦，只授予上层阶级、中产阶级、精英、富有的工匠及商
人公民身份。他们在城邦的政治和商业上拥有真正的权力。这些
城邦国家在结构上是个混合物，其中掺杂了想把君主政治与民主
政治的个别优点结合在一起的意图。在克里斯蒂娜·德·皮桑成

年后，纯粹的君主政治在她的家乡法国开始发迹，可是在她的作品中并未对此提出质疑。从这一点来看，她比她的意大利同行保守。不过，她觉得法国的君主政治是可以改善的。

克里斯蒂娜·德·皮桑的社会概念源自古代的"政治体"的理念。中世纪盛期，英国学者索尔兹伯里的约翰（约 1115—1180）在他的著作《政治家书》里首次提出了"政治体"的概念，即社会是由各种器官组成的身体。理所当然，国王是这个政治体的头，而官员和立法者则是重要的器官，比如心脏和脑。一只手代表那些执行法律的人，另一只手则是军队。这个政治体能稳稳地站在地上，是由于两条腿的协助，其中一条是农民，另外一条则由商人和工人组成。索尔兹伯里的约翰强调这两条腿对社会的重要性，并且提醒我们，唯有靠这两条腿社会才能运行，换句话说，才能发展。头、心脏、脑也必须注意到双腿；他们必须关心普通人的需要，否则这些人可能倾覆整个社会。

克里斯蒂娜·德·皮桑在她自己的作品中也强调双腿的重要性——农民与工匠之于政治体。她议论道，从整体的观点来看，社会上最穷和最受压迫的团体并非不重要，这些团体的强大有可能使得社会陷入混乱中。不良政治所造成的结果之一就是发生内战。在《论和平》一书中，克里斯蒂娜·德·皮桑试图指导统治阶级改进其治理方式。固然她没有质疑存在阶级制度的社会，但她（以索尔兹伯里的约翰的口吻）认清了人口之中的每一小部分对政治体的贡献。当每一小部分人口都对整体做出贡献，并善尽它的社会责任时，社会和平便受到最佳的保护。这个具有功能性和实用性的观点，最后演变成个人的社会责任之类的现代概念。

在法国的内战期间，克里斯蒂娜·德·皮桑的主要工作在于设法为和平而努力，她还被委托写一本有关安宁的书，那就是《战斗与战争》，近百年中它一直被当作教科书。随着印刷技术的发展，这本书的许多新版本被印刷出来，其中有些版本还把克里斯蒂娜·德·皮桑的名字换成了男性的名字。后世之人无法了解，为何一个女性能够写出如此重要的有关战争的著作[87]。她的书对查理七世的军事顾问及陆军指挥官阿尔迪尔·德·理希蒙（1393—1458）影响很大。军事史学家一致认为，阿尔迪尔·德·理希蒙是一位值得一提的法国陆军改革者，同时也是第一位坚持专业性领导的法国指挥官。他所拥有的专业性领导知识，有一部分来自克里斯蒂娜·德·皮桑的著作[88]。

她的《战斗与战争》的主要参考资料是4世纪罗马人维盖提乌斯所著的一本非常有名的军事指南《论军事》，另一个重要资料是奥诺莱·布维（约1340—1410）的作品《三次战斗》。克里斯蒂娜·德·皮桑没有直接引用这些文本，而是将它们重新编辑一番。在《战斗与战争》这本书的开头，她探讨了由神父奥古斯丁所提出的"正义之战"的理念——一个今日被热烈讨论的主题。根据克里斯蒂娜·德·皮桑的看法，一场正义之战只能由合法的统治者发动，而他必须对他臣民的安宁负责。一场防卫性战争，或者一场旨在匡正错误行为的战争，是合法的；而本着复仇精神而发动或者表现出纯然野心的战争，则不能视为合法。

克里斯蒂娜·德·皮桑也撰文探讨与良好的军事领导的标准及领导者的特点、防卫和攻击的策略、装备及其使用、战俘的处理等有关的问题，并且提醒领导者注意无业军人对社会所造成的威胁。她支持的理念是，在所有的战争中，全部的交战团体都应该将得到普遍认同的战争规则——它应该根据国际法而来——作为行动规范。然而不知多少个世纪过去了，欧洲才颁布相应的法律。

圣女贞德赞美诗

克里斯蒂娜·德·皮桑最后出版的作品《圣女贞德之诗》，是献给圣女贞德（1412—1431）的赞美诗。虽然后来出现了许多与圣女贞德有关的历史研究、诗歌、小说、戏剧，但是她写的诗却是最早且唯一在贞德生前所出版的作品。在克里斯蒂娜·德·皮桑完成其诗作的同年，圣女贞德成功地获取了法国王储的信任，并且率领王储所提供的军队，从围攻的英国军队手中将奥尔良城解救出来。在这奇迹般的胜利后仅仅两年，圣女贞德就成为权力政治下的棋子，而且被英国人监禁。经过数个月的审问，她被宣判为女巫并处以火刑。对于贞德最严重的控诉之一，是她的"可怕"和穿着男性服装的不自然方式，因为这给其他女性提供了一个坏榜样。

克里斯蒂娜·德·皮桑是那个不安宁的时代中最有才华的女性之一。在《圣女贞德之诗》中，她直接与当时的另一位了不起的女性对话。固然她的著作不像贞德的英雄行为那样对广大群众产生了相同的作用，不过，她去世后至少200年，在博学人士的圈子里人们仍然读着这部作品。19世纪结束时以及后来的20世纪70年代，一小群学者重新发现了它，这才逐渐了解了作者本身及其著作的意义。克里斯蒂娜·德·皮桑的文学成就是无可比拟的。在相同的文学舞台上，她展现的成就决不亚于她的男性同行。许多法国的文学创作赞助人认为，她的天分无法超越，因而委托她做一些工作。她是一位学问广博深邃的社会作家，也是第一位有勇气驳斥诽谤者并捍卫自身性别的女性。

第3章

文艺复兴与科学革命时期的博学女性

14世纪60年代的壁画，主管文科教育的缪斯们。位于佛罗伦萨的圣母玛利亚大教堂。

受过良好教育并游历四方的法国作家弗朗索瓦·拉伯雷（1494—1553），在他的小说《巨人传》中写道："甚至妇道人家也开始把手伸向学问这光荣又神圣的甘露。"[89] 这位滑稽小说大师的言论并非只是个笑话，因为他的文学创作的主要赞助人是一位受过极好教育的文学女性——纳瓦尔王后玛格丽特（1492—1549）。在一个世代里，形成于古代的文化思想在意大利及法国流行起来，从而造福了许多女性。在意大利的文艺复兴运动中出现了新的博学女性：贵族赞助者、博学的中产阶级女性、优雅的交际花。

在文艺复兴时期，如果她们的父亲愿意，多数的女孩都可以接受教育。在意大利，中产阶级家庭的女孩常因父亲的鼓励而去读书，如劳拉·切蕾塔（1469—1499）和卡桑德拉·菲德勒（1465—1558）等，而且她们获得了所有阶级以及不论男性与女性的尊敬和钦佩。然而在博学男性的团体中，她们并未被当作地位平等的成员对待。瑞士史学家雅各布·布克哈特认为，迟至 19 世纪后期，意大利上层阶级和中产阶级的女孩才获得与男孩相同的教育[90]。现代研究显示，他的想法过于乐观，而且许多从事学术工作的女性提出了质疑：女性究竟是否参与过文艺复兴[91]？女性真的曾进入文艺复兴的博学计划吗，例如人道主义？

文艺复兴时期的人文主义者崇拜拉丁美洲及希腊的学者，推崇古代的语言和作者。当他们称颂个人自由时，他们经常因为自己的作品而与教会发生冲突，然而他们并没有针对阶级社会、教会权力或者既存的性别角色及等级制度提出严重质疑。首先，人文主义是博学之士提出的一种社会思潮，而它的目标在于把对古代的研究——而不是女性或社会底层——从主流社会的概念和习惯中解放出来。相反，女性人文主义者，如劳拉·切蕾塔和卡桑德拉·菲德勒，则设法在她们的作品中塑造一种像博学女性那样的活跃角色。她们当中有许多人希望可以不必在读书和育儿之间做选择，这个难题和今日作为母亲的职业女性所遇到的情况极为相似。

人们对于自然哲学，特别是医学和天文学的兴趣，在 16 世纪开始逐渐显现。文艺复兴时期的人文主义运动或新兴的自然哲学，都对依然在大学里讲授的那些中世纪学术界对古典巨擘的诠释加以批判。新哲学的支持者不再认为亚里士多德的自然哲学、托勒密的天文学、盖伦的医学一贯正确。巨变开始发生，后来名为"科学革命"的运动实际上是一个漫长和旷日持久的过程，而且并没有统一的思想体系。

在 16 世纪和 17 世纪之交，博学的法国助产士路易丝·布尔乔亚（1563—1636）致力于改进助产士的训练方法。在一个不允许女性在大学里研究医学的时代，她为女性提供了机会，让她们能像医疗专业人士那样工作。她开发了新的接生技术，可以改善母亲或新生儿的安全问题。

在新教主导的北欧，崭新且日益增加的责任被加在已婚女性身上。在信奉新教的地区，当修道院制度废除后，修道院失去了维持女性教育的功能。因为《圣经》本地语种的翻译文本变得更为普遍，所以发展所有社会阶级和两性的读写能力变得很重要。新教上层阶级家庭的女孩，有时候有机会获得像她们的天主教姐妹们一样相当高水平的文学教育，例如荷兰贵族女性苏菲·布拉赫（1559—1643）。西里西亚一位医师的女儿玛丽亚·库尼茨（约1604—1664）成为继希帕蒂亚之后最重要的女性数学家和天文学家。

Ætatis An. XVI.

CASSANDRA FIDELIS VENETA
LITERIS CLARISSIMA.

劳拉·切蕾塔和卡桑德拉·菲德勒

女性参与过文艺复兴吗？女性可以是人文主义者吗？

1487 年，在波多瓦大学举行了一场使用拉丁语的有关历史的演讲。举办演讲来庆祝毕业的这位男性却不像一位演讲者那样引起了听众的兴趣，听众们正热心期待着，既想看也想听，因为这位演讲者是一位年轻的女性。她站上演讲台："如果在你们这些博学人士、尊贵的神父、大学的督导以及最有名望的绅士们面前演讲，让我感到恐惧，让我的话哽在喉咙里，那我会向你们鞠躬赔不是。但我知道，我必须勇敢，把胆怯隐藏起来——我非常清楚，在许多人的看法中，我蛮干、我太年轻，仍是未婚女性，但我自认为有学问，而且我不在乎我的性别，因此我敢于在这个城市博学的绅士们面前演讲。现在这个城市就像古代的雅典一样，人文科学蓬勃发展。"[92]

卡桑德拉·菲德勒（1465—1558）在她表兄被授予硕士学位的典礼上所做的演讲，是女性在欧洲大学的第一次公开演讲。这个场合有相当大的讽刺意味。这位口操流利的拉丁语、雄辩滔滔地称赞哲学研究的女子，大学却不准她入学。卡桑德拉·菲德勒将当时的波多瓦比喻为古代的雅典，从她的观点来看，很遗憾，这是正确的。在文艺复兴时期的意大利城邦国家，有如古代雅典一样，女性缺少了和男性相同的权利，而且不得接近任何可以运

━━ （对页）卡桑德拉·菲德勒（1465—1558）的肖像。

用她们学问的管理职务或其他职位，更遑论以学问讨生活。在此时的意大利，所谓女教授、女医师或女法官的概念，一如在古代雅典，是没有意义的。

女性参与过文艺复兴吗？15世纪和16世纪，在意大利的艺术和科学领域，她们能够分享文艺复兴——古代的复兴——的精神吗？对艺术和科学的追求，通常是识字的上流社会人士才有可能做到的事，而这些人仅仅代表意大利城邦国家人口中的一小部分。上流社会家庭中，对男孩的教育是个定局，他们被送到寄宿学校，或者聘请家庭教师来教导他们。然而对于女孩来说，只有她的父亲决定让她受教育，她才有可能受到教育，例如卡桑德拉·菲德勒和劳拉·切蕾塔。这些女性在学问上的追求便受到父亲的鼓励，而且在生前已经有相当广大的学者圈子在研读她们的著作，所以她们才有可能以出身经济小康的中产阶级而声名鹊起。15世纪行将结束时，有多达两百名的贵族或中产阶级背景的女性成功地出版了她们的著作，大多数是意大利文的诗和故事[93]。不过，在文艺复兴时期，只有极少数博学女性研读古代的原文著作，或者能操流利的拉丁语，例如布雷西亚的劳拉·切蕾塔。还有更少数的女性，除了拉丁语之外，希腊语也很流利，如威尼斯的卡桑德拉·菲德勒。

文艺复兴时期，在意大利与法国，贵族及中产阶级的女性教育始于尊重学问的家庭。和以往比起来，这时那些出身上流社会的博学女性数量开始增加。修道院开设的学校也为女孩提供了初级教育，而且送女孩去修道院学校不再意味着对修道的终生承诺。许多博学女性出于本身的自由意志，在晚年选择修道院的生活并且隐居，例如早期人文主义者——维罗纳的伊索塔·诺加罗拉（1418—1466）。15世纪和16世纪，在意大利，尤其是威尼斯，有许多博学的交际花，她们写十四行诗，而且在文学沙龙中担任女主持人。其中某些人，比如图利亚·阿拉戈纳（1510—1556），也成功地出版了她们自己的著作。

在中世纪，最博学的女性绝对是贞洁的——她们是修女。不过在文艺复兴时期，她们不再身穿基督新娘的披肩，反而设法平等地进入由男性主导的学习殿堂。女性既研读古代语言和文学，又以男性的方式参加公开辩论，是一个复杂的现象。一方面，她们杰出的知性天赋令人钦佩；另一方面，她们也遭到非难，因为她们胆敢侵入男性的领域，并放弃她们传统的女性角色。

在当时何以出现对博学女性的钦佩？那是因为和目不识丁的妻女比起来，她们委实太优秀了。卡桑德拉·菲德勒的父亲利用女儿身为不寻常的博学少女的名声，推广自己在威尼斯贵族之间的律师业务[94]。他安排女儿出现在威尼斯王子们的宫廷里；12 岁初，她的拉丁语和希腊语已经说得很流利了。一个讲古代语言的女孩引发了人们极大的赞赏，然而好奇心使得不熟悉她的人对她起疑。在宫廷里，卡桑德拉·菲德勒的学问成了娱乐活动，同时带给她父亲报酬。过了适婚年龄，她的赞助者一个接一个停止资助她和她的家庭。人们开始质疑，到了适婚年龄却未婚之人的道德与她身为神童的吸引力的减弱，是否有直接的关系。

人们认为，博学女性是一般女性的坏榜样，因为普通女性，包括女儿、妻子、母亲，应该服从她们的父亲和丈夫，而且不发表有学问的意见。伊索塔·诺加罗拉一生未婚，当有关她的谣言开始在某些匿名的讽刺文章里流传后，她甚至被强迫放弃作为博学女性的角色。这样的诋毁不仅对意大利文艺复兴时期的博学女性造成了困扰，同样也影响了男性。达·芬奇（1452—1519）成为被诽谤的目标，他害怕那些与同性恋有关却又毫无根据的谣言，因为这类谣言会摧毁他作为艺术家的声誉。

虽然许多世纪以来，不论在意大利还是在欧洲其他地区，大学都不对女性开放，但是卡桑德拉·菲德勒在波多瓦大学的演讲仍具有正面的影响。最后，波多瓦大学成为第一所接受女学生的大学。然而几乎过了 200 年，波多瓦大学才第一次给女性授予博士头衔，她是埃莱娜·科尔纳罗·皮斯考皮亚（1646—1684）。固然，她学习并取得学位乃出自她野心勃勃的父亲施压的结果，但她变成了博学女性的标杆，而且她的名声在意大利被宣扬了很长一段时间。

文艺复兴时期宫廷的女性教育

多亏 13 世纪吟游诗人的思想影响，新的风气——偏爱优雅的行为和言语——出现在意大利和法国的王侯宫廷。临近 15 世纪时，这些宫廷开始重视古代的学问和知识。文艺复兴时期的人文主义者巴尔达萨雷·卡斯蒂利奥内（1478—1529）伯爵，其著作《廷臣》是一本文艺复兴时期对贵族男女的新要求的最佳样本。除了击剑、狩猎、竞技以外，贵族男性也期待接受教育。文艺复兴时期的欧洲宫廷是两种文化的舞台：一种是战争和狩猎的男性文化，另一种则是优雅的礼仪和学问的文化 [95]。按照卡斯蒂利奥内的看法，女性也有可能参加社交晚会，但主要的角色只是作为听众而已。一个女性贵族在沙龙里的主要功能是：作为一个愉快的伙伴，表现出适宜的举止，充其量是提出问题、促成交谈。

许多意大利的贵族女性，例如费拉拉公爵夫人伊利欧诺拉·德·埃斯特（1450—1493）和她的女儿伊莎贝拉（1474—1539，婚后成了曼图亚的侯爵夫人）、比阿特丽斯·德·埃斯特（1475—1497，成为巴里和米兰的公爵夫人），她们对于在沙龙里只扮演被动的角色并不感到满足。她们不但积极赞助科学和艺术活动，而且在政治和外交上也是具有影响力的角色。虽然比起那些受雇于她们并出身中产阶级的博学女性，这些宫廷的女主人拥有较高的社会地位，但她们从不曾成为由博学男性组成的一般性社团——"学术共和国"——中平等的一员。

15 世纪和 16 世纪之交，在阿尔卑斯山北部拥护文艺复兴的宫廷和贵族的家庭里，做学问仍是个比较适合女性的活动。在法国，许多贵族女性，比如法国王后凯瑟琳·德·美第奇（1519—1589），借着她们受过教育的优势，获得了影响力与独立 [96]。纳瓦尔王后玛格丽特在她那个时代的文学圈非常有名，因而留名于一般性文学史中。

虽然在大学和教会中男性享有受教育的权利，但是在 16 世纪，居住在阿尔卑斯山北部的贵族男性仍被要求精通剑术而非手握笔杆。较低层的贵族服务于地方宫廷，而且应在由统治者发动的战争中表现出勇敢和忠诚，这是他们的责任。英国贵族家庭的父亲可能会告诉他的儿子说，他宁愿看到他的后代被吊死，也不想让他们成为"执笔之人" [97]。15 世纪和 16 世纪，在意大利城邦国家，下层贵族是比较独立的，因为宫廷主要使用雇佣兵，所以他们有时间和他们的夫人一起从事对文学的追求。

文艺复兴、资本主义精神以及中产阶级的兴起

现今的研究强调一件重要的事情，那就是将文艺复兴视为中世纪的延续，而非一种新的开始。文艺复兴时期的许多重要的社会、经济、文化机构，比如民主的意大利城邦国家、泛欧洲的证券交易所以及大学，都始建于中世纪。对古代文化进行研究的热情——人文主义运动——在 14 世纪已经萌芽于意大利城邦国家，并在 15 世纪传播到阿尔卑斯山的北部，而后逐渐扩散到欧洲所有的城市。

从中世纪过渡到文艺复兴时期，教会对市民生活的控制很明显地减少了。在教士和修道院道德沦丧的诸多表现中，世俗主义是显而易见的，这样的情况引起了人们的反对与非难，尤其在阿尔卑斯山以北的地区。天主教所发放的赎罪券的贩卖、教会的腐败、教士之间放荡的传闻，导致了 16 世纪的宗教改革和宗教战争。始于 15 世纪的技术、经济、文化的发展，例如印刷术的快速传播、航海的复兴、地理大发现，在 15 世纪和 16 世纪不断改变着欧洲人的生活。

有关绘画艺术，基于 15 世纪的古代思想的重新发现，在欧洲的绘画领域，意大利将古代的主题提升至与基督教的主题相同的高度，进而创造了一种新的表现方式，并且培养出新的理论和技巧。在同一时期，建筑在意大利的城市中上升至一个重要的地位。除了建造宗教建筑宏伟的钟塔之外，城市之间竞相建造美丽的世俗建筑物。一个新的理念——格状——被纳入城镇计划中。按此计划，建筑物将坐落在中央广场的四周。此外，市政厅获得与教堂平等的地位，并坐落在广场的另一侧。

至于文学研究方面，在清楚区别过去和现在的做法方面，文艺复兴时期的人文主义者有别于在中世纪时的学者，不再以目前的观点研读和解说古代的作品，取而代之的是，他们设法将这些作品放回其本身的历史脉络中[98]。14 世纪结束前，当佛罗伦萨的学者开始研究与古希腊相关的学问时，希腊文学的图卷在意大利学者的眼前展开。1453 年，土耳其人攻克君士坦丁堡，许多拜占

📖 （对页）纳瓦尔王后玛格丽特（1492—1549），法国最早的女作家之一。她的沙龙非常受欢迎，而且在她所处的那个年代，她在文学和政治问题的讨论中是一个活跃的角色。这幅肖像是由让·克卢埃（1485—1541）绘制的，时间约在1530年。

庭学者迁至意大利，向西方学者介绍了他们先前所不知道的希腊古代文本。这股起于意大利的决心搜寻古代手稿的风气，很快传播到阿尔卑斯山以北的地区。

文艺复兴的精神——在15世纪意大利王侯对于建筑、艺术、古代研究的贡献中尤为显著——如果没有13世纪意大利许多城市的商业活动，是不可能出现的。意大利城邦所倚赖的是基于货币经济的资本主义社会与政治模式，它和在整个欧洲占主导地位已久且基于农村自然经济的封建制度不同。在意大利的许多城邦，富有的商人家庭跻身领导地位。美第奇家族通过无情地剥削羊毛工业和矿业的工人，再加上颇有手腕的银行业务而致富。这个家族的生意网实质上扩展到了已知的世界——西班牙、俄国、苏格兰、叙利亚[99]。在13世纪，威尼斯和热那亚的资产阶级开始致力于航海，和拜占庭维持紧密的贸易关系。

富裕的中产阶级和意大利城邦的贵族都开始建造雄伟的宫殿、楼阁、公园，并委托艺术家为他们制作雕像、画壁画及肖像。他们给予文艺复兴人文主义者大量的金钱，以支持他们对古代的研究，此举往往提高了赞助者、艺术家、研究古代的学者的地位。王侯和中产阶级在各个领域内竞相征求最有天分的学者和艺术家。在这方面，意大利文艺复兴时期的城邦就像托勒密王朝的亚历山大城一样，在那里，知识分子受到统治精英的特别保护。在一个世纪中——从15世纪40年代到16世纪50年代——最有名的建筑师、艺术家、雕塑家在意大利城邦工作。自古罗马时代开始迄今，意大利的统治精英对艺术和科学进行了巨大投资。比如达·芬奇最初在佛罗伦萨为美第奇家族服务，在朱利亚诺·德·美第奇（1453—1478）去世后，受雇于米兰公爵和公爵夫人卢多维科·玛丽亚·斯福尔扎（1452—1508）及比阿特丽斯·德·埃斯特。

意大利的城邦也类似希腊的城邦，人们拥有强烈的地方爱国主义精神，所以城邦之间经常发生争战。《君主论》的作者尼科洛·马基雅维利（1469—1527）服务于佛罗伦萨共和国，担任外交官、官员，也是一位作家。他对一项政治诡计——主角是一位无良的财富追求者——进行了精确的社会分析。1453 年，当土耳其人拿下君士坦丁堡时，许多意大利城邦组成联盟，并由佛罗伦萨及米兰的强势家族美第奇和斯福尔扎共同领导。新的外部威胁——东有土耳其，北有法国——又把各个城邦联结在一起。佛罗伦萨和威尼斯共和国、米兰、梵蒂冈、那不勒斯王国是最大的城邦，即使是乌尔比诺、费拉拉、曼图亚、西恩纳和热那亚，在文化上、经济上、政治上也都很重要。直到 19 世纪以前，意大利最终统一之时，城邦之间的战争和小冲突都从未停止过。

比起欧洲其他地区的状况，13 世纪意大利城邦的发展削弱了贵族和中产阶级之间的壁垒。当时，社会地位主要由事业与财富决定，而非出身。由于中产阶级的影响力增加，最后同样的趋势在欧洲其他地方也清晰可见。不论出身，具有特别技能的有进取心的人，比如达·芬奇和莱昂·巴蒂斯塔·阿尔伯蒂（1404—1472）在诸多领域都很出色，而且都是非婚生子女，却广受好评且获得了较高的地位。这种偏爱具有卓越天赋之人的气氛，也有利于文艺复兴时期许多博学的意大利女性。

劳拉·切蕾塔：女性也有权研究和出版图书

当劳拉·切蕾塔 11 岁时，他的父亲——布雷西亚镇的治安法官和律师——将天赋异禀的大女儿从修道院接回家，4 年前她被送

劳拉·切蕾塔（1469—1499）的肖像。

到那里接受基础教育[100]。在家里，父亲教她拉丁文、基础希腊文、数学、天文学入门知识。晚上，她仍继续学习，因为白天她必须帮母亲处理家务。在妹妹和弟弟入睡之后，她研究受斯多葛学派影响的赛内卡（约 4—65）的作品和西塞罗（公元前 106—公元前 43）的演讲。她日复一日地熬夜，年轻的头脑吸收拉丁词汇就像吸收神奇的咒语一样。劳拉的弟弟们被送到寄宿学校，在脑袋清醒时，在白天的阳光下，学习相同的知识，然而他们的姐姐却必须在身体疲倦时，在昏黄的光线下学习拉丁文，只因为她不巧生而为女性。

上流社会的女孩一般不能长期读书；她们通常很年轻时便出

嫁，而且对做母亲的人来说，继续追求知识并不恰当。莱昂·巴蒂斯塔·阿尔伯蒂在他写于 1432—1434 年的研究著作《家族论》中说，一个年轻的童养媳，甚至不到 15 岁的女孩，对丈夫来说是好的，因为她适应得更快，而且为履行作为妻子的义务接受训练也比年长的女性容易。妻子的主要任务是生孩子，并以爱来养育他们，行为举止得体；当然还要不知疲倦地管理家务，并监督佣人们。一个好妻子知道如何保持亚麻布干燥，会分辨油品的优劣，知道怎样维持刀具的锋利和调味品的新鲜。固然，富有的女性可能雇用乳母、保姆、仆人，但一般人认为，妻子们不应将时间浪费在书本上。按照一般的看法，上流社会女孩的阅读能力只要能应付祈祷书和食谱便足够了。威尼斯的人文主义者弗朗西斯科·巴巴罗（1390—1454）在他所写的《妻子的义务》一书中强调，最好的妻子来自良好的家庭、懂得服从、拘谨。她们也应该看起来体面、长得丰满、品德良好、名声佳。

借着丰厚的财产和崇高的社会地位，贵族女性可以将赞助人身份和文学追求结合在一起。可是，多数中产阶级女性甚至不识字。劳拉·切蕾塔的母亲目不识丁，她强烈反对女儿热情地学习拉丁文。她也认为，作为母亲的人应该监督佣人和养育自己的孩子，像这样的工作并不要求精通拉丁文。对许多女孩来说，读书是小时候用来消磨时间的事情，当长大成人后就必须放弃它。

人文主义者李奥纳度·布伦尼（1370—1444）在佛罗伦萨居住和工作，原则上他对女性教育持正面的看法。然而他希望仔细定义什么是上流社会的女性该学和不该学的：对于一个少女来说，学习算术和几何徒劳无功，同样没有用的是学习占星术，更不必说修辞学了。此外，所有形式的公开讨论、法律争议、逻辑思考之类的，都和女性没有关系 [101]。相对地，布伦尼推荐有关宗教的及提升道德的文学作品、涉及历史的故事、诗歌朗诵。

　　尽管猜疑直接冲着受过教育的女性而来，但劳拉·切蕾塔仍成长为一位有成就的拉丁学者和人文主义者。由于她对于希腊只有一般的了解，所以她必须研读翻译文本，比如柏拉图和伊壁鸠鲁的哲学作品、普鲁塔克的希腊名人故事、托勒密的天文学作品。她最熟悉的罗马作者是赛内卡和西塞罗。她也很熟悉薄伽丘的作品、托马斯·阿奎纳的神学／经院哲学。尽管拥有广博的学问，她在生前却并没有出版过任何著作。她的书信集《亲友书信》在其去世后的1640年才首次出版。

　　意大利拥有第一台印刷机，是在劳拉·切蕾塔出生前的1465年，仅仅在印刷机发明10年之后。约翰内斯·古登堡（1398—1468）发明的印刷机使各类印刷品实现了革命性的流通。根据粗略的估算，欧洲在15世纪和16世纪总共印了多达2 000万本图书[102]。无疑，其中多数是《圣经》、教义问答以及其他文书和行政刊物，比如税表。有关古代文学、形而上学、道德哲学、政治理论、自然哲学等的著作，其中由女性执笔的作品，算起来难以超过千分之一。在以后的几个世纪里，男性在文学世界中依然占主导地位。

　　15世纪末，许多著作依然是手写的。不过，它们在意大利北部的学术圈广泛流传，劳拉·切蕾塔的著作自然也会被读到。她以拉丁文写公开信，那是文艺复兴时期人文主义者的典型做法，而且它们经常结集出版。许多文艺复兴时期的学者也出版类似的集子，比如李奥纳度·布伦尼、教皇庇护二世（1405—1464）、安吉罗·波利齐亚诺（1454—1494）。这些集子中的信件写明了给某人，风格极为优雅，而且引用了许多古代文学权威的话。它们就像是以文字编织而成、制作精巧的饰品，通过它们，作者希望展现自己的学问，同时也对古代的大师表达赞赏之意。这些信件既是私人的，又是公开的。它们包含大量的自传材料，而且在今天被当作早期自传体文学作品来研究，因为作者总是于其中强烈地表现自己。

由劳拉·切蕾塔发表并被收录在书信集内的捍卫女性学问和有关学习方面的强烈言论，是写给一个名为比布鲁斯·塞姆普罗尼乌斯的男性的信件。在精神上，它类似克里斯蒂娜·德·皮桑的《淑女之城》。然而切蕾塔有可能几乎不知道这本书，因为在她的作品中从未提过这位早期法国女性权利保护者的任何一件事。切蕾塔受到薄伽丘《名媛》一书的启发，该书是一本女性人物传记集，克里斯蒂娜·德·皮桑在书中也引用过它。在写给比布鲁斯的信中，切蕾塔联合了若干古代和当代的博学女性，她希望和她们一起反驳比布鲁斯有关女性智慧方面的自卑感之类的观点。这封信的收信者很有可能是捏造的，因为"比布鲁斯"的意思是"一个醉汉"，而古罗马姓氏"塞姆普罗尼乌斯"则令人联想起拉丁文的副词"经常"或"总是"。在选择收信者的名字方面，作者显然出于故意，而且在她最接近的圈子内，那些比布鲁斯们或患有"厌女症"的"醉汉们"经常诉说很多与这位聪颖的年轻女性所引起的烦扰有关的事情。

在信中最具挑衅性的句子里，劳拉·切蕾塔强调，所有的人，包括女性，都有读书的固有权利。这是一项大胆的主张，尤其是在一个人（尤其是女性）只拥有随着其阶级或地位——女儿、妻子、母亲、寡妇——而来的权利和义务的时代。虽然文艺复兴时期的人文主义者已经接受了知识获取的优先权不应与出身或社会地位相关的看法，但切蕾塔还希望加上一点：它也不应该被视为与性别有所关联。

一个与劳拉·切蕾塔同时代的人——中世纪尼德兰（今荷兰和比利时）人文主义者德西德里乌斯·伊拉斯谟（1466—1536），并不支持女性享有受教育的权利，直到晚年其观点才有所转变。他不像切蕾塔那样支持女性教育，因为他认为这会加强她们的独立性和自觉性。但是，他也相信教育会帮助她们成为更好的妻子和

母亲。不管如何，伊拉斯谟确实勇敢地主张婚姻是一种伙伴关系，同时还质疑传统的阶级观念——为什么丈夫被视为无可争议的家长，而妻子却是仆人？

劳拉·切蕾塔把其女性固有的读书权利和其"女性共和国"的概念结合起来。文艺复兴时期，将"学术共和国"的词组用在一般博学男性团体上是很典型的做法，而切蕾塔聪明地运用这个人们熟悉的比喻，发明了一般女性团体的概念。她相信，当感受到自身的学问与男性并驾齐驱时，女性也应该能够体会到她们属于更大的整体。根据文艺复兴时期人文主义的教育理想，她想强调的是，读书的最重要功能在于导向真理，而且在生活中借着积极参与，这一点是能够实现的。如果说哲学具有任何真正的意义，那么它应该成为日常生活的一部分。在劳拉·切蕾塔的寓言中，走向真理及朝向上帝的旅程，必须通过住家的房间。人本身就是屋子，他的理性是窗户，经由窗户，人们可以看到屋内和外面的世界。

劳拉·切蕾塔对女性受教育权利的强烈主张，不仅被传达给其广大的读者群，也被传达给那些心存怀疑的人（不论男性还是女性），而且他们还争论说，她不可能用真名发表她所写的手稿。有些读过这些书信的人认为，女性无法用如此优雅的拉丁文来表现她们自己，而且也不像书信中所显示的那样有学问。对于书信是她父亲所写的说法，切蕾塔回应说，固然她极力赞美她睿智的父亲，但事实上，她曾代表父亲与别人进行广泛的通信，而且替他写过许多封信，因为生病使他无法亲笔写信。

在劳拉·切蕾塔的书信集里，有一封是献给卡桑德拉·菲德勒

⚘ （对页）圣母玛利亚一边为圣婴耶稣哺乳，一边读圣书。哺乳象征母亲无边无际的爱，阅读则与"天主之母的神圣智慧"这一理念有关。坐在天后的宫殿里，圣母玛利亚披着饰以珍珠和奇石的斗篷。玛利亚身后是柳枝编成的防火屏风。它绕着她的头形成一个光环的形状，这代表她的神圣和母爱的高贵。圣婴的裸体意味着耶稣的人性。此画作于1440年，出自罗伯特·康平（1379—1444）的一个不知名的学生之手。

的。然而令她沮丧的是，这两位知性的女子从未成为朋友。在与女性事务有关的努力和奋斗上，菲德勒并未显现出与切蕾塔相同的精神，不论在她的著作中，还是当她出现在公开场合时。然而就像切蕾塔一样，菲德勒支持女性读书，即使在公共生活中，读书对女性的用处不像对男性那么大。不过，从读书所获得的求知乐趣，对男女来说都有足够的动机让他们继续下去。卡桑德拉·菲德勒也针对这个主题向威尼斯元老院和总督做了一次有名的演讲："……有关文学的用处、价值、崇高，我已经说得够多了，因为它也全然是另外一回事；它是奖励，它是永恒。我非常享受它的一切。当我思考只以女性小小的编织针与拉线棒作为重要武器，我的人生如何进步提升时，即便文学研究没有给予女性任何的奖励或荣耀，我仍然坚信女性还是应该研究它，就算只为了它带来的愉快和享受……"[103]

不像劳拉·切蕾塔，卡桑德拉·菲德勒是通过书信与较为广泛的社交圈对谈。她和王室及贵族通信，例如西班牙女王、天主教徒伊莎贝拉（1451—1504），以及公爵夫人伊利欧诺拉·德·埃斯特及其女儿比阿特丽斯·德·埃斯特。她写信给教皇、红衣主教、男性修道院院长。众多的博学之士，例如乔万尼·皮科·德拉·米兰多拉（1464—1494）和安吉罗·波利齐亚诺回信给她，并赞赏她的学问。对卡桑德拉·菲德勒来说，如果没有受过教育，学问带给她的人际关系是全然无法建立和维持的。

"有关女性的争议"

在经常提及的 Querelle des femmes（"有关女性的争议"）这个法文用语的讨论中，常见到调和女性的传统角色及博学女性的角色之类的问题。这些热烈的讨论始于古代，内容有关女性的本质、道德、理性、教育。14—19世纪，针对这个主题发表过的论文有数百篇，这些论文不但议论女性的性格，还提出论点支持或反对女性的权利。固然，女性捍卫者的人数少，而且他们的著作鲜为人知，但是他们的努力也并非枉然。不仅克里斯蒂娜·德·皮桑捍卫女性，而且男性也这么做。胡安·罗德里格斯·德·拉·卡马拉在他的作品中表明，女性决不劣于男性，事实上还更有道德。加莱阿佐·弗拉维奥·卡佩拉（1487—1537）的著作，以及阿格里帕·冯·内特斯海姆（1486—1535）捍卫女性的行为，在他们的时代也相当广为人知。

对女性怀有敌意的著作，经常诉诸于亚里士多德的作品或者《圣经》中，以支持自己女性在身体和智慧方面都不如男性的观点。根据基督教传统，亚当和夏娃受到蛇的引诱吃下知善恶树的果实，这一行为导致他们被逐出伊甸园。文艺复兴时期的学者认为，男性获得自由意志，是被逐出伊甸园的直接结果。亚当不再是他自己命运的奴隶，同时开始将世界改变成他所喜欢的样子，而且因他的行动而得到赞扬——夏娃没有获得这样的谢意。

乔万尼·皮科·德拉·米兰多拉在他的著作《论人的尊严》中，恰如其分地定义了时代的精神，赞美了男性的成就和获得的自由意志。按照文艺复兴的思想，上帝只对男性、对亚当说话。在皮科·德拉·米兰多拉的著作里如是说："亚当，我们给你的，不是固定的座位，也非适合于你的将来，更非你一人专有的禀赋，因此你可以负责任地想望任何的座位、任何的将来、任何的禀赋，而且根据你的愿望和判断，你可以拥有和具备与此相同的东西。一旦下了定义，所有其他众生的本质都遭到我们所规定的法律压制。反之，当你不受任何限制的压制时，可以根据你本身的自由意志做出决定。我将你摆在世界的中心，因此你可以更容易地看到这世界上的任何东西。我们让你既不是在天空中，也不是在地上，既不会死，也非不朽，因此，你就像是自己的自由又非凡的成型机，把你塑造成自己喜欢的形式。你也有权利退化到较低阶的生命形式，但那是粗野的；你也有能力按照你灵魂的判断，重生在更高的序列中，而那是神圣的。"[104]

皮科·德拉·米兰多拉没有为女性在这个世界上划定一个位子。他对女性并不带特别的敌意，事实上，他曾捐赠部分钱财给无家可归的女性。不过，他与他的时代口径一致：女性不属于活泼的、思考的社会的一部分。某些私人书信显示，有学问的女性受到珍惜与钦佩。例如安吉罗·波利齐亚诺盛赞卡桑德拉·菲德勒说："我也曾听说过，你不需做准备就能够演讲。这是连某些辩士都难以做到的。事实上，你的哲学素养如此之高，你辩解得头头是道，而且敢于抨击根深蒂固的观念……身为年轻未婚的女性，你的性别没有征服你的灵魂，你勇于和男性在学问的赛道上竞争……其实，我以前钦佩皮科·德拉·米兰多拉，因为没有人能够和他比较，而且在任何知识或学问的领域，没有人比他更杰出（我相信）。但现在，卡桑德拉，我开始深深地尊敬你，因为你的学问紧跟在皮科之后，或许与他并驾齐驱也说不定。"[105]

虽然波利齐亚诺的信让卡桑德拉感觉非常愉快，但是在博学人士的小圈子内并没有她的位子。一位受教育的女性可以被提升至作为学问装饰品的地位，但女性写的哲学论文不但没人愿意出版，也没有赞助者愿意提供财物支持，让她们可以继续做研究。

女性著作中的人文主义遗产

劳拉·切蕾塔和卡桑德拉·菲德勒是资深的古代研究学者及人文主义者，对她们来说，古典拉丁文的风格起码是和她们著作的主题一样重要的。在她们的作品中，她们论及神圣的起源，以及人类在与其他的创造物的比较下其独特性所具有的意义，其观点同皮科·德拉·米兰多拉在《论人的尊严》一书中所说的一样。她们思考自由意志的问题，并强调心智发展的重要，这就和洛伦佐·瓦拉（1406—1457）在他的对话集《论欢乐》和《论自由意志》里所讲的一样。切蕾塔和菲德勒写了大量文字，主题与婚姻及友谊的重要性有关，而且如同许多男性人文主义者，她们在活跃的社交生活中扮演了重要的角色。除哲学之外，适合自由公民学习的技艺——文科（包含文法、修辞学、辩证法等）——的指导，对个人而言非常重要，从而就整个社会来说也很重要。

在真实的世界里，活跃的社交生活只可能属于男性。修辞学和辩证法的研究并不被推荐给女性，因为在管理家庭方面，人们不认为它们有任何用处。虽然支持人文主义者的观点，但女性人文主义者最终并无意去捍卫男性的利益。对劳拉·切蕾塔来说，这一点似乎极为清楚，她希望女性不要被迫在学问和家庭之间二选一。借着写作，她设法创造了一种能够从事前述两种活动的女性形象。卡桑德拉·菲德勒解释说，为了能够读书做研究，她曾被迫放弃许多女性的传统工作："……最后，当我全心投入研究，我拒绝了作为一个传统女性的命运，并且专注于那些抱负——它们不仅在短暂的人类存在期间与世俗的荣誉相关联，而且也象征着与上帝无所不能相关的欣喜。我想，我获得了人类世界里的永恒名声。因此，我的目标一直臣服于挥洒我精力充沛的、燃烧的、难以置信的研究人文科学的热情，我希望这不会是不适当的，在这种情况下，伟大的博学男性应该赞赏和称颂我的名字。"[106]

对许多早期的女性人文主义者来说，唯一真正的选择是沉思的生活；在此之中，她们专注于发展自身的内在知性生活。毕竟多数博学女性从研究中所能获得的好处，不过是它所提供的"知识财富"而已，因为她们不能像专业学者一样运用她们的学问，而且即使能力有如男性一般，她们也不能成为学术界的一员。伊索塔·诺加罗拉的拉丁文和希腊文读写能力都很棒，然而在与她有关的诽谤文字流传之后，她竟然愿意退出公众生活。年轻的时候，她曾经积极地和许多有学问的男性通信。虽然这些男性大力赞美她的文学天赋，但是他们并不能平等地接受诺加罗拉[107]。卡桑德拉·菲德勒在经过多年的努力之后，领悟到自己竟然无法保住一个赞助者，最后被迫放弃了她的文学追求；学者和王侯的赞美只留下空言，而且没有任何人给她提供像研究古代的学者那样的工作。

对于男性主导的博学圈子，女性总是它的外部成员。拥有政治影响力且在文学沙龙里担任女主持人的贵族女性，或许她们可以自由地享受教育，但是她们在博学圈子里所占据的位置，主要是基于她们的崇高社会地位和财富，而不是她们的文学成就。不过也有例外：法国女性纳瓦尔王后玛格丽特不但是个重要的赞助者，也是一位著名作家。16世纪30年代，在意大利的新沙龙里，有更多的上层阶级的女性可以更自由地展示她们自己的作品。这些作品主要是通俗诗作。但是即使像这样的文学女性，博学男性也不会以平等的态度接受她们[108]。

文艺复兴时期的女性人文主义者的作品和她们男性同行的极为不同，因为前者必须一再捍卫她们的性别。以拉丁文发表著作的女性被看成不寻常的个人，而且还背离了普遍存在的性别角色。博学女性代表某一种模糊的第三性，它会引发冲突的感觉和思想。卡桑德拉·菲德勒在自己的作品中使用了许多贬低自身成就的表现手法；她甚至为自己摇笔杆的行为而道歉，只因为她是个女人。男性作家也使用同样的自我贬抑，但他们不必为身为男人而道歉。博学男性贬抑自己的文学才干，其实是借着给它们裹上一件谦虚的斗篷，而设法让人注意到他们的技艺。人的才干可以增加，然而性别却不能被改变，至少在文艺复兴时期是不能的。

女性人文主义者希望被严肃地视为作家，而不想让人们注意到她们的性别。不过，博学女性不可能被严肃对待，除非她不论在智慧上还是在身体上都绝对地合乎道德。博学男性经常称呼她们为"处女"，不论她们的婚姻状况如何。他们想把她们看成雅典娜，看作有德的智慧女神。此外，把从事文学创作或研究与道德相关联这一做法，也受到中世纪传统的支持，在当时，举凡博学的女性几乎都是修女——贞洁的榜样。在文艺复兴时期，博学女性开始被拿来和亚马孙人比较。众所周知，那些古代神话中的女战士对男人是没有怜悯心的。对许多男人来说，博学女性看起来是一种威胁，因为后者侵入了他们的传统领域。

卡桑德拉·菲德勒本来希望按照博学男性的方式服务于宫廷。虽然她写了几十封信给分散在欧洲各地的许多文艺复兴时期的王侯和公主，但是只有一位，亦即包括卡斯蒂利亚、阿拉贡、西西里、那不勒斯，到最后连整个西班牙都属于她的那位王后——伊莎贝拉——给了她一个机会：担任宫廷学者。不幸的是，即使她们互相通信了近10年，多次由意大利发动的对抗法国的战争，以及整体政治的不稳定，还是阻断了卡桑德拉·菲德勒前往王后宫廷的旅程。

美第奇学院，美的理想化与虚荣之火

在15世纪90年代结束之际，卡桑德拉·菲德勒得到机会和佛罗伦萨宫廷学院最重要的会员结识，纵使她并没有被这个非正式的学术圈子接纳为正式的成员。科西莫·德·美第奇（老科西莫）是富有的中产阶级，也是佛罗伦萨政治、商业、文化领域毫无争议的领导者。15世纪50年代，他试图恢复了柏拉图学院，使佛罗伦萨成为足以媲美古代雅典的科学、艺术、哲学中心。科西莫的孙子洛伦佐·德·美第奇（1449—1492），后来以"伟大的洛伦佐"闻名，他在祖父去世后担任学院圈子的主持人。洛伦佐从他的祖父和母亲那儿继承了对古代文学的爱好，他的母亲是卢克雷齐娅·托纳波尼（1425—1483），具有影响力且有天赋，创作出版过赞美诗。洛伦佐成功地吸引了最杰出的研究古代的学者和人文主义者，例如皮科·德拉·米兰多拉和安吉罗·波利齐亚诺。柏拉图学院在老科西莫时代已经由马尔西利奥·费奇诺（1433—1499）领导，而且在学院的支持下，将我们所知的柏拉图著作悉数翻译成拉丁文。卡桑德拉·菲德勒经由柏拉图学院的这些人文主义者，获得了新柏拉图学派哲学的深厚知识。这个圈子经常在城堡别墅见面，此地展示了桑德罗·波提切利（1445—1510）的名画《春》《雅典娜与半人马肯陶洛斯》《维纳斯的诞生》，供所有的人欣赏。

城堡别墅迷人的文艺复兴式花园，以及波提切利的古代神话题材的绘画，为安吉罗·波利齐亚诺所写的有关古代主题的诗作创造了一个适宜的优雅气氛，这些诗作在这个学院圈子里辗转传读。这些杰出的古代研究学者、艺术圈的朋友，给予波提切利建议，教他如何将古代神话用于绘画中，如何结合灵性与感性，以及如何处理与美有关的想法。波提切利的绘画中的美很明显来自新柏拉图学派的哲学概念——尘世之美乃是神圣、永恒之美的反映。在宫廷中，女性美也获得新的抽象意义。美蹿升至道德一旁，成为贵族女性最重要的特点。每个女性的美随时间而衰减，但美的概念却是永恒的。波提切利所画的女性不代表真正的女性，即使这些绘画的模特儿都是真正的女性；相反，她们是去除了所有肉欲和激情的永恒之美的象征。

新柏拉图学派哲学美化和神化女性。男性作家将出身高贵的女性描写成美丽的物体，人们可以像欣赏一幅完美的绘画或一尊均衡的大理石雕像那样欣赏它。然而，费拉拉的德·埃斯特家族以

⚲ 《维纳斯的诞生》（1484—1486）。出于佛罗伦萨画家桑德罗·波提切利（1445—1510）之手，描绘爱神维纳斯如何诞生于海水泡沫中，并乘坐巨大的贝壳登陆。这幅作品被收藏于城堡别墅，此乃美第奇家族的城中宫殿，而美第奇宫廷学院的会员经常在这里聚会。就像其他文艺复兴时期的人文主义者那样，波提切利对新柏拉图哲学感兴趣。按照新柏拉图哲学的说法，可视的世界和它所呈现的物质的美只是理念世界的反映而已。

及米兰的斯福尔扎家族、波吉亚家族的许多女性并不满意这种被动的角色，相反，她们在丈夫身旁积极参与宫廷生活与政治活动。贵族女性行使权力，通常隐藏在幕后最有效。许多美第奇家族的女性，比如伯爵夫人巴尔蒂，以及卢克雷齐娅·托纳波尼，虽然一直隐身幕后，却决定了与建筑合约、婚姻、正式会见有关的事宜。倚仗她们巨大的财富，她们对各式各样的人施予恩惠，同时也要求他们带有政治影响力的回报。由女性行使的这种权力，特别地被称为"等候室政府"。纵使这些贵族女性并没有被指定职位，无疑地，她们握有巨大的权力；而且一群群正等待被接见的臣民无一不了解此事。

然而文艺复兴时期的学者，并未公开撰写这些出身高贵的女性在行使权力方面的事情，反而将他们的注意力集中在那些男性能够控制的特性上。人文主义者对女性美的要求存在着内在的冲突。和道德一样，美对上流社会的女性来说也是必要的，不过，如果男性认为某一个女人过度强调自己的美，这样的行为就会变成是爱慕虚荣。一个让人产生反感的丑女人，即使有美德也无济于事。一个漂亮的女人可能是神圣之美的反映，可是，她的美也可能被解释为反映了她本身的轻浮。男性作家给女性的定义是：一种生物，永远被自己感觉比男性低一等的自卑感所囚困。可是女性的著作却显示，她们有自己的文化和生活，不必被迫通过男性的眼光来反映她们的形象。劳拉·切蕾塔试图塑造一个受过教育的女性的形象，方法是把传统的女性文化和学习知识结合起来。在她的著作里，古代的女主角不但是个高明的纺织者，也是个绝佳的讲故事的人。劳拉·切蕾塔所描写的女性能够用她们的手和脑工作。

洛伦佐·德·美第奇于 1492 年去世，整个家族在 1494 年遭到放逐，它对佛罗伦萨的统治由共和政府取代。后来佛罗伦萨被多明我会僧侣吉洛拉谟·萨伏那洛拉（1452—1498）有关地狱磨难的演说所征服，他要求信徒和教士都同样进行忏悔，并放弃世俗的奢侈、腐化、放荡生活。以往人们欢度众多节日的广场，现在变得阴郁又昏暗。然而某些居民则欢迎萨伏那洛拉的说教，因为他要求道德自律，这是教士、修道院人士甚至教皇能够做到的事情。当时整个天主教会正遭遇深刻的精神危机。1497 年的狂欢季，在领主广场人们点燃了"虚荣之火"。萨伏那洛拉鼓动市民把所有他们不必要的服装、书、宝石、装饰品、非基督教图画，全丢进火堆里。按照萨伏那洛拉和他的支持者的说法，外在美不是神圣美的反映，只是虚荣的反映而已。女性应该专注于保护她们最珍惜和唯一的宝藏，也就是她们的美德，并且忘记徒劳无用的装饰。

因为萨伏那洛拉的影响太大，教皇亚历山大六世（1431—1503）最终下结论，宣称这个僧侣是异教徒。经过冗长又痛苦的审问，在一年前燃起"虚荣之火"的那个广场上，萨伏那洛拉被执行火刑。在萨伏那洛拉的火热言论与死刑之后，一件更加束缚人的、暗色调的"斗篷"——非常理想化的古代——罩在了佛罗伦萨之上。它存在了数年，其精神在波提切利后来的宗教画里表现得很明显。当卡桑德拉·菲德勒最忠实的仰慕者安吉罗·波利齐亚诺于1494年去世后，她与内部不安的佛罗伦萨之间的关联便断开了。她后来嫁给医师吉安－玛丽亚·马佩里，迁居克里特岛，从意大利博学人士的圈子中消失了将近60年。

博学女性协助男性

15世纪80年代，当卡桑德拉·菲德勒在佛罗伦萨和威尼斯享受博学人士圈子的交际时，年轻的劳拉·切蕾塔正在拼命设法出版自己的著作。虽然她没有成功地找到出版商，但她仍继续独自研究拉丁文。逐渐地，她成为担任治安法官的父亲越来越重要的助手。

劳拉·切蕾塔15岁结婚，然后与商人丈夫迁居威尼斯。仅一年后，她的丈夫突然去世。她没有生育，所以她的夫家对她没有任何要求。有如当了寡妇的女性经常做的那样，她回到娘家，这样父亲就可以再将她嫁出去。但她没有再婚，因为她的父亲生病了，需要她的协助。

就在劳拉·切蕾塔16岁时，在父亲的要求下，她承担了写拉丁文信件和合约之类的工作，主要是与家族和其父工作有关的事务。年轻的劳拉不但以她自己的名义，还以父亲的名义写信给她弟弟的那些受人尊敬的老师，并感谢他们优良的工作表现。一个年轻女性从她父亲手中接管家族的事务，在当时是极为不寻常的。然而她的信中表现出来的拉丁文水平和学问，给每个收信者都留下深刻印象。劳拉·切蕾塔的情况显示，当博学女性代表一个本人无法亲自工作的男性亲戚时，她们的地位等同于公务员或老师。劳拉的母亲不懂拉丁文，所以她无法承担此任务。

从 16 世纪开始，博学女性的角色有如父亲、兄弟、丈夫的助手，而且她们在科学写作上也变得更加重要。虽然好几个世纪以来，官方和大学渠道的教育不对女性开放，可是它的确创造了与博学男性的家族成员合作的新模式。劳拉·切蕾塔是最早的中产阶级女性之一，经由写作，她成功地将自己的社会视野从在传统上女性占优势的家庭扩展到男性主导的公众生活之中。劳拉非常明白她的立场，因此把自己的立场融入作品中。她的书信集《家常书信》中包括许多寄给老师和公务员的信件。这种书信集是当时流行的工具，让文艺复兴时期的人文主义者来表达意见。可是对女性而言，她们缺乏一个正式的发声渠道，所以书信是唯一可能显示自己是个活跃和独立的公民的方式——但愿在通信中真的能这样。

劳拉·切蕾塔于 1499 年去世，年仅 30 岁。在生前，她已成功地在当地获得声誉；她受到赞赏，但也遭到嫉妒和中伤，原因在于她具有极为广博的知识。她留下了 82 封拉丁文信件，以及和一只死驴有关的讽刺对话，这些作品在她去世将近 140 年之后才首次出版。

卡桑德拉·菲德勒重回舞台

1556 年，一位年老的女士站在一些素有名望的听众、威尼斯元老院成员，以及出身米兰的波兰王后博纳·斯福尔扎（1494—1557）

面前演讲。那时的出席者中没有一个人能记得她以往曾经公开亮相的事，比如向元老院成员演讲适合自由民众教育（博雅教育）的主题，或者在波多瓦大学做与学习哲学的重要性有关的演讲，那是因为当时在场的听众没有一人至今尚活在人间。然而这位90多岁的女士，语调优美，拉丁语依然优雅，她就是卡桑德拉·菲德勒。当威尼斯元老院决定邀请她在一场由该市安排的款待波兰王后的庆典上演讲时，此事被当作赠予这位年老的博学女性的礼物，事实上，数年前她才被誉为威尼斯共和国最伟大的女儿。虽然这个城市的领导者太年轻，以至于记不住她本人，但她的声誉却跨越了时代。

在卡桑德拉·菲德勒的长寿岁月中，欧洲人所了解的世界发生了巨大的变化。固然，新的地理观主要影响了精英、博学人士、从事国际贸易的人的生活，但是对任何人来说，再也无法回到过去了。原本热那亚的克里斯托弗·哥伦布（1451—1506）的探险任务是找到印度，虽然任务失败，他却发现了一个当时欧洲人全然不知道的全新的大陆。瓦斯科·达·伽马（1469—1524）打开了通往印度的航路，从而导致航海方面出现空前的盛况。在天文学领域，尼古拉·哥白尼（1473—1543）出版了《天体运行论》，在此书中地球被从宇宙的中心移开，并且和其他行星一样绕着太阳转。纵使在科学家和教士之间，日心说的观点最初只获得极少数人的认同，但是它不可改变地把人和地球摆在了新的宇宙秩序上。对天主教会而言，这个时代也令人焦急，因为它面对着持强烈反对态度的改革者。

如果卡桑德拉·菲德勒在1488年能够前往伊莎贝拉王后（1451—1504）的宫廷，她的一生也会变得极为不同。由于"天主教双王"伊莎贝拉王后和费迪南德国王（1452—1516）聘请了许多受人尊敬的学者，所以菲德勒将会发现自己处于一个启发心智的环境中，在那里她能拥有研究古代文学和哲学所需的平和。如果她有这个机会的话，我们永远难料她的研究能达到何种成就。而且我们也无法确知，在那 60 年间她究竟做了什么。卡桑德拉·菲德勒和劳拉·切蕾塔只给后人留下一大捆拉丁文信件。在书信中提到菲德勒的大量文字作品，但什么也没保留下来。当她和丈夫在一次船难中失去他们的所有财产时，那些作品可能就在那时候全被海浪卷走了。

博学女性的文艺复兴遗产

文艺复兴时期给予意大利城邦的女性比男性更多的适当机会去研究文学、科学、艺术，因此许多上层及中产阶级的女性开始写信、演讲、学习拉丁文，以及写白话的诗和故事。这个时期最有名的，除了前面提到的以外，还有伊波莉塔·斯福尔扎（1445—1488）、安东尼娅·普尔奇（1452—1501）、莫德拉塔·冯特（1555—1592）、卢克雷齐娅·马里内拉（1571—1652）。新的印刷技术也将女性的作品在逐渐增长的文学人口中传播，而且逐渐给予女性一个属于自己的在文学领域发声的机会。

越来越多的父亲开始在他们的女儿身上投资教育，而且博学的丈夫与兄弟们开始知道珍惜他们的妻子和姊妹，因为她们可以成为科学和知性工作上的助手，结果开启了一种女性和博学的男性家庭成员之间的新合作模式。天文学、航海、制图法、自然科学都需要新技术，反过来，它们也为那些属于工匠阶层的专业女性创造了机会，让她们在自家的工作坊内参与新科学仪器的制造，比如望远镜、显微镜、地球仪、星盘、水平尺。一旦变成寡妇，则妻子继承丈夫的工作坊，并独立地继续她们的工作[109]。因此，女性工匠群体日益壮大，这群工匠在一个起于 16 世纪末的进程中创造出新技术，后来演变成我们所知的科学革命。

文艺复兴时期的地理大发现促成了欧洲的多种权力关系和经济发展，并且让欧洲人能够和先前不认识的人联系上。在哲学上，人们有过和未开化的人相关的热烈争辩，说他们就像女人一样，对白种欧洲男性而言是难以理解的，抑或是神秘又令人钦佩的，但仍然是"其他人"。哲学家们思考，是否这些"其他人"——无论他们是未开化的人还是女性——的行为，像白人男性一样受到了理性指导，或者他们完全是亚里士多德笔下天生的奴隶，他们的理性无法控制其基本欲望。天生的奴隶无法自己做决定。文艺复兴时期的博学女性，成功地以她们的写作表明，举凡诋毁女性的态度都是错误的，而且她们为未来世代的博学女性清理出一条道路来。

Angée de 45 ans.

路易丝·布尔乔亚

来自巴黎的博学的专业助产士

1598 年秋的一天，一个为她的家族带来好消息的女人在街道上脚步飞快地走着。她手中紧紧攥着一纸准许她在 11 月 12 日开始助产士工作的执照。在 16 世纪即将结束之时，在巴黎、伦敦以及德国的许多城镇，当正式或者制度化的助产士训练尚且付诸阙如的时候，对于来自城市的助产士仍然要求持有特别的执照。路易丝·布尔乔亚（1563—1636）担任助产士业已数年，而且宣过誓、注过册，她这次取得执照是为了打开职业生涯的新远景。

到了 1589 年，当亨利四世（1553—1610）在名义上成为法国国王之后，巴黎的情况稳定下来。固然，从一开始人们并未看好他的统治前景，但亨利四世——先前被称为"纳瓦拉的新教徒亨利"——成功地结束了多年来的内部动荡和法国的宗教战争。再者，他在对抗西班牙时所展现的勇气和机敏，逐渐保住了国民对他的忠诚，甚至超过 10 年之久。此外，他还放弃——至少在形式上放弃了——他的新教信仰，因而受到国内多数天主教徒的赞赏。

然而路易丝·布尔乔亚仍清楚地记得，在 1589 年令人忧愁的 10 月之夜，她与母亲和 3 个孩子一起躲避发生在巴黎市郊的战斗。那个晚上，这个家庭失去了所有尘世的财产。当在沿塞纳－马恩

（对页）出版于1609年的路易丝·布尔乔亚的第一本书《多样的观察》中的自画像。

省河畔的拉丁区找到一家公寓之后，他们发现，光靠路易丝·布尔乔亚的丈夫担任外科医生的收入，再也无法应付生活开销了。以往路易丝只管理家务和照顾孩子，现在也被迫外出挣钱。不久，她决定去学习有关助产士的专业知识。

路易丝·布尔乔亚和她的家庭于1589年被国王军队所夺走的东西，在11年后似乎要连本带利收回了。1600年，亨利四世迎娶佛罗伦萨的玛丽亚·德·美第奇（1573—1642）。人们希望国王和他的第二任妻子赶快生下一个继承者。当王后怀孕的消息传开时，宫廷便开始寻找合适的助产士。选择一个够资格的人来担此任务，必须小心翼翼，因为这个孩子有可能是未来的王位继承人，其出生是不能冒任何风险的。固然国王偏爱杜普伊女士，但王后不要这个非常能干的女人来做自己的助产士，因为她接生了许多个非国王嫡出的孩子。另一位考虑中的候选人就是布尔乔亚女士，她受到强力推荐，最后被指派负责这项重要任务。

在亨利四世遭暗杀的1610年之前数年，路易丝·布尔乔亚为这对王室夫妇成功地接生了6个孩子。布尔乔亚女士的名声越来越响，巴黎多数贵族家的孩子都是由她接生的。直到1627年，她一直都是法国最有名、最受尊敬的助产士。可是，仅仅助产士的身份并不能算是实现了她的抱负，因此她决定撰写医学图书。但由于她的性别，她并没有权利攻读正式的大学医学学位。

1610年，路易丝·布尔乔亚出版了《多样的观察》的第一卷，内容涉及怀孕、生产、产后照顾、流产、不孕，以及妇科疾病与新生儿护理等内容。第二卷出版于1617年，第三卷则在9年后的1626年出版。该书的第一卷赢得广泛的赞许，而且大受欢迎。它被翻译成拉丁文、德文、荷兰文，到1710年为止印行了无数版。路易丝·布尔乔亚是第一位把扎实的医学知识和实践经验结合在一起，开拓出新领域的女性；同时她还成功出版了与她的助产士工作有关的、既受尊崇又广为人们阅读的书籍。

医学的旧流与新风

16 世纪与 17 世纪之交，在欧洲的大学医学专业中，古代的体液学说依然当道。它基于希波克拉底（约公元前 460—公元前 370）的理论，内容是有关身体的 4 种基本液体——血液、黄胆汁、黑胆汁、黏液——和彼此之间的关系的。健康被定义为这些体液之间的平衡状态，生病则是这个平衡遭受破坏的征兆。出现健康问题被认为是 4 种体液之一在体内过量所引起的。人们相信，过量的血液引起咯血（从肺咯出血来），黑胆汁过多可能引发破伤风、中风、严重头痛、肠梗阻、沮丧，太多的黄胆汁据说会引起腹泻、高烧，过多的黏液则会引起癫痫、糖尿病、昏厥、肿胀。

罗马医师盖伦（约 129—200）扩充了希波克拉底的体液理论，他加入了两个概念：体液的基本性质"热、冷、干燥、湿润"，以及它们彼此的关系管制着身体的作用。后来盖伦开始把注意力集中在存在于自然界的基本元素的性质以及它们对人体健康的影响上。头痛是因为热，可能与过多的日晒、热气、强烈情感或喝了过多的酒有关。此病的调理方法是避免吃肉、喝牛奶、性爱、大喜大悲、喝酒。对于寒冷天气时头痛的患者，则建议保持头部温暖，以及在流通的空气中做适度的运动。这种应对方法，即使按照现代医学来说，听起来也相当合理。

人类具有 4 种基本气质类型这样的中世纪的观念，与受到希波克拉底及盖伦拥护的体液学说有着密切关系。这 4 种基本气质类型指的是乐观、易怒、忧郁、冷淡。人们相信，人类的基本气质类型与健康息息相关：某种既定气质类型的人被假定为倾向于某些类型的疾病。这种对疾病成因的理解源于古代医师和中世纪的阿拉伯医学，却以某种形式影响着欧洲医学，一直到19世纪。

体液学说强调个体的特质。在诊断疾病和开处方时，年龄、性别、性格类型是重要的考虑因素。生病时，黄道十二宫也很重要，因为人们认为，天体，尤其是运行的星星，也影响基本体液的平衡。要想使治疗有效，就必须在正确的时候进行。在16世纪时，西方第一本历书被编写出来，其中包括了放血和拔罐的正确日子。有人认为，黄道十二宫的星星和人体部位有关联：白羊座影响头部，金牛座影响颈部，双子座影响手和臂膀，巨蟹座影响胸部，狮子座影响心脏，而处女座管理和保护肝、肺。欲理解星星的影响，需要接受数学训练，而且还要有能力计算天体的相关位置。由于占星知识被认为在诊断疾病和有效治疗方面都具有价值，所以占星术在17世纪仍然和医学紧密地联系在一起。

至于开处方、对抗性治疗的概念，则被当作经验法则来使用：当疾病被归类为热时，则以"冷"剂来治疗。药用植物，根据热、冷、干燥、湿润的基本性质加以分类。医学和治疗的目的在于恢复体液水平和体液性质之间的平衡，意思是说，过量的基本体液必须从身体中移除。过量的血液，以放血和拔罐治疗。过多的黄胆汁和黑胆汁，则以药物促使腹泻、呕吐、流汗等将它们排出体外。按照现代医学的观点，某些体液医学的治疗方法看起来比疾病本身更危险。然而在文艺复兴时期，对于许多具有各种药效的植物，大学医师和民间医者都拥有大量的体验式知识。人们知道某些植物可以缓解炎症和疼痛，另外有些植物的作用像泻药或者具有麻醉功效。随着帕拉塞尔苏斯（1493—1541）提出的医用化学的发展，人们对于把矿物当作医药使用产生了兴趣。

路易丝·布尔乔亚对于医药的使用方法和它们的功效，有着非常丰富的知识。1634年，她汇集出版了她的作品《秘密汇编》，书中提供了可用于众多疾病的280种医药处方。按照书中精确的指示，家庭药师可以为各种疾病配药，而药物则取自植物、矿物、动物类原料。路易丝·布尔乔亚从较古老的配方集里收集信息，或许也访问了民间医者。她建议使用和其他医师所提出的相同的物质来治疗相同的疾病。不过，在她的配方里，物质的分量却不同于其他医师设定的。这暗示着她不断在她的病人身上试验医药的效果。不论医师还是民间医者都认为，医药最重要的性质就在于它活化内分泌的能力上。对于不太严重的问题，目标是缓解病人症状而不至于引起剧烈反应。他们也体悟到没有什么医药可以适用于许多疾病。固然，人们一般认为治疗效果最终取决于上帝的意志，路易丝·布尔乔亚也总是设法鼓励病人，让他们相信自己是会康复的。

16世纪末和17世纪初，人们对古代权威的信仰明显地表现在欧洲大学所教的解剖学上。按照传统，验尸在教授主持的解剖课程上进行，他从课本上念出学生们应该看的东西。外科医师或解剖员根据教授的指示切开身体；暴露出来的东西早在预料中，只不过确认一下权威人士在医学上所做的描述而已。甚至当验尸结果显示出疾病摧残了病人的体内组织时，人们仍顽固地坚持权威的信仰。总之，唯有身体的基本体液的量与质，对于诊断才是重要的。佛兰德斯的解剖学改革者安德雷亚斯·维萨里（1514—1564）强烈地批判这种教学，并坚持认为解剖学应该根据医师所做的观察结果来教学，而不是对医学权威的盲目信仰。根据他的看法，验尸应该聚焦在为何疾病出现在体内组织和器官上。1628年，英格兰人威廉·哈维（1578—1657）出版了当时与生理学有关的最重要的作品《关于动物心脏与血液运动的解剖研究》，在书中他根据自己的动物实验，解释了循环系统的作用。不幸的是，路易丝·布尔乔亚从来不知道这本著作。

医学治疗和手术是彼此分开的。直到 17 世纪，手术才成为大学医学课程的一部分。医师的主要工作是，通过如前所述的治疗方法来恢复病人基本体液的平衡。外科手术师则处理外伤，他们拔掉作痛的牙齿，处理枪伤，矫正脱臼的肢体，实施截肢。人们不认为手术是医师工作的一部分；它完全是外科手术师的责任，而且应按照工匠的方式，被置于不同的公会中。外科手术师学徒在师傅的指导下，学习他们未来的专业。虽然最博学的外科手术师撰写了医学书籍，而且根据对手术过程的观察来发展他们的领域，但他们并未享受到通过大学学业所获得的尊敬，同时对于在大学内所使用的拉丁文也不熟悉。

路易丝·布尔乔亚对于她那个时代的医师所采用的体液学说知之甚详，并且在她的与生理学和解剖学有关的书中将其当作理论基础。她对法国伟大的手术改革者安布鲁瓦兹·帕雷的著作也很熟悉。帕雷一生侍奉过 4 位法国国王，同时也是路易丝·布尔乔亚丈夫的老师和亲密的朋友。布尔乔亚在这位老师的指导下进行研究；他们两家十分交好，而且住在同一个屋子里好几年。多亏帕雷发展出新技术，法国在 18 世纪前在手术上一直领先他国。因为他以母语法文而不是以拉丁文撰写著作，所以在生前，其名声只局限于一个相当狭窄的圈子内。许多巴黎的大学医师反对他的教学，因为一个外科手术师竟敢在自己的书中批评医学理论，而没有将精力集中在手术上。

到17世纪时，并非所有医师都清楚地知道胎儿在子宫里的位置。上图左边的图片描绘了双胞胎在子宫内的场景，右边的图片则是母亲坐月子和照顾新生婴儿的画面。这些图片来自雅各布·卢夫的手册《人类的生育和观念》（1580）。

帕雷因研发出枪伤药膏而出名，其成分是蛋黄、玫瑰油、松节油。这种混合物可以防止发炎，比传统上使用滚烫的油那种令人非常痛楚的枪伤治疗法好太多了。虽然帕雷是一位外科手术师，但是和他的许多同行却形成鲜明对比。他反对将手术作为不得已的办法，以及手术应该尽可能保守之类的观点。例如，在治疗腹股沟破裂时，他设法保住病人的睾丸，这和一般的做法是背道而驰的。罗马医师以弗所的索兰纳斯（98—138）认为，当胎儿在母体内呈横向位置时，可以小心地在子宫里转动胎儿的身体，或采取温和的外部操作，或拉胎儿的脚。即使在 17 世纪剖腹手术已经被尝试过，但是帕雷仍认为，这种手术对一个活生生的怀孕妇女来说太危险了。依照帕雷的方式，路易丝·布尔乔亚强调清洁以及病人的精神状态在治疗上的重要性。在书中，布尔乔亚以安布鲁瓦兹·帕雷为例，说他是一位根据自己的观察，对一般人所接受的假设提出质疑，而且终其一生不断学习的学者。

尊重助产士的工作

16—17 世纪，在欧洲生孩子依然属于公共事件，参与的人主要是女性。年长的女性亲戚和朋友经常协助分娩，同时可能还有一个非专业助产士在场。多数的助产士都很穷，她们是不识字的乡村妇人，只不过从某个母亲或者某个较老的专业人员那里继承了她们的助产知识而已。城市助产士通常是工匠的妻子，她们借此寻求额外的收入。在正常的分娩过程中，不论母亲或孩子通常都进行得相当顺利。然而在 17 世纪，幼儿的死亡率依旧很高，这源于生产的环境不够清洁、儿科疾病、意外。难产，亦即胎儿在子宫内的胎位不正，对于母子都是致命的。极少的非专业助产士能够把横向的胎儿转正，这意味着母子经常死亡。再者，子宫刮除术——移除胎盘，如果它没有自然排出的话——可能导致母亲致命的发炎。外科手术师通常执行刮除术，难产时就会找他们来。他们也为死去的产妇施行剖腹手术，以拯救婴儿。

至于非专业助产士的技术，即使她们中的某些人是有经验又能干的民间医者，但仍可想象其水平必然参差不齐。城市贫民区和乡村的非专业助产士，尤其在男性医师和外科手术师的眼中名声欠佳；付给她们的费用和她们的社会地位反映了她们的身份。人们常斥责她们肮脏、贪婪、无知，说她们是酒鬼。尽管民间医者兼助产士的社会地位和声誉低下，但她们却被视为具有其他女性所欠缺的社会责任。例如，她们被赋予义务，在"极端情况"下，如果牧师不在场的话，便由她们为死婴施洗。万一女孩的贞洁遭受怀疑，她们还担任重要的专业见证人。在施洗期间，由助产士抱住孩子；而且一个帮助孕妇成功地进行了分娩的助产士会成为欢宴的中心人物。不过，因分娩而造成孕妇或婴儿死亡时，通常由她们单独承担责任。

然而这些重要的任务并无助于提高助产士低劣的社会地位。乡村的民间医者甚至经常遭到社会放逐。在猎女巫期间，她们被控以虚构的罪名，比如在施行巫术时使用没有受洗的死婴。对于有组织的男性机构来说，非专业助产士的确是个问题，因为她们的工作超出法律规定的范围。分娩是令人惊恐的，而且通常是危险的事，因此男性不准介入。助产士必须处理与孕妇分娩时流出的血液和母乳相关的事情；人们认为这种事物与魔力有所关联，不像男性排出的东西（例如精液）那样。女性医者教人如何避免计划外的怀孕，同时人们也知道她们帮人堕胎，此事遭到牧师、教会人士、医师毫不留情的谴责。如果在生产过程中婴儿或母亲死亡，助产士很容易被控诉为骗人的江湖术士，或许因为她们早已有个可疑的名声了吧。

路易丝·布尔乔亚相当在意助产士糟糕的名声和她们可疑的操作方法，她认为这两件事主要源自她们的无知。她建议，助产士的训练应该从巴黎开始，它也应该包括解剖学方面的指导。事实上，较有系统的助产士训练始于 17 世纪 30 年代的慈恩医院。16 世纪 80 年代，路易丝·布尔乔亚曾经在那里担任助产士，同时知道医院卫生要求标准很低。在 17 世纪，医院在外观上仍比较像一所旧房子，而不像个照料机构——病人来这里等死而非到此接受治疗。

作为一个为上层阶级服务的特权助产士，路易丝·布尔乔亚希望提高这一职业的社会地位与名声，同时也寻求属于自己的名声，以便和声誉不佳的民间医者划清界限。著述是让人们认同她的工作的工具。虽然她没有用拉丁文撰写作品，想必对此语言也不精通，但是她写的医学书却成功地广泛流传，在她之前的女性从没有人做到这一点。宫廷圈子助产士的崇高地位，当然对她成就的取得发挥了重要作用。之所以能够拥有这么高的专业地位，或许是因为在这个领域里，她拥有比其他医师更多的知识、才干、经验。路易丝·布尔乔亚在工作上成功地把实践与理论相结合，而且这种方式先前并没有其他女性采纳过。她提高了城市助产士的声誉，而且还提高了自己在顾客、医师、外科手术师眼中的地位。

路易丝·布尔乔亚的产科

在 17 世纪，不论是从母亲或是胎儿的角度，医师对于怀孕过程和分娩生理学的了解仍然相当有限和充满不确定性。和同时代

依出生时辰来推算未来命运的占星术必须考虑天体的位置和分娩时间两者之间的关系。甚至到了17世纪，当孕妇即将临盆时，占星师还很可能被找来见证此事，并根据出生那一刻的星表，预测新生儿的未来。

的其他人一样，路易丝·布尔乔亚信任古代的医学权威。希波克拉底曾呼吁人们关注子宫的"特殊行为"，比如它倾向于往腹腔移动，尤其在分娩之后。根据古代医师的说法，子宫相对于它原有的位置产生错位，会引发许多女性典型的疾病，例如歇斯底里症。在古代医学里，子宫被认为是个活性和感觉的器官；人们推想它实际上拥有自己的意志。在所有器官里，和女性的心灵及生理关系最密切的正是子宫。按照路易丝·布尔乔亚的说法，"就身体的各部分来说，子宫经由动脉、静脉、神经、薄膜，分别与心脏、肝脏、大脑、腹膜有着最密切的关联"[110]。

路易丝·布尔乔亚同意盖伦的见解，据说怀孕发动了两个物件——男性的精液与女性的子宫——的对抗。依照路易丝·布尔乔亚的看法，子宫的温度对怀孕的难易有决定性的影响："……子宫包含大量的湿气，这些湿气来自大脑，沿着脊柱移动，并通过肾脏。这些湿气经过子宫，被降温至原本的自然温度，如此一来，精液得以保存，而且处于良好的状况下……"[111] 她禁止孕妇喝含酒精的饮料和吃辛辣食物；按照她的说法，这些东西会导致子宫过度温暖，因而引起流产。人们相信，如果子宫的温度太高，发育成胎儿的那个种子会被"烤"死。

路易丝·布尔乔亚意图把她那个时代的医学知识和她本身丰富的实践经验结合在一起。她在《多样的观察》一书里，列举了关于女性身体解剖和生理、流产、孕期的各个不同阶段、分娩、产后照顾等内容的数十个案例。路易丝·布尔乔亚最重要且相当现代的观察之一是，在正常分娩时，也就是胎儿以正确的位置出现在产道中，头部最先出现，这时人为的介入应该是有限的。她认为助产士最重要的任务是，在产妇分娩过程中予以支持："你唯一的任务是正确行事，为那些找你的人服务，了解她们的希望，而这些希望不可达到伤害到她们的程度……一个女人，想走路而且能走，就应该让她走，直到准备好分娩之前……助产士的责任，就是不要加快任何事情的脚步，而且用力扩张产道时必须小心，不要说什么羊水流出来的事……你应该等到上帝决定的时间……尤其在正常分娩中，不要造成伤害……我经常注意到，对一个分娩中的女人来说，最重要的是找到一个最好的位置，让母亲和孩子都感到舒适。"[112] 这样的智慧和冷静，并没有反映出当时的一般实际状况，因为多数的助产士和医生都认为应该尽一切方法加速分娩。

在路易丝·布尔乔亚于 1617 年出版的《给我女儿的指导》一书中，她描述了助产士与客户之间的关系。她强调，助产士的工作主要是一种要求苛刻的服务性质的工作。一个分娩中的女人应该受到如同客户一般的对待，应该为她营造尽可能最平静的气氛，而且应该鼓励她相信自己的力量，因为没有人能代替她分娩。即使在今天，也仍有许多有关分娩中的女性应该扮演什么角色的讨论。自然分娩的支持者强调，怀孕不是一种疾病，而且分娩也不该被视为医疗问题。路易丝·布尔乔亚在近 400 年前已有相同的看法。她也认为，分娩是无法预测的事件，事件发生期间客户可能迅速变成病人。为保障母子的平安，助产士有时候必须介入分娩的过程中。甚至当助产士在产妇身上实施让产妇痛苦的做法时，助产士仍必须尊重她。

在书里，路易丝·布尔乔亚列举了许多具有警示性的例子，它们与助产士这一方的错误做法有关。一个缺乏耐性的助产士，因为在错误的时间点或以错误的方法介入生产过程，有可能对母子造成致命的伤害。路易丝·布尔乔亚不同意她那个时代一般人所持的观念，当时人们认为，分娩时之所以会痛，那是上帝对女性原罪的处罚。带有这种观念的助产士会强迫妇女摆出不舒服的姿势，这会使得分娩时的疼痛加剧。根据布尔乔亚的说法，助产士应该像领航员那样，引导船只安全入港，保护乘客，关心航行中的货物。

路易丝·布尔乔亚在照顾难产孕妇方面也是个先行者。依她来看，通过专业技术，助产士应该能够确定何时及为何某个产程进行得不正常，以及如何与何时介入分娩过程。如果必要，路易丝·布尔乔亚会用药品来延迟生产。她建议助产士做笔记，写下胎儿的头部在产道内的位置，并确定那是否为"顶先露"。她鼓励她们检查脐带，并解释为何它可以从胎儿的颈部松开，而不会伤及母亲或胎儿，从而避免胎儿窒息。她还能转动呈现"肩先露"的胎儿，以及处理"臀先露"胎儿的分娩。

在16世纪和17世纪，医师和助产士不建议母亲喂新生儿母乳，认为母乳对孩子的健康经常有致命的后果。为符合当时的风俗，路易丝·布尔乔亚也不鼓励母亲哺育孩子，相反地还提供了相当多的意见，告诉她们如何除去她们那些"令人不快"的乳汁。唯有一些法国上层阶级女性自己哺育孩子。多数新生儿都放在乡村让贫穷的乳母照顾。富裕人家则可以在自己家中请个乳母，可看到乳母照顾婴儿的状况。许多被送往乡下的婴儿因为营养不良、各式各样的疾病或意外，没满1岁就夭折了。在欧洲很多地方，政府当局试图避免最普通的意外——孩子窒息于乳母的重压之下。在许多城镇，当局下令，为防止意外，婴儿应该睡在他们自己的床上。然而儿童的死亡率仍相当高，虽然少数孩子的死亡受到调查，但很少对任何人采取法律行动。这并不意味着双亲不重视他们的孩子。由于当时的儿童死亡率远比今天的高福利国家高出许多，所以为人父母者，只要他们的孩子甚至只有一人能长大成人，就非常高兴了。

为专业而奋斗

从 16 世纪开始，越来越多的医师和外科手术师对于与分娩有关的医疗产生了兴趣。在德语地区，1513 年，马丁·路德的好友欧夏留乌斯·罗斯林（约 1470—1526）出版的《孕妇与助产士的玫瑰园》，以及雅各布·拉夫（1500—1558）编写的助产士手册《为想怀孕与生子的女性所写的漂亮又寓教于乐的指导小册子》，都受到了广泛欢迎。这两本书都大量发行，并被翻译成欧洲的许多其他语言。不过，只有少数医师对于通过安排训练以增强助产士的专业技能一事感兴趣。在医疗方面，多数专业人士都小心翼翼地保护着他们自己的专业领域。医师对外科手术师不满，外科手术师则责怪医师。不过，两者却一起找助产士的麻烦。产科实务改进得非常缓慢，因为新的和更好的技术等相关信息，并未传达到每个人。许多助产士、医师、外科手术师往往仍坚持主张不舒适的分娩体位、强制扩大产道、借按压产妇的肚子迫使胎儿提早出生，但事实上，这些都会对孩子造成永久性的伤害。

有时候，焦急的助产士找来男性外科手术师帮忙解决难产问题，这只是不得已的办法，但为时已晚。路易丝·布尔乔亚说："……我的意见是，最好让有才干的外科手术师来保住产妇的性命，因为他们敢于做出正确的行动，而不会让人死于无知又胆小的助产士手中，这些人以为只有时间能够解决产妇的困境……我不怀疑有极能干的助产士存在，但她们的人数并没有那么多。"[113] 从这些话来看，路易丝·布尔乔亚把自己和那些熟练的外科手术师相提并论，而不是只把自己当成个助产士。

基于伦理道德的原因，外科手术师有时候必须隔着一张床单，仅凭摸索来帮助孕妇分娩，他们根本看不见自己正在操作什么。这会危害母亲和孩子两者的健康。在欧洲某些地区，伦理道德是非常重要的，医师甚至还被禁止参与帮助孕妇分娩。在汉堡，一个名叫维雅特的医生在 1522 年被判以火刑处死，就是因为他乔装成女性参与了一次分娩过程。后来，男性助产士的人数开始逐渐增加。张伯伦家族的某位著名外科手术师在 16 世纪结束时发明了镊子，并成功地在许多难产场合使用。这个家族保守他们发明的秘密几近一个世纪，直到 17 世纪末时，他们也不常使用镊子。18世纪和 19 世纪之交，医师几乎完全取代了助产士。

路易丝·布尔乔亚在她的第一本书《多样的观察》里，仍以相当尊敬的口吻描述医师和外科手术师，说："当受我协助的妇女找来一名医师，我从来不曾像这样快乐过，因为看起来医师与我地

🖎 （对页）路易丝·布尔乔亚强调，生产中的妇人可以为自己选择最舒适的姿势。胎儿娩出时最好是头顶先露。身为熟练的助产士，布尔乔亚也可将会臀部先露的胎儿转动到正确位置。

位相当。那些想参与其中并给予建议的每一个人（家族成员和朋友），都被要求安静下来，或者如果他们建议某些事情时，医师会做出自己的决定。他知道病人的病史，也知道她的需要。我所说过的每一件有关治疗及其影响的事，都源自学问丰富的医师，我和他们一起实践了我的专业知识。"[114] 经过数年，对于医师和外科手术师在分娩时所给予的协助，她的态度变成了轻视。1626 年，她写道："医学显然是一种专业，从它衍生出许多分支，比如制药、手术，以及所有那些不同的领域，而其中有不少是根据实践而非理论而来的。那位已故的国王，在他儿子的出生过程中明白了这些，因为当时有 4 位医生在场；在各自的领域中，他们或许是法国最有学问的人物。国王将我安排在他们前面，并警告他们不要强迫王后服用任何东西，除非我认为那是个好主意；同时也必须听从我的想法，并予以执行，因为我的技巧基于实际经验胜过科学理论，而且我见过数百个案例，而他们只见过几个。"[115]

医师经常指责助产士肮脏，但路易丝·布尔乔亚则主张，如果医师或外科手术师最近治疗过患传染性疾病的病人，那最好不要参与分娩工作。虽然在 17 世纪，不论细菌或是病毒都还不为人知，但人们已经得出结论：传染性疾病会通过服装传播。路易丝·布尔乔亚强调产妇与助产士清洁工作的重要性，这一点是很好的发现。直到 19 世纪 30 年代，在欧洲，产妇死亡的最重大原因还是各种感染，因为她们接触到了医师肮脏的手和仪器。

或许路易丝·布尔乔亚轻视医师的原因是，她作为一名知识丰富又可靠的助产士的地位已经巩固了，所以就不再需要他们的协助了。作为一名自学成才的助产士，她在工作中结合了理论与实践。助产是一门新型的医学专业，不过，女性通常不被视为专业人士，不管她们在自身的领域里有多么能干。

在传统的女性专业领域——比如纺织或裁缝——工作的女工匠，并不像男性铁匠或铜匠那样被认为是专业人士。女性被支付较少的工资，而且人们将她们归类为助手，即使她们的手艺达到了大师级别。在欧洲，仅在几个城市，女性可以组织公会，那是在一些贵族女性想拥有某个专业头衔的情况下产生的。另外，女性也没有资格加入外科手术师公会，外科手术师的妻子和女儿常被看作她们的丈夫或父亲的助手。在某些专业里，女性甚至取代了男性，但人们鲜少接受她们作为独立的公会成员。

路易丝·布尔乔亚的整个家族都在医疗界工作。她的丈夫马丁·布尔乔亚一直担任外科手术师，直到 1632 年去世。他们有 3 个女儿，其中两个嫁给了医师，而另一个追随母亲的脚步，经学习而成为助产士。他们的儿子开设了一家药店。布尔乔亚学者家庭就像工匠家庭那样，致力于医疗和护理工作。他们在家里看诊、备药，以及撰写医疗书籍。布尔乔亚学者家庭无疑地由家中意志坚强的母亲领导，她也是最有名的家庭成员，而且对外代表这个家。仅有少数工匠家庭的母亲能成为有力的公众人物，尤其是当父亲还健在的时候。富有的商人和银行家的未亡人，在她们的丈夫去世后，社会地位可能明显提高，但路易丝·布尔乔亚的故事显示，基于自己的专业价值，女性也可以获得显著的社会地位。在那个时代，外科手术师和助产士所具备的才干，可能是唯一被归类为手艺的吧。

防卫

1627 年春天，路易丝·布尔乔亚受邀协助路易十三（1601—1643）的弟媳、年轻的奥尔良公爵夫人玛丽·德·波旁分娩，那是公爵夫人的第一个孩子。虽然难产，孩子却毫发无损地存活了下来，只是公爵夫人并未康复，9天后去世。医生迅速地进行了尸检，并确定死因是遗留在子宫内的一小片胎盘引起了感染。虽然尸检结果并没有把路易丝·布尔乔亚牵扯进公爵夫人的死亡，但矛头却指向了她。路易丝·布尔乔亚所写的书惹怒了不少医师，现在她必须付出代价。在许多巴黎医师的眼里，她整个人变得太傲慢和过于特立独行。

路易丝·布尔乔亚对这个指控感到大怒，她针对医师的说法，写下并发表了自己的回应性文章《对医师的道歉》。在文中她做出以下的声明："……他们（医师）企图保护自己而指控我一人和她的死亡有关。为拯救我的名誉，我认为必须诚实又彻底地揭示整件事情，亦即她的疾病和随后的事件。她的死并非如尸检文件的虚假陈述所说的那般，因为留在子宫内的那一小片胎盘而引起……这34年来我忠实、认真、光明磊落地研究我的专业，不但经由助产过程中的各种突发状况获取了丰富的经验，而且撰写了有关助产士主题的图书。这些图书发行了许多版，也被翻译成多种语言。不少知名的医生感谢我，并且很高兴地承认我的书对人类有极大的益处。如果我明知留下一小片胎盘在子宫内，我会立即指出此事，以便寻求建议和协助。"[116] 将近400年后，我们不可能知道公爵夫人是如何被感染而导致死亡的，但肯定不是正式的尸检文件上所说的原因。写下尸检文件的医师是蓄意要破坏路易丝·布尔乔亚超过30年身为助产士的著名职业生涯。

路易丝·布尔乔亚并未因此事名声扫地，因为她写的书在她去世后将近一个世纪依然不断发行。它们对于产科的直接影响难以估计，因为她工作于一个连医师自身也渐渐变得对此领域产生兴趣的时代。不过，毫无疑问，她对于17世纪30年代始于慈恩医院、有系统的助产士训练，以及整体上使得助产工作成为一种专业等方面，是有影响的。17世纪，助产士专业演变成一个重要渠道，通过它，对医学有兴趣的女性能够在与男性平等的基础上取得一定的专业成就。可是，还未等女性适应这种转变，到了18世纪，人们便进一步试图从根本上将女性排除在外，因为唯有医疗专业人士——换句话说，男性——才能照顾分娩的女性，而助产士只能担任他们的助手。

苏菲·布拉赫与玛丽亚·库尼茨
科学革命中的北欧女性

1572 年 11 月，一颗明亮的新星突然出现在仙后座，随后它的光亮逐渐暗淡，然后完全消失，前后长达 18 个月。这怎么可能？这一现象在今天称为超新星爆发，在 16 世纪尚不为人知。对此人们不知所措。天空不再一样，但随后地球上的生活也不同了。基督教世界处在动荡中。在超新星为科学革命指出一条道路的 1572 年的秋天，欧洲卷入了宗教战争中——这是一场斗争，不论是为了尘世的权力，还是为了天堂的位置。

丹麦天文学家第谷·布拉赫（1546—1601）写作并于 1573 年出版了有关这项崭新发现的《论彗星》一书，此举使得他名满整个欧洲学术圈。同年，他的妹妹苏菲·布拉赫（1559—1643）协助他计算出月食的各个阶段。他们在波罗的海海边观看天文奇观。在 16 世纪结束时，欧洲科学的焦点逐渐从地中海移向北欧。第谷·布拉赫是新教北欧最有名的天文学家之一，他的妹妹苏菲·布拉赫在他创立的乌拉尼亚堡天文研究所里扮演着鼓舞人心的角色。

🌸 （对页）第谷·布拉赫于1572年11月在仙后座发现一颗新星的情景，19世纪由一位画家所绘。

新天文学时代的欧洲人采用新方法观星。借助由意大利物理学家和天文学家伽利略·伽利雷（1564—1642）所发明的望远镜，惊人的景观展开在人类的眼前：木星的卫星、金星的相位、太阳黑子等。人们由此提出了有关宇宙结构的新问题。以数学为工具的天文学家，在这个新时代之初还未享受到来自大众或学院的巨大敬意，此刻他们变成了时代的先知——虽然只是在他们自己的土地上。从古代晚期到现代，"数学家"这个名词散发出一种负面意义，尤其在神父圈子里；这个头衔暗示着占星术中的预测或占星类书籍的编撰。然而有些天文学家从教会出现早期就开始为教会工作，他们被称为制年表人，任务包括提前算出日期每年都会变动的宗教节日。天文学家是像第谷·布拉赫那样的人，而进行观察并编制星表的人，则被称为天文演算者。从17世纪开始，天文学家拥有了自由支配的新科学仪器以及新知识，因而藐视由基督教会和亚里士多德学派的自然哲学所主宰的"永恒真理"。新天文学不可避免地引发了科学家和天主教会之间的冲突。

在欧洲，16世纪和17世纪经常被描述成一个激情的时代。在推进宗教改革时，那个围绕天主教而发展并划分等级的封建社会开始解体。新教和天主教各自秉持宗教改革和反宗教改革的精神，在欧洲各地彼此攻击，过程很血腥。维滕贝格有个名不见经传的年轻修士马丁·路德（1483—1546）在1517年发表了《九十五条论纲》，反对天主教会。这个行动逐渐引发各种小团体向权威发起挑战。最终，北欧各大学的很多神学家敢于批判赎罪券的贩卖，而贫穷的农民则攻击他们的封建领主，尤其在暴乱肆虐于神圣罗马帝国的时候。

17世纪，当怀着强大野心的瑞典开始强化它在波罗的海地区的地位，而且当路德派人士进行军事干预时，诸多宗教战争爆发，犹如大火般席卷整个欧洲。后来的三十年战争（1618—1648）所造成的结果是，作为主要战场的神圣罗马帝国，在其受损最严重的地区人口减少了1/3。

为了替战争、传染病、农作物歉收等所引起的问题寻找代罪羔羊，在北欧、中欧发生了猎女巫行动。在那些经历了前述灾难的人们心中存在着嫉妒、辛酸以及复仇的欲望，而这些通常是隐藏在女巫审判背后的驱策力量。乡村和城镇的居民口耳相传许多编造的指控，而那些无法防卫自己的人很容易遭到控诉。被以女巫问罪的人多数是新教地区的贫穷妇人[117]。多年来，北欧、中欧的人在迫害、疾病、饥饿中为保命而背井离乡。这些人中也包括了西里西亚的数学家和天文学家玛丽亚·库尼茨（约1604—1664）[118]，她是这个新时代第一位杰出的女科学家，她被称为"西里西亚的帕拉斯"以及"希帕蒂亚第二"不是没有原因的。

北欧尽管遭遇了数十年的动荡，但科学仍以快速的步伐发展着。在科学史上，这个时代因此被称为"科学革命"时代。不过，在天文学、物理学、医学、自然史上的洞见、理论、观察、发明等，其实传播得相当缓慢。起初，仅有很少的科学家提供了原动力，并支持新观点、新的生产和加工方法——这些具有远见的科学家也包括了女性。

多亏哥哥，丹麦的贵族女性苏菲·布拉赫得以接近最重要的天文仪器，因而学会了如何对天空进行系统性的观察。她在哥哥的实验室里着手试验基于瑞士炼金术士及医师帕拉塞尔苏斯（1493—1541）所发展出来的化学医药，而且她是当时最早探求药物化学的人之一。西里西亚的玛丽亚·库尼茨则是她那个时代最著名的数学家和天文理论家之一。她的著作《和蔼可亲的乌拉尼亚》（1650），是针对约翰尼斯·开普勒所创立的天体运行理论的第一个系统性研究。《和蔼可亲的乌拉尼亚》也是新时代第一本由女性撰写的、专业的天文和数学研究著作。由于玛丽亚·库尼茨以拉丁文和德文撰写她的巨著，所以在德文的术语及科学语言的发展方面，她也是一位开路先锋。

基于宗教、巫术、科学的世界观

在现代之初，事实上人们对科学的认识和今天的差异甚大。19 世纪，在"scientist"这个用语被导入之前，scientists 通常被理解为"自然哲学家"。这个用语特别被用于为大学工作的学者身上，他们的任务是从自然现象中找出合理的结论。15 世纪，欧洲各地的宫廷由国王、诸侯、中产阶级予以维持，他们和学者们共同创立学院。比起大学，这些学院能提供许多对博学之士更具吸引力的工作机会。这些博学之士在宫廷里的工作，往往也包括占星和汇编炼金术书籍——追求在今天被视为不科学的东西。

正像今天的学者所做的，文艺复兴时期的学者探讨有关世界的起源、结构、发展以及管理它的规则和法律等的观点与概念，在很大程度上，这些探讨的结果取决于学者们的年龄、受教育情况以及社会地位。此外，就我们今天所了解的情况来说，当时的学者们所拥护的世界观并不符合自然科学规律。新科学以及人们对它的了解，在当时都才刚刚起步。许多人，不论有无学问，依旧以宗教和巫术而不是从科学的观点看这个世界。相对于 21 世纪，在文艺复兴时期，几乎所有重要的科学实践者都笃信宗教。宇宙、地球、人类全被视为神圣的创造物，而且人们相信在一切自然现象的后面，都有一股神圣的力量运作着。由于上帝对人类而言是个谜，所以一个人不可能知道大自然的每一件事，或者是支配大自然的原则，其实这一点是完全可以理解的。

许多以新柏拉图学派为取向的文艺复兴时期的学者，尝试将基督信仰与柏拉图及毕达哥拉斯的学说结合起来，以解决神圣之谜。他们相信，唯有那些开启这些事情的人，才能够了解这个谜。他们中的很多人对占星术和炼金术以及古代学说都有兴趣，而且还认为，通过这些学问，对于宇宙的结构和广布其中的力量，可以理解得更为深入。他们的目的是借着这些隐藏的力量对大自然发挥影响力。他们有一个愿望——以新柏拉图学派的哲学为精神——把宇宙结构视为和谐的，并以毕达哥拉斯学派的数字神秘主义来解释它。新柏拉图学派哲学强化了超自然科学的实践意义，同时提高了数学在科学理论与解释上的地位。

对于巫术的世界观，以及对巫术（不论黑巫术或白巫术）和对恶灵的信仰，博学之士和没学问的人表现出了同样的态度。雅各布·斯普林格（1436—1495）和海因里希·克雷默（约1430—1505）这两位多明我会的审判官撰写了《女巫之槌》，这是一本用来区别和审讯女巫的手册。若以当时的标准来看，这两人都是相当有学问的人。虽然猎女巫是基于消除异端而发起的行动，而说到与之相关的"研究"，却起源于天主教圈子，后来扩大至信仰新教的北欧、中欧，直到16世纪和17世纪都并未变得更系统化。按照当时很多博学男性的看法，早上理性地思考宇宙的数学结构，然后下午控诉贫穷又没受过教育的妇人参加了和魔鬼一起放荡的女巫安息日活动，这两件事并没有什么不协调。一般人都知道，在仪式中，人们骑着扫帚到处跑，并亲吻魔鬼的子孙。到了现代之初，古代和现代的信仰、态度、价值观、知识混合在一起，经常导致荒谬、刺眼、怪诞的场面，这些不是今天的我们所能了解的。

欧洲南部信仰天主教的科学实践者面临着巨大的危险，他们不但受到异端裁决，而且遭受火刑。在信仰新教的欧洲北部，由于不断的战争，人们在生活方面有许多不安定性和不确定性。有时候，猎女巫行动变得极为歇斯底里，让许多人的生活陷入黑暗之中。约翰尼斯·开普勒的母亲被控以施行巫术，多亏他儿子的影响力才被饶恕。当时某些博学又有影响力的名人，例如马丁·路德以及荷兰医生杨·威尔（1515—1588），则勇于反抗这种迫害。

在天主教地区和新教地区南部的大学，科学概念——是对基于理性和权威人士所下的结论的描述，也是由中世纪经院哲学家所阐述的事物——在宗教改革期间仍继续发挥着强大的影响力。虽然亚里士多德强调观察的重要性，但是直到 17 世纪，自然哲学家才开始进行实验，以及把对大自然进行系统性的观察当作科学方法的一部分。科学主要被视为亚里士多德体系实际应用后的经验知识，以及观察到错误之后所做的改正。在大学里，强调的是科学发现的可靠性，而不是只强调科学家的才干。很多人的看法是，科学的主张或者假设如果是由一个品德良好又兼具学术名声的人提出的，会比由一个遭到怀疑的业余人士提出更有说服力。

由于女性无法取得学术头衔，所以她们的科学思想和主张大都被认为是可笑的。在玛丽亚·库尼茨的《和蔼可亲的乌拉尼亚》一书的前言中，作者明显企图驳斥这种态度，而且作者认为，有必要解释她为何选择科学，纵使她"只"是一个女人。

由于科学革命是个漫长的过程，甚至跨越几个世纪，所以它更容易被说成是一种进化。在天文学方面，这个进化过程始于 1543 年，因为数学家和天文学家尼古拉·哥白尼（1473—1543）在同年出版了《天体运行论》，而他同时也在波兰的教堂担任教士。这部著作介绍了日心宇宙模型，而他之所以提出这个模型，是因为它能更清楚地说明托勒密的宇宙模型中的行星运动。

在古代，萨摩斯的阿里斯塔克斯（约公元前310—公元前230）第一次提出日心宇宙模型的看法，然而在中世纪时遭到人们遗忘。欧洲多数有学问的人，由于他们的世界观都是根据亚里士多德学说而来，所以反对日心宇宙模型说。哥白尼在他的著作中没有为自己的理论提出证据，如同纽伦堡的印刷者和神学家安德烈亚斯·奥西安德在前言中所强调的，那不过是个假设而已。照这么说，哥白尼甚至不确定宇宙是日心的（亦即以太阳为中心），但认为它可能"靠近"中心，有些偏向一侧，在这种情况下，它是日不动宇宙，而不是日心宇宙。很快，事情变得明朗化，因为比起托勒密的模型，日心模型让天文计算变得容易多了，而且许多占星家开始将它运用在星座运势的汇编上。

起初，天主教教会并没有任何理由反对哥白尼的宇宙模型，因为它对教会的权威并未构成威胁。新教的情况和天主教一样，多数教徒都不相信它，此外，它也没提出什么证据。直到1609年的某个夜晚，伽利略把他的望远镜朝向月亮，看到一个比在他之前任何人所看到的都更清楚的夜空之后，教会的权威人士才逐渐对天文学家的天空感兴趣。在那个时候之前，教会的教徒，包括教皇，唯有在祷告时才会望向天空。教会教导人们，上帝按照它的形象造人，而且把人置于宇宙的中心。《圣经》的某些部分被引用来显示宇宙不会改变，而地球将保持在其中心 [119]。

1616年，教皇和审判官得知伽利略从他的家乡佛罗伦萨旅行到罗马。虽然伽利略试图说服教会的权威人士，哥白尼模型不可能以任何方式危害教会的地位，但是他仍被警告不可把这个学说当作事实来传播，若违抗这项禁令，将必然被控诉为异端。来自教会的威胁和羞辱吓住了这位自认为循规蹈矩的天主教徒。1632年，在获得罗马的印行许可之后，伽利略发表了名著《关于托勒密和哥白尼两大世界体系的对话》。在此书发行后一年之内，伽利略接到了自己被视为异端的可怕控诉，而且被带至宗教裁判所。教皇乌尔班八世对天主教世界和信仰的忠诚受到人们的质疑，尤其在西班牙，于是他设法强化对意大利的控制。对乌尔班八世而言，异端审判是重要的展示权力的机会，借着它，他在天主教世界的信誉可得到增强。在审判伽利略之后，哥白尼的日心世界观和伽利略自己的《关于托勒密和哥白尼两大世界体系的对话》都被禁止传播。此外，伽利略被要求放弃哥白尼的"异端"学说，否则将承担严重后果。

教皇的禁令对于北欧、中欧新教地区的科学团体的影响，不像在信仰天主教的欧洲南部那么大。教皇禁止印行某些书籍的命令，以及天主教执行的宗教审判，在许多新教地区的城镇持续地遭到反抗。在伽利略发明的望远镜被引入阿尔卑斯山以北地区之后，哥白尼的理论开始激发许多博学的新教徒的兴趣。现在人人可以看见月球表面的粗糙模样，而且如果从太空里的某个有利位置观察，地球的表面形态可能也显得与先前所认为的相当不同。人类观察金星的相位所获得的结果，就像地球的月亮表现出来的那样，于是哥白尼日心宇宙的证据终于被找到了。木星卫星的存在也显示，并非所有天体都如同亚里士多德所描述的那样绕着地球转。

在望远镜发明前数十年，第谷·布拉赫已到达观测天文学的顶峰。他以肉眼进行了系统的观察，比起同时代的人，他成功地汇集了更多与天体运行有关的材料，并小心地守护着它们。甚至约翰尼斯·开普勒与他在布拉格共事期间，也就是在他的晚年，他也不让开普勒看到这些数据。直到1601年布拉赫去世，开普勒才拿到布拉赫珍贵的笔记本。布拉赫的观察，特别是针对行星轨道的，最后帮助开普勒发展出一套对宇宙的数学性描述，从而得出结论，行星轨道在形态上不是圆形的，而是椭圆形的。

天文学里的科学革命，从哥白尼到开普勒，通过伽利略，向曾经主导欧洲科学将近 2 000 年的亚里士多德的物理学和自然科学挥出最后一击。不过，亚里士多德并没有立刻从科学舞台上消失，直到 1687 年，牛顿（1643—1727）才成功地以他的《自然哲学的数学原理》彻底取代伟大的古代大师。但是，亚里士多德学派的自然哲学的批判者，依旧尊敬他。事实上伽利略说得对，如果亚里士多德通过望远镜观察天空，他也会改变自己对宇宙结构的看法。

弗朗西斯·培根（1561—1626）的思想——将科学视为活动，视为一种施展力量的工具——在 17 世纪末开始赢得广泛支持。出身于成功的商人家庭的培根，不是科学家，而是一位法学家，从事科学哲学的工作，对数学相当不看重。他偏爱系统性的实验，并关注科学仪器的发展。按照他的意见，在知识的获得方面，科学的实践者应该要体认到实验的重要，然而工匠们早已知道此事超过千年之久了。他也强调神学对自然科学的负面影响，并且希望人们把对科学的研究与神学分开。

17 世纪末，由培根倡导的机械论世界观在学术圈吸引了大量的追随者，并改变了人们对大自然的传统观念。在中世纪的世界，人们以正面意义将大自然看成一个向人类布施恩惠的、女性化和有机的整体。人类和大自然的关系，借着互动而被感知：辛勤耕作的土地获得丰收，能给耕作的人带来幸福。根据新时代的机械论概念，与其说大自然是一个生命体，不如说它是一台机械，而且应该被驾驭以为人类的需要服务。土地、牛、奴隶应该为他们的主人产生利润。在这一时期大自然仍被视为女性化的，但是却从充满慈爱的母亲的形象转变为无法预测的野蛮女人，所以人们必须不计成本地将她驯服。虽然生产方面的改善无疑提高了欧洲人的生活水平，但 17 世纪人们对自然资源的恣意开发，已经造成了环境问题。

苏菲·布拉赫在乌拉尼亚堡

1573 年，当 14 岁的苏菲和哥哥在他们出生的地方——丹麦斯坎尼亚省的基乌德斯特普——一起计算月食的相位时，她拥有世界上最棒的仪器。他们没有望远镜，因为当时还未发明出来。他们只能用肉眼进行观测，以及使用仪器（例如第谷小心翼翼地建造的四分仪和六分仪 [120]）来计算高空的角度。虽然四分仪在古代就已被使用，但最终由第谷将它发展成高精密度的杰出设备。四分仪坐落于乌拉尼亚堡天文研究所地上的一个坑洞内。第谷·布拉赫在他的时代是最杰出和最精确的天文观察者，而他的妹妹苏菲·布拉赫则在这个学科上接受了来自哥哥的最佳训练。

除了她的大哥以外，苏菲·布拉赫是在一大群姊妹中唯一对自然哲学有兴趣的人。虽然当时的潮流是，丹麦贵族的男孩被赋予很好的机会，可以在欧洲的大学接受教育，不过把做学问当作一种职业并没有得到布拉赫家族的重视。尽管年龄有 13 岁的差距，但共同的科学追求使得第谷和苏菲特别亲近。第谷管他的小妹叫"乌拉尼亚"，把她当作自己的天文学缪斯，并竭尽各种方法支持她的科学兴趣。

丹麦国王弗雷德里克二世赐予第谷·布拉赫在文岛约 0.5 平方

千米的土地，让他在那里建造一座天文台。国王喜欢科学，而且也愿意将有名的科学家留在丹麦，不希望他们为其他的国家服务。多年之后，丹麦建造了一座宏伟的天文研究所，取名乌拉尼亚，亦即"科学的缪斯"；那里有两座天文观测台、一间做化学实验的研究室，以及一座重要的图书馆。整个岛上有大约50户家庭，都被迫从事服务于科学的工作。

岛上居民的某些义务乃出自这位著名天文学家的要求，但很显然他没有以最好的方法来处理这件事。不像这些年里数十名从欧洲各地来造访乌拉尼亚堡天文研究所的学生那样，多数的村民并不喜欢这位观星的贵族。多年下来，乌拉尼亚堡也成为苏菲知性的家和私人学院，在那里她随时都受到欢迎。在16世纪末，所有北欧科学精英都拜访过第谷这个有名的岛屿，而苏菲也有机会和许多人相识。她在乌拉尼亚堡扮演了女主人的角色，尤其在王室贵宾造访期间。因为她大嫂的社会地位较低，所以在礼仪方面无法执行这项工作。

在天文学方面，苏菲从他大哥那儿获得了很好的训练，而且很快成长为一名熟练的星座运势表起草者。进行正确的星座运势编汇的必备条件是对天体运行的了解，以及数学方面所需的理性思维能力——足以计算出与恒星或黄道十二宫有关的行星的位置。星座运势表在文艺复兴时期很流行，不管王室或平民，只要付得起钱，编汇者就愿意为顾客制作。不少受尊敬的天文学家，比如第谷·布拉赫、约翰尼斯·开普勒、伽利略·伽利雷，在他们职业生涯中的某些时候也制作星座运势表。他们所有人都曾在诸侯或国王的保护下工作，诸侯或国王要求他们制作星座运势表，尽管天文学家本身也了解和占星预测有关的活动的可信度问题，但他们还是这样做了。

STELLÆBURGUM *sive* OBSERVATORIUM SUBTERRANEUM A TYCHONE BRAHE *Nobile Dano*
IN INSULA HVÆNA, EXTRA ARCEM URANIAM, EXTRVCTVM CIRCA ANNVM M D LXXXIIII.

🔖 乌拉尼亚堡天文研究所由第谷·布拉赫在厄勒海峡的文岛上建造，名闻全欧洲。苏菲·布拉赫也花费了大量的时间，在此追求自己的科学理想。

🔖 （对页）第谷·布拉赫正观测天空。画面中有一幅乌拉尼亚堡的巨大壁画。在画面的左上方，星光从类似窗户的开口处进入。画面中的背景是乌拉尼亚堡的内部布局：楼顶是观测平台，中层是图书室，实验室在地下室。

EFFIGIES TYCHONIS BRAHE O.F.
AEDIFICII ET INSTRUMENTORUM
ASTRONOMICORUM STRUCTORIS.
Aº. DOMINI 1587, AETATIS SUAE 40.

在第一任丈夫奥托·索特于 1588 年去世后，苏菲·布拉赫花费更多的时间在乌拉尼亚堡。在那以后的日子里，她和哥哥的老朋友埃里克·朗捷变得相熟。虽然苏菲可能在他们第一次见面时便对埃里克着迷，但是在布拉赫家族的强烈反对下，他们长达 13 年无法成婚。后来，埃里克卷入无诚信的生意承揽上，而且逐渐耗费掉他原有的大笔财富，还将他妻子的财富浪费在他的炼金术消遣上。1613 年，埃里克·朗捷去世，苏菲过着物质极度缺乏的生活，不过她的知性生活却非常丰富。她持续和欧洲各地的博学男女通信，在花园中栽培稀有植物，编写星座运势表，撰写家族历史，并在一间小实验室继续她的化学研究。

苏菲·布拉赫与帕拉塞尔苏斯的医学

苏菲·布拉赫的广泛通信只有一小部分保留了下来。就像许多其他博学女性的情况那样，我们必须通过间接的数据，建立一个与她的自然哲学与思想有关的东西，以资交代。在一封被留存下来、写给其妹妹的信中，第谷·布拉赫说，苏菲对医学和帕拉塞尔苏斯的医用化学尤其熟悉，并且据此为她的朋友和贫穷的村民调制药剂 [121]。使用矿物和化学物质进行的治疗有别于基于植物的传统调制药剂。

帕拉塞尔苏斯是苏菲·布拉赫的医疗模范，他在医学上首创了上述新方法。这位生于瑞士、反传统医学、最"声名狼藉"的人物，不仅是有成就的医生，而且是系统化的植物学者，以及一个有成就的炼金术士、占星师、普通术士。他以奥里欧勒斯·德奥弗拉斯特·博姆巴斯茨·冯·霍恩海姆这个自命不凡的名字受洗。帕拉塞尔苏斯是个脾气暴躁和傲慢的人，他借着公开反对盖伦医

FAMOSO DOCTOR　PARESELSVS.

🖎 许多女化学家，像苏菲·布拉赫，对药用化学有兴趣。
这门学问是由帕拉塞尔苏斯发展起来的，他的全名是奥里
欧勒斯·德奥弗拉斯特·博姆巴斯茨·冯·霍恩海姆。

学的行为而获得了一个有争议的名声，以及一大群敌人，尤其是
来自大学圈子的人。盖伦学说是基于希波克拉底那套受尊敬却陈
旧的体液论而来的东西。帕拉塞尔苏斯公开烧毁古代医学书籍，
并宣称这是个绝佳时机，可以让医生学会研读大自然这本伟大的
图书。

　　在遍游欧洲的旅途中，他获得了深厚的医学知识，还有与采

矿、炼金术、巫术、占星术等有关的知识。以他读的、听的、看的为基础，他发展出一套应用古代炼金术智慧，却属于自己的医学理论。1530 年，他在《奇迹医粮》这本著作中写道："如果没有炼金术，大自然的疗愈力量从不会透露给人类。看，例如一棵树。当在冬天看着它的时候，没有人知道它含有什么。不过当春天来临，它的芽和它的花冒出来……"[122] 按照他的看法，炼金术士将大自然的真正性格显示出来，而其方法是，显露出那些人类无法直接看见的层次与特性。

受炼金术士的启发，帕拉塞尔苏斯相信蜕变，或者通过现象，某种物质能变成其他物质。传统上，炼金术士的目标是，使用比较低劣的物质，产生神圣及稀有的黄金。可是帕拉塞尔苏斯的兴趣在于，采用炼金术，以化学方法调制医药，而无意制造金子。早期欧洲的炼金术士观察到，某些蒸馏的产品具有药效；帕拉塞尔苏斯进一步将其发展成早期的药物治疗形式。据说他坚决反对所有权威，而且公开烧毁有名的阿拉伯学者阿维森纳（980—1037）的医学书籍。不过，他还是非常感谢这些学者的。

早期的阿拉伯化学家把矿物和它们的衍生物从动物与植物中分离出来。帕拉塞尔苏斯进一步将矿物分为 6 类，而他专注于硫黄、盐、汞，这些被他视为地球的基本成分——所有金属之母——和生命物质。此三者，比起其他单纯的物质，更是精神性物质：它们给予每个物体"内在本质和外在形式"。硫黄代表燃烧，盐是燃烧剩下的产物，汞则对应燃烧过程中冒的烟。受其他炼金术士的启发，帕拉塞尔苏斯相信，在大自然中发现的所有材料，都能够被恢复成几个基本物质，换句话说，所有物质或者像硫黄、盐，或者像汞。

依据帕拉塞尔苏斯的看法，疾病起因于各种外在力量与媒介，而非起因于有如希波克拉底所主张的，甚至还在大学里教授的体液不平衡之说。他相信，人类应当被当作宇宙的一部分来检查，换句话说，所谓的"微观宇宙"应当作为所谓的"宏观宇宙"的一部分来检查，因为二者彼此不断相互作用着。他派遣他的学生去访问年老的疗愈者，依他来看，这些人比大学出身的医生拥有更多有关疾病的知识和治疗的经验。他也鼓励他的学生经由观察病人和他们的环境，做更多有效的问诊。

帕拉塞尔苏斯也被认为是心理学的先锋，因为他了解许多生理与心理症状之间的关联，而且第一个提出了"潜意识影响"这种概念。人们认为他发明了顺势疗法，因为很明显他在治疗鼠疫受害者时，使用了包含少量受感染者分泌物的丸药。他认为，让人发病的东西，如果服用少量的话，也可以治愈人。

在其他医学成就方面，帕拉塞尔苏斯发明了"鸦片酊"，一种鸦片的酊剂，他也是第一位为元素"锌"命名的人，而且已知他曾研究过汞的疗效，因为他是第一个运用它治疗梅毒患者的人。他研究了瑞士菲拉赫区的矿工所患的病症后，提出这样的看法：他们的呼吸疾病不是那个广为人们相信的山灵所引起的，而是他们吸入的微尘造成的。

帕拉塞尔苏斯信仰虔诚。他对大自然和人类的概念是整体和有机的。他把大自然和人当作生物体——有如我们今天会说的——而不是作为机械来研究。在17世纪末的自然哲学家之间，机械论成为对大自然的主流譬喻。他认为，宇宙是以和谐的方式建立起来的，而且基于男女平等的原则，因此没有性别从属的问题。他反对亚里士多德的医学概念，以及他自己这个时代的观念——在受孕的那一刻，精子比卵子重要。

和榜样帕拉塞尔苏斯一样，苏菲·布拉赫是一名虔诚的基督教徒，而且强调在疗愈者的专业中，爱和同情的重要性。作为一名疗愈者，苏菲·布拉赫的活动范围并不确定 [123]。虽然她不能正式成为一个医疗专业人员，但她却拥有作为疗愈者的个人名声。她的地位及身为女性疗愈者的形象，和一般的疗愈者不同；总之，苏菲·布拉赫不像其他的疗愈者，她是一位受过教育的贵族妇人。也许苏菲·布拉赫就像其他许多研究化学的女性那样，受到了帕拉塞尔苏斯思想中"宇宙平等"主导男女之间的力量这样的观点的吸引吧。

除了天文学、占星术、医学，苏菲·布拉赫也热心于从事园艺工作，那是一项被视为符合贵族妇女身份的事情。她在自己的花园里栽培了许多在丹麦少见的植物，尤其是各种药用植物。按第谷的看法，在当时位于耶克斯霍尔姆的苏菲花园，是整个斯堪的纳维亚半岛首屈一指的。由于这句话出自本身就是狂热园丁的大哥之口，所以是极高的赞美。

第一本由女性以法文撰写的有关帕拉塞尔苏斯的医用化学的书，出版于1656年。那是玛丽·默尔德拉克的著作《为女性而写的、慈善而简单的化学》，它以数种版本发行，并翻译成德文及意大利文。这本书所提到的与物质有关的化学特性，非常符合帕拉塞尔苏斯的观点，而且还谈到了苏菲·布拉赫在实验室做了什么样的化学实验。它解释了许多不同的化学方法和如何调制医药与化妆品的原料[124]。17世纪50年代，很多有关日用化工品的图书在英国出版。其中最有名的是，1653年，伊丽莎白·格雷夫人（1582—1651）的著作《稀少和细选秘密的精选手册》；1655年，阿莱西亚·塔波特夫人（1585—1654）的著作《大自然之开肠破肚》。还有出版于同年的《王后的壁橱开了》，是一本有关日用化工品和医药的书，并献给英国国王查理一世的法国妻子、王后亨丽埃塔·玛丽亚（1609—1669）。作者以W.M.署名，而且还宣称这些配方是直接从王后自己的书上复制下来的。

为何苏菲·布拉赫没有撰写科学图书?

苏菲·布拉赫具备了成为当时最出名的博学女性所需的一切条件。她拥有两种能力:一是有系统地形成她的思想,二是以书写的形式来表达它们。可是为什么她连一本有关天文学、占星术、药物化学——她终身感兴趣的科学——的书也没出版?

根据她大哥的说法,苏菲缺乏拉丁文知识,不过她仍然有能力和时间让自己更精通这种语言。在 1602 年嫁给埃里克·朗捷之前,她有一大笔财产。何以苏菲·布拉赫仍留在科学工作和写作的环境中,这个原因必须从其他的地方找找看。一项在她那个时代人们对于女性学习以及对于女性学者的整体态度的分析,让我们更容易了解苏菲的选择。在文艺复兴期间,唯有对未婚女性来说,学习研究才有可能是一种正经的消遣。已婚女性被期待放弃她们的研究,因为这些被认为与她们重要的角色,亦即为人母为人妻,有所冲突。

我们知道,第谷·布拉赫曾考虑出版他妹妹所写的与占星术有关的文章,并作为二人之间有关科学的通信的图书的一部分。可是,在这本书出版之前他就去世了,而且苏菲的原始手稿也不翼而飞。由第谷·布拉赫写的一段介绍文字被保留下来,在其中他解释了出版他妹妹的文本的原因:"我认真奉劝她,避开天文理论的建构为佳,因为就女性的能力而言,她不应涉及在整体上太抽象又复杂的课题。不过她天生倔强,同时拥有极强的自信心,在知性问题上她绝不让步,甚至对男性也不让步。所以她决定将更多的精力投入到自己的调查中,而且快速学会了占星术的基本原则[125]。……依我看,以往没有人听说过,有任何女性真正了解天文学或是在科学基础上研究它。甚至那些想受到推崇的男性,也只有少数人真正掌握占星术的精髓。"[126]

　　虽然第谷·布拉赫鼓励他妹妹进行科学研究，但他并不希望女性像男性那样，全身心地把自己奉献给科学工作。天赋异禀的苏菲·布拉赫能够担任助手角色，能够招待哥哥的宾客，而且也能够表达她自己的意见。然而对苏菲来说，与其做一名独立的科学家，开始自己的科学生涯，不如退入她雄心勃勃的哥哥的影子中，这样在社会上比较容易过日子。在当时，女性担任科学家既不适合，实际上也完全不可能。

　　对天文学、占星术、药物化学的兴趣支持了苏菲·布拉赫的整体世界观，她的观点以帕拉塞尔苏斯的想法——微观宇宙和宏观宇宙之间的关系——为中心。虽然不写科学论文，但她撰写了60个丹麦贵族家庭丰富的家族史，而且发展出一种对确认家谱来源至关重要的方法。她丰富的家谱作品和学术性的通信，显示出她怀有巨大的科学抱负和强烈的写作欲望。因此，她虽然选择了一个中性的领域，可是它却带来了真正的挑战。由于苏菲·布拉赫那个时代的博学女性不能以跟男性相同的身份公开参加宇宙结构或天文学的讨论，而她的家谱研究不会攻击任何博学男性，因而她的这类作品并未受到抨击，毕竟这些博学的男性只是想保住他们在自己领域中的位子而已。苏菲·布拉赫对科学的热情未曾在科学史上找到它的位置，但它的确在丹麦贵族女性的沙龙里留下了印记。苏菲·布拉赫作为一名博学女性的名声伴随她哥哥的名声流传至今，即使她没有成功地发表过任何一篇科学论文。

玛丽亚·库尼茨——战争阴影下的科学家

　　孩提时代，西里西亚人玛丽亚·库尼茨经常热切地聆听她父亲讲述自己栖身于第谷·布拉赫的乌拉尼亚堡之时的故事。据说，海因里希·库尼茨医师曾在文岛住过至少一年。除了读了第谷·布拉赫的天文学著作之外，在乌拉尼亚堡，玛丽亚·库尼茨的父亲还见到了一位在某些方面可以提供给自己女儿作为参考的、理想的博学女性的榜样——苏菲·布拉赫，所以海因里希·库尼茨信服一件事：学习语言、天文学、数学，很适合自己的女儿。

玛丽亚·库尼茨很幸运地生活在一个鼓励她学习的家庭里。她在 5 岁时学习德语，之后对其他 3 种现代语言——波兰语、意大利语、法语——也都说得很流利，另外还有 3 种古代语言——希腊语、拉丁语、希伯来语。这个在语言方面的惊人能力，实际上使她能够跨越语言的障碍而跟上欧洲所有的科学讨论。她父亲以及她的丈夫埃利亚斯·冯·鲁文也协助她和当时最重要的天文学家建立起联系，例如约翰内斯·赫维留（1611—1687）和伊斯梅尔·布里奥（1605—1694）。不论她的父亲还是她的丈夫，都是敏锐的天文学学者，但唯有玛丽亚·库尼茨写出了重要的科学著作。

在 17 世纪，中产阶级家庭的女性想学习天文学，并不容易。在又小又落后的西里西亚镇，人们不喜欢对天文学有兴趣的女性。有传闻说，她白天睡觉，而整个晚上则醒着做些令人起疑的事情。这样的行为当然与教会的教义和公共道德起了冲突。作为一名有学问的女性，玛丽亚·库尼茨不断捍卫她追求科学的权利。镇里的气氛无疑令人窒息。然而更危险的是有两大风险：在法庭面对女巫的控诉，或者引起天主教宗教裁判所的关注。虽然玛丽亚·库尼茨和她父亲是新教徒，借着忏悔可以不受审判令的束缚，可是他们还是不安全。宗教改革与反宗教改革掀起的浪潮从神圣罗马帝国的一个乡镇传到另一个乡镇。

三十年战争造成了巨大的毁灭。像许多其他人一样，天文学家与数学家玛丽亚·库尼茨和约翰尼斯·开普勒，以及他们的家族，在同一时间逃离战争的恐怖之地，但显然从未离开研究之路。库尼茨把研究开普勒的天体力学和对他的星表做数学上的改善，当作自己一生的工作。不过，开普勒本人从未看过这些。

库尼茨和开普勒之间有一个与占星术有关的联系人——阿尔布雷赫特·冯·华伦斯坦（1583—1634）。1626年，神圣罗马帝国皇帝费迪南德二世麾下的这位将军声名鹊起，简直到了神话般的地步，他曾经待在位于西里西亚的玛丽亚·库尼茨的家里好几天。库尼茨家族是新教徒，但并没有丝毫打扰这位狂热的天主教帝国的开明将军。据说，玛丽亚·库尼茨的父亲是那个地区最好的星座运势表编汇者，因此华伦斯坦有兴趣到他家看看。华伦斯坦虽是帝国的将军，但人人都知道他也为自己而战。他从全欧洲招募任何想效力于自己的人，并组织了一支佣兵部队。尽管效力于天主教帝国，但他的指挥官大多数是新教徒。华伦斯坦对于自己地位的关心和对占星预测的信任，比对于国籍或宗教的看法更甚。他也要求从前的宫廷占星师及有成就的天文学家，比如约翰尼斯·开普勒，为他编汇星座运势表。开普勒很高兴拥有这么一位富有且具有影响力的保护者，从他那里开普勒找到了可以脱离长年不断的、可怕的财务窘境的办法。

1628年，华伦斯坦给开普勒提供了一处坐落于西里西亚萨根镇的宁静居所，在那里，这位伟大的科学家能够保护家族的安全，同时也可以专心工作。虽然资料指出，库尼茨和开普勒居住在同一地区至少一年，但是显然他们从未碰过面。在那个时候，玛丽亚·库尼茨正勤奋地研读《鲁道夫星表》，此表是开普勒在不久前发表的作品。在西里西亚，开普勒从未感到自在。然而在宗教冲突爆发，而且如野火般扩散之后，他的思乡病很快被新的担忧取代了。在萨根，他曾经由华伦斯坦特别保护了一阵子。但是1630年，来自选侯们的压力让皇帝不得不辞退了他的常胜将军。当开普勒失去华伦斯坦的保护后，他没有其他办法支撑他的家族，只好到林兹去收取顾客的未付账款。整个西里西亚陷入战火，前往林兹的旅途极其危险。与此同时，玛丽亚·库尼茨和丈夫则从西里西亚逃往波兰。开普勒不曾再回家，根据传言，临终时，他告诉牧师说，他希望天主教、新教、加尔文教派能和谐共处。根据这个传言的说法，这位牧师回答说，在基督徒和解之前，地狱将冰冻起来——这句话没能安慰这位濒死的天文学改革者。

开普勒去世后，神圣罗马帝国仍战火不断，即使玛丽亚·库尼茨和她的家族是新教徒，却仍然在天主教修道院找到了藏身之所，一住就是 3 年。在修道院里，库尼茨坚持研究她所钦佩的约翰尼斯·开普勒的著作，而且进行她自己在天文方面的计算工作。在写给皇帝费迪南德三世 [127] 的信中，玛丽亚·库尼茨为她的著作《和蔼可亲的乌拉尼亚》向审查员求情，希望可以顺利通过检查，同时也提醒皇帝西里西亚的情况。这封信写于 1650 年以后。两位天文学家，库尼茨和开普勒，他们大部分的人生都不得不在战争的阴影下度过，所幸他们成功地找到藏身之处，在那里他们可以让自己全神贯注于天空的奇迹。

即使战争期间，在许多地方的生活也还是平静的，而且在讲德语的新教欧洲的一些地区，有一群数目惊人的中产阶级女性正寻求更高等的教育，但是，有如其他欧洲女性，她们依旧不受大学欢迎。精通拉丁文的女性被准许翻译书籍，但研究自然科学的女性则不在推荐之列 [128]。女性研究自然科学在当时并未蔚为流行，直到 18 世纪的启蒙运动时代，当以普通读者为对象、与自然哲学有关的文学开始出现在图书市场时，情况才有所改变。

17 世纪和 18 世纪期间，在讲德语的欧洲地区，除了玛丽亚·库尼茨以外，还有 4 位女性认真从事天文学工作，她们是约翰内斯·赫维留的第二任妻子伊丽莎白·赫维留（1647—1693）、玛丽亚·克拉拉·艾马尔特（1676—1707）、玛丽亚·温克曼－基尔希

（1670—1720）以及她的女儿克里斯廷·基尔希（1696—1782）。在这些人之中，仅有玛丽亚·库尼茨成功地写作和出版了科学著作。她与前述的其他女天文学家的不同之处在于，她在没有任何男性天文学者的协助下建立起了自己的职业生涯。

4 种宇宙模型

如同许多其他 17 世纪的欧洲天文学家，玛丽亚·库尼茨可以在 4 种不同的宇宙结构模型中做出选择，它们都各自拥有支持者。在大学圈子和欧洲南部的天主教地区，人们强烈支持亚里士多德和托勒密的旧地心模型。哥白尼的日心模型逐渐获得新教地区的学者支持，而且他们不在意天主教教会和宗教裁判所已经将此理论视为异端。第谷·布拉赫在自己的著作中提出了第三种模型，它结合了托勒密和哥白尼模型中的要素。在他的模型中，地球是宇宙的中心，一如托勒密的宇宙观所言。而在它四周，有太阳和月球在轨道上运行。不过，行星绕着太阳旋转，这一点则根据哥白尼的模型而来。依照伽利略的看法，这是"全然的疯狂"；他不愿意相信上帝会创造出任何如此不一致的东西。

约翰尼斯·开普勒提出第四种模型。身为哥白尼之后的第一位天文学家，他设法显示出行星，包括地球，以一定的轨道绕太阳运行。在出版于 1596 年的《宇宙的奥秘》一书中，开普勒争论说，一个普遍存在于宇宙中的精确几何秩序，乃是按照上帝的计划而来的。对开普勒来说，数学不是一个被单纯用来描绘科学结论的工具，依照古代毕达哥拉斯学派的说法，宇宙的典型性质"唯有"通过数学才能被显示出来。他把宇宙看成一个和谐的实体，在其中，起源于古代的几何形式以精确的顺序被重复着——在上帝的系统中没有容纳混乱的空间。源于毕达哥拉斯的这个数字神秘主义继续存在于从西方古代智慧和东方宗教汲取创作材料的"新时代"文学之中[129]。

在研究火星轨道 9 年后，开普勒比较了自己的和第谷·布拉赫的精确观察，并意图将它们与哥白尼的模型相调和，最后他意识到，行星的轨道不是圆形的，而是椭圆形的。他设计了一个巧妙的公式，可以呈现和计算这些椭圆形的轨道。根据开普勒第二定律，在相同的时间内，太阳和运动中的行星的连线所扫过的面积是相等的；因此，当靠近太阳时，在轨道上运行的行星的速度最快，当行星离太阳最远时，其速度最慢。1609 年，开普勒在他的《新天文学》一书中提出了这些观点和计算公式。

不论哥白尼或开普勒的模型，都是以太阳为中心的，不过在后者之中，行星不再依附于水晶球体上，相反，它们沿着自己椭圆形的轨道"自由地"移动。是什么让行星保持在轨道上？开普勒说，那是太阳施加的力量，而且他相信那是大自然中的磁力。对这个现象，必须等到牛顿的万有引力定律被提出来之后才有正确的解释。不过，在剑桥的这位大师之前 50 年，开普勒已经比任何人都更接近答案了。然而只有少数与开普勒同时代的人对他的工作感兴趣，甚至伽利略这位伟大的物理学改革者及望远镜的发明人也不准备接受开普勒的观点。伽利略的轻视也许是出于他们彼此的科学脾性不同。伽利略是一位伟大的发明家和实验方法的开拓者，而开普勒是一位理论家和杰出的数学家。伽利略采用对话的形式，以意大利文撰写的研究课题受到人们的欢迎；通过它们，他成功地传播了有关哥白尼宇宙观的知识。开普勒以拉丁文及其偏爱的表现形式撰写了他所有的科学著作，有很多人认为它们阅读起来困难重重。再者，他所说的毕达哥拉斯数字神秘主义，对于像伽利略这种讲求实际的科学家来说是陌生的。只有少数真正献身研究的数学家，比如玛丽亚·库尼茨，才对开普勒的著作拥有真正的热情。

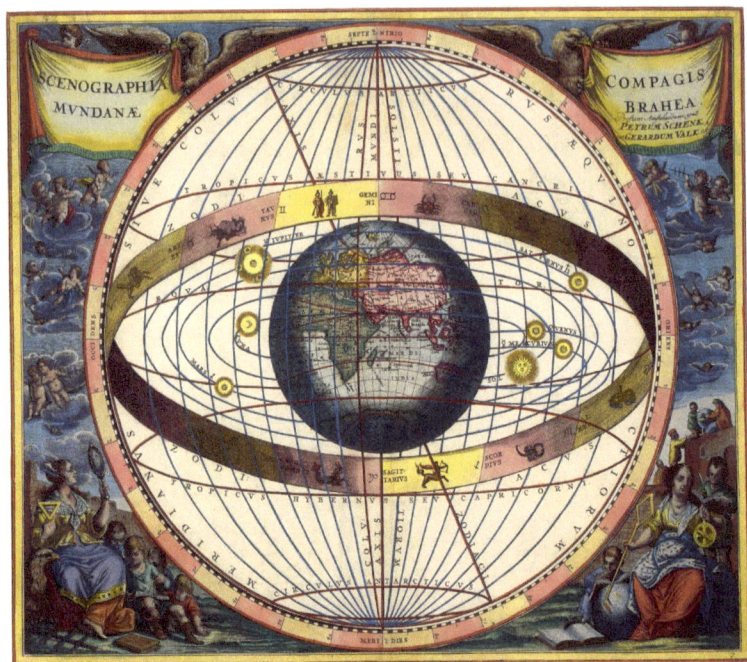

🦋 在第谷·布拉赫的模型中，地球仍保留在宇宙的中心点，就像古代人所认为的那样，但是行星绕着太阳转。

《和蔼可亲的乌拉尼亚》

《和蔼可亲的乌拉尼亚》一书以玛丽亚·库尼茨的丈夫埃利亚斯·冯·鲁文写的前言开篇，文中他向我们保证，整本书都是他妻子根据她自己的观察和调查写成的："……这本天文学著作问世了。无疑地它将出现在非常多的法庭和教授、审查员与法官，以及读

在哥白尼的日心说模型中，所有行星，包括地球，都绕着太阳转。

者面前，在这些人当中，某些会心怀善意，某些会心存恶意。"[130]
欧洲的许多国家有一个风俗，在法律事务上，丈夫是妻子的守护
者。然而玛丽亚·库尼茨和埃利亚斯·冯·鲁文想强调，库尼茨
既没有对丈夫隐瞒她的科学追求，也没有耍心机或者忽视她作为
妻子和母亲这个更为重要的身份。

在该书的开场白中，玛丽亚·库尼茨勇敢地意图捍卫她从事科学研究的权利。她耐心地解释，在孩提时期她亲爱的父亲如何用语言、历史、数学、天文学来"折磨"她。她也提到，她学习了更多适合女性的科目，比如音乐和绘画，并且提醒她的读者说，她的科学工作通常在晚间进行，绝不影响她最重要的角色——妻子和两个孩子的母亲。她强调，她首先解决这些事务，亦即她最重要的责任，然后才专注于科学的追求。或许这正好解释了为何她耗费在其主要科学作品上的时间超过了20年。她也告诉她的读者，她总是希望带着敬畏的心谦逊地从事科学工作。

《和蔼可亲的乌拉尼亚》是一部厚达552页、双语（拉丁文和德文）的天文学研究著作。它涉及该学科几个最基本的领域：天文观测、仪器、理论，以及星表和与它们有关的数学。这本书所涉及的天文学方面的内容，远比图书封面上所表述的多得多："这里是新的、简单的、令人引颈期盼的星表，借着它，所有行星的运行，不论在过去、现在，还是在未来的哪个时间点上，都能以特别便利的方式呈现出来。"[131] 她的作品呈献给了当时的神圣罗马帝国皇帝、哈布斯堡的费迪南德三世（1609—1657）。

在书中，玛丽亚·库尼茨希望把自己的名字和第谷·布拉赫、约翰尼斯·开普勒放在一起。在天文观测上，她支持按照第谷·布拉赫的方式，做持续和系统性的观测。在布拉赫以前，天文学家的习惯是只偶尔做天体运行的观测。而她明白，这种大致的观测无法对天体的运行做出精确的表述。可是，玛丽亚·库尼茨不可能拥有大而高倍的望远镜，更不必谈建立一个固定式观测站。她必须满足于使用那种小的、手提的仪器，因为在逃避战乱时，这种仪器携带起来比较方便。

在书中有关天文学理论的那一章中，她仔细介绍了开普勒的日心模型；它提出行星在它们椭圆形的轨道上"自由地"绕太阳旋转。在 17 世纪 50 年代，开普勒的模型还未在科学家之间赢得普遍的认可。当时仍在出版的图书中，天体的位置依然根据托勒密的模型来计算。在当时，捍卫日心说的宇宙观等于反驳了天主教会的教条，因此很多天文学家为了防止冲突，在介绍时仅把日心说当作一种假设，一种与地心理论并存的理论和计算的模型。

玛丽亚·库尼茨的科学工作并没有因为缺乏精密的天文学仪器而遭受阻碍。《和蔼可亲的乌拉尼亚》最重要的科学贡献是解决了星表及与其相关的数学问题。玛丽亚·库尼茨欣赏开普勒的著作，并且细心地研究了他发表于 1627 年的《鲁道夫星表》。为了名副其实，此表献给了皇帝鲁道夫二世（1552—1612）——这位皇帝在波希米亚王国、匈牙利王国以及神圣罗马帝国里，是个有点古怪的科学与艺术的保护者。虽然开普勒制作完成的星表在当时是最精确的，不过按照玛丽亚·库尼茨的看法，在表中所使用的数学运算无须那么复杂。尽管开普勒是极有成就的数学家，但玛丽亚·库尼茨意识到，行星的运行和在既定时刻所在的位置，可以采用比起在他的模型中所用的更简单的方法计算出来。

科学的基本要求之一是，当介绍所研究的现象时尽可能简单、清楚。玛丽亚·库尼茨对开普勒星表所做的调整，使得它变得更容易使用。她提出了计算日常天体运行以及行星长期运行的新方法。在计算和预测日食和月食方面，她也提出了改进方法。

在天文学的数学传统中，玛丽亚·库尼茨的《和蔼可亲的乌拉尼亚》是一个重要的历史关联，而且在书中她意图解决"开普勒问题"。数学家长期和这个问题角力，而它被联结至看似简单的天体力学之上。这个问题与天体运行在椭圆形轨道上有关。它之所以被称为"开普勒问题"，是因为开普勒是第一个指出行星轨道是椭圆形的人。他也明白椭圆的轨道形式与太阳有关。在发展万有引力理论，并研究其对行星轨道的影响过程中，牛顿深入研究

URANIA
PROPITIA

SIVE

Tabulæ Astronomicæ mirè faciles, vim
hypothesium physicarum à Kepplero pro-
ditarum complexæ; facillimo calculandi compendio,
sine ullâ Logarithmorum mentione, phæno-
menis satisfacientes.

Quarum usum pro tempore præsente,
exacto, & futuro, (accedente insuper facillimâ Superio-
rum SATURNI & JOVIS ad exactiorem, & cœlo satis consonam
rationem, reductione) duplici idiomate, Latino & vernaculo
succinctè præscriptum cum Artis Cultoribus
communicat

MARIA CUNITIA.

Das ist:
Newe und Langgewünschete/leichte
Astronomische Tabelln/
durch derer vermittelung auff eine sonders
behende Arth/ aller Planeten Bewegung/nach der länge/
breite/ und andern Zufällen/auff alle vergangene/gegenwertige/ und künfftige Zeit-
Puncten fürgestellet wird. Den Kunstliebenden Deutscher Nation zu gutt/
herfürgegeben.

Sub singularibus Privilegiis perpetuis,
sumptibus Autóris, BICINI Silesiorum,

Excudebat Typographus Olsnensis JOHANN, SEYFFERTUS,
ANNO M. DC L.

了开普勒的观察数据，并且将它们运用在自己的理论中。然而牛顿从来没有公开承认过他受到了开普勒的影响。开普勒定律[132]和"开普勒问题"的解答，至今仍被应用于卫星运行轨迹的设计上。

玛丽亚·库尼茨对于和开普勒著作有关的数学问题所做的改进，受到当时博学人士的赞许，但是在实际运用上却低于她的预期。法国天文学家伊斯梅尔·布里奥争论说，即使玛丽亚·库尼茨的星表做了数学上的改进，但仍然不如他的精确。事实上，所有发表在开普勒之后的星表，包括布里奥自己的，在对某些行星的计算上都还有错误。不过，玛丽亚·库尼茨的《和蔼可亲的乌拉尼亚》并没有沦落到完全被遗忘的地步，从17世纪末到20世纪初，至少有30份书面资料提到过它[133]。玛丽亚·库尼茨虽然成功地和当时许多受人尊敬的天文学家互相通信，不过按照当时的习惯，回信的收信人的名字却是她丈夫。这些往来的书信并未得到广泛研究或者出版。玛丽亚·库尼茨大多数的科学著作和通信在1656年毁于大火。

《和蔼可亲的乌拉尼亚》以一个从太空观看日食的描述作为结尾。对所有伟大的梦想家而言，让他们自己脱离日常的观点，然后从某些意想不到的角度检验他们自己、他们的四周，以及整个宇宙之类，其实是很平常的。约翰尼斯·开普勒写第一本科幻小说时，曾思考从月球看地球会是什么样子。后来，在20世纪初，爱因斯坦（1879—1955）解释说，他在观察光束时产生了骑在光束上的想法，随之发展了他的相对论。

🦐 （对页）玛丽亚·库尼茨所著的《和蔼可亲的乌拉尼亚》的标题页。

作为国家计划的科学

按当时的时代精神，玛丽亚·库尼茨相信，对科学的追求应该具有崇高的道德目标。她诚恳地写下了她从事科学工作的心愿：为了让她的知识和科研方法有利于她的同胞。这样的表述，告诉我们玛丽亚·库尼茨身为博学女性的高度自尊，以及她坚定的信念——即使身为女性，她也仍有一些东西可以贡献给科学。玛丽亚·库尼茨的意思是，除了精通拉丁文的专业天文学家以外，凡受过教育的德国人都应该能以他们自己的语言阅读最新的天文学研究著作。在那个时候，有一群重要的读者——海员——将天文学知识运用在航海上。船长和领航员肩负航海的责任，但他们不需要会说流利的拉丁语。

在 17 世纪，在欧洲的科学和学者圈子，拉丁语仍是通用的语言。玛丽亚·库尼茨希望那些能够读拉丁文著作但是不会德文的人也可以读她的书。然而她不愿将她的书翻译成其他语言。由于当时没有版权法，经常存在的风险是，在翻译时内容遭篡改，甚至被伪造。

玛丽亚·库尼茨认为最重要的是，在部分人口中，不论男女，即使不懂拉丁文，也能够学习科学。她认为，科学不应该只作为国际学者的消遣，也应该为国家的目标服务。有这种态度的，不止她一人而已。早在 1617 年，在讲德语的欧洲地区，各种不同学科的学者加入了一个叫作"德文文学协会"的团体，其主要目标是把德文经标准化而发展成为科学语言。不过，在讲德语的欧洲国家和其他地区，最重要的科学作品仍旧以拉丁文撰写。《和蔼可亲的乌拉尼亚》的德文部分比拉丁文部分容易读得多。这两个部分不是彼此的精确复制，因为德文部分是写给非专业人士看的，而拉丁文部分则是写给专业天文学家看的。

在当时，随着一般教育水平的提升，从来没有这么多人追求科学。自然哲学不再是上层阶级和博学人士的特权；相反，所有受过教育且有充分空闲时间的人都在追求它。玛丽亚·库尼茨的《和蔼可亲的乌拉尼亚》就是一个努力把科学成就普遍化的重要例子。这本书是女性在科学成就上特别值得一提的里程碑。在希帕蒂亚所写的科学论文之后，这是第一本由女性执笔的、重要的天文学和数学研究著作。玛丽亚·库尼茨想表达的是，女性也可以献身于科学。她们可以是科学的受益者，但首先和最重要的，她们也可以是科学的"创造者"。她认为，女性的精神与智能不应被浪费；它们应该被放在工作上，为整个社会创造福利。《和蔼可亲的乌拉尼亚》一书所体现出来的理性与宽容两者的美好结合，预示着新知性氛围的到来。欧洲已站在启蒙时代的门槛上，尽管未来无法预测，而且天空随时可能被燃烧女巫的浓烟染黑。

Here on this Figure Cast a Glance,
But so as if it were by Chance,
Your eyes not fixt, they must not stay,
Since this like Shadowes to the Day

第 4 章

17 世纪和 18 世纪博学的贵族女性、探险家和科学工匠

　　17世纪，英国公爵夫人玛格丽特·卡文迪什是欧洲第一批敢公开展现自己学问的女性的代表。在她的著作《自然图像》（1671）的卷首（见对页），她将自己提升至学问的女王的地位，而在她两侧，是智慧女神密涅瓦和太阳神阿波罗。

"我不是唯一出版了什么东西的女性。理性无性别之分。倘若女性所接受的理性训练一如男性，而且把相同的时间和精力加诸女性的教育上，她们将和男性一样能干。"[134] 博学的法国女性玛丽·默尔德拉克（1610—1680）在她出版于 1656 年的化学教科书《为女性而写的、慈善而简单的化学》里的前言中如是说道。玛丽·默尔德拉克个人不认识勒内·笛卡儿，但是她同意他的看法——理性不是只给予大学里的男性的，而是给所有人，包括女性。笛卡儿在他的广泛通信中传播自己的新哲学。他最重要且钟爱的哲学通信对象之一是一位学问深厚的女性——巴拉丁的伊丽莎白公主（1618—1680）。从 19 世纪以来，笛卡儿与伊丽莎白这两位有学问之人之间热情洋溢的通信便已受到广泛研究，至今诸多学者仍对其感兴趣。

经受了宗教战争所引起的混乱后，17 世纪的欧洲成为许多新复兴运动的发祥地，这些运动倡导社会阶级和性别之间的平等，同时也吸引了来自所有阶级的人。当时最有名的荷兰女性安娜·玛丽亚·凡·舒尔曼（1607—1678），参与了法国宗教改革者传教士让·德·拉巴第所引领的运动，震惊了许多人。受到宗教觉醒的启发，凡·舒尔曼以拉丁文写了《正确的选择》一书，这是对拉巴第信仰强有力的个人辩护，而且也是重要的神学和哲学专著。

博学的英国伯爵夫人安妮·康威（1631—1679）加入了一个贵族们不认同的团体——贵格会。受到信仰和哲学思想的启发，她撰写了《古今哲学原理》，这是在她去世后（1690 年）才出版的深具影响力的一本书。最近有学者研究了一封信，那是在极有学问的德国人莱布尼茨（1646—1716）的庞大文化遗产中发现的。在这封信里，他写道，他怀着极大的兴趣阅读安妮·康威的作品，发现许多地方与他的思想相似[135]。

经济活动、进出口贸易、文化生活……全都在 17 世纪后期兴盛起来。英国皇家学会是欧洲的第一个皇家科学院，于 1660 年在伦敦设立，承担研究实验性自然哲学的任务。玛格丽特·卡文迪什（约 1624—1674），一位多产的英国作家和哲学家，她曾批评由皇家学会导入的新科学仪器（显微镜和真空泵）。她写道，这些被学会赞美的"玩具"和它们应该制造出来的"奇迹"并没有必然产生与这个世界有所关联的、更好或更精确的信息。她以尖锐的语调告诉学会的这些绅士们，通过测试和使用仪器也许可以明白地告诉我们某些有关大自然是"如何"运作的知识，但无法告诉我们"为什么"。

三十年战争之后，在德国北部的新教地区，经济和文化也开始复苏。印刷业者在德国享有崇高的地位，并且提供机会给最有影响力的博物学家及插画家，包括玛丽亚·西比拉·梅里安（1647—1717），使他们的作品得以普及。梅里安是第一位为自己的科学探险投资的女性；她旅行至南美洲的苏里南，撰写了与在该地所进行的研究有关的博物学论文。她针对昆虫所进行的变态的研究在昆虫学方面是创举，而且对这个领域的发展具有关键性的影响。

18 世纪早期，当科学院设立于柏林时，戈特弗里德·基尔希（1639—1710）被任命为院属天文台的第一位天文学家。他并非独自履行职责，他的妻子玛丽亚·温克曼－基尔希（1670—1720）在他的 10 年任期内是他的助手。

巴拉丁的伊丽莎白公主与安娜·玛丽亚·凡·舒尔曼
荷兰的知性女性

　　"致最安详的伊丽莎白公主……从我业已出版的著作中所获得的最大利益已经显现出来，因为通过它们，我为殿下所知。因此，我很荣幸偶尔和一位集稀有且难能可贵的特质于一身的人交谈。此事让我相信，我应该服务大众，而做法是，把这些作品当作例子提供给后人……因为最初，您很明显是自学，而且从一般情况看来，那既不是宫廷的消遣，也不是有教养的女士所习惯的模式，通常它们还被斥为无知，这一点足以阻止您花许多心思去研究在艺术和科学当中所有最好的东西。其实，我从来没有遇见过任何人像您一样，把包含在我著作里的一切了解得这么全面、这样透彻。此外，我还注意到，几乎所有精通形而上学的人，他们全然不愿理睬几何学；另一方面，几何学的修炼者则没有能力做对《第一哲学沉思集》的探索。总之，平心而论，我知道只有您自己可以两者皆得心应手。因此，我带着敬意，指出您的无与伦比。"[136]
以上是法国哲学家勒内·笛卡儿（1596—1650）写在他的主要著作《哲学原理》前言里的一段话。

　　🔖　（对页）赫里特·凡·洪特霍斯特（约1590—1656）绘制的伊丽莎白公主肖像（约1645）。凡·洪特霍斯特也是伊丽莎白和安娜·玛丽亚·凡·舒尔曼的艺术老师。

🐚 海牙是荷兰的一座欣欣向荣的城市，在此地女性可以在街上自由走动，并使用便利的交通工具（包括河船）在市内到处行走。

伊丽莎白公主（1618—1680）和笛卡儿的初次见面可能是在1643 年，地点是公主的母亲伊丽莎白·斯图尔特（1596—1662）在海牙的家里。笛卡儿通常会避开上流社会的人或事，他更愿意享受家中壁炉的温暖，并致力于形而上学或者几何学的研究，而不是待在上流社会人士打牌、跳舞、聊是非的冰冷大厅。理所当然，笛卡儿也没有加入学者圈子。在那个时候，这个圈子的多数人相当怀疑和嫉妒他的哲学研究。相反地，他积极找寻那些能够赏识他的新哲学、受过教育的非专业人士。甚至在他们两人相遇之前，笛卡儿便从朋友处得知，在海牙有一位公主非常熟悉他的作品。伊丽莎白公主寄给他的第一封信接获于 1643 年 5 月，那是个意外的惊喜 [137]。这是哲学家和公主之间的友谊，以及长达 7 年直到他于 1650 年去世为止的热情洋溢的通信之始 [138]。尽管年龄差距超过 20 岁，他们却在彼此的身上发现了类似的精神。笛卡儿非常欣赏这位年轻又博学的公主，于是在 1644 年将他最广博的哲学论文《哲学原理》献给了她。

17 世纪荷兰城市的宽容气氛，吸引了来自欧洲其他地区的宗教及政治难民。三十年战争带来的混乱迫使无数人流亡数十年。当公主的父亲，巴拉丁选侯、信奉新教的波希米亚国王腓特烈五世（1596—1632），在 1620 年遭到驱逐而流亡，他带着部分家族成员来到海牙。大女儿伊丽莎白和她祖母则留在海德堡的城堡中长达 7 年，后来她也移居至荷兰与家族的其他人住在一起。在祖母家，她在艺术和书简方面接受了非常扎实的教育。她掌握语言的速度很快，而且在数学与哲学方面还有惊人的天赋；因为这些特质，她的家族给她取了一个"希腊人"的绰号。在荷兰，后来她与安娜·玛丽亚·凡·舒尔曼（1607—1678）成为朋友，虽然比凡·舒尔曼小约 10 岁，但在天赋方面两人却不相上下。凡·舒尔曼以惊人的语言天赋而名满欧洲，人们羡慕地称她为"乌特勒支之星"。安娜·玛丽亚·凡·舒尔曼和伊丽莎白公主可能在 17 世纪 30 年代后期相遇于莱登 [139]。而后她们向画家赫里特·凡·洪特霍斯特（约 1590—1656）学习艺术。两人之中，凡·舒尔曼尤其倾向于艺术，而且以才华横溢的微雕家和铜版雕刻家闻名于世。在 17 世纪 30 年代及 40 年代，唯有在荷兰，具备才华与智力出众的上流社会女性才能如此公开地学习科学和艺术。

荷兰的奇迹

荷兰对知识分子的宽容在很大程度上是其务实文化的结果。在欧洲 16 世纪和 17 世纪的宗教战争期间，荷兰联邦变成许多移民的天堂，其中许多人是富裕的小市民。就像当地人那样，这些移民在他们的新国家开设店铺、纺纱织布厂、烘焙坊、船坞。在 17世纪，荷兰成为世界贸易、金融市场、手工艺等的中心。它唯一的资源是加尔文主义者的职业伦理观和自由的氛围。原料从世界各地进口，加工成产品，以正常的利润销售。人们用丹麦橡木造船，以芬兰焦油处理他们的船缆，然后驾船去往印度、东南亚的国家，从那里他们进口蚕丝、瓷器和香辛料。从新大陆，他们带回可可、烟草、咖啡等，其中最重要的是糖——荷兰人以自己开发出来的有效方法把糖精炼后，再以昂贵的价格卖给其他欧洲人。

荷兰商人相信，他们借着积累财富实践上帝的意志。然而加尔文主义者的伦理观却禁止过度炫耀财富。勒内·笛卡儿以意大利文写信给朋友说："……在我居住的这个大城市，除了我自己，没有一个人不是做生意的。在这里，每个人是如此全神贯注于他们自己关心的事，所以我可以在这里过一生而不被任何人注意到。"[140] 以现代观念来看，荷兰的城市都是大城市：它们是大都会，是语言、宗教、文化、理念的熔炉，而且最重要的是，拥有独立的管理。

这些城市由富裕的市民统治，他们经由选举进入市议会，市议会再选举其代表到省议会，之后省议会选自己的代表到国会。荷兰联邦包括 7 个北方省份，其中荷兰及其首都阿姆斯特丹更是以自由氛围出名。笛卡儿欣赏这个宽容的国家。在一封给朋友的信里，他写道："在这世界上，谁还能选出另外一个地方如同这里一般生活如此舒适？可有其他国家，人们可以享受绝对的自由，并且能睡得如此安稳，加上军队随时准备就绪以保护我们，而且中毒、诈欺、诽谤极为罕见，更凸显我们祖先清白的品行？"[141]

日渐增加的富裕荷兰市民希望被美丽的事物环绕，于是踊跃地投资艺术。在 17 世纪荷兰艺术的黄金时代，艺术家想方设法表现他们国家的美的价值及理念。当许多同时代的意大利、法国以及欧洲其他地区的艺术家主要还在画宗教及神话的主题时，荷兰画家就已经开始从日常生活和周遭的大自然中取材。他们描绘中产阶级的砖造房屋内部，而屋内所显现出来的平和之感，足以抵消外部世界的动乱带来的困扰。他们将国家的低地描绘成可以到处走动和自由呼吸的场所。耕地和风车乃是勤劳的人成功驾驭自然之力，并为他们所利用的证据。他们描绘农民时，强调的是单纯的快乐，而不是他们所面临的严峻的现实。描绘客栈和小酒馆的场景时是在表明酒精的危险，而不是在对人们说教。

在欧洲的艺术中，这是第一次，不但荷兰黄金时代的画家把女性视为男性的平等伙伴，而且让传统中被视为女性地盘的家庭看起来很有价值。有许多女画家，例如朱迪斯·莱斯特（1609—1660），因为专门描绘女性、小孩、日常家务而获得名声。荷兰女性也将她们的活动范围扩大到家庭之外。欧洲其他地方，上流社会的女性派女仆和佣人去市场，但是在荷兰，女性自行上街购物。城内的市场变成社会所有阶层人士见面的场所，包括女性。未婚女子，包括伊丽莎白公主及安娜·玛丽亚·凡·舒尔曼，可以自由地到市场走动，和他人一起搭河船旅行，享受都市生活，而不会被人当作荡妇。

"乌特勒支之星"捍卫女性的学习权利

年轻时，安娜·玛丽亚·凡·舒尔曼因她的学问而闻名遐迩，每个有学问的旅行者来到乌特勒支，都必须去拜访她。在 17 世纪 30 年代和 40 年代，大量的哲学家、作家、语言学家和她通信。小时候，她接受了和她兄弟同样的教育，学习拉丁文、希腊文、算术、几何、天文学、音乐、艺术。很明显，她比她的兄弟们都聪明，尤其在语言方面，于是家人决定为她聘请一位家庭教师。神学及东

以希伯来文、希腊文、拉丁文、法文写就的散文和诗歌的作品集中收录的安娜·玛丽亚·凡·舒尔曼的自画像。此书首次出版于1648年，后来又出版了多个版本。

方语言教授希斯贝特斯·沃舍斯（1589—1676）欣然接受此任务。起初，他要求他的门生为乌特勒支大学的就职典礼写一首庆贺诗，因为他认为她是城中最好的拉丁语专家。沃舍斯也想为这位天赋异禀的学生提供机会，让她在新设立的大学中出席讲座，而此事需要花点心思，因为大学还不习惯招收女学生。沃舍斯为她在大学的讲堂上安排了一个前面有布帘的小隔间，她可以坐在里面学习神学和哲学。事实上，按当时的习惯，她这项特权是会遭到拒绝的。

安娜·玛丽亚·凡·舒尔曼在年轻时，以博学的文艺复兴女性、语言天才、女性受教育权利之捍卫者而赢得了名声。在论文《博学的女仆，或者女仆是否可成为学者》中，她通过正统的亚里士多德学派的论证来设法证明，从一般道德或女性能力上，并未衍生出足以限制基督教女性学习的障碍。她的论文首先以拉丁文发表于 1638 年，翌年，翻译成英文及荷兰文，几年后被翻译成法文。在当时，她所说的主题极为热门，因为和女性教育的努力有关的广博议论正流行于欧洲。

根据安娜·玛丽亚·凡·舒尔曼的说法，任何女性只要有足够的兴趣、所需的财力和智能上的手段，就应该可以学习所有的科学和艺术。在 15 世纪初期，意大利人文主义者李奥纳度·布伦尼（1370—1444）为符合文艺复兴的理想，曾经提倡上流社会女性学习诗歌、教会历史和伦理。相对地，他认为算术、几何、天文学、自然科学、法律、医学、修辞学不适合女性[142]。不像布伦尼那样，凡·舒尔曼没有区别何种学科适合男性或女性学习。她的意见是，智力和能力不取决于性别，而在于个性。由于女性不能拥有官方职位，所以她们的学习实际上受到限制而变成一种消遣——然而人不应该被贬低。知性的兴趣本身就被视为重要且具有价值的，因为它们能增进自我了解。此外，对于女性在知性方面的努力，人们也不必感到害怕，因为这对国家有利，这说明它的公民把智慧看得比严格的法律文字更具价值。由于在 17 世纪仅有少数人拥有时间和财力可以获得教育，所以凡·舒尔曼希望每个人都能更容易获得机会做学问。她特别强调双亲对于他们的孩子——包括女孩——所负的教育责任 [143]。

希斯贝特斯·沃舍斯鼓励这位禀赋卓越的学生学习了许多罕见的东方和古代语言，包括希伯来文、阿拉伯文、迦勒底文、叙利亚文、科普特文，因为这些可以被用来研究《圣经》和其他神圣文本。此事和新教神学家的目标有紧密的关联，因为他们想用这些典籍原本的语言做研究。相对地，天主教传统所坚持的观点是，仅有某些获得教会授权的专家才有相应的能力和理解力，可以正确地解说神圣文本。然而新教徒想绕过天主教学者的解说，直接研究《圣经》。为达成此目的，他们唯有通过《圣经》最古老的希腊文、拉丁文、科普特文、希伯来文译本和其他基督教著作，做平行阅读。

1640 年，笛卡儿就已经注意到沃舍斯和安娜·玛丽亚·凡·舒尔曼之间的紧密关系，以及她对神学的兴趣。有关此事，他在写给朋友的一封信里说："这个沃舍斯毁了凡·舒尔曼小姐，她在诗和绘画方面有绝佳的才能，而且其他方面也很机敏。总之，这个沃舍斯打扰她五六年，那种程度已经到了除神学讨论以外，她不再做其他任何事情了。因此，她失去了和任何诚实的人讨论的机会。另外，大家都知道舒尔曼小姐的兄弟不是个聪明人。" [144]

笛卡儿对沃舍斯及凡·舒尔曼所做的评论透露出，笛卡儿的新哲学与沃舍斯所坚持的加尔文主义烦琐哲学，在荷兰的学术圈内引起内讧。比起欧洲其他地区，在荷兰的知性生活是比较自由的，这两派之间激烈的知性争论便是个明证。有时候，这种口水

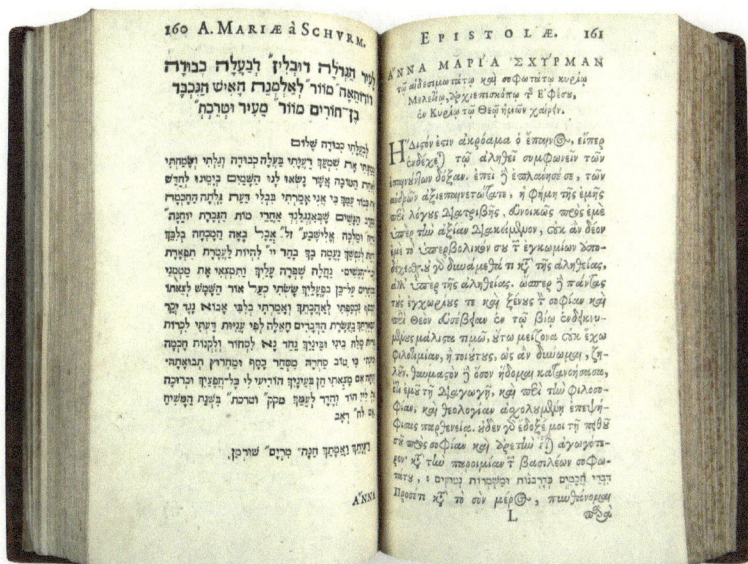

安娜·玛丽亚·凡·舒尔曼借着用许多语言写作，以显示她的受教育程度。1648年她将自己的诗、散文以及所有的信件集为一卷出版，取名为《作品集》，其内容多以法文和拉丁文呈现，也有些用的是希腊文和希伯来文。

仗并不很符合礼貌和文明讨论的要求，甚至还堕落成公开的毁谤。笛卡儿和沃舍斯之间的争论延续了许多年，1640 年笛卡儿写给朋友一封与沃舍斯有关的信，说："……提起这位世界上最大的学究，他即将因烦恼而头脑爆裂，因为在位于乌特勒支的沃舍斯所在的学院里，有位医学教授公开支持我的哲学观点。"[145] 7 年之后，他仍然对伊丽莎白公主抱怨说："早期我到这里寻找的平静，从今以后不能再像我期望的那样完美……有一群烦琐哲学的神学家，他们似乎结成一个联盟，试图以毁谤来压制我。因此，他们尽其所能地伤害我，如果我不机警些，他们很容易便可羞辱我。"[146]

1649 年，笛卡儿在前往瑞典的克里斯蒂娜女王（1626—1689）的宫廷途中，造访了在乌特勒支的安娜·玛丽亚·凡·舒尔曼。他注意到凡·舒尔曼正以极大的兴趣研究希伯来文的《圣经》。他告诉凡·舒尔曼说，依他看来，阅读希伯来文的《圣经》是一种浪费时间之举。这位哲学家的话深深打击了安娜·玛丽亚·凡·舒尔曼，因此她不再与他有任何联系[147]。差不多在同一时候，凡·舒尔曼和老朋友伊丽莎白公主的关系也冷淡了数年。这两位女性在公开争论中各自选边站，各自保留对沃舍斯和笛卡儿的忠诚。凡·舒尔曼从来没有像她的朋友伊丽莎白公主那样接受笛卡儿的哲学，她当然非常明了她的老师沃舍斯和笛卡儿之间的分歧，结果凡·舒尔曼对笛卡儿的哲学仅有肤浅的理解。

伊丽莎白公主与笛卡儿之间的哲学通信

1643 年，当伊丽莎白公主与笛卡儿开始通信时，这位法国哲学家已经是学术圈中著名又富争议性的人物了。由于强烈不同意沃舍斯的观点，笛卡儿害怕他的著作甚至会遭到学术界更强烈的反对。公主对这位紧张的哲学家表示同情，因为她自己的人生也经常处在狂风暴雨中。

1619 年，伊丽莎白的父亲巴拉丁选侯腓特烈五世在波希米亚新教徒的支持下就任波希米亚国王。但新教徒无法保住他的权力，翌年天主教徒驱逐腓特烈和他的家族，迫使他们走向流亡。伊丽莎白的弟弟在年幼时溺亡，而父亲腓特烈因为失去王位和儿子之死，陷入极度的沮丧中，最后死于 1631 年。在他们迁居荷兰之后，伊丽莎白的另一个弟弟卷入了一宗谋杀案。尽管拥有贵族出身，但伊丽莎白和她妹妹的婚姻前景却是黯淡的，因为这个家族失去了在海德堡的财产和土地。1649 年 1 月，更悲哀的消息从英国传来：伊丽莎白公主的舅父英国国王查理一世（1600—1649）遭到斩首。

笛卡儿和伊丽莎白公主两人都将注意力转向书籍和理念，以逃避围绕在他们四周的风暴。两人都遭受了许多损失，这也影响了他们求知的热情；在一个不确定的世界里，他们在哲学中寻找心灵的平静。根据今日的哲学史教授丽莉·阿勒宁的看法，"笛卡儿是文艺复兴时期的自然哲学家、中世纪经院形而上学者、现代数学物理的开创者。他把人设想为一种自主的存在，而且完全依赖自己的智力和意志。虽然笛卡儿起初是个有创造力的数学家，但他的抱负却总在哲学上。他追求的不仅是某种知识，而且也是智慧。" [148]

笛卡儿之所以吸引伊丽莎白公主，是因为他是新的、独立的思想家，而且不服从学术权威。他为自己设定了一个求知的任务，同时一心一意去达成它。某个知识的起源是什么？人如何获得它？虽然这些问题通常是以诉诸古代权威的方式来回答的，但这不为笛卡儿所接受。他寻找对知识起源的更深刻的确定。他的问题对西方哲学和自然科学具有深远的影响，也就是这些问题引起了伊丽莎白公主的兴趣。

在出版于 1637 年的第一本书《方法论》[149] 里，笛卡儿以他新颖的风格，解释他如何着手于某个知识的探索，以及最后如何发现它。他发展出一种方法——"系统性的怀疑"。一个人必须怀疑每个人及每件事：习惯、风俗、意见、权威所遗留下来的真理，甚至对自己的思想和个人身体的存在也一样。笛卡儿想搞清楚是

否有可能发现某件事情是无法被怀疑的——某件无可辩驳的事情。换句话说，他想知道是否有什么是超出一切可怀疑的事物的。抛弃每一件能够被怀疑的事情后，他创造了一句话："我思故我在。"这也许是西方哲学里最有名的句子。我们唯一能确定的，而且毋庸置疑的是，一个思想主体的存在，也就是能怀疑的"我"。既然"我"怀疑，"我"也思考，所以"我"必定存在。"我"以一个凌驾于其他一切万物的、会思考的人的形式存在。

在自己的思想中发现知识的基础之后，笛卡儿开始在这个确定的事实上建立他的新哲学和知识理论。在一长串的推论之后，他宣称，我们所有人真的都能以清楚明白的方式进行思考。然而他也明智地说，要知道何谓"清楚明白"，通常并非那么容易。上述这些事实是可以被发现的，而且包含了数学的证明。笛卡儿是个老练的数学家，而且还被视为解析几何的发明人。他强调数学超越其他学科，这让他与毕达哥拉斯－柏拉图学派的传统联系在一起，据此而有"数学乃上帝的语言"的说法。数学的真理是独特的，因为它们是理论性的，或者经由理性的推理即可获得，而且不必经过观察或实证性的实验。

🌶 （对页）在17世纪，受过教育的人之间非常流行写信。在女子后面的幕布遮住了她的床，那是在暗示她心中私密的想法。在当时荷兰的艺术作品中，握着笔的女性被描绘成只是在写情书，而握着笔的男性则经常是知性、努力的象征。杰拉德·特·博尔奇（1617—1681）于1655年所绘的风俗画。

笛卡儿也相信，上帝的存在符合清晰和准确的标准。上帝既完美又永恒，存在不过是上帝无限的特性之一。对现代人来说，他的推理似乎有点奇怪。你能不能随便想象一只独角兽或妖怪，然后宣称它们存在着呢？然而笛卡儿认为，这些生物并非完美、全能或永恒的，所以，它们的存在并不确定。

笛卡儿的上帝不是基督教神学家的，而是哲学家的上帝。在笛卡儿的哲学中，上帝的存在被解释为逻辑上的需要，而不是神学的实存。在他的形而上学结构中，上帝只是一个相当重要的组件。借着上帝的存在，他能解释为什么"主观的"、清晰的、明确的理念与"客观"存在的信息有关，为什么个人可以获得外部世界的知识。在笛卡儿看来，上帝所创造的物质世界运作起来就像一个机械，而且通过理性，我们可以学着了解它的运作原则。笛卡儿在个人的意识（心灵）和周遭的世界（事物/身体）之间架起了一座桥梁。他的解决方式是知性的，也是独创的。

广义上说，笛卡儿了解了"思考"是什么。一个能思考的生物，他会怀疑、了解、否认、领悟、想象、感觉。既然我们的存在主要是作为一个思考的生物，比起对于身体的，我们对于精神或知性的作用有更多确定的知识。这一点导出了著名的笛卡儿身心二元论，然而说得更为透彻的，乃是他的作品《第一哲学沉思集》（1641）[150]。依据笛卡儿的说法，本体被分为两个相互独立的实质：非物质（灵魂）和物质（肉体）。他认为：我们通过我们的理性接收有关两者的信息；所有生物，若非纯然精神的，像上帝，不然就是纯然物质的，像物体和动物——人类也许是两者（灵魂和肉体）的结合。

伊丽莎白公主非常仔细地研读了笛卡儿的著作，而且在写给他的第一封信里提出了问题，特别是有关灵魂与肉体的二元性。倘若它们如同笛卡儿认为的那样被一分为二，那么灵魂如何移动肉体？意志作为一种精神现象，又怎么让手臂移动？如果灵魂和肉体之间不能假定有所联系，那么谈论所谓的自发行为就没有意义了。伊丽莎白欣赏笛卡儿哲学观点的新颖，但也发现了它们的缺陷。固然或许他从未成功地回答她灵魂与肉体之间有关的问题，但他从来不因她的问题而愤怒，而且还相信她是少数真正了解他的哲学观点的人。

将灵魂与肉体分开，理性与物质分开，这并非笛卡儿哲学理论的巅峰之处，倒可说是跳板。根据他的理性主义或哲学理论的说法，唯有通过理性思想或经由我们的灵魂，我们才能够获得世间的某些知识，因此要求前述的分离。"我"——思考的主体——从根本上与"我"的身体分开。"我"的精神自由，但身体则不自由。精神必须自由，才能去怀疑。而怀疑则能够为清晰和明确的理念提供确定性。"我"的身体从不曾自由，因为它是个机械，遵循大自然的机械律。虽然"我"的身体堕落了，但"我"的精神自由地高飞。

就在和伊丽莎白通信后，笛卡儿在他的论文《论灵魂的激情》中才开始认真研究精神与物质的关系 [151]。他将这本书的第一版献给伊丽莎白，她特别评论了他与伦理学有关的理念 [152]。

尽管伊丽莎白钦佩笛卡儿明朗的思想风格，但她仍频频在信中写道，人类的理性和意志并不能以他所描述的方式经常控制我们的行为及身体："……你所说的幸福可以不必求助于某件完全不倚赖意志的事物而得到吗？有些疾病可以夺走所有的理性能力，因而阻止人们享受合理的满足感；其他的疾病则降低理性能力，因而妨碍人们听取好的忠告，甚至让最温和的人也屈服于他们本身的激情，而无法在多变的命运中存活……" [153]

这位公主本身对于忧郁，或者我们今天所说的抑郁症，相当熟悉。她不认为精神问题光靠理性便能治愈。无疑地，笛卡儿知道她的意思，因为他也和自己的"妖魔"奋斗了好几年，最终靠着他清晰和明确的理性战胜了它们。从他的能力所衍生出来的知性原创力，将他的个人经验扩展成普遍适用的理论，且适用于所有的人。然而伊丽莎白不断提醒他说，很不幸的是，不是所有人都拥有像他那样的智慧。

笛卡儿同意伊丽莎白的想法，人类不仅是理性的，而且也是物质性的存在。她对于灵魂和肉体一起运作的方式感兴趣。笛卡儿的所有立论并不能完全说服伊丽莎白，而且她经常向他发起挑战，要他改进："……对我而言，比起承认非物质的灵魂拥有移动身体的能力，承认物质身体能将其能力扩展于非物质的灵魂是比较容易的……了解你所描述的灵魂整体上很困难……不需要身体而能生存，而且和身体没有任何共同之处，但灵魂却仍被身体所控制着。"[154]

笛卡儿于1650年去世，此后许多捍卫女性求知兴趣的人，就像笛卡儿那样，相信精神质量并非取决于肉体，例如性别。相对亚里士多德捍卫他的观点——女性的知性能力比男性低，笛卡儿在他的哲学中更清晰地将这个观点视为形而上的辩证理由。笛卡儿哲学理论的支持者认为，女性有自由意志和自由精神，而且她们可以不断精进提升。如同笛卡儿的同胞弗朗索瓦·普兰（1647—1725）所宣称的，心灵无性别。

笛卡儿的哲学理论在西方哲学里是个分水岭，在他之后知识的理论——用来检验知识的起源——遂分裂为理性主义和经验主义。理性主义者坚持说，理性是所有真正知识的来源和起源，而经验主义者则争辩道，知识主要通过我们的观察和经验而获得。伊丽莎白公主在写给笛卡儿的信中所提出的问题，因为后来的哲学家支持认识论的经验主义而变得有名。伊丽莎白感兴趣的是，科学、哲学、日常生活三者之间的联结，以及情绪如何影响决定，而且她执意要笛卡儿为灵魂与肉体的关系提供一个更好的解释。

就伊丽莎白和笛卡儿而言，哲学是一项认真的知性追求，同时他们也希望哲学可以带给自己真正又确定的知识，还有最重要的是，平静的心灵。笛卡儿建构了一个令人印象深刻的形而上系统。他对理性的信念让他专注于研究人类的心灵和周遭的世界。他变得对数学和光学有兴趣，针对后者还写过一本开创性的著作。伊丽莎白的道路则不同，她的兴趣在于哲学的实际应用。我们如何成功地平衡我们自己的和其他人的需要及欲望？对于道德问题，我们能够如同笛卡儿所期待的那样，顺利地进行清晰而透彻的思考吗？笛卡儿认为是可能的，因为知识像树木那样是分层的。"因此，整体来说，哲学就像一棵树：树根是形而上学，树干是物理学，而从树干分出来的枝权，就是其他的知识分支。这些分支有可能减少至3个主要的科目，亦即医学、力学、伦理学（我的意思是，最高和最完美的伦理学，它为其他的知识分支假定了完整的知识体系，而且它也是学问追求的最后阶段）。"[155]

1649年，笛卡儿终于决定去瑞典旅行，以响应克里斯蒂娜女王持续不断的邀约。他在瑞典的停留有点短暂，因为患病，他在抵达后的次年就去世了。寒冷的北欧冬天，以及女王所要求的大清早为她讲课，并不适合这位习惯温和气候与更多睡眠时间的哲学家[156]。在他去世后，一个朋友在他最珍贵的财产之中，发现了经仔细保存和谨慎阅读过的、来自伊丽莎白公主的信件。当伊丽莎白得知她亲密的朋友的死讯，她要求收回这些信件。他们的信件在数十年后重新被发现，而第一次全数出版则在1879年，也就是那之后大约两百年。

《正确的选择》——"我要选择一条较佳的途径"

像伊丽莎白公主那般，安娜·玛丽亚·凡·舒尔曼终身未嫁。在双亲去世后，凡·舒尔曼又负责照顾两位年老的姑妈。1648 年，她的姑妈想回故乡科隆。在照顾她们多年之后，凡·舒尔曼疏远了学术生活，便不再想回到这个学术圈子，并于 1669 年参加了法国传教士让·德·拉巴第（1610—1674）发起的宗教运动。

让·德·拉巴第在他中年时期经历了一次强烈的宗教觉醒，他鼓励人们回到早期基督教简单和真正的生活，并谴责社会的腐败。安娜·玛丽亚·凡·舒尔曼的宗教觉醒在她的学术朋友之间引起了困扰，因为德·拉巴第的宗教运动被一般人视为异端，而且新教徒和天主教徒都对它怀有敌意。一个以理性见称的女性，落入这种"异端"的宗教教派，并不符合人们的期待。她之前的保护者和朋友认定她的选择不合理，而且认为她傲慢又目中无人。

通过著作《正确的选择》，安娜·玛丽亚·凡·舒尔曼想替自己加入拉巴第的运动辩解，同时也回应他的批判者。以拉丁文出版于 1673 年的这本书，也尝试证明她并没有放弃对文学和知性的兴趣，即使本身的主张与此相反。她要把她的学问放在服务上帝，而不在尘世的荣耀之上。她也贬抑自己早期的学术成就。她认为它们是空虚的，因为它们的达成并非出于来自上帝的真知的协助。

（对页）医生为上流阶层女性量脉搏。女仆手中拿着一个装着病人的尿液的瓶子。医生认为能够通过病人的尿液颜色来诊断病情。对于这幅非常流行的17世纪荷兰风俗画，人们认为病人的疾病是由内心悲伤引起的，而非生理病症。摘自扬·斯蒂恩（1625—1679）的《医师探诊》（1662）。

针对《正确的选择》一书的研究很少，而且它通常被视为宗教忏悔类作品。它是凡·舒尔曼的生活故事，以及她在参加拉巴第的运动过程中发现自己与上帝的真正关系的说明。它多少让人联想到奥古斯丁（354—430）的《忏悔录》，因为她对该书非常熟悉。一如《忏悔录》，《正确的选择》是一部哲学作品。安吉拉·罗特汉是少数把它当作哲学性文学著作来研究的人[157]。根据罗特汉的说法，安娜·玛丽亚·凡·舒尔曼对于当时的哲学问题直言不讳地表达了自己的意见，比如真正的知识之本质和获得它的能力。这些认识论的问题是所有著名的17世纪哲学家，包括笛卡儿、斯宾诺莎、沃舍斯狂热关注的主题。

安娜·玛丽亚·凡·舒尔曼将世界的知识分为3类：形而上学、物理学、伦理学。形而上学涉及灵魂，物理学涉及物质，伦理学涉及价值。所有这3类知识帮助我们建立起本体的"形象"，它们提供给我们有关真实世界的信息，就像地图提供与围绕我们四周的土地有关的信息那样。然而不论地图有多详细，它终究不能取代土地，它只能描述土地而已。《正确的选择》一书所传达的主要信息是，唯有基督的知识能够帮助我们看见超越地图的土地本身。基督教无法取代科学，例如形而上学、物理学、伦理学，但是却反过来可以补充它们，同时协助我们掌握整个本体，以及从信仰中分辨出真正的知识。

《正确的选择》是一部令人惊奇的作品，因为在17世纪，由女性执笔的典型图书中都表现出一种对哲学及神学方面的男性权威的谦卑之情，但是它没有。在这位"博学女仆"值得尊敬的知识中，找不到设定本书基调的痕迹。这本书写于安娜·玛丽亚·凡·舒尔曼的早年，论及在学问和更高等教育方面女性智能的资质。《正确的选择》以一位有着一贯信仰的独立老妇人的口吻述说。它是一本自传体的著作，以及严肃的神学及哲学论文，然而那个时代的人们却不希望女性公开参与这种辩论。不过，安娜·玛丽亚·凡·舒尔曼却认为自己全然有能力处理神学与哲学的难题。在书里，她将自己定位成一个权威，而且以轻松的文笔和见闻广博的学识来评论当代的争论。她分析柏拉图、亚里士多德、笛卡儿的追随者的道德哲学，并表明了她自己对基督教伦理的看法。在她的时代，《正确的选择》一书鲜少为其他著作所引用，可能的原因之一是，人们一般认为它的神学观点太激进，或者说相当异端。

令人惊讶的是，《正确的选择》的叙述方式让人联想起笛卡儿《方法论》里的某些片段，可是凡·舒尔曼曾经公开放弃笛卡儿的哲学观呀。如同法国的散文家米歇尔·德·蒙田（1533—1592）那样，笛卡儿在他的哲学写作里导入了一个强烈的主观要素。他把自己摆在哲学的中心，并且表现出对亚里士多德及经院哲学的世界观的失望，而这些遂成为他的新哲学观的出发点。在著作中，安娜·玛丽亚·凡·舒尔曼讨论神学问题。她表现出对于学院和新教神学两者的失望。不论凡·舒尔曼或是笛卡儿，都描写了他们自己的情绪和思想变化过程，并经由这些而获得自己所追求的真理。他们个人的经历为他们的著作提供了基础，而上述写作方式让读者比较容易认同他们的理念。《正确的选择》有个和笛卡儿著作不同的写作方式是：凡·舒尔曼经常引用神圣的基督教文本，以此来说服读者；而笛卡儿不援引权威，仅依赖他本身的理性力量和永远灿烂的风格。

《正确的选择》表现出和荷兰的另一位伟大的哲学家巴鲁赫·斯宾诺莎（1632—1677）类似的理念。这位谦逊的哲学巨人依靠研磨光学镜片过活。他在 20 岁出头时，因为争议性理念，遭所属的犹太小区摒除在外。他的第一本重要的哲学著作《神学政治论》在 1670 年出版后，甚至连荷兰的自由派基督教圈子也认为他是无神论者和异端。在《神学政治论》中，他提出《圣经》不应该从字面上来理解的说法。他特别批评神学家，因为依他看来，这些人把他们的信仰建构在死板的句子上。安娜·玛丽亚·凡·舒尔曼强调圣典解说的重要性；在《正确的选择》中，她提供了一个解说的例子。与斯宾诺莎不一样，凡·舒尔曼坚信，《圣经》和其他圣典最终包括了所有与基督教真理相关的东西。当然，这与坚持《圣经》的字面解释是不一样的。

安吉拉·罗特汉指出，呈现在《正确的选择》里的对上帝的看法，非常类似于斯宾诺莎在他的主要著作《伦理学》[158]里所提出的观点。《伦理学》在斯宾诺莎去世后的 1677 年发表，比凡·舒尔曼的著作晚了 4 年出版。斯宾诺莎在他的这部著作上耗费了好几年的时间，而且手稿版在正式出版之前早已在学者之间轮转了数年。很有可能安娜·玛丽亚·凡·舒尔曼曾经接触过这些手稿。在《伦理学》里，斯宾诺莎提出，上帝并不像教会教导的那样，在一切受造物之上。如斯宾诺莎那样，凡·舒尔曼写道，上帝并非在上、在外，或者超越我们的世界，管理着我们的生活，也就是说，上帝不像基督徒传统上所相信的那样，其实它不是超然的。

对斯宾诺莎和凡·舒尔曼来说，上帝在每个地方，而且呈现在每件事上；他们的上帝是"无所不在"的："……上帝内在于所有生物，不仅在神圣的，也在平凡的，甚至在最低下又可怜的生物中，而且它必须让所有这些受造物见到、感觉到、经历到。"[159]来自《正确的选择》里的这段话，同样也代表了斯宾诺莎的观点。

斯宾诺莎眼中的上帝是不同于凡·舒尔曼的。如同笛卡儿那样，斯宾诺莎是一位伟大的体系建造者，在他的体系中，与上帝有关的哲学，在概念上的需要更胜过神学的真理。如果把笛卡儿和斯宾诺莎的哲学比喻为一首好诗，将"上帝"这个词从他们的诗中移除，或者用其他字眼来代替，并不影响诗句完美的押韵，这相当令人匪夷所思。相反地，安娜·玛丽亚·凡·舒尔曼专注于"上帝"这个词，而且依托于它。笛卡儿与斯宾诺莎自称是笃信宗教和教会的，但他们的哲学则不是。凡·舒尔曼将自己的哲学的整个基础，置于本身对基督教上帝的理解之上。

安娜·玛丽亚·凡·舒尔曼一生过着清贫的生活。不过，她的生活属于精神上的富足，而她对这份财富的运用呈现在《正确的选择》之中。在她生命的最后几年，她可能获得了笛卡儿所推崇和界定的精神自由——只有极少的人可以达到这个境界。尽管笛卡儿、斯宾诺莎、凡·舒尔曼在许多哲学和神学问题上意见相左，但他们都要求极端的精神自律，此事正好反映了他们那个时代知识分子的心态——许多人想看得更深入，而且依照他们所了解的世界观过日子。了解环绕着他们的疯狂世界、了解人类和上帝，这并不容易，即使在今天也同样困难。17世纪晚期的精神风貌，给予欧洲人更多从未有的、导往不同方向的路径。越来越多的探索者，不论男或女，沿着这些路径前进，单一宗教、哲学、科学真理的时代逐渐进入尾声。

和解

1667 年，伊丽莎白公主被指派为新教修道院院长，该院位于威斯特伐利亚地区的黑尔福德市。虽然她在小时候失去了尘世的继承权，但在黑尔福德，她变为城中最有力量的女性，其权威足以媲美主教。最后，在她 50 岁时，她拥有了自己的"王国"，在此她可以不受婚姻的限制，而把她的时间投入到获得学问和为黑尔福德的市民谋福利上。她通过复兴葡萄种植、畜牧业、手工艺，改善了约 7 000 个市民的生活。她是一位有成就的谈判者，成功解决了很多长期的争议，并维持了修道院的独立管理。她为图书馆搜集了许多古典和现代的科学及哲学文献，这项工作令人印象深刻，而且她相信，她死去的朋友笛卡儿也会为她的成就感到骄傲。她鼓励修女学习，更好地发挥这个图书馆的功能。

伊丽莎白公主欢迎受迫害的人到她的修道院。她也为老友安娜·玛丽亚·凡·舒尔曼及其拉巴第派的兄弟姐妹提供藏身之所。然而市民不像他们的贵族女修道院院长那样能容忍这些人，而且不认同这种要求成员们放弃自己所有财产、地位、头衔的团体。让·德·拉巴第发起的运动宣扬人们没有阶级和性别的等级之分，所有人在上帝面前一律平等。对黑尔福德的市民来说，这无疑是太超前了，他们认同核心家庭的构成和分工，同时也认为成为妻子和母亲是女性最大的成就。安娜·玛丽亚·凡·舒尔曼和其他拉巴第派成员，在伊丽莎白的保护下待在黑尔福德 3 年之久。女修道院院长虽然愿意提供更长时间的避难庇护，但是市民和教会明显地变得越来越不耐烦，最后这个团体离开了黑尔福德，前往别处另觅新避难所。

伊丽莎白公主和安娜·玛丽亚·凡·舒尔曼在她们的晚年，想方设法和彼此、和她们自己、和世界、和上帝和谐地生活。两人都想经由写作找到自己在世界上的位置——一个通过私人书信，另一个借着拉丁文的写作，和所有的学者分享。她们的作品与知性交织在一起，包含了智慧的和经仔细推敲的句子。这些句子和她们的时代以及她们丰富且多样化的知性生活紧密交织在一起。伊丽莎白虽未曾参与当时出现的许多复兴运动，却接纳了它们的支持者。或许她觉得不需要来自这些运动的慰藉，因为她最后发现了自己内在的光，而那是她的朋友勒内·笛卡儿多年前鼓励她去寻找的。

伊丽莎白公主的知识遗产

伊丽莎白公主身为博学女性和笛卡儿的贵族"保护人"，在她那个时代早已广为人知，比如在英国的安妮·康威夫人（1631—1679）数量庞大的通信里，提及公主的名字至少有 10 次之多[160]。

1679 年，伊丽莎白公主罹患重症。她的妹妹索菲娅（1630—1714，后来通过婚姻成为汉诺威选侯夫人）为了提振姐姐的精神，试着邀请她会喜欢的人到黑尔福德来访问。在她姐姐临终时，选侯夫人第一次见到以学问广博著称的德国人戈特弗里德·威廉·莱布尼茨（1646—1716）。他在 1680 年访问黑尔福德，就在伊丽莎白去世前几个月[161]。索菲娅后来对哲学产生了兴趣，并聘请莱布尼茨担任她的宫廷哲学家。

伊丽莎白公主对于哲学的强烈兴趣传给了伊丽莎白家族的第二代。她的侄女索菲娅·夏洛特（1668—1705）成为她那个时代最著名又博学的德国女性。她也以莱布尼茨为导师，并且和他有密集的通信。她嫁给了普鲁士公爵暨勃兰登堡选侯腓特烈三世（1657—1713），在 1701 年成为普鲁士的第一位王后。基于这个角色，对莱布尼茨于 18 世纪早期提议在柏林设立科学院一事，她成为强力的支持者。索菲娅·夏洛特成功地在她的国家内推广学问和科学，这是一件让她博学的姑姑伊丽莎白公主感到骄傲的事情。

玛格丽特·卡文迪什与安妮·康威

两位哲学家——渴求知识的英国贵族女性

1666 年，泰恩河畔新堡公爵夫人玛格丽特·卡文迪什（约 1624—1674）出版了一本书《实验哲学观察》，以及一个虚构的故事《燃烧的世界》。当时不是一个适合出版图书的时机，因为伦敦刚经历一场大火，而英国正遭遇该世纪最严重的瘟疫，以及为了海上霸权而正与荷兰发生战争。

17 世纪末，英国这个新教岛国，以西班牙和法国——欧洲两大强权的挑战者之姿出现。英国人将他们的所有资源全部投入到经济、政治和文化霸权的竞赛上。1660 年创立的伦敦皇家自然知识促进学会（简称英国皇家学会）成为英国最久负盛名的学术机构。与此同时，英国皇家海军的舰艇与商船航行在英国国旗之下，维护着国家的商业、政治、军事利益。

皇家学会会员想要参与建立新社会，而且相信自然科学方面的知识将促成社会福利。可是，这样的知识应该是怎样的呢？有关正确知识的本质，在哲学家或者那些致力于深化实证自然科学的人之间尚未达成共识[162]。然而皇家学会确实同意一件事：言语是女性的，行动是男性的[163]。借用这句意大利谚语，皇家学会想

📖 （对页）荷兰画家塞缪尔·凡·霍赫斯特拉滕（1627—1678）因在透视画方面的成就而闻名。此画作于17世纪60年代，画中人一般认为是安妮·康威。

要强调的是，他们希望把努力的方向聚焦在发展实证科学的方法，或者"男性的"行动上，而不是搅和形而上学的问题，或者"女性的"空话。罗伯特·胡克（1635—1703），一位多才多艺的自然科学家、工程师、建筑师，而且也是学会的驱动力量，拟定了学会的工作项目，具体如下："改进自然事物，以及一切有用的艺术、制造、机械实务、引擎和实验发明（不涉及神灵、形而上学、道德、政治、文法、修辞学、逻辑）。"[164]

玛格丽特·卡文迪什不顾当时普遍存在的成见，勇敢地将她的哲学见解公诸于世，她带着比皇家学会更悲观的情绪，审视了实证自然哲学在提供有关这个世界的"客观"信息上的能力。从思想史的观点看来，卡文迪什在书里提出的批判观点相当有趣，因为它们是最早的尝试之一，意欲评估"客观的"自然科学的潜力，然而当时自然科学的方法才刚刚被开发出来。不幸的是，她的批判仅受到小小的注意，因为和上流阶层的夫人一起讨论问题是绅士们不能接受的事情。事实上，一个女人用她的本名公开参与科学和哲学的讨论，这在当时并不寻常。许多人认为，就女性来说，那是很粗俗的行为，尤其是她的丈夫竟准许她那样做。

与玛格丽特·卡文迪什同时代的安妮·康威（1631—1679）是另一位英国贵族女性，她独自从事哲学研究，只在一个非常小的核心圈子活动，而且无意出版图书。尽管她们对出版的态度不同，但她们的理念有很多共同点。她们两人都支持活力论学说——万事都有重要的内部力量，规范并维护着它的存在。她们都反对笛卡儿所提出的机械论。按照笛卡儿的说法，包括动物与人类所有众生的行为及存在，都可以借着物理和化学反应来解释。另外，如同笛卡儿一般，卡文迪什和康威都支持哲学的理性主义，同时也相信，宇宙及其所有的现象都能够被人类的智慧所了解，唯有理性的智慧才能获得这个世界的真知。相反地，皇家学会的圈子偏爱哲学的实证主义——只有通过观察，才能获取我们周遭世界既真实又精确的知识来源。

玛格丽特·卡文迪什是一位多产的作家，一生共出版了 14 本书，有些是自传性的故事，其他的则是格言、诗、戏剧、与自然哲学有关的论文。安妮·康威唯一的有关哲学的手稿在她去世后多年才出版，而且并没有以她的名字出版。两位女士的著作详细地论及了 17 世纪的科学的哲学，而且两人对自然哲学都发展出一套有趣的、原创性的理论。对于玛格丽特·卡文迪什和安妮·康威的书，直到最近才有人进行系统性的研究，世人终于承认她们是与 17 世纪的欧洲男性同行一样的哲学家[165]。

玛格丽特·卡文迪什在流亡途中提出的哲学与社会理论

1643 年，玛格丽特·卢卡斯，一个上流社会家庭的年轻女儿，成为王后亨丽埃塔·玛丽亚（1609—1669）的侍女。在当时，虽然上流社会家庭的女儿成为侍女本是常有的事情，然而玛格丽特·卢卡斯自动请缨的行为对她的一生有重要的影响。一年以后，她必须随同宫廷的其他人流亡到王后的故国法国，以避开英国的战争。在巴黎，玛格丽特遇见了新堡侯爵威廉·卡文迪什（1592—1679），他年长她 30 余岁，是一个知名文化人物和充满激情的马术骑手。很快他们就结婚了。他们的结合基于爱情，尽管他们期待着，但最终没有子女。

卡文迪什夫妇在他们巴黎的家开设了一间流行的文学沙龙，这一沙龙后来变得非常受欢迎，吸引了许多欧洲文艺人士。对英国流亡的保皇党人来说，它是个特别重要的场所，在此可以遇到其他外籍人士。对玛格丽特·卡文迪什未来的文学生涯而言，最具影响力的来宾乃是她丈夫的弟弟查尔斯·卡文迪什（约 1595—1654）

爵士，一位知识渊博的数学家；托马斯·霍布斯（1588—1679），英国哲学家；皮埃尔·伽桑狄（1592—1655），法国哲学家和数学家。后来她撰写了有关自己16年流亡生活的文章，起初她极端胆小害羞，没有勇气加入博学来宾们之间的讨论，虽然隐在幕后，但她仍仔细倾听每件事。

1648年，威廉·卡文迪什和他年轻的妻子移居安特卫普，租下鲁本斯邸。那是荷兰画家鲁本斯（1577—1640）的文艺复兴式宫殿，一栋令人印象深刻的建筑物。他们的流亡保皇党人沙龙，亦即众所周知的"新堡小圈子"，也随之迁至安特卫普。在往后的数年里，玛格丽特深入学习哲学、文学、自然科学，由她的小叔子查尔斯爵士专门辅导。他热衷于介绍最新收购的物品，包括哥白尼的宇宙模型、显微镜、望远镜。他们有个实验室，可以做化学实验；他们也研究海洋洋流、风，以及其他自然现象。玛格丽特是个不知疲倦的学生，而且很享受地阅读查尔斯爵士推荐的所有科学和哲学文献。由于她从来没有学习过外语，所以只会读英文著作。查尔斯爵士与当时最受尊敬的数学家进行密集的通信，包括皮埃尔·德·费马（1601—1665）、吉尔斯·德·罗贝瓦尔（1602—1675）、笛卡儿，并想方设法把最新的数学理论介绍给他的大嫂。然而玛格丽特对哲学和文学比较有兴趣，对自然科学和数学的兴趣就少一些。

在安特卫普，玛格丽特·卡文迪什开始对唯物主义的原子论（即原子唯物论）这一哲学理论产生兴趣。虽然古希腊哲学家伊壁鸠鲁（公元前341—公元前270）和罗马哲学家卢克莱修（约公元前99—约公元前55）是这个理论最有名的支持者，但是在17世纪40年代，只有法国数学家和哲学家皮埃尔·伽桑狄才特别提倡它。伊壁鸠鲁学派引起流亡的英国保皇党人的兴趣，因为它提供了哲学和伦理学的理论基础，让这些人可以把自己从战争所带来的冲突中退出的行为予以合理化。在伊壁鸠鲁所处时代的雅典，参与政治活动被视为公民的责任，然而这位哲学家自己却建议，与其参与，不如退出政治和这个世界。许多的保皇党人出于自己的意志而逃离英国，但不少人对于把其他同属保皇党的亲友留下来与奥利弗·克伦威尔（1599—1658）的共和党人作战，不免心中抱有罪恶感。玛格丽特·卡文迪什的弟弟被杀，而她的母亲、姨妈、妹妹的坟墓在战争期间遭到破坏，这些事让她深深感到震惊。看起来，她不曾真正从这个悲剧事件和失去家人所引起的内疚中恢复过来。毫不意外，战争和暴力的疯狂之类的主题再次出现在她的作品里。

在伊壁鸠鲁学派的哲学中，通过知识、朋友以及善良和温和的生活而获得的心灵平静与自恐惧中解脱，乃是人生最重要的事情。对死亡的恐惧是无用的，因为没有来世。在死亡发生时，原子，亦即所有存在物的极小且看不见的建构材料，只是以新的方式将它们自己进行了重组而已。人也不应惧怕神祇，因为他们不会以任何方式介入我们的生活中。基督教欧洲将伊壁鸠鲁视为所有古代哲学家当中的异教徒之最，因为他的哲学观点显现出纯然的无神论。此外，他的哲学在某些方面甚至令保皇党人担忧——他支持平等，甚至接受女性和奴隶进入他的团体。

对17世纪那些博学多闻又对自然科学有兴趣的人来说，伊壁鸠鲁的原子论提供了一个崭新又有趣的方法，它可以解释宇宙的构造和现象：包括身体、灵魂、感觉、理念，最终它们都是物质，可以分割成小到看不见的部分，叫作原子，而且处于不断运动中。尽管这个运动可能显得混乱，事实上则不然。就17世纪对原子论感兴趣的自然哲学家而言，了解原子及其运动，亦即宇宙基本物质的本质和运动，正是他们的主要目标。然而那时原子依然只是一个形而上的概念，而且它们的实际存在直到19世纪才由英国人

社交舞会是上流社会人士社交生活的重要部分。威廉和玛格丽特在他们流亡期间（1648—1660），在位于安特卫普的豪华住所中举办文学沙龙、音乐会、舞会。亚伯拉罕·博斯（1604—1676）1635年所作的铜版画将这个沙龙的气氛表露无遗。

约翰·道尔顿（1766—1844）证实。他的化学实验显示，这个物质世界其实是由这些微小元素组成的，这些元素最终成为科学研究的真正对象。

17世纪的很多哲学家和社会理论家，比如托马斯·霍布斯，都受到原子论的影响。当霍布斯在1651年出版他最有名的政治论著《利维坦，或教会国家和市民国家的实质、形式和权力》（以下简称《利维坦》）时，正流亡法国，因此玛格丽特·卡文迪什很庆幸自己终于可以用母语读他的作品。对卡文迪什来说，霍布斯像是一个自己家里的哲学家，因为他担任威廉·卡文迪什的家庭教师好几年，后来所教的对象则是威廉在第一次婚姻里所生下的孩子们。这个家族在经济上大方地支持霍布斯这位当时最大胆的社会哲学家，让他能专心写作。

在公认是当时最重要的社会理论经典之一的《利维坦》里，霍布斯介绍了前所未闻的社会契约和主权不可分割的专制主义。他写道，国家——利维坦，来自《圣经》的海怪利维坦——的出现，乃出于生活在自然状态下的人的需要和自由意志，希望生活在一个有组织的社会里。在自然状态中商品有限，而且有个"大家对抗大家的战争"。国家最重要的任务是防止战争与混乱。防止无政府状态的最佳方法是，公民将权力指定给国家，以获得保护。不过，最好的是指定给专制统治者，例如国王。当通过像这样的社会契约之后，公民所剩的只有由统治者给予的权利和自由而已。

霍布斯同意，一个绝对的统治者固然可能专制，但他还是喜欢这种统治形式胜于无政府。然而他确实强调，所有公民一律平等，唯有统治者拥有由公民乐意赋予的主权。霍布斯的理想国家也有完全的宗教自由——一个在当时未免大胆又现代的想法。虽然保证法律的公正和执行以及秩序是国家的任务，但霍布斯并未谴责成功的革命，因为他认为它们是国家太弱而无法尽其责任的证明。在革命期间，人们回复到自然状态，直到他们能形成一个新的社会契约为止。

霍布斯的书受到相当多的关注，在出版后立刻引起热烈的讨论。

首先，引起玛格丽特·卡文迪什兴趣的，是书中第一部分对宗教的批判以及对国家和人类的本质在哲学上的解释。在书的开头之处，霍布斯承认他支持哲学唯物主义：宇宙万物都由原子组成，生命不过是它们的活动罢了。他是第一位政治思想家，其理念完全没有宗教和神话的影子。他的国家理念并非基于神圣律法，而是基于人与人之间的契约。如同伊壁鸠鲁，他想将人们从迷信中解放出来，其方法是，解释我们的知觉是因为由感知到的事物所产生的压力反射施加在我们的感官上而引起的。想象倾向于产生知觉，但是现实中并没有对应的事物。这一观点是非常先进的，因为通常当时的人们仍相信个人的罪恶，相信撒旦及其助手，比如女巫。

玛格丽特·卡文迪什的第一本哲学著作便基于唯物主义原子论。最后她将原子论从她的社会理论中排除，因为她认为它无可避免地将导致对民主的支持。在她的著作《哲学和物理的意见》（1663）中，她写道："……因为如果'每一个个别的原子'都是'活生生的物质'，而且拥有'相同的力量、生命和知识'，结果便是'自由意志'和'自由'。如此一来，每个个人都像其他人一样'绝对'，那他们很难会同意只有一个'政府'，就像'许多国王'不太可能同意只有一个'王国'一样，或者更确切地说，像'人类'一样，如果每个人都享有'同等权力'，是否能形成一个好'政府'……" [166]

玛格丽特·卡文迪什显然是个精英主义者与保守的社会理论家。像当时的其他许多人那样，她认为，在阶级社会中的所有公民拥有最好的生活，因为人人各司其职。然而，她也承认她本身的确拥有他人不会拥有的特权。她知道，当她以本名出版自己的著作时，她不但已经违反性别规范，还跨越了分界线。虽然她不支持大众教育，因为她相信那将导致社会动乱，但她真的鼓励其他上流社会的女性学习哲学和科学。

玛格丽特·卡文迪什的形而上学

1660 年，玛格丽特和威廉·卡文迪什从流亡中返回英国。共和国的实验在奥利弗·克伦威尔去世后结束。查理二世（1630—1685）正是国王查理一世（1600—1649）的儿子，他也在流亡期间被邀请回来领导国家。威廉·卡文迪什被任命为第一任泰恩河畔新堡公爵，以作为他对王室忠诚的回报。尽管有所期望，但是他终究没有在新政府出任一官半职。卡文迪什夫妇退休后移居到维尔贝克，宅邸坐落于诺丁汉郡，他们设法重新获得本应继承的房产。玛格丽特继续她多产的写作和出版生涯，同时多了一个泰恩河畔新堡公爵夫人的头衔。

固然新堡公爵夫人终其一生也没有产生体系统一的哲学作品，但她将目标设定为发展她自己的理念及改进表达它们的方式。哲学的主题明显地几乎遍布于她的所有作品里，从诗到格言，甚至到戏剧。她的作品被视为纯粹哲学的，共有 3 部：《哲学和物理的意见》（1663）、《实验哲学观察》（1666）、《自然哲学的基础》（1668）。

玛格丽特·卡文迪什在她的形而上学的思索方面，捍卫了自己对与众生真正本质有关的问题的看法，并支持原始类型的"一元活力论唯物主义"。一元论假设本体是由单一物质组成的。根据卡文迪什的说法，所有存在的万物都可以回归到一个叫作"生机"的单一物质上，那是所有活着的物质的典型特征。她的哲学结合了古典和当代的理念，是真正独创的。她并不支持笛卡儿的二元论，因为它否认灵魂与肉体（精神与物质）之间的联系。相反地，她支持伊壁鸠鲁的理念——万物由一个单一物质组成，灵魂不过是那种物质的另一种属性。然而物质是分级的，从某些人比其他人更为理性这一事实便可获得证明。卡文迪什也批评笛卡儿和其他许多人的世界观里所提及的机械论，以及动物因为没有智能所以不可能有情绪之类的理念[167]。她的活力论也不同于安妮·康威夫人的"一元活力论唯心主义"。尽管康威也认为，众生可以被恢复为一个单一物质，但不像卡文迪什那样，她相信这个物质是灵魂，而不是实体物质。

现代读者可能会发现 17 世纪有关形而上学的著作很晦涩，不过部分是因为在我们现代人的想法中，例如像物质的本质这类问题并不属于哲学问题，相反地，属于自然科学——物理、化学、微生物学——的问题。如果我们去掉晦涩的 17 世纪形而上学的术语，甚至对一个现代读者来说，玛格丽特·卡文迪什作品中的许多理念也会显得有趣。首先，她对大自然的理念与当时刚出现的理念不同，反而更接近我们现在的。与笛卡儿相反，她没有将大自然和动物定义为机械。玛格丽特·卡文迪什受到另外一位法国哲学家米歇尔·德·蒙田（1533—1592）的影响，比如在蒙田有名的《随笔集》里所表达的理念，对待动物是很友善的。此外，玛格丽特·卡文迪什无疑知道她丈夫与笛卡儿之间的通信事宜，况且他们在信中还讨论了动物是否有理性的问题。不仅如此，他们的讨论还经常参考蒙田的理念 [168]。

正如同在中世纪人们广泛相信的那样，玛格丽特·卡文迪什也相信，大自然是一个生命有机体，而且人类是这个有机整体的一部分。人类并不是无可争议的创造物的顶点，虽然拥有由神所赐、可随其他喜好来运用的权力 [169]，但是人所拥有的物质和树、鸟并无不同，就像其他的万物那样，全都受到生命力的影响。生命力控制万物的存在。不过，玛格丽特·卡文迪什相信，大自然按等级被组织起来，所以众生的理性决定了自身在等级中的位置。多亏人类的理性和智力，尽管在生理上和所有其他众生拥有相同的物质，人类却在创造物当中占据一个特殊的位置。

出身贵族的自然资源保护者

自然资源保护在玛格丽特·卡文迪什看来极为重要，然而对比于现代的自然资源保护者，她不相信自然资源保护有其内在价值。她描写的大自然景观几乎都在她丈夫家族的土地上，包括林地、苑囿、桥。依照英国的传统，森林是王室和贵族的所有物，被用于休闲，尤其是供打猎之用。当玛格丽特·卡文迪什在她的著作中哀叹森林的损毁，她所想到的，无疑是卡文迪什的地产和由此产生的财富损失。

《橡树与砍倒它的男人之对话》[170]一诗涉及两个相对利益方的对抗，其中老橡树试图说服樵夫保留它。老橡树代表只有上流社会人士才可以享受的大自然——午后长长的凉快的树荫、群鸟的歌唱、树叶间的风声。而樵夫代表想把树砍倒以维持生活的工人。或许玛格丽特·卡文迪什并无意强调介于享受悠闲生活的贵族和辛苦工作的基层平民之间的阶级斗争，可是实际上，依照她的描写，只有贵族才可以享受大自然，因为不论农民还是城市工人，都无法坐在橡树下无所事事。在诗中，樵夫的意图是把树卖给锯木厂，然后再将木材卖给船厂。木船航行世界，用来做生意，以及征服新的土地。在锯木厂，代表地方传统和上流社会人士财产的老橡树被转变成没有生命的原料，并且为樵夫和勤劳的中产阶级商人提供生活之资，但这一行为侵害了上流社会的古老传统。在著作中，玛格丽特·卡文迪什所讨论的问题关系到地方与全球的利益冲突——我们今天依旧狂热辩论的相同问题。进步是什么，到底谁才是受益者[171]？

对实证自然哲学的批判

一如她的同胞弗朗西斯·培根（1561—1626），玛格丽特·卡文迪什强烈支持神学与科学分离。在她的哲学作品里没有暗示神的意志或它的创造，在17世纪这委实大胆，当时几乎所有博学的作家都尝试让读者相信，自己是善良的基督徒。然而不像培根，玛格丽特·卡文迪什不相信实验科学的方法能够"揭示大自然的神秘"。她认为，实验可以用来学习与大自然的作用有关的东西，但她不相信它能够回答比较深刻的问题——"为什么"大自然以看起来有效的方式运作着。换句话说，实证科学无法回答哲学的问题。

玛格丽特·卡文迪什相信"推论"，在观察细节之前，首先你必须建立起一个探讨世界真正本质的、有系统的形而上学模式。然而皇家学会的人偏好"归纳法"：在对整体及控制它的规律做出任何声明之前必先观察。玛格丽特·卡文迪什批判归纳法，因为皇家学会所使用的科学仪器，比如显微镜，质量如此低劣，所观察的对象根本无法显示出任何新东西[172]。

在《实验哲学观察》中，玛格丽特·卡文迪什写道："不要弄错我的意思。我并非说没有镜片可以呈现物体的真正图像，但只是放大、加倍以及类似的光学镜片，可能而且经常错误地呈现出物体表面的图像。这样说吧，所谓图像，它不是物体的真正实体，而是镜片呈现出来的东西。况且镜片所显示的图像，原本是经由另一个镜片所呈现出来的。所以，在从副本中取得另一个副本时，可能很容易犯下错误。艺术家确实承认，苍蝇以及类似的东西，由于数种反射、折射、介质以及不同光线的位置，会展现出数种姿势和形状。如果是这样，如何能分辨或判断哪一个才是最佳的光线、位置或介质，让物体自然地呈现出原有的样子呢？"[173]

玛格丽特·卡文迪什特别将她的文字针对罗伯特·胡克所提出的理念，虽然她从未提过他的名字。他是建筑师、著名学者、科学家、《显微图谱》（1665）[174]的作者。胡克忙于建筑委托工作，从无机会研读卡文迪什针对他的批评。他曾被委托重新规划因1666年伦敦大火所摧毁的一整片土地。

玛格丽特·卡文迪什之所以批判借助于显微镜所获得的知识，是受到一股出现于17世纪下半叶且最终导致哲学与自然科学分家的趋势所影响。因为专业科学家的出现，而且科学研究也回归到

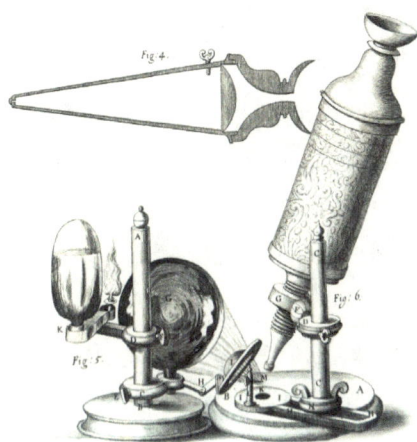

17世纪下半叶，由英国物理学家和发明家罗伯特·胡克（1635—1703）制作的双镜片显微镜，改善了科学工作者对肉眼看不见的小物体的研究工作。引自胡克著作《显微图谱》（1665）的铜版画。

大学和研究机构，科学终于在 19 世纪甩开了哲学。像皇家学会这种绅士－学者俱乐部，必须逐渐闪至一旁，给在大学里工作的学术专业人士让出道路。笛卡儿与莱布尼茨两人都和玛格丽特·卡文迪什那样，认为形而上学很重要，尤其在确定某些知识的本质——它基于什么，又如何获得？——的时候，他们意见相同。但是今天，研究科学知识本质的哲学家和自然科学家两者之间彼此少有关联，即便这个问题的重要性日趋增强而非减弱。

　　新科学仪器，特别是望远镜和显微镜，决定性地改变了 17 世纪的科学研究，导致专注于观察新现象的情况增加。当时出现了一种信仰，认为比起文字，视觉性的描写可以更好和更为真实地描述世界——一张图片胜过千言万语的描述。以往自然科学的书籍内附有插图，但是在中世纪和文艺复兴时期，它们的作用主要是装饰性或象征性而已。科学的精确性转变成一种目标，是在 17 世纪结束时才出现的。通过显微镜所看到的极小物体的形象，由英国自然哲学家罗伯特·胡克、意大利医生马尔切洛·马尔皮吉（1628—1694）、荷兰科学家安东尼·范·列文虎克（1632—1723）等人揭示出来。第一个将通过望远镜所见到的天体形象描绘出来的人是伽利略·伽利雷（1564—1642）。后来，运用开普勒望远镜的波兰天文学家约翰内斯·赫维留（1611—1687），在他的书《月亮的描述》（1647）里测绘了月球，此外，还描述了10个新星座，并发现4颗彗星。

玛格丽特·卡文迪什是位哲学家，而不是自然科学家。她对图像缺少兴趣，对于文字和它们所创造的世界——唯有通过心灵之眼才看得见——才有兴趣。文学和诗歌在文艺复兴时期的科学著作里扮演了重要角色，而且在17世纪的科学修辞上仍旧占有一席之地。自然科学家通常也是诗人，同时诗人也研究自然。新科学仪器、方法、实验逐渐将自然科学的语言塑形成更为精确、更为精简的东西。当自然科学沿着自己的路径前进时，科学著作也演变成一种针对实验及其结果的描述。

玛格丽特·卡文迪什的著作《实验哲学观察》以及虚构的故事《燃烧的世界》（1666），批判了皇家学会所从事的实证自然科学工作。《燃烧的世界》带有讽刺性质，采用浪漫游记的形式写成，故事中有个年轻妇人在北极遭遇海难，发现了一个怪人居住区，这个居住区明显与皇家学会相似。故事中的女主角最后变成玛格丽特女王一世，也就是她所发现的那块土地的统治者。一位女性身为最高统治者，同时成为科学学会的会长，这当然是一种故意的挑衅。另一位生活在她之后一个世纪的散文家兼政治讽刺家乔纳森·斯威夫特（1667—1745），因为他的寓言讽刺小说《格列佛游记》和《书籍之战》，而比玛格丽特·卡文迪什更有名气。

实证自然哲学和绅士的荣誉观念

17世纪下半叶，英国女性不被期待或欢迎参加公开的自然哲学辩论。在创立皇家学会的会议上与会者已经取得共识：不欢迎女性参加该会的活动。从事新的实证自然哲学的工作，是经济独立和自由的绅士的特权，此事被视为理所当然。因为唯有像这样的绅士才有时间和财富把他们的心思放在探索自然的奥妙上；而且在科学工作方面，唯有他们被期许为道德上纯洁的领导人，而这一点本是基于绅士的荣誉观念而来的[175]。

追随皇家学会模式的巴黎和柏林科学院也下令说，研究和传播自然哲学的真相，自然是那些在社会上、道德上被认为足以承担此一重任之人的任务。女性和仆人所说的与彗星的轨道、物质的本质、昆虫的变态有关的事，切不可相信。诚实的品行需要荣誉做后盾。男性以言语的可靠为荣，然而女性以贞洁为荣——首先是父亲的，然后是丈夫的所有物。由于女性的社会地位，加上在经济上经常倚靠丈夫，所以她们无法像自由的人那样追求真相[176]。

逐渐地，皇家学会变得越来越像绅士俱乐部，而且同行之间的交际变得和自然科学的研究同等重要。1740年，虽然学会有300多名会员，但是据估计，其中只有1/3的人对自然哲学有兴趣[177]。皇家学会似乎始终只有一种会员申请资格：男性。

"疯狂的玛琪"与皇家学会

1667年，新堡公爵夫人表达了她想访问皇家学会的期望。她的要求出乎意料。学会会员还没忘记她对实证自然科学的批判，同时多数人也都坚持认为学会这种场所不应对女性开放。不过，无视公爵夫人的要求是不可能的，因为她的丈夫是研究工作的重要支持者，而且皇家学会非常需要他的财务支持。

当马车载着公爵及其夫人在 1667 年 5 月 30 日抵达学会的中庭时，仿佛整个伦敦都知道了这件事。小孩子追着马车跑，人们聚集在街道上，想一睹这位会写书且穿着怪异——她自己设计的浮夸衣物——的奇特女人。许多人都知道她在她那部讽刺皇家学会的《燃烧的世界》里是如何自我介绍的："虽然我不可能是亨利五世或查理二世，不过我努力成为玛格丽特一世；固然我既没有权力、时间，也没有机会像亚历山大大帝和恺撒那样征服世界，然而我也不必成为一个情妇。既然财富和命运什么也没有给我，那我只好创造自己的世界：在那里，但愿没有人会责怪我，因为做自己喜欢的事情，正是每个人的权利。"[178]

许多人认为，她的作品既傲慢又自我膨胀，这是她品位不佳和疯狂行为的明显表现。她个人早以"疯狂的玛琪"为人所知，而迟至 20 世纪 50 年代所撰写的有关她的传记仍认为，她不是完全理智的："或许新堡公爵夫人可以被描写成轻度发疯和对笛卡儿理性主义过度热心。"[179] 事实上，她对笛卡儿持批判态度，而且许多和她同时代的人均认为她是个怪人，但还不至于到达发疯的程度。直到最近人们才开始不带偏见及系统性地研究她的自然哲学观点[180]。

玛格丽特·卡文迪什有意识地塑造自己的公开形象，但很少注意到人们是怎么看待她的。写作是她真正想发展的、找寻自身存在感的唯一方式。在书中的许多地方，玛格丽特·卡文迪什写道，她胆小的天性阻止了她从事辩论来表达自己的想法，这就是为何她专心于写作。她不仅是个作家，而且也是个"读者"；她多数的哲学著作其实是对他人作品的评论。在玛格丽特·卡文迪什生活的时代，科学写作开始变成一种科学家与对科学感兴趣的大众之间的对话。然而她心痛地了解到，自己的性别妨碍了她被视为值得尊敬的读者和评论人。科学学会的会员，例如皇家学会，撰写各种科学主题的著作，但只提供给和他们同类的读者，换句话说，就是绅士们。供女性研读的通俗科学文艺作品，等到她去世后的18世纪才兴盛起来。

玛格丽特·卡文迪什去世时 50 岁。她 82 岁的丈夫为爱妻安排了一场隆重的葬礼。新堡公爵夫人被葬于伦敦的威斯敏斯特大教堂。由她石棺上的雕像可以看到她手握 3 件最喜爱的物品：一本书、一支笔、一瓶墨水。

安妮·康威伯爵夫人——贵格会教徒与哲学家

英国哲学家安妮·康威伯爵夫人（1631—1679）知道新堡公爵夫人和她的著作，不过并不认识她本人，或者不太关心她的作品。然而她们的背景类似：她们都来自上流社会家庭，嫁给高等贵族，而且都是博学女性。不过她们的教育实践却大不相同。玛格丽特·卡文迪什喜欢在书中展示她的学问和她自己；安妮·康威却喜欢低调，而且从不出版图书。她本名安妮·芬奇，在年轻时从辅导老师处接受了非常好的教育——不像玛格丽特·卡文迪什那样。在 17 世纪的英国，很少女性懂得拉丁文，更遑论希腊文和希伯来文，安妮·康威一人就通晓这 3 种语言。

拉丁语被认为是一种"男性"的语言，完全不适合女性学习或了解。那是一种适用于有学问的男性的代码，当他们加入上流社会圈子的时候，一般说来都会产生一种超越贫穷人、读书少的人以及女性的优越感。拉丁文能力就像披肩，只有被选择的少数人可以披戴；披在其他人身上看起来会很荒唐。然而安妮·芬奇学习拉丁文，部分是因为在她成长的家庭中，她的同父异母兄长、阅读广泛的外交官约翰·芬奇爵士（1584—1660），不像一般男性那样对女性的知性能力不屑一顾。通过她的兄长，安妮遇见了亨利·摩尔（1614—1687），这位哲学家是对她的思想最具影响力的人之一。

亨利·摩尔是剑桥柏拉图主义的驱动力量之一。他在剑桥教导约翰·芬奇哲学，并且答应以通信的方式教导约翰的妹妹。摩尔与安妮·芬奇往来的书信就像哲学的函授课程，让她对笛卡儿思想有了良好的理解。摩尔很努力地在英国的大学课程中介绍笛卡儿思想，他也对基督教伦理有兴趣，不过，安妮则设法将基督教伦理和笛卡儿的理性主义结合起来。不像玛格丽特·卡文迪什将神学与哲学做严格的区分，安妮开始对神学产生兴趣，最终神学在她的思想中扮演了一个重要的角色。摩尔和安妮·芬奇之间的大量书信被保留下来，这是对她的哲学思想发展情况的一个很好的记录[181]。他们的文学关系是双向的，与伊丽莎白公主和勒内·笛卡儿之间的关系类似。

亨利·摩尔一直专门指导安妮，即使安妮在 1651 年嫁给爱德华·康威爵士（1623—1683）之后也依然如此。安妮和爱德华的婚姻被视为两个古老而富有的贵族的理想结盟，因为他们对同样的事情都有真正的兴趣。他们两人都着迷于哲学和科学，而爱德华也曾经是摩尔的学生。爱德华·康威经常出门旅行，尤其在爱尔兰，那里有他家族的其他物业，并由他管理。他有过一段重要的政治生涯，曾担任查理二世辖下之北爱尔兰发展部大臣，也因此在 1679 年受封康威伯爵。这对夫妻只有一个孩子，1660 年，这个孩子不到两岁就死于天花。失去了唯一的孩子，安妮·康威悲伤不已，健康状况愈发走下坡路。她尤其苦于无法忍受的头痛。由于健康状况不佳，她在生命的最后 10 年从未离开他们的庄园，而且辞世前几个月都躺在床上。

1670 年，安妮·康威和另一位博学之士相熟，这对安妮的思想和她的余生有巨大的影响，他就是弗朗西斯·毛克利·海尔蒙特（1614—1698），一位学识渊博的荷兰医师和炼金术士。这一年他抵达位于沃里克郡康威家族的瑞格里宅邸[182]。他以安妮·康威的医师身份住下来，而且在她接下来的 9 年余生中几乎都和她相伴。起初，海尔蒙特的角色是女主人的医师，但是在这项工作中他从未显示出有多大作用，因为他病人的病痛原本就无药可医。由于两人都精通希伯来文，他们开始研究犹太教的"卡巴拉"思想以及贵格会的理念。安妮·康威的新兴趣完全没有获得她的丈夫或担任专门指导的亨利·摩尔的同意。

安妮·康威主张平等的宽容观点，在那个时候算相当激进，因为此时人们的生活才正要从天主教和新教的宗教战争中恢复而已。贵族们相信，贵格会是叛逆的，因为当他们向上级致敬时，他们拒绝摘掉帽子。如果一个贵族女性加入贵格会，或许就像迁居到新世界和原住民生活在一起那样可耻。然而安妮·康威夫人不太在意她的宗教信念所引起的反应。

安妮·康威伯爵夫人和新堡公爵夫人玛格丽特·卡文迪什，两人都企图和环绕她们四周的社交生活保持距离。安妮·康威的隐居在很大程度上是因她生病而造成的，不过这反而让她把时间奉献给了哲学。将玛格丽特·卡文迪什暴露在大众眼前的，是她的著作；避开那个让她感到不适的社会，她感觉十分轻松。沙龙由出身贵族的女主人亲自张罗，这种事在英国可不像在法国那样普遍，即使只是偶尔邀请朋友来访。伦敦最有名的科学和哲学沙龙，从 17 世纪 40 年代到 60 年代，都由凯瑟琳·琼斯主持，她是"现代化学之父"罗伯特·波义耳（1627—1691）的姐姐。凯瑟琳·琼斯通常被称作瑞尼拉夫人[183]。像安妮·康威那样，瑞尼拉夫人也积极参与政治，尤其对有关教养的问题特别有兴趣。安妮·康威和瑞尼拉夫人彼此相识，但据信，两人之间并未通信。

安妮·康威的哲学传承

安妮·康威唯一出版的书是《古今哲学原理》，若非弗朗西斯·毛克利·海尔蒙特在她去世后，在她的文件中发现这本书的手稿，这部作品可能永不会问世。在她去世 11 年后，即 1690 年，这本论著首先出版于阿姆斯特丹。海尔蒙特将它翻译成拉丁文，因为他相信这样的做法会让学术圈更顺利地接受它。在翻译本中，有一篇由海尔蒙特执笔的前言，文中提及作者是某位博学的英国伯爵夫人。即使他对安妮·康威非常尊重，但是在书的封面上也不见她的署名。或许他要保护她免受公众骚扰，以免像玛格丽特·卡文迪什以本名出版哲学著作之后便成了众矢之的那样。

与玛格丽特·卡文迪什的哲学著作不同，安妮·康威的哲学出于神学。她作品的完整书名是《有关上帝、基督以及生物，亦即一般而言的精神和物质的、最古老的和现代哲学的原理》，"借此，所有那些通过学校或一般现代哲学，或通过笛卡儿主义、霍布斯主义、斯宾诺莎主义等也不能解决的问题和困难，都可以讨论，也许都能解决。这是一本从英文翻译成拉丁文，注释则取自希伯来文的古代哲学的小论文，因为作者的逝世而出版"[184]。

安妮·康威批评机械论、唯物论、无神论者的观点，并提出应以和众生的真正本质有关的、精神与生命哲学的观点来取而代之。和玛格丽特·卡文迪什一样，安妮·康威也批判了由笛卡儿提出的肉体（物质）和灵魂（精神）二元论。肉体不是一个按机械定律运作的被动机械，相反地，众生包含重要的、活生生的组件。安妮·康威的生命哲学导源于上帝的创造和上帝的本质。而玛格丽特·卡文迪什却相信，上帝在这个世界上没有扮演什么了不起的角色。按照安妮·康威的看法，肉体和灵魂是同一神圣连续体的两极，而非彼此对立的东西。

安妮·康威的哲学观受到乐观主义、向往和谐、完美等的引导。她认为，世上万物都朝着它们的完美状态不断前进。恨、愤慨、痛楚、苦难的存在，乃是这个过程尚未完成的证明。不过，即使痛楚也有其目的：它能够强化精神，并使精神更高尚。当物质达到它的完美状态之后，它会变成精神，并回归于它神圣的创造者。在她的哲学观的中心，是上帝，它高于所有创造物。然而所有创造物都联结至同一个创造者。众生的所有性质并非全来自上帝。由于众生处于一个不断改变的状态中，它们可能获得某些在被创造之时所没有的性质。

她的作品的第一位名人读者是莱布尼茨，这是因为年老的海尔蒙特在她去世后将近20年才把书送给他阅读的缘故。最近数十年来，由于对于莱布尼茨在思想史和哲学史上所扮演的角色感兴趣的人与日俱增，所以连带地人们也对安妮·康威产生了兴趣。然而在埃里克·艾顿撰写的英文版莱布尼茨传记，或者较近期的德文传记里，并未提到她的名字[185]。不过，最近她自己的书也以现代英文版本出版了[186]。

莱布尼茨通过与数百人的广泛通信发展他的哲学。除了哲学之外，他还研究数学、逻辑学、语言学和实用工程学。可是他只能出版大量而广泛的著作中的一小部分。莱布尼茨的形而上学思想受到了安妮·康威与海尔蒙特的许多讨论的影响。有关这一点，他在1697年写道："我的哲学宗旨有点接近已故的康威伯爵夫人，并且站在柏拉图和德谟克利特的中间，因为我相信，一切事物，如同德谟克利特和笛卡儿所主张的，机械式地发生，但反对亨利·摩尔及其追随者的看法。另外，我还相信，每件事情按照生存原则和最终的原因而发生。一切事物充满生命和感悟，这一点则和德谟克利特主义的观点相反。"[187] 当今研究基督教、女性、宗教的史学家埃里森·高特写道，莱布尼茨可能从他与海尔蒙特的讨论以及从安妮·康威的著作中得到启发，思考创造出他有名的单子论，虽然在文艺复兴时期乔尔丹诺·布鲁诺（1548—1600）已提及过相关的理念 [188]。

根据安妮·康威和莱布尼茨的说法，宇宙万物由包含活力或生命力的单子组成。换句话说，单子并不像原子论者所描述的不可分割的分子或原子那样属于被动体，反而是一种活跃、具有发展能力、单一的力量中心。安妮·康威及莱布尼茨的单子论很难以普通常识理解，它们是无法量测的物体。在最有名的哲学论著《单子论》中，莱布尼茨写道："……物质的每一部分不但可分割至无限（如同古人所认识的），而且事实上也可无止境地细分下去——每一部分分成许多部分，其中每一个都有它们自己的动力。若非如此，让物质的每一部分表现整个宇宙，就变得不可能了。从这里，你可以见到一个创造物的世界——活生生的人、动物、实体、灵魂——在物质的最小部分里面。物质的每一部分可以被设想为一个长满植物的花园，或者像满满都是鱼的池塘。而且每棵植物的每根枝丫，每个动物的每个器官，每个器官内的每一滴液体，都可以被设想为一个类似的花园或类似的池塘。"[189]

在去世前几年，莱布尼茨接受了安妮·康威提出的、基于卡巴拉的理念，这个理念意指肉体和灵魂是一个连续体的两端[190]。精神或灵魂表现出行为，而肉体是物质，在其中这个行为获得了可见的形式。他赞同安妮·康威所提出的许多其他理念，比如地点和时间的相对性。他们两人对于整体与部分的关系以及二者的互动均感兴趣。在他们的哲学中，上帝扮演了一个中心角色，同时他们都将上帝定义为创造者。他们都支持介于新教徒和天主教会之间的、宽容与合作的合一运动，然而莱布尼茨谨慎地表达了这些理念，因为他是美因茨选帝侯的外交官。

安妮·康威去世后出版的大作，在提高英国博学女性的地位方面起了一定的作用。如果海尔蒙特、莱布尼茨、亨利·摩尔对她的哲学观点不感兴趣，我们可能不会知道任何有关"贵格会夫人"的事情，因为在她匿名的墓碑上，仅仅写了这 5 个字。

教育提高女性的道德修养

在 17 世纪的英国，中产阶级女孩受教育的情况开始获得改善，不过人们并没有期待女性像玛格丽特·卡文迪什或安妮·康威那样创作出巨作。校长和教育家巴斯苏瓦·梅金（约 1610—1675）是女子教育改革的口头支持者，她在 1673 年出版了一本小册子，名为《论恢复有关宗教、礼仪、艺术、言语等方面的古代淑女教育》。她在英国设立了几所女子学校，教导音乐、烹饪、食物保存、烘焙。除了这些传统的女性科目之外，还包括选修科目，例如法文、拉丁文、意大利文、希腊文、希伯来文、算术、地理、哲学。在小册子的结尾，梅金写道，女性教育并非意图抗拒男性的权威，而是要提高女性的道德修养。这根本是刻意多加的说明，因为身为父亲的人通常都是因为这一点才决定让女儿接受教育的。巴斯苏瓦·梅金明白倾听顾客需求的重要性，这样才能吸引学生到她的学校就读。到了 18 世纪初期，文学教育对上流社会的女性来说，逐渐被视为重要的社会资本。

MARIA SIBILLA MERIAN

Nat: XII. Apr: M D C XLVII. Obiit XIII. Jan: M D C C XVII.

Iak.Houbraken Sculpsit

玛丽亚·西比拉·梅里安

科学插画家、昆虫学开创者、探险家

　　玛丽亚·西比拉·梅里安（1647—1717）的父亲大马提欧斯·梅里安（1593—1650），是一位受尊重的铜版雕刻家和出版商。在美因河畔法兰克福市的利伯维尔，他拥有一家成功的出版公司和印刷厂。该市坐落于陶努斯山边，是欣欣向荣的商业和文化城市，在三十年战争期间保持中立，因此大马提欧斯·梅里安得以将他所继承的出版公司经营成一家繁荣的国际企业。

　　流行病和流浪的士兵有时会在法兰克福引起混乱，但比起神圣罗马帝国内许多受战争冲击的地区，这里还算平静之地。因此，即使在三十年战争期间，该市的年度书展还能够像往常那样如期举行。就出版商而言这是年中大事件，而大马提欧斯·梅里安的出版公司也非常活跃。它的主要出版计划是一本大作《美洲历史》（后来的版本改称《大航海》[191]），由大马提欧斯·梅里安第一任妻子的祖父特奥多雷·德·布里画插图，并于16世纪末出版。《欧洲日志》则是大马提欧斯·梅里安自己的出版系列，内容是对欧洲城市和乡村的介绍，由于非常流行，印刷了好几次。

　　在大马提欧斯·梅里安的家里随处可见绘图工具和材料，他也鼓励孩子们作画和上色。印刷机的声音和油墨的味道在幼小的

🐛 （对页）暮年的玛丽亚·西比拉·梅里安。此铜版画根据梅里安的女婿所绘的一张肖像（当时她年约63岁）于她去世后制作。

玛丽亚·西比拉心中留下了不可磨灭的印象。她如饥似渴地研读由父亲印刷和绘制插画的书籍。《大航海》充满了遥远国度令人兴奋的故事，而那些信天翁、飞鱼、其他异国的动植物，以及外国人的图片，极大地激发了她的想象力。成年以后，在成为当时最重要的昆虫学者和科学插画家之前的许多年，她于南美洲所进行的、勇敢和独特的科学探险，正是受到早年研读父亲所印刷书籍的经历的启发。

玛丽亚·西比拉 3 岁时，父亲意外死亡。她的母亲约翰娜·海姆——大马提欧斯·梅里安的第二任妻子——很快便改嫁。她的继父雅各布·马雷（1613—1681）是一位成功的画家和艺术品经销商。梅里安和马雷家族非常国际化：大马提欧斯·梅里安出生于瑞士的巴赛尔；约翰娜·海姆系来自荷兰、操法语的瓦隆人；雅各布·马雷生为德国人，但与荷兰有紧密的关系，他还曾在乌特勒支居住过数年。

玛丽亚·西比拉成长于富裕的新教家庭[192]，在梅里安和马雷家族，家庭传统是手艺父传子，也传给多才多艺的女儿。玛丽亚·西比拉成年的同父异母哥哥小马提欧斯·梅里安（1621—1687）和卡斯珀·梅里安（1627—1686）被送往欧洲美术学院学习，而且就像当时的其他年轻人那样在王宫任职，然而玛丽亚·西比拉却在家接受训练。这个家族是工匠出身，很自然地强调手艺在身，所以玛丽亚·西比拉没有接受像老一辈德国学者（如玛丽亚·库尼茨和安娜·玛丽亚·凡·舒尔曼）那样的人文教育。她的继父雅各布·马雷，一个带着与前妻生下的 3 名十来岁孩子的父亲，很快就发现玛丽亚·西比拉在艺术上的天分，因此很早就开始培养她。

虽然玛丽亚·西比拉与父亲大马提欧斯·梅里安一起生活仅

🐛 （对页）梅里安的《苏里南昆虫变态图谱》（1726）中的植物和蝴蝶。

有 3 年的时间，但他的声誉和生活点滴终其一生都清晰地留在她心中。然而身为艺术家，她受到雅各布·马雷的影响更大，而且是马雷介绍给她以格奥尔格·弗莱格尔（1566—1638）为代表的法兰克福静物派传统，以及德国文艺复兴大师的艺术，包括阿尔布雷特·丢勒（1471—1528）。早年，玛丽亚·西比拉·梅里安除了学习绘图和耗时的铜版雕刻之外，也学习水彩和油画的技巧。当时，雕刻是受到高度尊敬的技艺，而且 17 世纪图书市场的成长，加大了对这一技艺的需求。不过，雕刻和以油彩作画被认为只适合男性，而且许多艺术家公会完全禁止女性从事这项工作。这或许是玛丽亚·西比拉专注于水彩的一个原因，而且她还成了水彩大师。

虽然含有铜版雕刻技术制作成的插画的图书很贵，但是在 17 世纪带有插画的植物和昆虫学作品仍逐渐发展起来。1633 年，玛丽亚·西比拉·梅里安的同父异母兄长小马提欧斯·梅里安出版了乔恩·庄士敦（1603—1675）根据文艺复兴早期的书籍写作的 3 卷本著名作品《昆虫自然史》。早期的作者还不了解昆虫的变态，而它在那之后却成为玛丽亚·西比拉·梅里安的研究主题。

就艺术生涯与昆虫及植物的系统性研究来说，在法兰克福的家提供给玛丽亚·西比拉·梅里安一块完美的垫脚石。一位出身工匠家庭的女性跻身至中产阶级上层，是由于她做足了准备工作，因而得以成为专业艺术家、铜版雕刻家、科学插画家、出版商、专教女孩的艺术老师。除了这些之外，她也在她的花园进行植物和昆虫研究。看起来在德国文化圈，她并未因性别被从工匠圈子中排除。

玛丽亚·西比拉·梅里安的职业独立性，无疑地因为父亲留给了她相当丰厚的遗产，所以维持起来较为轻松，甚至在婚姻中也让她保有些许的独立性。她的未婚夫约翰·安德烈亚斯·格拉夫也是一位工匠，他钦佩未婚妻在艺术方面的努力。1665 年，玛丽亚·西比拉 18 岁，两人成婚。他们的第一个孩子约翰娜·海伦娜出生于 3 年后，他们的第二个孩子多罗蒂亚·玛丽亚则出生在 1678 年。约翰·格拉夫在 1675 年至 1680 年之间为他的妻子出版了第一部著作《花卉之书》，共计 3 卷。绘画技巧熟练的花卉图片来自户外的写生，再加上铜板雕刻的印刷，这部著作被视作艺术家和刺绣制作者的模板。

人们认为园艺、刺绣、画花是有趣的，适合中产阶级女性。然而玛丽亚·西比拉·梅里安迷恋毛毛虫，则引人侧目。的确，她从年轻时起就对大自然进行实证的观察和系统性的研究，而且能够达到这种范围与力度，在 17 世纪 60 年代实属罕见。固然她没有将有关昆虫变态的研究介绍给在当时从不接受女性为其成员的科学界，但是她在花园里进行的工作却是开拓性的。针对这个主题，她出版了两本开创性的作品：3 卷本的《不可思议的毛虫变态和奇妙的植物学营养》（以下简称《毛虫之书》）和《苏里南昆虫变态图谱》，两本书都重印了数次[193]。

昆虫学的开拓者

1660 年，仅有 13 岁的玛丽亚·西比拉·梅里安进行了一项足以改变自然史的观察，如果它被发表出来的话。当时，在欧洲大学和科学界人们所接受的亚里士多德的教导是，昆虫是从泥土中生出来的。梅里安或许不知道大学是怎么教授有关亚里士多德和昆虫的学问的，但是她确实知道她亲眼所见的。她对蚕蛾有兴趣，于是在故乡法兰克福家族友人的一家蚕丝农场里进行了观察。她注意到，蚕蛾不是从泥土里生出来的，而是有极小的幼虫，而且虫首先化成蛹，然后生出蚕蛾。

丝绸产业在古代已经很繁荣了，同时蚕蛾的变态在 6 世纪的拜占庭已人所皆知——这个知识却被西方自然学家忽视了 1 000 年。当意大利医师和自然学者弗朗切斯科·雷迪（1626—1697）和马尔切洛·马尔皮吉（1628—1694）发表他们有关蛾变态的理论时，它被当作里程碑一样大肆庆祝。可是，玛丽亚·西比拉·梅里安却早在 10 年前就已发现蚕蛾出生和变态的真相了。

玛丽亚·西比拉·梅里安带有注解的手绘素描本于两个世纪后在圣彼得堡科学院（后来更名为俄罗斯科学院）图书馆的手稿档案中被发现。1976 年，它第一次以摹本的方式及多种语言出版，并显示了有关玛丽亚·西比拉·梅里安在年轻时便已开始进行系统性昆虫研究的新信息[194]。她的手稿和技巧高明的水彩画在 18 世纪时传到俄国，因为彼得大帝想替那栋自己所建造的、位于圣彼得堡的"昆斯特卡麦拉"（人类学民族学博物馆）收藏珍品，所以大量搜集书籍、艺术品以及其他的稀世之物。玛丽亚·西比拉·梅里安带注解的手绘素描本正是她早期进行系统性研究的证明，不过，因为她的这本与昆虫有关的书在出版时间上比雷迪和马尔皮吉的作品晚，所以经过好几个世纪，人们仍然不知道她独立发现昆虫变态事实上早于这两位意大利学者数年之久。她的素描本包含数百项有关植物和昆虫极为细微的研究，由此可证，在 13 岁时，她就已经是一位成熟的艺术家和进行系统性研究的昆虫学家了。

玛丽亚·西比拉·梅里安所写的有关欧洲昆虫的书，即众所皆知的《毛虫之书》，在许多方面都不同于以往出版过的所有与昆虫相关的著作。该书包括由她制作的 50 幅铜版画，每 4 幅组成一大页，对呈现在每幅插画上的昆虫都有一段简短的描述，画面中还有被该昆虫当作食物的植物。玛丽亚·西比拉·梅里安的文字是刻意的描述，不具有学术上的精确性。她未曾受过学术训练，同时也不想表现出受过训练的样子；与其阐述以往的昆虫权威们的观点，她宁愿勇敢地表现自身的看法。

玛丽亚·西比拉·梅里安研究蚕蛹的变态。她在13岁的时候，已经对这个过程具有丰富的知识，但是她并没有发表相关的文字，直到差不多20年后，在她的《毛虫之书》（1679）中才公开。

　　《毛虫之书》展现出的观点是将大自然视为有机的、活生生的实体。最重要的，玛丽亚·西比拉·梅里安的兴趣在于自然的循环及其带来的变化。她是第一位以现代的方法在昆虫的栖息地研究它们的昆虫学者。在一幅插画中，她描绘了昆虫从幼虫到成虫的完全变态过程，还包括为它们提供营养的寄主植物。在某些情况下，她也呈现植物从开花到结果的各种不同阶段。当然，在大自然中一株植物的开花和结果不会同时发生，昆虫变态的每个阶段也不会同时出现。玛丽亚·西比拉·梅里安的昆虫和植物的水彩画是插画中的典范，不仅可用于自然科学研究，而且也是杰出的艺术作品。

　　玛丽亚·西比拉·梅里安在绘画上极重细节，甚至连毛毛虫在树叶上咬出的小洞的形状也画了出来，因为她观察到不同的毛毛虫会咬出形状相异的洞。在自然史上，她把昆虫视为生态系统的一部分而进行观察的方法领先她那个时代数十年，而且许多方式都类似于现代生物学术研究的方法。比如，约翰内斯·胡达尔特（1617—1668）出版了一本有关昆虫的书，叫作《自然的变态》（1662—1669），在书中呈现了古老的亚里士多德的理念，认为昆虫从泥土中生出。虽然他的插图相当精细，但通常只描绘了毛毛虫和完全成熟的昆虫，少有幼虫，而且从未画出它们的食物。

　　在中世纪手稿和文艺复兴时期的静物写生中出现的昆虫，只不过是个装饰的角色而已。在早期的自然史书籍中，有关昆虫的图画中并不会包括它们的自然环境，画昆虫主要只是用于分类的目的而已。迟至 17 世纪，自然史书籍仍展示想象中的生物，比如独角兽和美人鱼，而且和真实的动物和昆虫放在一起。相反地，在玛丽亚·西比拉·梅里安的所有著作中，没有任何一只想象中的昆虫或一株想象中的植物。她只对她所看到的生物进行绘图和上色，而且现代学者说，她绘制的几乎每幅插图都非常写实，因此都能够被辨认[195]。

　　作为一个讲求系统性的观察者，玛丽亚·西比拉·梅里安一生中都在改进她的方法。她把在某时、某地发现的每只成虫、毛毛虫或者幼虫都详细记载于笔记中。她进行实验，给毛毛虫喂不同的植物，观察它们会吃哪种植物，并记笔记。她观察昆虫的成长、行为、繁殖，以及变态。某些昆虫自幼虫，经蛹的阶段，再到成虫，只需几天。但有些，例如蝴蝶，可能需要数个月。从玛丽亚·西比拉·梅里安第一版《毛虫之书》的前言可看出，在此书出版的时候，她也很清楚自己的研究的独特性："本书介绍了一项全新的研究，有关毛毛虫奇妙的变形和来自花卉的特殊营养。至于有关来源、食物、季节、地点，以及毛毛虫、蠕虫、蝴蝶、蛾、苍蝇和其他类似小生物等的特殊变形上的描述，乃是用来帮助自然学家、艺术家、业余园艺者的。本书经刻意研究，简要描述，实物写生，然后雕刻在铜板上，并由玛丽亚·西比拉·格拉夫——大马提欧斯·梅里安的女儿——个人出版。"[196]

17世纪早期，昆虫仍旧被许多迷信和无知的观念妖魔化，致使人们对它的兴趣输给不少的鱼类、鸟类、哺乳动物。在宗教中，漂亮的蝴蝶经常是复活的灵魂的象征，蜜蜂则象征圣母玛利亚的活跃与贞洁；而"丑陋"的昆虫——苍蝇群聚在粪堆上，甲虫在粪肥里爬，蟑螂在地板上乱窜——对一般人而言，是令人讨厌的恶魔的产物，而且对自然学家来说太无关紧要，以至于不必研究。

由于牛顿（1643—1727）提出了万有引力定律，在17世纪80年代，人们对于太阳系的构造和维持它的力量，比对最普通的动植物或者它们与栖息地之间的关系知道得还多。玛丽亚·西比拉·梅里安的研究是一项开拓性的工作，把微不足道的昆虫提升至有趣又重要的研究课题，进而让人们了解大自然的丰富性和多样性，而且这项研究早于亚历山大·冯·洪堡（1769—1859）与查尔斯·达尔文（1809—1882）许多年。

玛丽亚·西比拉·梅里安在她的书中强调，所有生物，包括昆虫，都是上帝的创造物，而且在上帝创造的世界里拥有它们的位置和作用。这样的态度继承自她的家庭和亲戚，因为他们是纽伦堡的虔信教徒。虽然玛丽亚·西比拉·梅里安信教，而且在新教虔信主义影响下的知性气氛中创作她的著作，但是她在书中几乎没怎么引用上帝和基督教中有关象征意义的内容。在《毛虫之书》的前言中，她写道："这些奇妙的变形发生得如此频繁，令人所能做的，就只是赞叹主的神奇力量和它如何照顾这些大小可以忽略不计的生物，以及任意飞翔的东西……这启发了我在我的小书中，向世界上的其他人描绘上帝所创造的这种奇迹。可是，千万不要因为这本书而赞美我、尊敬我；唯有上帝，最小和最微不足道的蠕虫的创造者，才值得赞美和尊敬。"[197]

奇珍异品和博物新知识的搜集

17世纪末期，更多有关昆虫的文学作品开始出现。放大镜和显微镜的出现，使得研究小生物和它们的细微部分成为可能。玛丽亚·西比拉·梅里安通常只用放大镜。水手、商人、探险家从美洲和亚洲搜集来的，欧洲人所不知道的动植物种类，激发了自然学者更深入地研究自己所在大陆上的动物和植物。

🐛（对页上图）"好奇之柜"是欧洲统治者、王子诸侯、富裕中产阶级用来存放生物标本和科学方面藏品的橱柜甚至房间，其中包括最奇怪罕见的东西，用来取悦对此感兴趣的人们和满足他们对稀奇古怪之物的好奇心。在17世纪末和18世纪初，这变成一种流行风潮。许多博物馆就建立在"好奇之柜"的基础上。那不勒斯药剂师费兰特·佩拉托（1550—1625）的博物收藏，在欧洲是这类收藏的先驱之一。这张图片描绘的是费兰特和他的儿子弗朗切斯科给惊讶的客人介绍"好奇之柜"。

🐛（对页下图）玛丽亚·西比拉·梅里安从南美探索之旅（1699—1701）带回制作好的动物标本，以及异国的自然景观图片，并将它们送给荷兰的怪奇之物收藏者。呈现鳄鱼和银环蛇的彩色铜版画，摘自她去世后第三次印刷的著作《苏里南昆虫变态图谱》（海牙，1726）。

遥远国度的和个人收藏的奇珍异品，包括奇异的动物、植物、化石、贝壳，经常可以找到出路，例如在富有的市民和贵族的私人自然博物馆内展出。这些奇异的收藏通常还包括古董和矿物。渐渐地，在17世纪和18世纪，像这样的展示风靡一时；每个有能力、自尊、拥有足够的手段和注重文化的市民，都必须拥有一件收藏品。最小的收藏可以放进一个书桌抽屉内，而最大的藏品柜则由几个房间组成。它们是现代博物馆的前身，就像圣彼得堡的"昆斯特卡麦拉"，它的收藏品在1728年开始对外公开展示。

早期现代欧洲人意欲管理来自新发现的土地上的信息洪流，而这个想法也激发了人们收藏的兴趣，并且让它们符合研究的主题[198]。科技的快速发展所引起的信息泛滥，今天正困扰着我们，不过17世纪60年代的人对这种困扰也相当熟悉。化石、古董、稀有动植物的搜寻者，例如旅行到远方国家的探险家、商人、水手以及传教士，带回有关当地环境的知识。而事实上，这些知识的体量超过了欧洲人一下子所能吸收的程度。对于原以为熟悉又安全的四周，人们开始看出奇妙之处，这必须拜新知识不断流入所赐。尝试对这些新信息进行分析、组织、分类，削减了人们搜集和展示奇珍异品的热情。好奇或一种对博物科目的兴趣，变成了诸如皇家学会之类的科学社团注目的焦点。玛丽亚·西比拉·梅里安的研究，也受到了17世纪末和18世纪初人们对于"大自然之奇妙"热情的影响。

自从古代以来，"分类"（将植物和动物分类的实践与科学）在博物学领域就已经是个很重要的工作。然而在17世纪，即使所有的植物和动物都已成为研究课题，但是它们却连个确定的名字也没有。玛丽亚·西比拉·梅里安本人并没替她所描述的所有植物和昆虫命名，她只是将它们分类，例如蝴蝶和蛾。在瑞典植物学家、医师、动物学家卡尔·冯·林奈（1707—1778）提出他的双命名法的分类系统之前，许多自然学家采用的是古代及文艺复兴时期的旧分类原则，结果蠕虫和许多昆虫的幼虫经常被归类为相同的"蠕虫"类，因为它们有着相似的外观和移动方式。植物类图书通常按照普通会开花的植物、三叶草、灌木、树这样的类别，对植物进行分类。

在《毛虫之书》里，玛丽亚·西比拉·梅里安并没有遵从任何惯常的分类原则。她宣称，她的意图不在于将昆虫和植物分类，而是在于研究昆虫变态的过程，并呈现在自然环境里的昆虫和给它们提供营养的植物。她是艺术家，不希望让数字将图面和铜版雕刻丑化。这些数字是荷兰植物学家和显微镜专家杨·斯瓦默丹（1637—1680）在他的名著《昆虫志》中用来标示植物和昆虫不同部位的，对于这个方法梅里安自然是很熟悉的。

沃尔达城堡内的平静生活——玛丽亚·西比拉·梅里安个人的"变态"

1685 年，玛丽亚·西比拉·梅里安和她的两个女儿、母亲，迁至沃尔达城堡，那是靠近位于荷兰北部菲仕兰省的维沃尔德镇的地方。在这之前几年，她同父异母的兄长卡斯珀·梅里安参加了立基于沃尔达的法国传教士让·德·拉巴第的宗教运动。为什么玛丽亚·西比拉·梅里安决定加入这个神秘的宗教团体呢？可惜没有留存下任何文字可以解释她急遽的生活改变。20 多年的时间，她陪伴丈夫过着中产阶级的活跃生活，养育孩子，并致力于所爱的工作。参加拉巴第的宗教运动，是朝放弃她的婚姻和往昔生活迈出的一步。这一点是可能的，因为拉巴第主义者只承认参加运动的成员之间的婚姻。玛丽亚·西比拉的丈夫约翰·格拉夫只在 1686 年探访过她一次，想说服妻子和女儿返回他们在纽伦堡的家，然而徒劳无功。后来这对夫妻正式离婚，而约翰·格拉夫再婚。

在玛丽亚·西比拉之前，拉巴第宗教运动就曾吸引过多才多艺且富有的上流社会女性。在那段时期最负盛名的荷兰女性安娜·玛丽亚·凡·舒尔曼，就一直与这个团体住在一起，直到1678年逝世。运动的创始人让·德·拉巴第相信女性的知性能力，而且赞赏凡·舒尔曼在语言、哲学、神学上的渊博学识。她也以有才华的铜版雕刻家和微型画画家而出名。一旦被接受为拉巴第宗教运动团体的成员，这些女性就必须放弃她们漂亮的服装、珠宝、其他的尘世奢侈品，不过仍可以继续读、写和进行艺术创作。在沃尔达城堡，玛丽亚·西比拉·梅里安专心于拉丁文研究，并且继续积极地观察和描绘植物及昆虫，同时培养她的女儿们成为画家。

就像另一个重要的现代新教教派贵格会那样，拉巴第主义者相信性别与社会地位之间的平等。在大约350名成员之间，没有世俗的阶级差别，换句话说，没有性别、职业、学问或者社会阶级的贵贱高下之分。不过在精神上，他们被分成两类——被选出的人和候选人。后者尚未达到最高的精神层面，而且仍然受到自私和所有权的束缚。新加入者必须把他们的财产捐给团体，这虽是个惯例，不过，当候选人决定离开时，至少还可以取回一部分财产。

在沃尔达城堡，玛丽亚·西比拉·梅里安有所发现，而且这些发现是她生命中最关键的事情。不像过去安娜·玛丽亚·凡·舒尔曼的发现那样，她发现的事物在本质上不属于精神层面，而是涉及她所钟爱的昆虫。如同当时的习惯，城堡中有个奇珍异品橱柜，在里面她发现了某些美丽异常的蝴蝶。它们是由城堡主人科尼利厄斯·范·索梅莱史迪克从位于南美洲、当时的荷兰殖民地苏里南带回来的。索梅莱史迪克的3个姊妹原本住在沃尔达，后来迁往苏里南的拉巴第主义者的居住区。这个奇珍异品橱柜是玛丽亚·西比拉·梅里安与苏里南及其五彩缤纷的昆虫世界的第一次接触。

沃尔达这个单纯和受保护的环境，提供给玛丽亚·西比拉·梅里安6年平静的生活，就像昆虫生命中的虫蛹阶段那样。如果她没有勇气离开丈夫和她以前的生活而加入拉巴第派的团体，也许她永远也无法完成她个人的"变态"，同时也无法体悟到，自己并不想像条忙碌的小毛虫似的把余生耗在一个保护良好的中产阶级花园内。她也知道，没有经历失去，就无法高飞。在沃尔达城堡，她蓄积了在即将来临的数年中极为需要的力量[199]。

迁往阿姆斯特丹

1691年夏天，玛丽亚·西比拉·梅里安决定离开沃尔达城堡和她女儿迁往阿姆斯特丹。她正式改回她的本姓，并对外宣称她的婚姻状态为寡妇，因为她不想暴露她离婚的事实。她最亲爱的亲人哥哥卡斯珀和她母亲都已去世，她很明显地感觉到，在拉巴第团体内的隔离生活已经不再是她所需要的了。或许她想提供机会给两位业已成年的女儿，让她们选择自己的人生。在沃尔达，她的大女儿约翰娜·海伦娜和一个和蔼可亲、名叫雅各布·亨德里克·何罗的男子交往，而他也正计划脱离这个团体。

玛丽亚·西比拉打包了她的绘画工具、画作、昆虫标本，在阿姆斯特丹找寻栖身之处。由于离婚时，她把在法兰克福及纽伦堡的所有财产悉数留给丈夫，所以当她离开沃尔达时非常贫穷。不过，她相信，靠着她的专业才能，可以设法为自己和女儿们赚到足够的生活费。在她们迁居阿姆斯特丹以后，大女儿约翰娜·海伦娜很快就嫁给了雅各布·亨德里克·何罗，这对年轻夫妻有他们自己的住处；仅有小女儿多罗蒂亚留在她身边。

17世纪末，阿姆斯特丹是个有20万居民的大都市。来自世界各地的货物，从东、西印度公司的船只上被搬运下来；香料、瓷器、丝绸来自印度、中国、东南亚，而糖、可可、热带木材则来自南美洲。这个城市的交易市场热闹异常；在许多银行里，人们交涉着有关新商业机会的融资问题，而工匠和艺术家手头上也有足够的客户。玛丽亚·西比拉·梅里安很快地安顿下来，不久就招收到学画的学生，同时继续她自己的绘画事业。约翰娜·海伦娜充满活力的丈夫雅各布·何罗和在东印度公司工作的人建立起联系，而后他自己也做起生意来。就玛丽亚·西比拉·梅里安、她的女儿、女婿来说，沃尔达的封闭、清教徒式的禁欲主义，在阿姆斯特丹被一种能提供多重机会、活跃的生活取代了。

《毛虫之书》在阿姆斯特丹的自然学家和收藏者之间非常有名，而且这些圈子的人热情地接纳这本书的作者。对植物学家和业余园艺家来说，阿姆斯特丹是个天堂。在阿姆斯特丹，除了公共植物园之外，还有许多大学花园。富裕的中产阶级和贵族也拥有他们灿烂夺目的私人花园，而玛丽亚·西比拉·梅里安是这些花园主人家的常客，而且是受到偏爱的来宾。卡斯珀·柯梅林教授是阿姆斯特丹的城市花园——霍图斯·梅迪库斯——的主任，他带玛丽亚·西比拉·梅里安熟悉园中的热带植物。至于这些植物的种子，则是商人从世界各地带回来的。在富商妻子阿格内塔·布洛克的郊区房产里，玛丽亚·西比拉·梅里安能够学习有关新的植物和热带鸟类的知识。另一个富商莱维努斯·文森特拥有镇上最令人印象深刻的奇珍异品收藏，而玛丽亚·西比拉·梅里安在此见到了大量的异国昆虫，特别是蝴蝶。此外，阿姆斯特丹的镇长尼古拉斯·维特森和他的侄子乔纳斯·维特森也是异国昆虫和植物的热情收藏者。尼古拉斯·维特森出色的奇珍异品收藏对外公开展出，每年来参观的人数以百计。以兴趣所及来论，玛丽亚·西比拉·梅里安不可能再发现比阿姆斯特丹更适合居住的地方了。

在新的家乡，玛丽亚·西比拉·梅里安见过许多奇珍异品收藏，几年下来，她体会和认识到，它们都缺少某些至关重要的东西。收藏品中那些死去的成虫被附着在基座上，然后展出。在这种情况下，它们固然很容易辨识，但是在幼虫阶段它们是什么样子，或者当它们活着的时候吃些什么，这就无从得知了——当附着在基座上时，它们已被从自然栖息地扯了出来。于是，玛丽亚·西比拉·梅里安对研究生活在自然环境中的这些华丽的热带蝴蝶和其他昆虫开始产生兴趣。

1699年，亦即迁居阿姆斯特丹8年后，玛丽亚·西比拉·梅里安开始为她自己的考察做行程安排及筹款。她出售了大量的水果、植物、昆虫的画作。为了确保她的女儿们会得到生活上的供给，她立下遗嘱，指定她们作为继承人。她选择荷兰当时在南美洲的殖民地苏里南作为目的地。她对于苏里南的了解远远超过对荷兰在东南亚的殖民地的了解。从在苏里南从事蔗糖贸易相当成功的女婿，从沃尔达城堡的旧识，从许多在阿姆斯特丹认识的新朋友处，她得知了有关苏里南野生动物的情况。她的决定无疑也受到航程的影响，事实上，从阿姆斯特丹到苏里南平均需要两个月的时间，如果到东南亚，则航程长达9个月。

虽然许多富裕的市民、贵族家庭、科学学会都热衷于提供资金给私人考察活动，却没有人有兴趣资助玛丽亚·西比拉·梅里安。或许他们无法相信一个52岁的妇女可以忍受艰苦的航程和热带的高温。然而她没有退缩，继续为自己的考察筹款。通常女性会去许多欧洲的殖民地旅行，是因为她们是殖民地精英、官员、传教士、军人、商人、工人等的妻子、女儿。然而女性在没有男性陪伴的情况下旅行，实属罕见；至于两位独立女性（玛丽亚·西比拉·梅里安和她的小女儿）的旅行目的竟然是为了搜集热带植物和昆虫，那更是少见了。玛丽亚·西比拉·梅里安是第一位不论在财务上或者科学考察的实施上都拥有独立性的女性，而且她还出版了和她的考察有关的巨作。

前往苏里南——对热带的考察

1699 年 6 月，玛丽亚·西比拉·梅里安和她 21 岁的女儿多罗蒂亚在阿姆斯特丹港登上一艘将载着她们横渡大西洋的船只。在既拥挤而且条件又差的商船上度过两个多月的航程，这对经验丰富的周游世界的旅人来说都已是个艰巨的考验，更遑论那些不习惯航海的人，所以过程必然是痛苦的。另一位博学女性、英国作家和翻译家阿芙拉·贝恩（约 1640—1689）[200]，在玛丽亚·西比拉·梅里安之前约 40 年，已走过相同的旅程。阿芙拉·贝恩是一位女探险家，熟悉多种语言。在著作《王奴》里，阿芙拉·贝恩描述过在苏里南的生活。当她旅行至该地时，苏里南仍是英国的殖民地。阿芙拉·贝恩在 1688 年出版的图书是最早反对奴隶制度的图书之一，书中批判了殖民主义者对待当地民众的方式。虽然玛丽亚·西比拉·梅里安的批判没有表达得太过强烈，但是她所做的观察和阿芙拉·贝恩相似。倘若她读过阿芙拉·贝恩的书，或许她会因其对有关苏里南的气候、大自然、野生动物等的描述都是错误的而感到懊恼。在苏里南，不但没有人吃野牛肉加胡椒酱，而且气候也不是"永远的春天"，然而在阿芙拉·贝恩的书里就是这样描述的。

起初，玛丽亚·西比拉和她女儿在苏里南的首都帕拉马里博安居落户，那里有一些多年来沿着海滨道路建造的、带有殖民风格的木屋。殖民地人口中约 90% 是非洲奴隶，他们是由之前的英国人带至此地的，并且在甘蔗园工作。这其中约有 8 000 人成功地逃入丛林和山中。在那里，他们建立起自己的村子，而欧洲人厌恶入侵该地。苏里南的原住民美洲印第安人也居住在同一区域。其余的人口中约有 1 000 名欧洲人，其中大多数是荷兰新教徒，其他则是葡萄牙犹太人、英国人、德国人。至于对昆虫的研究，玛丽亚·西比拉·梅里安觉得，她将获得前殖民总督科尼利厄斯·范·索梅莱史迪克的亲戚的协助。实际上，真正为她提供相当多帮助的是当地的原住民，而非欧洲殖民者，她对昆虫的兴趣只是让这些殖民者感到震惊而已。玛丽亚·西比拉·梅里安找到一名非洲奴隶和一名当地印第安妇女担任助手，他们帮助她和其他当地人联络，以寻找有趣的植物和昆虫。

玛丽亚·西比拉·梅里安所记录的第一次昆虫观察，发生在1699 年 10 月的酷暑中。丰富的热带物种令人眼花缭乱。今天，在整个欧洲，已知的蝴蝶大约有 300 种，此外，还有超过这个数目两倍的、美妙又五彩缤纷的其他昆虫正飞掠过南美洲的雨林。她在笔记中写道，在热带，昆虫绝对不会遵守人类的领域限制，它们侵入每件东西——住所、衣物、午餐篮、绘画用具。玛丽亚·西比拉·梅里安每天和女儿一起四处游走，从她们的住处往外走，一直到疲倦为止，或者沿着河流划独木舟，直到不敢再前进为止。如果农场主人能够准许她们住在他们家里，她们也会做较长期的内陆之旅。

差不多有两年的时间，玛丽亚·西比拉·梅里安和女儿在酷暑中孜孜不倦地工作，而那种炎热是无法躲避的，甚至晚上也一样。除了植物和昆虫以外，她们也研究蜘蛛、蜥蜴、蛇、青蛙、乌龟、河蚌。她们采访当地人，因为他们知道并使用了许多植物作为药品或食物。玛丽亚·西比拉·梅里安特别感兴趣的植物和水果是那些欧洲人不知道和可能为了营养而栽培的东西。她对殖民者只栽种甘蔗的习惯表达了强烈的反对意见。她原本计划在苏里南停留几年，但后来被迫改变计划，和女儿一起返回了阿姆斯特丹。因为母女二人都罹患间歇性发作的热带性热病，也许是霍乱或黄热病，这导致她们决定在原本计划的日子之前返回荷兰。

"一本大而美的书"

所有版本的《苏里南昆虫变态图谱》都以原创的铜版雕刻来印刷，那真是参考书目中的宝藏！这本书所具有的魅力是很容易理解的。最初两版 60 件手工着色的铜版雕刻，以及在后来的版本中加入的 12 幅大图，件件都是杰作。1726 年版的标题页描绘玛丽亚·西比拉·梅里安研究植物和昆虫时，四周有小而丰满的丘比特围绕。在背景里，是群山环绕的苏里南草地的远景；人们可以分辨出手里拿着蝴蝶网的玛丽亚·西比拉·梅里安本人的画像。

将标题页置于科学书籍的开头部分，在 17 世纪时蔚为流行。它们并非书籍正式的插画，而是一种图标，其功能是以寓意的方式引导读者进入该书内容。固然《毛虫之书》告诉欧洲人的是，作者和插画者本人在南美洲研究的是异国动植物，但是，它的标题页看起来并不像当时由男性撰写的、与考察有关的书籍那般，后者描写的是谦逊的原住民将他们土地的财富给予欧洲的殖民地领主。《毛虫之书》的标题页不包含摆出征服者姿态的女性画像，这一点特别符合玛丽亚·西比拉·梅里安的性格。在她的书中，她经常带着敬意，引用当地印第安人和非洲奴隶对他们环境的知识，而且比起欧洲殖民者，她对他们怀着较高的敬重之情。她不曾用过"野蛮人"一词来称呼印第安人、非洲奴隶，或者他们的后裔，然而这个词直到 19 世纪为止，仍广泛运用在欧洲的考察作品上。针对相同的主题，在风格上，玛丽亚·西比拉·梅里安的书相当不同于男性所写的英雄式的图书，因为他们吹捧自己，却一字也不提当地人所提供的协助。

🪰 （对页）《苏里南昆虫变态图谱》（1726）标题页，画面中被丘比特所环绕的玛丽亚·西比拉·梅里安正在研究植物和动物。

　　玛丽亚·西比拉·梅里安在她的《毛虫之书》上花了约 4 年的时间。在她出书之时，书中的动植物水彩画就已经被视为"描绘与美洲有关的、空前未有的最美丽图画"[201]。以这些水彩画为基础，书中的插画先雕刻在铜板上，然后再行印刷。用在书中的铜板，玛丽亚·西比拉·梅里安本人只雕刻了其中少数几块，因为她必须出售插画给别人，才能付清因旅行考察而产生的债务以及印刷成本。事实上，她同时创作了两本大书。她画了贝类、淡菜、矿物等一系列共 60 幅插画，作为荷兰博物学家格奥尔格·艾伯赫·郎弗安斯（1628—1702）《安汶岛奇珍异品柜》一书的铜版雕刻工匠的范本。利用从这本书赚来的钱，她雇用了 3 个铜版雕刻工匠将她在苏里南期间所画的植物和昆虫原稿全部雕刻出来。两本书同时于 1705 年出版。

　　《苏里南昆虫变态图谱》的最前面两幅插图，描绘的是昆虫心满意足地趴在一棵菠萝的表面上。在第一幅插画中，有一只大型蟑螂轻咬正处于发育期的植物；第二幅中，则有一只可爱的蝴蝶飞掠成熟的菠萝。在呈现昆虫和植物方面，本书按照玛丽亚·西比拉·梅里安针对欧洲昆虫所撰写的著作《毛虫之书》的逻辑。它从蚕的变态开始。蚕和菠萝被描述在先，因为玛丽亚·西比拉·梅里安认为它们有用，所以重要。在《苏里南昆虫变态图谱》里，玛丽亚·西比拉·梅里安没有援用业已建立的、用来研究植物和昆虫的分类体系。相反地，这本书有它自己的内在体系。图中所展示的和昆虫的变态及饮食有关的信息，以及审美的愉悦及其引起的困惑，彼此交织在一起；这些人类熟悉的和不熟悉的东西带领着人们更进一步走入热带丛林。除了昆虫和植物以外，图中还有

　　🐛　（对页）《苏里南昆虫变态图谱》中的一幅插图，描绘了绿菠萝和对它有兴趣的蟑螂。在18世纪初期，菠萝在欧洲仍相当罕见。

蜘蛛、蜥蜴、蛇和青蛙。从自然科学的观点来看，这些动物具有相似的起源——全部卵生。不过，它们在图片里和奇珍异品收藏中都扮演了可以带来美感的角色。

1705 年《苏里南昆虫变态图谱》第一版以荷兰文与拉丁文两种文字出版。玛丽亚·西比拉·梅里安撰写了该书的荷兰文部分，然后由阿姆斯特丹植物学家卡斯珀·柯梅林翻译成拉丁文。后来该书又被翻译成法文，而且也讨论过是否该翻译成英文。英国药剂师兼收藏家詹姆士·佩蒂夫一度同意翻译此书。然而这项承诺未曾履行，因为玛丽亚·西比拉·梅里安不同意佩蒂夫的建议——在书中按照传统体系将插画分组，比如蝴蝶、蛾、蜥蜴、青蛙、蛇……这样的顺序。玛丽亚·西比拉·梅里安在给佩蒂夫的回信中说，她的兴趣在于昆虫的发展与变态，所以他所建议的昆虫和植物的分类法并不能达到她的目的。她退回了药剂师送来的昆虫标本，并且在同一封信中要求他不要再寄死昆虫来，因为她的主要兴趣在活昆虫的发育过程和行为上[202]。玛丽亚·西比拉·梅里安也大胆挑战了其他自然科学家的观点，例如安东尼·列文虎克（1632—1723）说，在某种幼虫身体两侧的小红肿块是它们的眼睛。而玛丽亚·西比拉·梅里安是对的，它们的确不是眼睛，只是幼虫皮肤上的图案而已。

虽然《苏里南昆虫变态图谱》一书的主要目的是描述热带昆虫的变态，但玛丽亚·西比拉·梅里安也小心选择和她想呈现的昆虫相关的植物。插画中的主要植物占据了图面最大的空间，因为它们和昆虫本身一样重要。很明显她比较有兴趣的是，昆虫如何在这些植物上苗壮成长，这些植物是当地人所熟知的有用植物，而不是野生植物。欧洲移民把这些有用的植物，比如石榴、无花果、葡萄等带到了南美洲。虽然欧洲人对于柠檬、柚子、塞维利亚橙已经很熟悉，但是对菠萝、可可、甘薯仍毫无所知。在附有

玛丽亚·西比拉·梅里安提出了不同于受人尊敬的自然科学家安东尼·列文虎克的观点，她认为，在图中的蝴蝶幼虫身上的蓝色小点并非眼睛，而是皮肤上的图案而已。

插图的简缩本中，玛丽亚·西比拉·梅里安描述了植物对于当地人的重要性——它们如何被用作食物和医药。她解释了如何用木薯根粉烘焙面包，哪种植物和该植物的哪一部分可被用来制造染料，以及哪种植物纤维能被用来纺纱和织造吊床。有关植物和昆虫的用途的人种学方式的注释，对于本书中的植物学和昆虫学的观察是一个很重要的补充。

在《苏里南昆虫变态图谱》一书中，大约有20种来自大自然的植物和几乎所有的昆虫是欧洲人以前不知道的。由于这些观察和记录，《苏里南昆虫变态图谱》成为当时关于拉丁美洲的昆虫和植物的最重要的著作。在《苏里南昆虫变态图谱》中，玛丽亚·西比拉·梅里安设法把她自己与其他当代的自然科学家联结得更紧密一些。在该书的前言部分，她提到了几位自然科学家的名字。她说明了在一些细节上自己获得了阿姆斯特丹市立花园主任卡斯珀·柯梅林教授的帮助，像植物和昆虫的拉丁文名字便是由他提供的。她也提到了自己和阿姆斯特丹最有名的昆虫收藏家——例如尼古拉斯·维特森和乔纳斯·维特森——的关系。

按一般的习惯，与考察有关的书籍都会包含一段感谢赞助者的啰唆的谢辞，但该书的前言却没出现这样的结尾，因为与她的男性同行不同，玛丽亚·西比拉·梅里安的考察完全没得到任何人的财务支持。她用自己的财产支付了这次考察的费用；她研究动植物，然后画插画、撰写文字，还自行印刷出书。这个杰出的成就需要当事人具备科学、艺术、商业等才能；最重要的是，需要有无视当时加诸女性的一般偏见的勇气。

玛丽亚·西比拉·梅里安留给自然史的遗产

很奇怪的是，在《苏里南昆虫变态图谱》一书中，玛丽亚·西比拉·梅里安对于陪伴她去苏里南的女儿多罗蒂亚竟然只字未提。可想而知，在整个考察中，女儿一定帮了她很大的忙。或许她害怕一旦提起女儿充当她的主要助手，会让整个考察看起来像是由两个女性业余人士完成的。然而在玛丽亚·西比拉·梅里安去世后，多罗蒂亚成为她母亲艺术和文学遗产的管理人。1717 年，她出版了由她母亲汇集材料的《毛虫之书》第三卷并撰写了前言。在前言中，多罗蒂亚也提及她的姐姐约翰娜·海伦娜。后来，约翰娜随丈夫迁居苏里南，当她母亲在那里时，她开始研究昆虫和植物，并坚持了下来。在玛丽亚·西比拉·梅里安书中的唯一一张她自己在苏里南期间的图片，是根据她女婿的绘画而来的。在第一任丈夫去世后，多罗蒂亚嫁给了瑞士艺术家格奥尔格·格塞

🐛 （对页）梅里安曾观察，在自然条件下许多昆虫的生命如何结束于小蜥蜴之口。她在自己的画里加了蜥蜴，而作为装饰的元素它比真正的调查对象要显得突出。

尔。这对夫妻和他们的孩子后来移居圣彼得堡，两人都在彼得大帝设立的艺术学院讲授艺术课程，并且为沙皇的奇珍异品收藏馆"昆斯特卡麦拉"绘制花鸟。彼得大帝为了扩充自己的收藏，也购买了玛丽亚·西比拉·梅里安的大量水彩原作，1974 年，这些作品以复制版第一次出版。

对后来的植物和昆虫研究者来说，玛丽亚·西比拉·梅里安的著作是相当重要的。瑞典植物学家卡尔·冯·林奈在他自己的著作中，就曾经引用玛丽亚·西比拉·梅里安的资料超过 100 次。林奈的学生、丹麦昆虫学家约翰·克里斯蒂安·法布里丘斯（1745—1808）更是经常引用。在一幅插图中，既呈现昆虫的变态过程，又研究它在自身环境中的习性，这是玛丽亚·西比拉·梅里安独创的方式，在 18 世纪却变成了自然科学插画传统中的既定部分。英国自然科学家和插画家以利亚撒·埃尔滨（1680—1742）、美国昆虫学家和插画家约翰·阿博特（1751—1840）、法国的帕利索·德·博瓦（1752—1820），都受到玛丽亚·西比拉·梅里安的巨大影响。此外，德国诗人歌德（1749—1832）也非常欣赏她的著作。

当 18 世纪接近尾声，有如瑞士裔法国哲学家鲁索（1712—1778）所宣称的那般，植物学变成"适合女性的科学"。事实上，他建议限制女性对植物学的研究，并把她们圈定在自己的花园范围内，而且绝不鼓励女性前往地球遥远的角落从事考察工作。伦敦植物学会是第一个积极招募女性会员的组织。由于它的会员当中有大量的女性，所以学会未享有和其他机构那样的声望。早在 19 世纪 30 年代，这个学会的会员中就有 10% 是女性了。玛丽亚·西比拉·梅里安的成就与声望为许多后代的欧洲女性打开了自然科学的大门。

（对页）梅里安对于在各种环境下（土地、空气、水、植物）活生生的昆虫与植物之间的互动和相互依存感兴趣。

N.º 1.

N.º 2.

N.º 3.

N.º 4.

N.º 5.

A

A

B

C

D

E

F

G

玛丽亚·温克曼－基尔希

柏林科学院的女科学工匠

1712 年年初，历经超过 18 个月的烦恼与等待，天文学家玛丽亚·温克曼－基尔希（1670—1720）接获了一个令人心碎的讯息。柏林科学院最后拒绝她的申请，不允许她在丈夫去世后仍以天文学家助手的身份继续工作下去。当她的丈夫戈特弗里德·基尔希（1639—1710）在科学院中担任首席天文学家时，玛丽亚·温克曼－基尔希负责这项重要工作长达十余年。丈夫去世后，温克曼－基尔希立刻开始为保住工作而奋斗。柏林科学院院长戈特弗里德·威廉·莱布尼茨（1646—1716）使尽他的特权支持这位被称为"基尔希的寡妇"的女性，希望让她得以继续在科学院里工作。可是，他的支持还不够。科学院董事会最后决定不再聘用玛丽亚·温克曼－基尔希，并且对于她的工作申请，并没有给出具体的拒绝理由。

因为要审议玛丽亚·温克曼－基尔希提出的申请，科学院的董事们被迫必须在原则上做出决定——他们是否聘用女性。他们的决定受到英国皇家学会和巴黎皇家科学院在 17 世纪 60 年代时的态度影响——不接受女性作为成员。设立于 1700 年的柏林科学院 [203] 决定顺应欧洲其他地区的实际状况，同时确定普鲁士的科学院将是一个以伦敦和巴黎为模范的绅士社团。虽然柏林科学院的第一任院长和整个事业的创始人支持聘用女性，但是他的意见仅代表少数人的想法。

🐚 （对页）乌拉尼亚，天文学的缪斯，注视着她手中的浑天仪。

任何拥有科学成就的声誉的人，都可能受邀请加入欧洲的科学院——只要他们不是女性。甚至获得两次诺贝尔奖的第一位女性自然科学家——化学家居里夫人（1867—1934），都没有被接受为任何一个欧洲科学学会的会员。虽然从19世纪60年代起，欧洲的大学大规模承认女性的地位，然而直到20世纪40年代才有第一位女性成为伦敦、巴黎、柏林科学院的会员。1979年，法国科学院成为最后一个将大门向女性敞开的机构。

19世纪60年代末和70年代初，女性开始通过与家族成员——例如丈夫、兄弟、儿子——一起工作，而与科学院有了密切的联系。虽然女性在这些机构中的独立地位并无保障，但她们经常作为助手并获得非正式的赞赏。许多皇家学会会员的母亲、妻子、姊妹、女儿，在学会的外缘积极任事，担任他们的手稿抄写员和编辑。某些人，像"现代化学之父"罗伯特·波义耳的大姐瑞尼拉夫人（1614—1691），在伦敦主持一家她自己拥有的科学沙龙长达数年时间，有许多学会会员定期在那里聚会[204]。

在17世纪接近尾声时，欧洲的所有皇家科学院开始重视那些根据观察得来的学问，而且，本着弗朗西斯·培根的精神，将实用知识与工艺链接在一起[205]。现代化学是基于数千年来医药及香水制造者所发展出来的技术和知识演变而成的。医药科学乃是由拥有手艺背景的人推广的，例如外科手术师与他们担任助产士的妻子，像是博学的路易丝·布尔乔亚。和专业印刷业者合作的书籍插画师，逐渐因从事有关自然哲学和自然史的工作而获得佣金。这项传统也使得像玛丽亚·西比拉·梅里安这样有名的女画家脱颖而出，她们也是博物学家。具有手艺背景的天文学家则借着开发仪器和编汇日历来推广他们的专业。就身为专业天文学者的玛丽亚·温克曼－基尔希而言，其本身熟练的手艺要胜于有关天文学的学术研究。至于她的孩子追寻双亲的脚步，乃是工匠家庭的

Fig M.

🖎 伊丽莎白·赫维留是在玛丽亚·温克曼-基尔希之前的一个有名的女天文学家。在本图中，她正和丈夫约翰内斯·赫维留共同使用象限仪。

一种传统。

在药剂师、外科手术师、助产士、仪器制造者、书籍插画师的家庭中，从经验得来的知识与手艺的追求有关，因此经常整个家庭的成员都受到雇用。17 世纪末，这些科学工匠所拥有的知识以及他们使用的技术，在自然科学领域正式成为新的研究对象之一。具有手艺背景的女性在家中学会了一种专业技能，而且这种专业技能和自然科学有密切关系，也就是说，她们秘密地"通过厨房"而成为男性家庭成员的助手，所以能够参加科学的推广工作。

这一时期，在欧洲的科学院里，实证自然哲学的从业者开始将世界看成一台巨大且复杂的机器，而且认为通过观察自然现象及做实验，可以了解它的规律。一般认为，我们周围的环境向自然哲学家提出挑战，让他们去设计实验，以揭露大自然力量的最基本的秘密。事实上，最佳的实验知识可以从手艺人处获得，因为几个世纪以来，他们已在本身的专业领域中做过许多实验了。

在欧洲各地，各种手艺被控制在公会体系中，而且多数公会只接受男性为会员[206]。公会体系属于地方行为，它们的规定可能因不同手艺和地区而有极大的差别。在英国，许多手艺公会确实接受女性进入传统的男性行业，比如五金工匠、制砖匠、木匠，不过，女性接受专业训练的时间只有男性的一半[207]。在德国，许多公会准许寡妇继续从事她们丈夫的工作或继承其事业。然而寡妇主要被视为死去的丈夫的代表，所以不被视为独立的手艺从业者。一旦她们的儿子长大成人，而且能够从事他们父亲的工作或继承事业的时候，许多公会便要求寡妇放弃从事的手艺工作。

从 1700 年到 1710 年，当玛丽亚·温克曼－基尔希担任丈夫在柏林科学院的正式天文学助手时，她在天文学领域拥有了比在她之前的任何一位女性都更为重要的专业地位。在天文学领域不为女性提供正式工作机会的时代里，玛丽亚·温克曼－基尔希成功地为自己创造了职业生涯。她也将自己的所有孩子——女儿克里斯廷（1696—1782）和玛格丽特、儿子克里斯福利德（1694—1740）——培养成了天文学家。天文学，尤其和日历的编汇有关的工作，为温克曼－基尔希一家人提供了生活收入。在向柏林科学院提出申请，希望许可她继续原本那份工作的时候，玛丽亚·温克曼－基尔希并不敢寻求首席天文学者的职位，只希望是个助手。事实上，她在丈夫一旁工作时，对这个工作早就已经十分上手了。

玛丽亚·温克曼－基尔希在提出申请时，与董事会争论说，日历编汇一向是他们家庭的主要收入来源，在丈夫去世后，更是支持她自己和家庭成员的唯一生计。此外，身为手艺人的寡妇，她有权延续家庭事业。然而科学院的看法不同。既然天文学家并没有正式组织公会，而且他们是在大学里获得基础训练的，因此寡妇不得拥有任何公会的权利。唯一的方法是再婚和放弃自己的独立性，因为许多女性专业人士就利用此法，在她们的丈夫去世后得以继续经营事业。然而玛丽亚·温克曼－基尔希在未做过任何努力时，不准备这样做。

玛丽亚·温克曼－基尔希与天文学手艺人

大概是在 1686 年，当玛丽亚·温克曼－基尔希仅有 16 岁时，她在靠近莱比锡的索末菲尔德，于自学有成的天文学家克里斯托夫·阿诺德的家中遇见后来的丈夫戈特弗里德·基尔希。由于父母早亡，玛丽亚·温克曼－基尔希花了很多时间与家庭的亲密朋友交往。她很乐意协助胸怀大志的业余天文学家克里斯托夫·阿诺德做研究，并且向他学习数学与如何进行天文学的计算。她的父亲曾经是路德派牧师，当她还是小孩时就将天文学介绍给她，所以后来为阿诺德工作时，她可以继续自己的爱好。以职业而论，虽然克里斯托夫·阿诺德是个农民，但他献身于他的爱好而且受到专业天文学家的极大尊敬，许多学院派的天文学家，比如戈特弗里德·基尔希，经常登门造访。

玛丽亚·温克曼－基尔希和戈特弗里德·基尔希的婚姻对两人来说一定是幸福的。戈特弗里德·基尔希很满意有个年轻、知性、活泼的女性当妻子，除了照顾家务外，她还协助他做天文学方面的研究。就玛丽亚·温克曼－基尔希来说，她无疑很高兴能够和丈夫一起继续她对天文学的研究。她曾经协助克里斯托夫·阿诺德从事计算、观察、编汇日历的工作多年，因此在这种工作上具有专业水平。若非有一个研究天文学的丈夫，她几乎没有机会继续她的工作。

固然天文学家没有以外科手术师和药剂师的方式组成公会，但他们的许多专业技能却能与手艺人相比拟。从 16 世纪到 18 世纪，很多重要的天文学家不曾在大学里学习天文学，而是医药、神学、法理学专业出身。天文学观察工作和天文仪器的使用需要长期的练习，这是在大学中不曾提供的。天文学家通过有如手艺学徒服侍较年长师傅一般的方式，学习他们的专业。戈特弗里德·基尔希在格但斯克的约翰内斯·赫维留家族的私人天文台工作。赫维留在他的时代很有名，最重要的是，他甚至不信任自己建造的望远镜，反而用一个差异极大的早期仪器——象限仪——进行精确的天文学测量。

1700 年，戈特弗里德·基尔希被指名为新建立的柏林科学院的首席天文学家。在丈夫身边工作，玛丽亚·温克曼－基尔希虽然是非正式人员的身份，但却上升到一个重要的地位，亦即普鲁士首席天文学家的助手。由于缺乏资金，科学院无法提供给它的天文学家尽可能最好的观测仪器，所以直到 1707 年，他们都被迫使用一个普通的天文台。根据由选侯腓特烈三世签署的、确认聘请戈特弗里德·基尔希的文件可知，这位统治者正式聘请的天文学家的主要任务是，用心观测，并更新每年度发行的刊物《天体历书》——提供行星、太阳、月亮每日的位置。此外，基于1700年5月10日的命令，从此以后他"每年，在指定时间上交一份王国专用的日历"[208]。

柏林科学院不同于在伦敦、巴黎以及欧洲其他地区的类似机构，它将天文学提升至非常高的地位。17世纪90年代末，选侯腓特烈三世的妻子索菲娅·夏洛特（1668—1705），向宫廷的哲学家莱布尼茨表达了她的顾虑，因为没有一本日历是在普鲁士编汇的，而且统治者也缺少自己的天文台。为了筹建柏林科学院，莱布尼茨热心奔走，其实这个想法他先前已经向索菲娅·夏洛特的母亲汉诺威的索菲娅选侯夫人提了。莱布尼茨提议，新科学院的运作主要基于垄断日历的收益，而这些收益可以被用来建造天文台，为科学院聘请正式职员。

在柏林的宫廷推广自己的想法对莱布尼茨而言不是那么简单，因为选侯不希望哲学家对他妻子索菲娅·夏洛特产生太大的影响。1770年，选侯终于下决心资助在柏林建科学院的项目，而第一步就是垄断日历编汇，在传统上，这项工作原本都是由替教会工作的天文学家执行的。凭着自身的职务，戈特弗里德·基尔希成为这座新成立的科学院中最重要的科学家，而且玛丽亚·温克曼－基尔希所制作的官方普鲁士地区日历的销售收入，资助了科学院绝大多数的工作。当1701年普鲁士变成王国后，科学院的建立被视为这个王国的第一项重要成就。

在制定日历时所需的数学知识非常复杂，唯有专业人士才能担任这项工作。自古埃及和美索不达米亚以来，日历的主要作用之一是告诉国人于何时举行重要的宗教庆典。这些日子必须与圣书一致。事实上，《圣经》并未提供有关复活节日期的准确信息，

CXCV
A.C. 100?
Serpens
caput
caudam
pedibus
Facula volans cum longo atracto.
Fulgur caelum apertum.

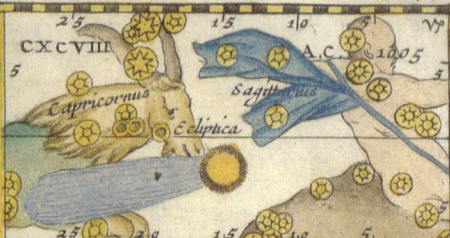

CXCVIII
A.C. 1005
25 15 10 ♑
Capricornus
Sagittarius
Ecliptica
25 20 15 10 5

CC
A.C. 1009.
25 20 10 5
Corvus
Crater
Hydra
20

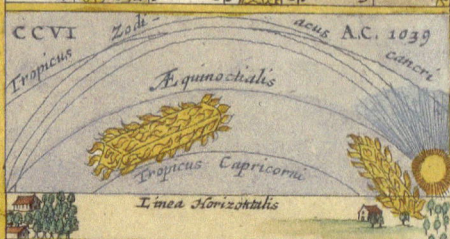

CCVI
Tropicus
Zodiacus A.C. 1039
Cancri
Æquinoctialis
Tropicus Capricorni
Linea Horizontalis

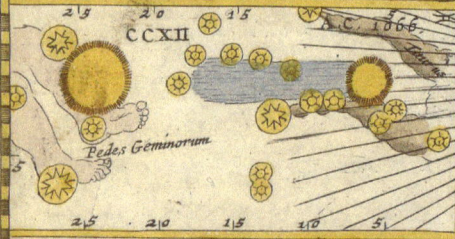

CCXII
A.C. 1066.
25 20 15
Pedes Geminorum

CCXVII
A.C. 1092
Linea Horizontalis

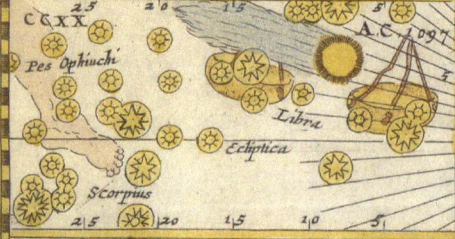

CCXX
A.C. 1097
25 20 15 10 5
Pes Ophiuch
Libra
Ecliptica
Scorpius
25 20 15 10 5

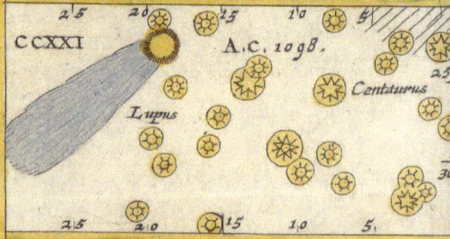

CCXXI
A.C. 1098.
25 20 15 10 5
25
Lupus
Centaurus
30
25 20 15 10 5

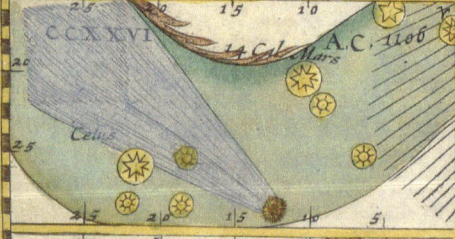

CCXXVI
A.C. 1106
25 20 15 10
14 Cal. Mars
Cetus
25 20 15 10 5

CCXXVII
A.C. 1107.
Linea Horizontalis

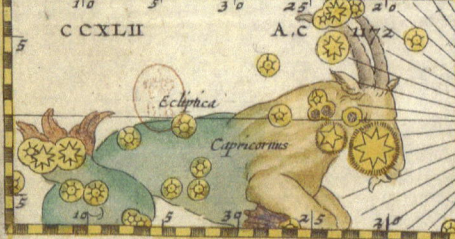

CCXLII
A.C. 1172
10 30 25 20
Ecliptica
Capricornus
5 10 5 30 25 20

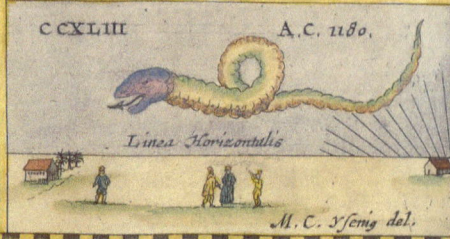

CCXLIII
A.C. 1180.
Linea Horizontalis

M. C. Isenig del.

因此在欧洲给日历编汇者造成了极大的困扰。由于欧洲的东正教、罗马天主教、新教根据不同的天象确定了复活节的日期，所以三教的复活节日期并不相同。

在科学院里，戈特弗里德·基尔希和玛丽亚·温克曼－基尔希身负与整个普鲁士王国有关的重大责任，包括科学，以及宗教、社会、政治、经济方面的问题。虽然玛丽亚·温克曼－基尔希在科学院的职务取决于她丈夫的职位，但是她的工作的重要性却是院内人尽皆知的。戈特弗里德·基尔希如果没有助手，便难以成事，而且他在工作上也无法找到一个比自己的妻子更好的人选。在戈特弗里德·基尔希本人的著述中，他公开承认，作为一个天文学家，他的妻子扮演了关键角色。这对夫妻在工作上是不可分割的一对，正如同手艺人家庭中的工作习惯那样。晚上，玛丽亚·温克曼－基尔希和丈夫在天文台轮流值班，而白天则照料家务和孩子。

1702 年，玛丽亚·温克曼－基尔希完成了一件不寻常的事，她发现了以前人们所不知道的彗星，这在 18 世纪被视为一项杰出的天文学成就。然而她的发现并未获得承认，因为对这颗彗星的观察是以她丈夫的名义发表的。多年后，在戈特弗里德·基尔希的一篇论文中，他表明那颗彗星的确是妻子发现的。戈特弗里德·基尔希自己也发现了一颗重要的彗星，而且这项发现让人们对彗星轨道有了更多的了解，也让他成为当时重要的天文学家。

（对页）彗星是18世纪早期天文学家最感兴趣的东西。玛丽亚·温克曼－基尔希也发现了一颗以往人们不知道的彗星。虽然一般人对彗星心存许多迷信，但是天文学家计算出了它们的运行轨道，从而带来大量有关太阳系的新知识。斯坦尼斯瓦夫·鲁宾尼斯基（1623—1675）所出版的《彗星剧场》（1667）是一本附有插图的集子，内有从《圣经》大洪水起到1665年为止人类观测到的415颗彗星。图片显示的是从1000年到1180年的彗星观察成果。

　　玛丽亚·温克曼－基尔希一生中只发表了 3 篇论文，而且它们都与天文学有关。她有系统地记录了天气情况，同时努力撰写关于天气预报对于农民和船员的益处的文章。由于她缺乏拉丁文的知识，所以无法全面参与她很想参加的国际性天文学讨论。

　　1709 年，玛丽亚·温克曼－基尔希收到一封来自柏林科学院院长戈特弗里德·威廉·莱布尼茨对她表达应有的谢意的信件。当莱布尼茨在普鲁士王国的宫廷中向人们介绍她的时候，强调她的工作就像一位天文学家的工作："在柏林，有一位极为博学的女性，事实上，是一位相当不寻常的人。她的成就既不在文学，也不在修辞学，而是在最为深奥的天文学知识。我不相信这位女性能轻易在她已出名的学科中找到和她匹敌的人。有如其他博学的天文学家那样，她是哥白尼体系——日心说——的支持者。同时很高兴地听到她根据《圣经》定义此一体系，事实上她对所有这些知识都非常熟悉。她和最好的天文学家一起进行观测，她也知道如何以高超的技巧操作象限仪和望远镜。"[209]

温克曼－基尔希被驱逐与回归科学院

　　在丈夫去世后，当柏林科学院决定不再需要玛丽亚·温克曼－基尔希的服务时，莱布尼茨的赞赏也没有帮上她的忙。后来的科学院秘书雅布隆斯基写了以下的信给莱布尼茨："……甚至当她丈夫（戈特弗里德·基尔希）在世时，科学院就受到嘲讽，因为它的日历是由女性编汇而成的。如果在她丈夫去世后的现在，准许她（玛丽亚·温克曼－基尔希）留在这个位子上，不知还要笑掉多少人的大牙。"[210] 科学院决定雇用一名男士做这份工作。然而，即使是最好的人选，在编汇日历方面也是速度既慢，错误又较多，实在难以和玛丽亚·温克曼－基尔希媲美。最后科学院的秘书向莱布尼茨抱怨说，这位新的天文学家若非能力不足以胜任指派的工作，就是缺少兴趣。

　　虽然科学院不再需要温克曼－基尔希为其服务，但是仍摆出善意的姿态，准许她继续住在科学院所属的公寓里。她也被保证能获得一点抚恤金和一枚奖章，那是因为她曾经在丈夫身边工作的缘故。这些对温克曼－基尔希一家用处不大，所以1712年10月她做了最后决定，将家当打包，和孩子们搬到柏林的另一地区，以便就近指导冯·克罗希克男爵拥有的私人天文台的工作。在42岁时，玛丽亚·温克曼－基尔希到达人生的最高峰。固然她失去了继续在科学院工作的权利，但人们有个共识，都认为她是编汇日历这个工作的最佳人选。在冯·克罗希克的天文台，玛丽亚·温克曼－基尔希的专业职位所赋予她的独立程度，远超过她在科学院所享有的，而且还有两个人担任她的助手。很明显地，玛丽亚·温克曼－基尔希是18世纪唯一一位独立指导私人天文台工作的女性。

　　可是这样的情况没有维持太久。冯·克罗希克男爵死于1714年，也就是温克曼－基尔希为其工作仅仅两年后。温克曼－基尔希被迫再次找寻新雇主。起初，她在格但斯克担任一位数学教授的助手，直到那里的一座天文台给她提供天文学家的工作为止。一度有名但后来去世的天文学家约翰内斯·赫维留的家族聘请玛丽亚·温克曼－基尔希和她的儿子克里斯福利德·基尔希，到他们的私人天文台工作。那里的观测设备是天文学家自己在家中建造起来的。赫维留家族曾经出过有才干的女天文学家——伊丽莎白·赫维留（1647—1693），她是约翰内斯的第二任妻子，曾经在丈夫身旁工作20余年，并且在他去世后整理了许多他未完成的手稿以便出版。

　　玛丽亚·温克曼－基尔希的儿子克里斯福利德·基尔希，如同他父亲那样，曾在莱比锡和格但斯克的大学里学习天文学。接到赫维留家族的邀请，他既愉快又惊喜，而且他很高兴可以和母亲、姐姐一起继续工作。两年后，柏林科学院再次寻找新的天文学家。这个职位被提供给克里斯福利德·基尔希，即使他缺少理论天文学方面的成就。不过，这个给予克里斯福利德的职位还包括一个条件，希望他的母亲可以担任他的助手。理所当然，付给助手的薪水或者赋予的地位都不会像首席天文学家所能得到的那样，事实上，这意味着玛丽亚·温克曼－基尔希再次被期待成为一个看不见的、工资低的、辅助男性亲戚——这次轮到她的儿子——的人。

在同一年，温克曼－基尔希家族获得另一个工作机会。沙皇彼得大帝（1672—1725）希望她们全家在他位于圣彼得堡的天文台工作。在这件事上，想必新近被沙皇指定为个人顾问的莱布尼茨在幕后运作过。温克曼－基尔希一家人不像另一位德国女科学家玛丽亚·西比拉·梅里安的女儿们那样大胆，她们其中之一举家迁至圣彼得堡，而且尽其余生都在皇家科学院内工作。温克曼－基尔希全家决定不接受沙皇的邀请，同时从格但斯克搬回柏林。

为何即使过去玛丽亚·温克曼－基尔希在柏林科学院工作时有着无数被羞辱的经历，她也仍同意接受雇用？或许她将儿子的职业生涯看得比自己的还重。虽然以克里斯福利德·基尔希的本事尚不能胜任首席天文学家的职位，但是在母亲的襄助之下，他还足以应付。不过，将来与科学院发生冲突是必然的。莱布尼茨几年前就离开了，因此在院内玛丽亚·温克曼－基尔希已不再有任何真正的朋友。她在许多场合都被禁止露脸，甚至不能和受邀到科学院的来宾交谈，此事让她了解到，如果不想躲在幕后，那么就必须离开，并且搬出科学院所属的公寓。科学院的董事会表

🐌 玛丽亚·温克曼-基尔希和她3个对天文学有兴趣的孩子——克里斯福利德、克里斯廷、玛格丽特，在施特嫩堡有名的天文学夫妇——约翰内斯·赫维留（1611—1687）和伊丽莎白·赫维留（1647—1693）——的私人天文台，一起工作了两年（1714—1716）。这张图画描绘了格但斯克市的屋顶风景。在中间，是天文台的观测平台，赫维留将它建在他所拥有的3栋房屋之上。

示，希望她不会忘记她身为母亲的重要角色，而且准许她继续和她成年的儿子一起在科学院的餐厅用餐。

玛丽亚·温克曼-基尔希很快就要 50 岁了，她只能再次靠边站。年轻时，她曾经和许多备受尊敬的天文学家一同工作，而且她的努力赢得赞赏，甚至是来自王室的赞美，但是现在她只能安于给儿子做饭吃。她身为天文学家的生涯结束了。不过，她继续在家使用最普通的设备来观测，而且可能还为自己孩子的受雇感到高兴。克里斯福利德·基尔希一直在科学院工作，直到 1740 年去世。至于玛丽亚·温克曼-基尔希和她的女儿克里斯廷与玛格丽特，则按照科学院希望的，协助克里斯福利德·基尔希的工作——但被无视，且籍籍无名。

1721 年，温克曼－基尔希的家庭友人阿方斯·德·维尼奥勒写道，克里斯福利德的两个姐姐耐心又谦逊地协助弟弟善尽职责，而且当有来宾被邀请到天文台参观时，她们也从不露面，不像她们的母亲是一个无法好好隐身幕后的人[211]。这两位姊妹谦逊的行为获得了回报，她们被准许继续在科学院内编汇日历，并享有微薄的薪水。进入 18 世纪 80 年代，普鲁士王国的官定日历其实出自一名女性——克里斯廷·基尔希——之手，已故的科学院秘书在世时一度被这个情况吓呆了。后来，玛格丽特·基尔希放弃天文学研究，嫁给了一个汉堡商人，致力于她的家务和孩子。

克里斯廷·基尔希则继续她的天文学家的生涯，并且将玛格丽特的儿子约翰·埃尔特·波得（1747—1826）培养成了天文学家。他最初在柏林科学院担任助手，一直工作到 1772 年为止[212]。约翰·埃尔特·波得从当他姨母的学徒开始逐渐成为科学院的首席天文学家以及天文台台长，而这个位置曾经为其上一代和上上一代的两位亲戚所占。约翰·埃尔特·波得因他提出的定则而出名，所谓"提丢斯－波得定则"是关于太阳系中行星轨道半径的一个简单的几何学规则。《测天图》（1800）乃是约翰·埃尔特·波得的星图收藏集，在图上的所有星星和介于星座间的界线，凡是肉眼看得出来的，都做上了记号。在当时，它是这类图书中最受推崇的。约翰·埃尔特·波得于 1826 年去世，这意味着在柏林科学院内延续近 130 年的天文学家王朝就此告终。

基尔希家族女性的命运显示了大量流行于 18 世纪的以性别区分劳动的情况。女性可以在男性的领域中工作，比如天文学，只要她们被归类为助手即可。即使两者的任务完全相同，女性也不能享有与男性相同的声誉。这样的情况有着两千年的历史，而且也经常反映出基于性别的概念与等级制度。像"男性创造科学，

Engraved by W. Nutter from a Miniature of the same size painted by Sam Shelley.

虽然玛丽亚·温克曼-基尔希或者她女儿们的肖像没有保留下来，但她们随着她们的天文仪器而不朽，就像这张图片中的玛格丽特·布莱恩和她的女儿们一样。这位英国的天文学专业和实证自然哲学专业的教师出版了几本教科书。这张图片摘自她的著作《简明天文系统》（1797）的标题页。

女性只从事科学工作""男性是真正的专业人士，女性仅是助手"这样的概念，深深扎根在当时的人们的头脑中 [213]。在男性领域中获得无可争议的伟大成就的女性，唯有当她们被视为杰出的个人时才能够被了解。

17 世纪和 18 世纪女性在天文学与自然哲学领域的研究工作

固然久负盛名的皇家科学院不欢迎女性，但在 18 世纪的整个欧洲，进行科学研究的上层和中产阶级女性却逐渐增加。像这样的研究，如果仅限于家庭范围内，甚至还被认为是道德的提升。1704 年，第一份针对女性发行的报纸《淑女日志》在伦敦出现。它鼓励女性通过热门科学论文、各种科学谜团、数学问题等来学习与科学有关的东西。在英国，"淑女年鉴"之类的著作变得非常热门，甚至读者还会买过期的刊物，因为里面包含许多有趣的文章和问题 [214]。《淑女日志》非常成功，一直发行到 1841 年，前后约有 150 年的时间。

伯纳德·勒·波维尔·德·丰特奈尔（1657—1757）是笛卡儿哲学理论和新科学的忠实倡导者、法国科学院秘书，他在著作《关于世界多样性的对话》中提倡女性从事科学研究。这是针对女性读者来介绍当时的哲学问题的第一本书，出版于 1686 年。虽然这本书的一部分内容在它出版时业已过时，而且后来的版本还无视牛顿的理论，但是在许多人看来，它依旧是一本在介绍自然科学方面轻松又有趣的书。在书中，一个年轻人教导一位匿名的侯爵夫人科学，包括天文学和物理学，而且还指导她使用显微镜。

英国的第一位女性专业作家阿芙拉·贝恩（约 1640—1689），因财务问题而在 1688 年将丰特奈尔的书翻译成了英文。不过，她认为作者的写作风格表现出了一种作为男性的优越感。依照她的看法，书中所描绘的匿名侯爵夫人像个傻瓜，她绝对不可能对科学有深刻的了解。"淑女年鉴"类作品和丰特奈尔书籍的流行启发了许多人针对女性撰写非小说类作品。比如，1719年约翰·哈里斯的《一对绅士淑女之间的天文学对话》和1744年本杰明·马丁的《年轻绅士淑女的哲学》，都以众多版本印刷发行。两本书都按照丰特奈尔作品的形式写作——一个男性亲戚或老师教导一名求知若渴的年轻女性，让她对自然科学和宇宙的结构有了较为深刻的了解。

在意大利，诗人、自由思想家弗朗切斯科·阿尔加罗蒂出版了一本书，名为《写给女性的牛顿理论》，后来这本书成为当代介绍牛顿理论最流行的书。它在1739年由女权倡导者伊丽莎白·卡特（1717—1806）翻译给英国大众。

出版于1769年，由瑞士数学家莱昂哈德·欧拉所著的《致一位德国公主与物理和哲学有关的书信》一书，已经对女性的知性天赋表现出信任，其程度远远超过前述的那些作品。莱昂哈德·欧拉的著作也很流行，而且被翻译成多种语言。在1795年英文翻译版的前言中，译者加注说道，比起从前，现在女性被看成更像个理性的人，而且在这方面，社会也正处于改善的过程中。

在法国，很多贵族女性主持文学沙龙，人们聚集在此，不是玩纸牌，而是讨论自然哲学，这是非常流行的社会消遣。玛格丽特·德·拉·萨布利埃夫人（约1630—1693）主持了一家巴黎的沙龙，她通过学习拉丁文、数学、天文学、解剖学，受到很好的教育。在戏剧《女学究》中，剧作家莫里哀（1622—1673）嘲弄了像萨布利埃夫人这样追求科学和文学的女性。这出戏大为成功，它证实了一个普遍的观点——女性追求科学是徒劳无功的。对于自然哲学，女性从来不可能真正获得深刻的了解——像这样的理念，几个世纪以来欧洲人一直顽固地坚持着。并非每个人都对着莫里哀的讽刺剧哈哈大笑；一些人并不理睬它，就像玛格丽特·德·拉·萨布利埃夫人和温克曼－基尔希家族的女性一样，继续在自然科学领域进行她们的学习和研究。

🌸 （对页）注定要属于女性的、与天文学和自然科学有关的文学，在18世纪变得非常流行。这些作品开场的情境通常是，一位经验丰富、年纪较长的男性教导和引导一位从事自然科学研究的较年轻的女性。

第 5 章

启蒙时代沙龙、大学、
科学学会中的博学女性

德尼·狄德罗《百科全书》的卷首（对页图）显示，正在接受文科教育的缪斯企图脱掉"真理"的外衣。

"**要**有勇气运用你自己的理智！"这是伊曼努尔·康德（1724—1804）发表于1784年的一句名言。当越来越多的女性有机会留意到这位德国启蒙哲学家鼓励人心的话语，康德本人却不认为努力发展理性的事情适合女性，而且他的目的也不在于鼓励女性发展这种事情。不过，在前一个世纪，勒内·笛卡儿曾经将理性"民主化"。他宣称健全的理智被赋予所有的人，而且无关乎他们的阶级或性别。启蒙时代是科学普及的黄金时期。基于对科学的热情而出版流行的非小说类作品，对于那些喜欢科学的女性特别有利，因为她们没有机会接受自然哲学方面的适当训练。

在启蒙时代，贵族妇女和富裕的中产阶级女士家中都有沙龙，它被当作受过教育之人的私人场所，同时在社会发展过程中也逐渐扮演重要的角色。沙龙给上流社会女性提供平等的机会，让她们得以参与来宾们广博的讨论。沙龙女主人通常选择一个主题，并决定邀请哪些人，然后召开聚会。

在启蒙时代，法国贵族妇女一如16世纪意大利文艺复兴时期的公主们所为，经常资助有才华的下层阶级男性。埃米莉·德·夏特莱侯爵夫人（1706—1749）与启蒙时代作家伏尔泰（1694—1778）的关系，令作家们津津乐道了好几个世纪。其实，她自己的科学作品被他们的恋情掩盖了。在将根据牛顿和莱布尼兹的著作而来的新物理学介绍给法国科学界这一点上，埃米莉·德·夏特莱扮演了一个非常重要的角色。她在首次出版于1740年的《基础物理》一书中阐述了她的理念。

如同埃米莉·德·夏特莱那样，天资聪颖的意大利物理学家劳拉·巴锡（1711—1778）在18世纪30年代向意大利学术界推广了牛顿物理学的先进性。虽然她在这个领域从未发表过一篇科学论文，可是在意大利的博洛尼亚，所有教导牛顿物理学的老师当中，她却是最受尊敬且薪水优渥的人。多亏博学女性们，博洛尼亚市在18世纪30年代变得非常有名。红衣主教兰贝蒂尼（1675—1758），亦即后来的教皇本笃十四世，是一位开明又对科学非常有兴趣的人，在保障女性获得博洛尼亚科学院内的学历和会员资格方面起到了重要作用。他通过努力，除了让劳拉·巴锡能在博洛尼亚大学教书以外，还担保安娜·莫兰迪·曼佐利尼（1716—1774）在那里讲授解剖学，让数学家玛丽亚·盖达娜·阿涅西（1718—1799）成为该大学学院的荣誉会员。根据德克·扬·斯特洛伊克（1894—2000）的说法，玛丽亚·盖达娜·阿涅西是5世纪的希帕蒂亚以来第一个重要的女数学家。

卡罗琳·赫歇尔（1750—1848）生于德国，后定居英国，因为对天文学有杰出贡献而成为第一位由英国国王付薪和发放退休金的女性。卡罗琳·赫歇尔和同时代的法国人玛丽·拉瓦锡（1758—1836）都和家族中的男性学者密切合作。卡罗琳·赫歇尔是天文学家威廉·赫歇尔的妹妹和同事，本身具有非常出众的才华。作为一位化学改革者，与丈夫安东尼·拉瓦锡一同工作的玛丽·拉瓦锡，由于她工作的重要性，我们可以理直气壮地称她为"现代化学之母"。

埃米莉·德·夏特莱

法国新物理学的先锋

埃米莉·德·夏特莱侯爵夫人（1706—1749）从未被忘记。她是今天在与科学史有关的普通教科书中少数依然被提及的博学女性之一[215]。虽然她的生平和科学著作近年来研究得比从前都多[216]，但是直到20世纪70年代，有关她的名声，来自科学成就的远不如来自她与法国作家及启蒙哲学家伏尔泰的恋情。传记作家通常对于发生在她卧房的事情比发生在书房里的有兴趣[217]。

就科学史来说，埃米莉·德·夏特莱主要是作为牛顿的主要著作《自然哲学的数学原理》（出版于1687年）的法文译者而为人所知。其实，她不仅是个译者，而且是一位独立、创新的科学思想家。在18世纪三四十年代，只有极少数法国人能像埃米莉·德·夏特莱那么熟悉牛顿的作品[218]。这绝对不是一个小小的成就，因为《自然哲学的数学原理》一书被认为是历史上最难理解的图书之一。

埃米莉·德·夏特莱最重要的学术成就之一，便是成功地将这本艰深的书翻译成易于理解的法文；最重要的，是以一种18世纪40年代在法国最新的方式——批判性分析——来评论牛顿的理

🐟　（对页）玛希安妮·卢瓦（约1715—1769）所绘的、书桌前的埃米莉·德·夏特莱。

念。当时，科学界分为两派：多数固守笛卡儿的精神遗产，另一小群人则对牛顿的新物理学感兴趣。虽然牛顿学说开始抬头，但法国皇家科学院大多数人仍倾向于笛卡儿的理念。侯爵夫人立志要了解和发扬由这位英国自然哲学家和数学家——他在世时，已经被提升至天才的高度——所提出的理念。埃米莉·德·夏特莱是一位重要的科学思想家，特别是因为她能够不带成见地检视当时的自然科学领域，而且对于人们认为是矛盾对立的观点，比如牛顿的物理学和莱布尼茨的形而上学，形成了卓有成效的综合。

从贵族女孩到科学皇后

埃米莉·德·夏特莱于 1706 年生于一个上层法国贵族家庭。她的母亲安娜·德·福黎-迭斯，以及父亲路易·夏尔·奥古斯特·勒通内利耶·德·布勒特伊（布勒特伊男爵，普卢利男爵），双方的家庭都与王室建立了长期紧密的联系。德·布勒特伊男爵担任路易十四（1638—1715）的王室礼仪师多年。他的责任包括筛选那些声望很高的宫廷访客，并决定谁可以单独面见国王。埃米莉排行第四，是父母唯一的女儿，在她的贵族孩提时期过着奢华的生活。在这期间她住在靠近巴黎杜乐丽花园的一栋别墅里，里面有 30 个房间和许多仆人。

🌣　（对页）年轻的贵族女孩埃米莉成长于巴黎一栋有30个房间和大花园的宅邸。有名的法国洛可可画家让-奥诺雷·弗拉戈纳尔（1732—1806）在他的油画《秋千》中，以一种明亮的色彩捕捉时代的气息。一种想体验自然环境、户外娱乐、细腻情感、异国乐趣的理想，在当时的艺术作品中变成流行的主题，同时它们也是埃米莉·德·夏特莱生活的一部分。

埃米莉·德·波塔伊亚从小便显露出对于学习的兴趣，即使她无法像哥哥们那样接受有系统的指导，但是她掌握外国语言和数学的速度非常快。她倾向于男孩们的爱好——骑马、击剑、拉丁文——令双亲不悦，因为他们害怕女儿的才智和运动细胞会吓跑那些有可能成为她丈夫的人。

埃米莉·德·波塔伊亚 10 岁的时候，家里来了一位访客，是有名的作家、学者、皇家科学院秘书伯纳德·勒·波维尔·德·丰特奈尔（1657—1757），他对整个餐会的人讲述灿烂星空的美妙。后来埃米莉阅读了丰特奈尔的名著《关于世界多样性的对话》，这本书很可能是她父亲送给她的。此书的主题让她感兴趣，但是她觉得书中的女主角表现得一副头脑相当简单的样子。可能就在这个时候，年轻的埃米莉决定不做男性笔下的装饰品，她要自己写出"世界的多样性"。

贵族的女儿到了 15 岁时，无忧无虑的青春通常就这么过去了，之后必须积极寻找丈夫的人选。和她同时代的人一样，埃米莉·德·波塔伊亚别无选择，只能找个丈夫，否则她母亲会把她送进修道院，这应该不是个好的替代方式。1725 年，她嫁给了大自己 11 岁的德·夏特莱侯爵。夏洛特侯爵在路易十五（1710—1774）的军队中担任高官，所以经常不在家。1726 年，这对夫妻有了女儿，再过了一年，又生了个儿子。丈夫在外期间，这位年轻的妻子就研读书籍以及进行当时典型的宫廷娱乐活动：玩牌和跳舞。

在那个时代，上层阶级的男女有情妇和情夫是很普遍的现象。然而社会并不认可妻子的不忠，愤怒的丈夫甚至可能先鞭打妻子，然后再将其身无分文地丢弃街头，或者送去修道院度过余生。尽管有关埃米莉·德·夏特莱的绯闻很多，德·夏特莱夫妇却似乎千真万确地喜欢彼此，而且侯爵终其一生支持妻子对科学的追求和写作，并不把她的婚外情放在心上。

　　埃米莉·德·夏特莱是个热爱学习的学生，在 18 世纪 30 年代她聘请法国最著名的学者教导她较高等的数学和"实证自然哲学"。她的老师和情人之一，是才华横溢却具争议性的法国科学院数学家和科学家皮埃尔·莫佩尔蒂（1698—1759）。莫佩尔蒂是少数几位熟悉牛顿自然哲学的法国学者。从 1736 到 1737 年，他领导了一次由路易十五资助的考察，前往北极圈的托尔讷河谷（芬兰地段）。这次考察的目的，主要是利用三角测量法确定是否真如牛顿所坚持的那样，地球在靠近两极的地方稍微扁平。这次成功的考察证明牛顿是对的，而这件事使数学家开始对牛顿的研究感兴趣，也使欧洲地理学者对芬兰的拉普兰区产生了兴趣。埃米莉·德·夏特莱写信给在拉普兰区的皮埃尔·莫佩尔蒂说："报纸说你差一点被蚊子吃掉了，不过，或许蚊子对你没有像你对拉普兰区女性一样的欲望吧？放心地告诉我一切。你寄到巴黎的信件，似乎充满了写给这些女性的悲伤的诗句。"[219]

　　另一位对侯爵夫人很重要的数学导师是亚历克西斯·克劳德·德·克莱罗（1713—1765），他在 12 岁时作为数学神童被介绍进入法国科学院，而且是法国最聪明的数学家之一。克莱罗也参加了皮埃尔·莫佩尔蒂在拉普兰区的考察。后来当埃米莉·德·夏特莱翻译牛顿的《自然哲学的数学原理》之时，克莱罗协助她检查有关的计算。只要是与较高等的数学有关的，埃米莉·德·夏特莱都能获得当时法国最佳导师的指导，她很快就吸收了所有的知识。到 18 世纪 40 年代，她更积极地和许多欧洲顶尖的数学家通信。然而在由这些男性组成的科学团体中，她的地位仍是一个问题[220]，她最初发表的许多科学文章全都匿名，因为她要隐藏自己的性别，以便能从博学的男性那儿获得无偏见的回馈。

伏尔泰登场：罗曼史与自然哲学

1734 年夏天，夏特莱侯爵和侯爵夫人将笔名为伏尔泰的，才华洋溢的诗人、剧作家纳入保护之下。他曾经历许多苦难：在年轻时所写的讽刺作品中，伏尔泰取笑脸皮薄的贵族，因而被以捏造的罪名送入恶名昭彰的巴士底狱，后来更遭到流放。移居英国后，伏尔泰开始以极大的热情研究该国的文学、科学、司法体制、人们的生活状况，他发现所有这些都比法国进步和自由。他特别着迷于威廉·莎士比亚（1564—1616）的戏剧、约翰·洛克（1632—1704）的社会哲学，以及牛顿的自然哲学。回到祖国后，他在 1734 年出版了著作《哲学通信》。在这部作品中，他以羡慕的笔触描述了英国的王室和司法体系，同时也批判了法国的情况。

伏尔泰志愿扛下一项任务——让法国的知识分子变成牛顿学说的坚定支持者。这不是一件容易的事，因为英吉利海峡不仅是地理的，也是心理的区隔，它将法国与英国的学界彼此分开来。法国科学院仍极其信赖笛卡儿的研究，然而在像伏尔泰这样有学问的世界主义者的眼中，它已过时了。

埃米莉·德·夏特莱与伏尔泰发现他们彼此是自己的最佳灵魂伴侣，这一点维持了在他们之间长达十几年的罗曼史。由于厌倦了巴黎的社会生活以及盛行于凡尔赛宫的流言蜚语和权力斗争，埃米莉·德·夏特莱与伏尔泰迁居乡村，住在德·夏特莱侯爵拥有的大型家族城堡。事实上，侯爵并没有努力阻止妻子和伏尔泰迁往城堡，此事反映出法国贵族对于这种罗曼史的开放态度。另一方面，对于这个家族城堡的装修工作，伏尔泰自己也有出资。埃米莉·德·夏特莱将在西雷的新家称为她"自己的学院"。两人都各自拥有为他们准备的工作室；两间工作室也各有通道，可前往藏书超过 1.2 万册的城堡大型图书馆；城堡中另有一间配备了最新科学仪器的大实验室。

埃米莉·德·夏特莱帮助伏尔泰撰写了一本与牛顿自然哲学有关的普及版书籍《牛顿哲学原理》，并于 1738 年出版。伏尔泰在高等数学以及理解牛顿复杂又专业的拉丁文方面，都不如埃米莉·德·夏特莱研究得深入。西雷城堡的访客之一曾经用以下文字描述侯爵夫人的心算和翻译技巧："即使文本以拉丁文书写，她也能毫不犹豫地以法语大声读出来。在每个句子结束时，她会犹豫一会儿。起初我不懂为什么，后来我才明白，她是在脑中进行每一页里提及的数学计算。"[221]

虽然伏尔泰佩服埃米莉·德·夏特莱快速的反应，以及她在科学写作上的数学和语文才华，但其实他不想待在侯爵夫人或任何人的影子下。1737 年，伏尔泰决定参加由法国科学院组织的竞赛。课题是解决一个古老的谜团：火是什么？侯爵夫人很高兴帮助朋友做研究。就像许多在他们之前的化学家一样，他们发现当各种物质受热时表现得也不一样。他们对各式各样的金属进行实验，并且发现某些金属加热后质量增加，另一些金属的质量则似乎完全不受影响。

渐渐地，埃米莉·德·夏特莱开始怀疑，伏尔泰采取的研究方式可能不是最适当的，于是她决定以自己的名义参加竞赛。在距科学论文截稿日期仅一个月时，她开始写报告。侯爵夫人必须悄悄地撰写她的文章，因为她怀疑一旦被伏尔泰发现他研究的价值并未让她信服时，将伤及二人之间的感情。埃米莉·德·夏特莱开始在晚上赶报告，而且她不能进行任何实验，否则可能引起伏尔泰的怀疑。她决定将自己的研究报告聚焦在光，而不再是火上。

火，既有光，又散发热量，但两者如何彼此联结起来？许多

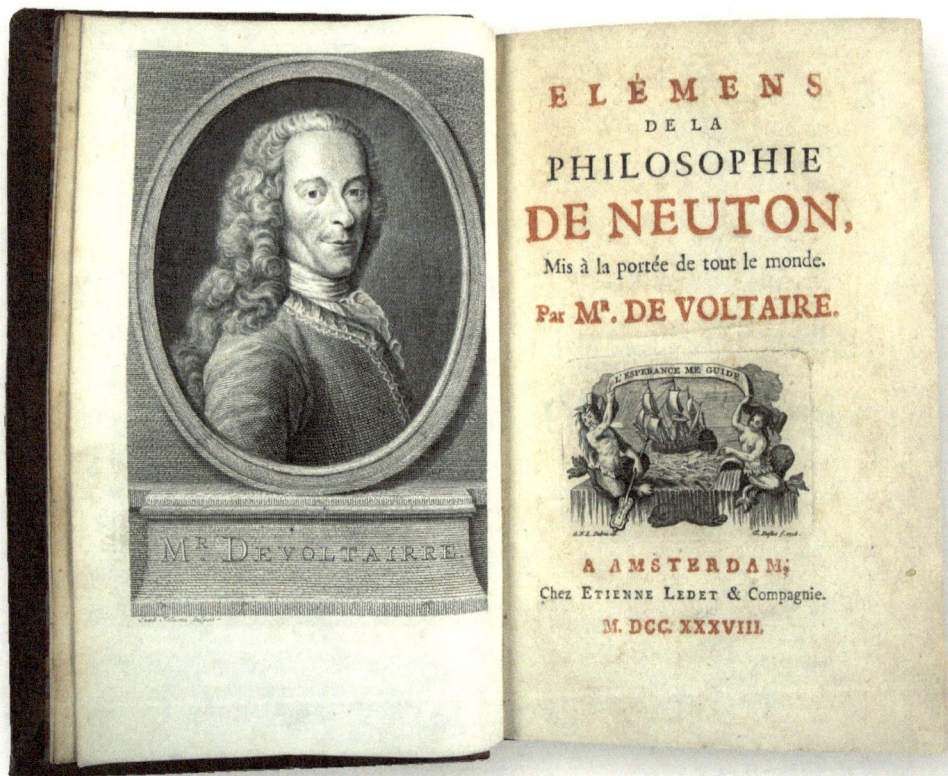

ELÉMENS
DE LA
PHILOSOPHIE
DE NEUTON,
Mis à la portée de tout le monde.
Par M#. DE VOLTAIRE.

L'ESPERANCE ME GUIDE

A AMSTERDAM,
Chez ETIENNE LEDET & Compagnie.
M. DCC. XXXVIII.

🎕 伏尔泰将他的书《牛顿哲学原理》献给埃米莉·德·夏特莱，因为在创作过程中她给予了协助。这张图片是该书的卷首和标题页，该书出版于1738年。

学者用三棱镜做实验，并发现光可以被折射成不同的颜色。埃米莉·德·夏特莱开始思考这些色光如何与热联系在一起。她推断不同颜色的光可能有不同的温度。她为测试这项假设而设计了一项简单实验。全部实验所需要的只是让明亮的阳光通过一面三棱镜，然后不同光线的温度可以用精确的温度计加以测量。埃米莉·德·夏特莱甚至推论，还有些光线是人眼完全看不见的。超过 70 年之后，德国天文学家威廉·赫歇尔（1738—1822）进行了这项实验，证明埃米莉·德·夏特莱是对的。她对不可见光的理念，比如紫外线，后来证明也是正确的。

　　埃米莉·德·夏特莱悄悄地送出 136 页的论文参加竞赛。经过数个月的等待，法国科学院发布了得奖者名单。不论伏尔泰或者埃米莉·德·夏特莱都没得到大奖，但是他们因为自己有趣的论文而获得了口头奖励，论文同时被刊登在科学院的期刊上。埃米莉·德·夏特莱作为一名独立学者的声誉开始增长。许多博学男士，例如成名于拉普兰考察之旅以后的皮埃尔·莫佩尔蒂，便认为在整个竞赛中埃米莉·德·夏特莱的论文是最好的 [222]。按照皮埃尔·莫佩尔蒂的看法，把大奖发给其他人根本就不公平。

光的世纪

　　法国人经常称 18 世纪的启蒙时代为光的世纪，此处的"光"指的是"智能之光"，它引导人类获得所有知识，并投射光线在人类生活的各个方面。根据德国启蒙哲学家伊曼努尔·康德的说法，启蒙意味着人类从自发的不成熟中解脱，而且他鼓励人们运用"自己"的理智 [223]。在 18 世纪，亦即启蒙的世纪，人们对社会性问题的辩论增加，许多哲学家和作家开始批判君主专制，并要求改善司法体制。最大胆的人才有足够的勇气要求宗教自由、批判奴隶制度和检查制度，以及为工人和女性享受更好条件而发声。许多欧洲国家也开始发展学校体制和卫生保健。18世纪的启蒙运动并非一个简单的、教条式的学说系统，而是针对改善当前状况而提出的一个重要处理方法。启蒙哲学家信奉发展，也要求改变。人们相信，过去的错误可以用理智、知识、科学加以改正。然而伏尔泰不倡导民主（认为它是群众的专制主义），却偏爱开明专制。

在社会和科学思潮中，"智能"很快变成"天性"的同义词，其目标是借着解释人类也可以通过研究由上帝创造的自然环境来认识上帝，从而把学术研究从宗教的限制中解放出来。有人认为，自然环境受制于"自然法则"，若经由系统性的实证研究，人便可以了解这套法则。如果能显示出研究大自然等于同时在研究上帝，那么上帝的意志，亦即《圣经》，就不再是唯一与上帝有关的权威，而且科学也不必再符合《圣经》里的字眼了。多数启蒙时代的学者并不否认上帝的存在，但他们不想让教会以任何方式插手他们的学术研究。

如果在这个世界上有某种神圣的计划，而且是由某个"神圣的智能"来控制该计划的运作，那么道德规范也可以源于自然法则。社会应该基于客观存在的事实——也就是科学知识——来发展的这样一种理念，在启蒙时代出现了。客观性是今日现代西方科学的关键原则。不过，就像许多哲学家和科学社会学家所认为的那样，这个原则本身不是没有问题[224]。在18世纪，学术方法并非不涉及价值——时至今日依旧如此。在当代，人们在科学社会学方面的讨论中所强调的观点是，若涉及科学追求的动机与价值，应该尽可能地透明化。至于谁出版，谁监控，谁付账，谁受益，最后谁使用了科学研究的结果，这些都很重要。在科学领域中的各式各样的角色，对于如何研究、该研究什么，以及好的科学研究通常该如何定义，都有决定性的影响。

在启蒙时代，各种学科仍紧密地和哲学交织在一起，因此 18世纪的自然哲学家继续讨论上帝和人类灵魂的存在，还有物质的主动与被动的性质。埃米莉·德·夏特莱的兴趣在于活力论，亦即物质具有某些生命力的理念。她思索物理学和形而上学的问题：比如牛顿的万有引力理论、伦理学和医学的问题、自由意志的问题、道德的起源、根据人类感官运作而来的原则、情绪心理学。循着在 17世纪建立起伟大体系的笛卡儿、斯宾诺莎、莱布尼茨等人的脚步，埃米莉·德·夏特莱尝试创造一种全面性的哲学理论，以解释宇宙的物理构造或者人类的行为原则。

广泛地掌握知识，并且以系统化的形式将它呈现出来这样的愿望，在启蒙时代的百科全书派作家的作品中表现得最为明显。德尼·狄德罗（1713—1784）的主要作品《百科全书》对科学、艺术、工艺做了广泛的介绍。这个庞大的系列由 17卷的本文和 11卷的插图组成，出版于 1751年到 1772年之间，囊括了该时代所有可能领域内的整体知识。狄德罗本人出身手工艺人家庭，年轻时从父亲那儿学会制刀术。他佩服英国人弗朗西斯·培根（1561—1626）的哲学思想，以及手艺人从实际工作中获得知识的方式。《百科全书》的文章在讨论纺纱、织布、采矿、农业、造船、造桥、机械时，就像在讨论宗教、法律、文学、数学、哲学、天文学、自然科学史那样彻底。

启蒙时代的许多学者，比如伏尔泰、孟德斯鸠（1689—1755）、卢梭（1712—1778）、安-罗伯特-雅克·杜尔哥男爵（1727—1781），都曾为这部《百科全书》写文章。就当时的这类图书来说，本书是最大部头的。然而某些有关社会、法律、神学的文章，对于法国严格的审查制度和教会来说，观点仍过于激进。这个系列的前两卷遭查禁，因为"国王发现在这两卷中所包含的数个理念倾向于损害王室权威，并鼓励独立思考和煽动叛乱；而且通过隐晦和带有歧义的字眼，引起礼仪的错误和崩坏、煽动宗教的对立情绪、破坏信仰。"[225] 这两卷中遭查禁的部分最后在比较开放的阿姆斯特丹出版。

法国启蒙时代的思想家和学者希望把知识从狭隘的学术局限中解放出来，同时让一般大众更易于接近它。科学的普及，也就是科学作品以一种易于了解的方式写给更广大读者阅读的想法，遂蔚为流行。德·丰特奈尔早在 17 世纪末便在自己的书中开始这样的计划，而 18 世纪 30 年代的意大利艺术评论家和国际化人士弗朗切斯科·阿尔加罗蒂（1712—1764），继续他的偶像德·丰特奈尔的工作，并把创作普及化的教育作品当作自己一生的志业。他的畅销书《写给女性的牛顿之教导，或光和颜色的对话》首次出现在 1737 年 [226]。在书中，一名博学的"世界人"以德·丰特奈尔作品的风格，教导一位匿名的侯爵夫人自然哲学。在弗朗切斯科·阿尔加罗蒂的书名中的"女性"二字，指的是对高等数学不熟悉的上流社会或者基层女性。

弗朗切斯科·阿尔加罗蒂在 18 世纪 30 年代以埃米莉·德·夏

🜃 （对页）德尼·狄德罗的《百科全书》在当时是包罗最广的百科全书，它涉及文化和文明所有可能的方面。它也广泛讨论了手工艺，而且书中附带许多机器设备的插图。这张图片说明了纺纱的技巧（《百科全书》，1765）。

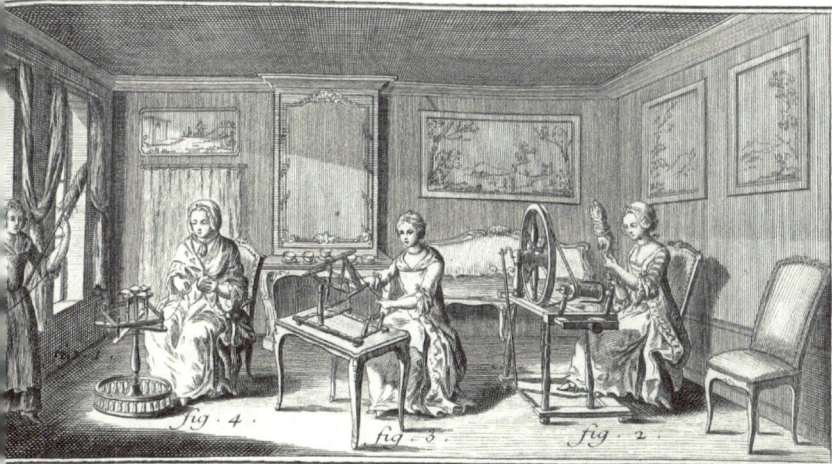

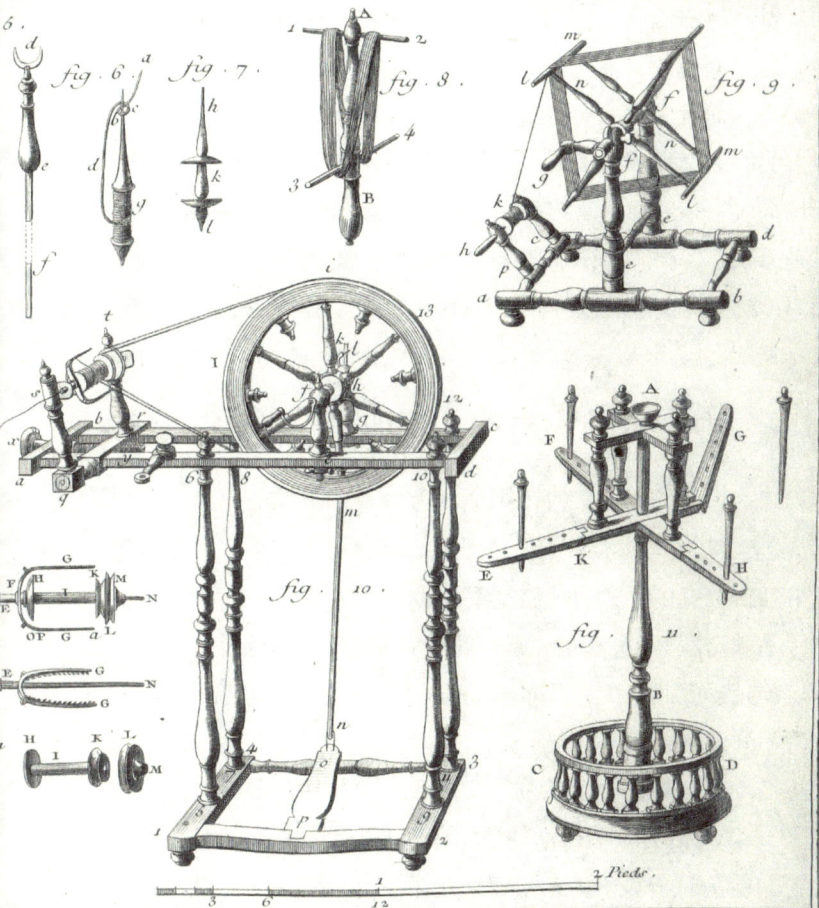

Pl. I.

fig. 4. *fig. 3.* *fig. 2.*

fig. 6. *fig. 7.* *fig. 8.* *fig. 9.*

fig. 10. *fig. 11.*

2 Pieds.

Defehr Fecit

特莱和伏尔泰的来宾身份在西雷城堡写作。1736 年，皮埃尔·莫佩尔蒂邀请他这位意大利的朋友参加拉普兰考察，可是这位作家偏爱沙龙，遂婉拒这份邀请。弗朗切斯科·阿尔加罗蒂是 18 世纪典型受过教育的"世界人"，他的思想和生活方式反映了沙龙复杂且强烈的目的性——借助科学知识带来"自由思考"及社会变迁。然而这些有修养的沙龙男女从来不为穷人或革命辩护。弗朗切斯科·阿尔加罗蒂的"革命"思想主要吸引了米兰的上层阶级女性，在这些人中间，"英国的智慧"非常盛行。此事从他们对牛顿理念的普及、英语、英国的饮茶习惯、伦敦帽子的流行样式等事物或主题产生兴趣即可看出。比起欧洲其他地区，法国的启蒙思想更为激进，而且它的社会性影响不仅限于改变帽子而已。在始于1789 年的法国大革命之后，由于有了断头台这种刑具，许多法国人，包括埃米莉·德·夏特莱的长子，再也没有头可以戴帽子了。这不是弗朗切斯科·阿尔加罗蒂所希望的，因为在书中的序言里，他表明，盼望知识所能改善的，不仅是灵魂，还有社会。

"能量之母"结合牛顿的万有引力和莱布尼茨的生命力理念

埃米莉·德·夏特莱对于牛顿的力学和莱布尼茨的形而上学深感兴趣。她想写一本书，把这两人的理念结合起来，因为他们都拥有前所未有的洞察力。经过不断的重写，她终于在 1740 年出版了《基础物理》。埃米莉·德·夏特莱对于她的书能否被人们接受深表怀疑，因此她决定匿名出版第一版，直到 1742 年的新版本出版时才公开使用了侯爵夫人的名字。

将物理现象转换成清楚的数学方程式极为困难。起初，牛顿出版于 1687 年的《自然哲学的数学原理》一书虽然介绍了万有引力理论，但是对于科学界却仅仅产生了少许影响，原因是，包括数学和物理学专业人士在内，几乎没有谁能够了解。这种情况就像250年后爱因斯坦发表相对论的时候一样。虽然两个理论最后都粉碎了当代人对整个物理世界的了解以及一些现有的看法，例如物质的本质和控制宇宙的力量，但是轰隆隆的"爆炸声"在这些理论发表很久以后才被人们听到。在人们逐渐了解了这个由牛顿创制的新数学体系之后，他们才领悟到万有引力理论在解释大量的物理现象时，比如从天空的力学现象到子弹轨迹的长度，效果似乎都出奇地好。

埃米莉·德·夏特莱与人们分享莱布尼茨的理念，其要点是，在力学系统中有一定的力量在运转（莱布尼茨称其为活力），就像两辆马车相撞的情况。按照牛顿的看法，并没有活力这样的力量存在。两辆相同的马车面对面驶来，在宇宙中产生了一股巨大的力量，这个力量等于马车的质量（m）乘以它们的速度（v）。然而当马车相撞后，这个力量消失了。在相撞过程中产生的力量（今天称它为动能）哪里去了？就像18世纪的许多其他的物理学家一样，牛顿认为，上帝会提供一个解释，并且争论说这股力量似乎消失了，不过上帝会设定"宇宙的发条装置"，所以到头来宇宙仍然会像个机械那样正确无误地运转。在此，牛顿在智慧方面的对手莱布尼茨，找到了理由来嘲笑他的英国同行，他问道，为何当上帝在建造宇宙的发条装置时，不曾建造一个永动机？现在显然它必须偶尔上一次发条，不是吗？

埃米莉·德·夏特莱认为，相撞的两辆马车所产生的动能并未在相撞过程中消失，而是转变为热和声音。埃米莉·德·夏特莱提议说，来自相撞的动能，应该以"质量乘以速度的平方（mv^2）"计算（编辑注：实际上应当是$1/2mv^2$）。她由荷兰物理学家威廉斯·赫拉弗桑德（1688—1742）所做的实验发现了这个公式；后者所做的实验，是让许多等质量的小球掉入软泥中。如果牛顿是对的，那么当小球以两倍的速度掉入泥中，就应该沉入两倍深；若以 3 倍速度，则是 3 倍深。然而情况并非这样：两倍速度的球，沉入 4 倍深；3 倍速度的球，沉入 9 倍深。事实上，球的质量必须乘上速度的平方，才是它的动能。

"活力"这个概念，经过不同阶段的变化，在 100 年之后的 19 世纪 40 年代获得一个新名字，叫作"能量"。动能、热能、电能、磁能都是能量的不同形式，而且"质量乘以速度的平方"这个公式，成为计算它的标准方法。爱因斯坦最后在基本粒子的层面，将能量（E）、质量（m）、光速（c）互相联结起来。当物质在爱因斯坦有名的方程式 $E=mc^2$ 之中被定义成能量时，物质究竟是死是活的问题，就变得没有意义了。

若争辩说爱因斯坦所做的也不过是把侯爵夫人的旧方程式里的字母 v 变为字母 c 而已，固然极具诱惑力，但很明显地，仅仅轻微的改变，却引发了物理学界的大革命。埃米莉·德·夏特莱和她同时代的人仍紧紧固守古典物理，特别是力学而处在一个作用力与反作用力的世界里。爱因斯坦的相对论——物质的速度接近光的速度时的现象——是个完全不同的概念，古典物理的法则再也管不住它了。

当今公认，在最后促成人们对于能量概念的理解的过程中，"活力"的理念与埃米莉·德·夏特莱的洞察力，发挥着重要的作用。今天，我们都知道，甚至在最小的粒子中也包含巨大的能量（$E=mc^2$），这个认识后来成为核电的基础。最小作用量原理、质量守恒定律、能量守恒定律、充足理由律——这些都是埃米莉·德·夏特莱支持的原理——构成了现代物理学的基础。埃米莉·德·夏特莱的书通过有趣的方式，结合当代自然哲学各方的最新理念，将物理学研究导向人们越来越感兴趣的活力或能量的本质上。

在《基础物理》的前言中，埃米莉·德·夏特莱侯爵夫人解释了为什么她要写这本书。在法国图书市场上，没有一本跟得上时代的教科书，其内容与基础物理有关，而且介绍牛顿和莱布尼茨的理论，以及赫拉弗桑德的实验。她故意选择教科书形式，因为她相信，在博学人士的小圈子内，这样的书比女性撰写的科学作品较易为人接受。为了对科学世界里男女角色的传统观念表达自己的看法，她把书献给自己的儿子。这是非常不寻常的，竟然让一个母亲（女性）在科学思维上指导她的儿子（男性），况且科学思维还被视为一个彻头彻尾的男性专属品。然而埃米莉·德·夏特莱从不曾采取一个明确又公开的立场来推广女性教育，也没有努力将博学女性的典范介绍给她的女儿。

博学人士圈子热情地接纳了埃米莉·德·夏特莱的《基础物理》，因此在它出版之后，当时的国际博学人士团体接纳了埃米莉·德·夏特莱侯爵夫人。博洛尼亚的科学院邀请她成为会员，这对她而言是极大的荣誉。她在余生中，一直将这份邀请函保存在她最珍惜的文件里。按照当时的习惯，她把书的复印本送给许多有名的科学家，如瑞士"数学王子"莱昂哈德·欧拉（1707—1783）、英国数学家詹姆士·朱林（1684—1750）、德国哲学家克里斯蒂安·沃夫（1679—1754）。她也请求他们对她的书做评论，并且提出改进建议。

在克里斯蒂安·沃夫看来，比起莱布尼茨本人，埃米莉·德·夏特莱让莱布尼茨的哲学理念变得更容易理解。这个反馈让侯爵夫人很愉快，因为克里斯蒂安·沃夫没有指责她"偷"了他的想法，要知道埃米莉·德·夏特莱的老师之一塞缪尔·柯尼希，把沃夫的想法当作自己的来教人。主要由于克里斯蒂安·沃夫的缘故，她所写的与基础物理有关的书很快被翻译成德文。沃夫的一位支持者，牧师让·德尚，非常欣赏埃米莉·德·夏特莱的书，不仅如此，他还讲述了自己如何在欢欣鼓舞的状态下一直追踪这位法国的知名女性，看她如何为整个国家树立起榜样，并打开那扇通往人们尚无勇气去对付的哲学之门，因为人们认为它几乎无法被理解。既然一位优雅的淑女完全了解克里斯蒂安·沃夫的理念，而且以她自己的语言表达了出来，那么他的思想就不应再被指责为晦涩或艰深了。让·德尚觉得，对埃米莉·德·夏特莱侯爵夫人仅仅赞美是不够的，她应该获得的感谢不光是来自沃夫先生，还要加上整个文学世界[227]。

最后的努力

埃米莉·德·夏特莱在坐落于洛林的斯坦尼斯瓦夫·莱什琴斯基（1677—1766）的吕内维尔宫廷，享受了最后几个月的快乐人生。斯坦尼斯瓦夫·莱什琴斯基曾经两次担任波兰－立陶宛国王，但是在1735年被迫退位。他的女儿玛丽·莱什琴斯基（1703—1768）因政治原因嫁给法王路易十五，由于她是个没有国家的国王之女，所以没有牵涉进法国纠缠不清的联盟中。埃米莉·德·夏特莱也认识玛丽王后本人。这个曾经为路易十五生了10个孩子的王后，最后却落得在偌大的凡尔赛宫内的几个房间里过着隔离生活。这对王室夫妇在第10个孩子出生后，彼此就不再讲话了。国王在众多情妇中寻找新的伴侣，像漂亮又聪明的德·蓬帕杜夫人（1721—1764），她对国王的影响力竟然高于国王自己的正式顾问。

斯坦尼斯瓦夫·莱什琴斯基曾经被授予洛林公爵。在洛林，他将自身的兴趣区分成科学、艺术和慈善事业这几部分。后来他还设立了小型科学院，并说服伏尔泰、埃米莉·德·夏特莱等人在1748年加入他的机构。伏尔泰和侯爵夫人欣然接受他的邀请。

伏尔泰的理念不受许多巴黎贵族家庭的青睐，但是在斯坦尼斯瓦夫的宫廷，伏尔泰和埃米莉·德·夏特莱受到有如王室成员般的对待。他们抛下凡尔赛的流言和阴谋，打包起行李前往吕内维尔。在此地，人人喜爱伏尔泰的戏剧，同时也欣赏侯爵夫人的美貌和聪慧。在吕内维尔，埃米莉·德·夏特莱遇到了年轻的德·圣－兰伯男爵，很快男爵就变成她的情人。

　　1749 年年初，埃米莉·德·夏特莱发现自己怀孕了。她已经42 岁，而且也自认为早就过了可能受孕的年龄。不久，她开始害怕自己可能无法活着生下第四胎。她从前生的一个男孩在婴儿时期便死去，而其他的两个孩子（一男一女）并不赞成他们的母亲再次生产。1749 年春天，埃米莉·德·夏特莱开始做紧张的准备工作，以防万一在分娩过程中死去。她的恐惧并非毫无实据。分娩并非毫无风险，即使是年轻又健康的女性亦然。在 19 世纪中期之前，人们还不了解卫生的重要性，许多孕妇在分娩期间因发炎而死亡，原因出在她们的医生那一双不干净的手。而此时，未来新生婴儿的父亲德·圣－兰伯男爵必须和他的军队移驻另一个城市，虽然侯爵夫人想继续维持彼此的关系，但他显然不再有兴趣了。不过，埃米莉·德·夏特莱仍然决定继续未完成的科学工作。仁慈的斯坦尼斯瓦夫提供给她一个机会，让她在吕内维尔的城堡度过她的孕期，在那里她可以专心于自己的工作，而且平和又安静地准备生产。

　　埃米莉·德·夏特莱早在 1745 年便开始针对牛顿的《自然哲学的数学原理》进行翻译和撰写解释性评论。工作进展缓慢，部分原因是，伏尔泰不断要求她把注意力放在他的工作上。他们的激情早在几年前就已消退，但他们仍很亲密，即使他们都各自有新的恋情。埃米莉·德·夏特莱曾编辑她朋友的文稿，而且很有耐心地和他讨论内容，以至于延误了自己的工作。现在她没时间可以浪费了。《自然哲学的数学原理》的翻译工作和评论在孩子出生前必须完成。这是与时间赛跑的事情。

　　埃米莉·德·夏特莱疯狂地工作着。当伏尔泰加入时，她在早上8点起床，然后写作7小时不停歇。在一小时的喝咖啡休息时间之后，她继续工作到晚上10点。他们谈论几小时后，她又接着工作到早上5点。经几小时休息后，隔天早上她又在同一个地方继续工作。她只剩4个月的时间来完成工作。

　　9月4日，埃米莉·德·夏特莱产下一名女婴。就在仅仅几天前，她完成了《自然哲学的数学原理》的翻译工作以及简单易懂的解释性评论，这些是她针对牛顿的天体力学、万有引力理论及数学所写的东西。在伏尔泰看来，分娩很容易，比起他在戏剧中为角色创造对话，简直容易太多了[228]。6天之后的9月10日，侯爵夫人请求让她再次修改自己的手稿，并且希望手稿能送到她的出版商手上。就在同一天的晚些时候，她开始感觉不适，陷入昏迷，然后死去。她的丈夫、她的新情人，以及和她在一起最久的伴侣伏尔泰，都在一旁与她告别。她的医生无法宣告她的死因，但一般都推测其死于血栓。女婴则在18个月时死亡，葬在母亲旁边。

　　埃米莉·德·夏特莱翻译的《自然哲学的数学原理》被遗忘了数年，甚至极为悲痛地哀悼死去的伴侣的伏尔泰也无法让它出版。因为在法国，侯爵夫人的生命之作并没有市场。直到埃米莉·德·夏特莱去世10年后的1759年，人们才重新燃起对她译作的兴趣。法国数学家数年来一直争论着，有关埃德蒙·哈雷预言1682年出现的彗星将于1758年再度出现的问题。这次的彗星再现将支持牛顿万有引力的理论。因此，当这颗彗星终于出现在巴黎的天空时，这也意味着侯爵夫人手稿的复活。

　　1759年，书店开始出售埃米莉·德·夏特莱对于《自然哲学的数学原理》的翻译及评论性著作[229]。伏尔泰为著作加上了一段充满赞美的前言，而这本书获得了巨大且当之无愧的声誉。在它面世不久之后，一家久负盛名的科学图书出版商写道："过去数年，大众不耐烦地等待它的出现。虽然种种困难让它无法早日出版，但这个延迟似乎只增加了这件作品的辉煌，并有助于实现在哲学——那种解释和评论的哲学——上的胜利。这是为什么我们可以说，这一翻译和评论给所有研究哲学的人提供了一个机会，让他们以一种容易接近的方式学习牛顿的理念，尤其是那些能够追随哲学论证的人……她以一种让不熟悉数学讨论的读者也得以了解的文笔，重现了宏伟的几何表述……因此能够引领年轻且热心研究数学的人进入牛顿哲学的圣殿。"[230]

劳拉·巴锡于1732年10月在博洛尼亚大学，对着知名的观众做第一次演讲。

劳拉·巴锡、安娜·莫兰迪·曼佐利尼、玛丽亚·盖达娜·阿涅西

博洛尼亚大学的 3 位博学女性

18 世纪中期，对博洛尼亚的博学女性而言是一段愉快的时期。劳拉·巴锡（1711—1778）、安娜·莫兰迪·曼佐利尼（1716—1774）、玛丽亚·盖达娜·阿涅西（1718—1799），约在同时都被邀请在博洛尼亚大学授课，而且她们也受邀成为博洛尼亚科学院的会员。其中两人，物理学家劳拉·巴锡和解剖学教师安娜·莫兰迪·曼佐利尼，都有颇长的学术生涯，直到去世为止都活跃在她们自己的学科领域。才华横溢的数学家玛丽亚·盖达娜·阿涅西，一位多产的作家，34 岁便放弃科学事业，隐居修道院，并献身于慈善工作。

著名的博洛尼亚大学和科学院在 18 世纪时并不对所有女性开放。虽然博洛尼亚大学只提供给极少数的女性研究和讲学的机会，但是和改进女性学习渠道有关的激烈讨论不仅发生在博洛尼亚，也发生在意大利其他的大学城。许多女性也参与了这一讨论。1722 年，朱塞佩·埃莉奥诺拉·巴尔巴皮科拉（约 1700—1740）翻译了一本书，名为《哲学原理》，献给伊丽莎白公主。书的前言里有一段捍卫女性学习权利的火热言论。在意大利，许多有学问的父亲鼓励他们的女儿进行学习和研究工作，有些人还尝试让大学根据他们女儿的成绩授予学位。1722 年，阿方索·戴尔斐尼·多西伯爵尽他的最大努力，想让博洛尼亚大学授予他的女儿玛丽亚·维

托利亚·多西在法律方面的博士学位，但没有成功。不过，在18世纪30年代的意大利，人们对于博学女性的态度开始变得更为友善。

某些具有影响力的博洛尼亚男性，如博学的红衣主教兰贝蒂尼（后来的教皇本笃十四世），开始支持将学位授予有成就的女性这种理念[231]。该市的另一位重要学者路易吉·费迪南多·马西里将军（1680—1730），早在1714年就于博洛尼亚设立了一所科学和艺术学院，并支持以学位奖励有学术成就的女性这样的理念。兰贝蒂尼和马西里一起努力，想要恢复这个城市古老的声誉——研究之母[232]。兰贝蒂尼捐赠给科学院一座图书馆；同时他和马西里还共同设计与捐赠了一间实验室，配备了各种最新的科学仪器。就劳拉·巴锡和安娜·莫兰迪·曼佐利尼的学术活动来说，这所学院——当时简称为"机构"——变成了一个重要的论坛。

这个"机构"分为两部分：科学院和克莱门学院。受到教皇本笃十四世邀请的一群院士也以它作为基地。获选为这个团体的会员是意大利学者所能获得的最大荣耀，而且这个团体的院士享受巨大的特权。1745年，劳拉·巴锡很光荣地成为第一个受邀请进入该团体的女性，并成为永久的杰出会员。

安娜·莫兰迪和玛丽亚·盖达娜·阿涅西只是荣誉会员，不能享受院士的福利，例如进入梵蒂冈博物馆参观珍宝收藏。这个"机构"的科学院特别专注于物理学和化学的发展，也关注数学，还有理论和实验的自然哲学。克莱门学院主要推广视觉艺术，但它也设置了解剖学专业和自然博物馆以及天文台。

在18世纪，博洛尼亚市在教皇的统治之下。即使城市有独立的元老院，大学也有自己的管理单位，但是红衣主教以及教皇，尤其后者，在管理城市和大学方面仍拥有巨大的影响力。至于决定支持某些意大利女性的科学事业，这不仅出于单纯的慈善，也是一个经仔细盘算过的宣传行动。为了跟上启蒙时代的意识形态，这些博学女性乃是教育强化了公共道德的象征。也有人认为，博学女性增加了博洛尼亚在欧洲其他地区的知名度，同时也吸引了其他国家的学者来到该市。1678 年，超过两万人聚集在一个典礼上，观看帕多瓦大学第一次将学位授予一名女性，该女性名为埃莱娜·科尔纳罗·皮斯考皮亚（1646—1684）。劳拉·巴锡、安娜·莫兰迪·曼佐利尼、玛丽亚·盖达娜·阿涅西在 100 年之后，也几乎同样有名，此外，她们的博士论文答辩也是同等重要的公共事件。诗人为她们写颂词，而且在出自当时人之手、描写与意大利旅行有关的无数图书中，也都对她们赞赏有加。

　　博洛尼亚在文艺复兴时期一度吸引了世界有名的学者，然而到了 18 世纪，却不再有魅力，因此意大利的大学和科学院必须努力争取顶级学者的青睐。即使聘请女性担任老师不过是个宣传噱头，但是在整个西欧，它为女性增加了学习和研究的机会。当 18 世纪进入尾声，要求在自然科学方面为女性提供更佳指导的声音越来越多，甚至遍及整个欧洲。玛丽·蒙塔古夫人（1689—1762）是英国的博学女性、女权捍卫者，她曾经游历整个欧洲，还到过亚洲，她佩服意大利人鼓励女性进行学习和研究工作的做法，1753 年她还写信给女儿说："……在这个国家（意大利），博学女性决非被轻视的对象；贵族家庭为他们的女性作家们以及一位米兰的贵族夫人（玛丽亚·阿涅西）感到骄傲，尤其后者之所以在博洛尼亚大学担任数学教授，是因为当今的教皇本笃十四世寄出了周到的邀请函的结果……告诉你实话，没有其他国家会像英国一样鄙视女性……" [233]

1732年4月17日，一场公开的博士论文答辩在博洛尼亚的检察署大厅举行，而劳拉·巴锡就在这里为她的博士论文答辩。5位著名的博洛尼亚学者被选出来组成答辩委员会。这种答辩是重要的公共事件，因此参议院、大学、教会的重要代表都会出席。在图的右侧，是劳拉·巴锡；而在她对面的荣誉席上，是教皇的使者红衣主教格里马尔迪和兰贝蒂尼（兰贝蒂尼后来成为教皇本笃十四世）。

Tab. XIII

94.

Catharina Bassi...
...is Bohemiam...
...is Palatij Philosophicas Theses exponit
...am plaiun graesie desendit

劳拉·巴锡——意大利"实验物理之母"

在欧洲大陆，两位博学女性埃米莉·德·夏特莱和劳拉·巴锡，以她们自己的科学工作出色地推广了牛顿的新物理学理念。法国的埃米莉·德·夏特莱侯爵夫人是一位杰出的理论家和数学家，而意大利的劳拉·巴锡主要做的是实验物理。两人似乎从未谋面，但她们彼此知道对方的学术成就，从劳拉·巴锡在授课中使用埃米莉·德·夏特莱撰写的教科书可见一斑[234]。两人都应邀成为博洛尼亚科学院的会员。

劳拉·玛丽亚·卡塔莉娜·巴锡生于小康家庭。她是双亲唯一幸存的孩子，因此身为律师的父亲要给唯一的孩子良好的教育。从 5 岁起，她开始学习拉丁文、法文、数学。12 岁，博洛尼亚大学接受她成为医学教授的门生，因此她的教育变得更有系统和更有挑战性。1731 年，20 岁的劳拉已经极为熟悉多种语言和自然哲学，她的老师决定邀请该市最重要的学者来听听看他的门生有多精通这些内容，并检验她的学习成果。出席者之一正是红衣主教兰贝蒂尼，劳拉·巴锡的表现给他留下了深刻印象。

一年之后，红衣主教说服"机构"授予劳拉·巴锡科学院荣誉会员头衔。同一年晚些时候，博洛尼亚大学和市参议院决定授予她哲学博士学位。1732 年 4 月 17 日，一场庄重的博士论文答辩为奖励她而举行。劳拉·巴锡的博士论文以及共 49 次演讲，其中最多的是与物理学有关的主题，其余的则是形而上学和逻辑学。她也有权在大学讲课，不过需要一位教授的特别认可。事实上，授予学位和讲课许可都只是表面文章，因为这些对她在大学里的科学事业并没有帮助。

劳拉·巴锡并未因此而感到满足。她要进一步研究高等数学，以便对牛顿的理论有更好的理解。1735 年，巴锡开始向有名的加布里埃尔·曼弗雷迪（1681—1761）学习数学，他曾经就积分学写过一本受人敬重的著作。同年，梵蒂冈图书馆和手稿室的大门对她敞开——像这样的机会之前从来未曾给予任何一位女性。经过 6 年，直到 1738 年，劳拉·巴锡的生活方式就如同她那个时代的任何博学男士那样，是个自由的学者，然而城中某些嫉妒她的人开始不赞成一个未婚女性可以拥有这样的自由生活方式。为了维护身为值得尊敬的女性的声誉，劳拉必须认真考虑婚姻，她写信给一个朋友说：“……我个人的事情改变了我的想法，而且让我做出这个决定……我选择一个人，他在科学上走过与我相同的路，多亏他长期的经验，不会阻止我遵循自己的……”[235]

劳拉·巴锡所选择的人是杰赛普·韦拉蒂（1707—1793）医师，他感兴趣的事情和未来的妻子相近，而且成为妻子最亲密的同事长达数十年。这段婚姻显然非常幸福，在 15 年之中这对夫妇拥有了 8 个孩子：五男三女。当劳拉·巴锡·韦拉蒂在 1778 年去世时，只剩 4 个男孩仍活着。

至少这 4 个男孩中的一个，保罗·韦拉蒂，追随父母的脚步，展开了其科学事业。劳拉·巴锡的学术活动受到怀孕和分娩的影响竟然如此之小，这着实令人吃惊。或许分娩不像眼睁睁地看着自己那么多孩子在年纪轻轻时就走了那样痛苦吧。人们对劳拉·巴锡的家庭生活所知甚少，而且在保存下来的几封信中，她也没提及自己的私人生活。幸运的是，她的一些通信还在，而这些信件乃是与她身为学者有关的工作最重要的信息来源。

劳拉·巴锡没有出版过任何一本科学著作，不过她是个活跃的演讲者。在家和在博洛尼亚科学院，她教授实用和理论物理、化学、数学超过 40 年的时间。她在她的实验室进行过许多不同的实验，并且一直改进她的理论。从演讲的主题显示，她对牛顿万有引力理论、静水压力及大气压力、流体力学、电力、磁力感兴趣。当她发表研究结果时都会有所保留，因为她觉得对它们还需要做更多的工作。这就是她的讲稿发表得很少，极少留存给未来的人们的原因。

1745 年，劳拉·巴锡被授予一项极大的荣誉：她受邀加入一个由教皇本笃十四世所召集的院士团体。她成为正式会员，而且是这个团体中唯一的女性。这是她许多拥有影响力的赞助者经多年坚决努力的结果。然而这并不意味着将有更多的机会让她在大学里教书，事实上，大学仍不情愿让她教书。1749 年，大学提供机会让她讲授解剖学。但是由于她不精通解剖学，计划无疾而终。同年，她决定在家向人们讲授实验物理学的最新发展状况，从而发现这是她最感兴趣的课题。

早在 100 年前，博洛尼亚元老院就已经赋予它的大学教师在家授课之权。在新的科学理论和理念传播期间，这样的授课形式很重要。劳拉·巴锡的物理课程经证明是成功的，而且她在家教导了近 20 年，直到 1776 年元老院指定劳拉·巴锡为应用物理学教授，虽然当时应用物理不在大学中讲授，却在科学院里教授着。最后，在 56 岁时，劳拉·巴锡获准在科学院内自由且公开地以正式的教授身份教授她自己选择的科目。年长她 4 岁的丈夫被指定为她的助手。这对银发却活跃的夫妻继续在一起工作，直到 1778 年劳拉·巴锡谢世。

尽管劳拉·巴锡大多数的讲义遗失了，不过在博洛尼亚科学院里有一张她的课目清单却被保存下来，她几乎 1/3 的授课涉及流体和以水驱动的设备。水力是博洛尼亚最重要的能量来源，而且被用在纸张、麻、丝的生产上。科学院鼓励它的学者开发可为该市的工业带来益处的机械设备，因为科学院试图赢得元老院和大众的支持，其方法就是凸显在它领导下所做的研究对博洛尼亚的居民是有实际用处的。科学院也研究水蒸气，因为学者们认为它异于其他的气体，而且就气体的压强与体积之间的关系来说，水蒸气并不符合波义耳定律。18 世纪中叶，在博洛尼亚，物理学家狂热地研究当代物理特别是力学的最新问题，但他们不能确定水蒸气在压力下的行为。要到 19 世纪早期，水蒸气才受到控制，并用作能量的来源。

电力研究的盛行

劳拉·巴锡和丈夫杰赛普·韦拉蒂也研究当时最流行的自然现象：电[236]。在古代，人们已经知道静电的存在，而且古希腊自然哲学家泰勒斯在公元前 7 世纪就发现，纺锤的琥珀装饰具有神奇的能力，可以吸引轻量的物品，比如线头。这个现象的名称来自希腊语的 elektron，意思是"琥珀"。水手也熟悉此现象，在雷电交加时，从固定帆桁前端的金属支架到桅樯之间会出现幽灵般的蓝色火焰。据了解，这个现象被称为"圣艾尔摩之火"，此乃静电尖端放电的结果。

电力的研究在 18 世纪进展得非常迅速。在 17 世纪，人们已经了解湿度和静电吸力之间的相关性。许多学者开始研究电的传导，英国的斯蒂芬·格雷（1666—1736）是第一位成功将电力输送至 300 米以外的人。到 18 世纪 40 年代，产生静电已经不再是问题了。后来，学者竞相努力解决电力储存的问题。荷兰科学家彼得勒斯·范·米森布鲁克（1692—1761）于 1746 年在莱登大学为储存电力而制造出一个基本设备——名为"莱登瓶"的蓄电器，因此变得很有名气。

1748 年，法国教士兼科学家让-安托万·诺莱（1700—1770）根据莱登瓶发明了一种基本机械设备，可用来产生和储存静电。

他第一个明了与电力有关的实验所具有的巨大宣传价值。1746 年春天，他安排了一项展示活动：通过 180 名由国王卫士组成的人龙传送电流。当时，一场严肃认真的讨论持续在某些博学人士之间进行着，讨论的主要内容是，为何电击会影响不同的人，比如阉人。普及各项科学发现结果的各种方法都发明于 18 世纪，而那些与电力有关的方法无疑是最富戏剧性且令人印象深刻的。

就像让-安托万·诺莱那样，著名的美国政治家、物理学家本杰明·富兰克林（1706—1790）也对尖头的金属棒在放电距离上比圆头的金属棒超出许多这一点感兴趣。后来富兰克林发明了避雷针。富兰克林也是第一位解释电有正、负之分的人，同时以符号"＋""－"来标示它们。在 18 世纪 40 年代，大约与富兰克林同时，劳拉·巴锡就尖锐物体的导电能力进行了独立实验。她和诺莱、富兰克林两人都进行了与电力实验有关的广泛通信。如同富兰克林所做的实验，劳拉·巴锡的实验也证明电力与磁力紧密相关，不过，这种关系要到 19 世纪才得以证明，并解释得让人无可争议。

劳拉·巴锡也和她年轻的同胞亚历山德罗·伏特（1745—1827）有所联络，后来伏特在新时代里成为最重要的电力研究者之一。伏特在开发最初的电池上声誉卓著，他把它称为伏打电堆，意思是有如一个能量不断的电源；电动势的单位"伏特"，正是为了表彰他的发明而以他的名字命名的。

许多意大利学者对电力的治疗效果感兴趣，劳拉·巴锡在这一方面协助她丈夫杰赛普·韦拉蒂进行研究。让-安托万·诺莱不但不是个谦逊的人，而且还自认是无可争议的电力研究者之王，他也对这个课题有兴趣。他横越阿尔卑斯山，旅行到意大利研究意大利的"电气化药用管"。这次法国学者的访问同时也推进了意大利和法国的科学发展，而且在阿尔卑斯山两侧的科学院都鼓励

🏛 电力在18世纪是最流行的研究对象之一。图中是产生静电的设备。

这类国际活动。诺莱并非毫无保留地对意大利同行的成就表达了敬佩之情，部分原因可能是出于纯粹的嫉妒。事实上，詹弗朗切斯科·皮瓦蒂和杰赛普·韦拉蒂持续改进他们的新方法，成功治疗了许多病症，例如身体某部分的麻痹。在某种治疗情况下，病人手中握着玻璃管，管内充满各种药性或气味强烈的物质，比如香水，然后医生对病人施以温和的电击。有时候，这些治疗看起来有助于病人，在其他时候却又检测不出效果。韦拉蒂与电疗有关的论文在整个欧洲相当有名，它们很快被翻译成法文。通过不断试错，劳拉·巴锡及其丈夫的实验将与电力有关的研究向前推进。在18世纪，很多学者研究电力，但仅有少数人通过了时间的考验而留名。

安娜·莫兰迪·曼佐利尼自制的本人蜡像，最近被恢复并置于博洛尼亚大学解剖博物馆内展览。

安娜·莫兰迪·曼佐利尼——从女雕刻师到解剖学教授

除了新的实验物理学以外，博洛尼亚还想在内部推动解剖学的研究和教学，因为该市在这个学科有着辉煌的过去；在中世纪，博洛尼亚大学于解剖学的教学上已经很有名气。文艺复兴时期，解剖学领域伟大的创新者、来自布鲁塞尔的安德雷亚斯·维萨里（1514—1564），曾在博洛尼亚讲学。此外，显微解剖的开拓者马尔切洛·马尔皮吉（1628—1694），以及重要的解剖学研究者安东·玛丽亚·瓦尔沙尔瓦（1666—1723）在博洛尼亚都很活跃。该市的科学之友、红衣主教兰贝蒂尼，决定为科学院定制一套解剖学模型。这些蜡质模型的制作任务交给了两位艺术家，他们是一对夫妇，两人皆精通解剖学：乔瓦尼·曼佐利尼和安娜·莫兰迪·曼佐利尼。

人们对安娜·曼佐利尼在孩提时期的事情所知不多，只知道她学习艺术。1740 年，她嫁给在学习艺术时遇到的艺术家乔瓦尼·曼佐利尼[237]。同年，雕刻家埃尔科里·黎里提供给乔瓦尼·曼佐利尼一份工作，要他担任蜡质解剖模型的设计者和制作人。意大利的许多雕刻家对蜡很熟悉，因为在中世纪人们便已开始制作圣者蜡像了。仅用 5 年的时间，乔瓦尼·曼佐利尼对于蜡质模型制作以及人类解剖学就已经掌握得很好了，因此一度被指定为大学的解剖学教授，但是他决定设立一间自己的工作坊。大概就在这个时候，安娜·莫兰迪·曼佐利尼开始帮助她体弱多病的丈夫，并学习解剖学。在日记中，她写道，起初"切开身体"这件事曾将她击退，但很快她就克服了畏惧心理。由于丈夫病情加重，她逐渐强迫自己制作那些已经下了订单的蜡质模型。随着丈夫的健康状况进一步恶化，她也必须充当他的替补，在家教授解剖学。渐

🐾 安娜·莫兰迪·曼佐利尼制作的蜡质模型，显示了眼部肌肉的动作。

渐地她有了自信，不久之后，不论是解剖学的知识还是蜡质解剖模型的制作，她的水平都已经与丈夫不相上下。

到了 1755 年，安娜·莫兰迪·曼佐利尼成了有两个孩子的寡妇，同时在国际也享有名望[238]。她和丈夫一起工作将近 15 年，而且在蜡质模型制作领域成为一位技巧娴熟的大师。他们共同完成了许多大作，例如制作了 20 个呈现孕期的各个阶段，包括胚胎、孕中期、分娩阶段的模型，以及生殖器官的蜡质模型。这些是博洛尼亚大学外科手术教授乔瓦尼·安东尼奥·加里（1708—1782）

🦐 安娜·莫兰迪·曼佐利尼制作的一个蜡质子宫模型，显示了脐带和胎盘的解剖图。

定制的，被用于他那所刚设立的产科学校的教学。

在丈夫去世后，安娜·莫兰迪·曼佐利尼接到数个来自欧洲各地的工作机会，邀请她去教导解剖学和制作解剖模型——甚至威尼斯公爵和萨丁国王都对她的技艺感兴趣。1769 年，神圣罗马帝国皇帝、奥地利国王约瑟夫二世（1741—1790）访问博洛尼亚，看上了她的蜡质模型，购买了一些，并且在他的余生中一直赞助维也纳的解剖学博物馆。俄国的凯瑟琳大帝（1729—1796）也邀请安娜·莫兰迪·曼佐利尼远赴圣彼得堡科学院（今天的俄罗斯科学院）讲学。然而教皇想要将这位才华横溢又工作勤奋的学者兼艺术家留在博洛尼亚，于是继她丈夫之后，安娜·莫兰迪·曼佐利尼被聘为博洛尼亚大学解剖学教授。她还被授予克莱门学院——在"机构"底下运营的艺术学院——的荣誉院士头衔，但她不像10年前的劳拉·巴锡那样是正式的院士。在教皇本笃十四世的推荐下，博洛尼亚的元老院进一步决定每年拨款300里拉给她。

安娜·莫兰迪·曼佐利尼在丈夫去世后并未再婚。固然她能以独立的女科学工匠的身份度过其余生，但是她的年收入却始终不及从事同样工作的男性们。像劳拉·巴锡那样，她虽然没有出版任何与她的研究有关的著作，但作为一名活跃的老师，她却引领了许多学生进入解剖学的世界。她制作了很多精细的蜡质模型，其中有些留存至今。历史学者在安娜·莫兰迪·曼佐利尼250页的日记之中发现了她所做的详细观察记录。这本日记提供了一个很好的线索，让我们了解到，在解剖学的授课中她都传授些什么东西[239]。不论她的蜡质模型，或者她的笔记，都显示出她并不满意于只是复制其他受人尊敬的研究者的成果，所以她也进行属于自己的、重要的独立研究。

安娜·莫兰迪·曼佐利尼对人类的感觉和感觉器官——眼睛和耳朵、舌头和手——特别感兴趣。她采取和其他许多解剖学研究者相同的方式描述它们，而且对于找出它们在生理上如何作用，以及人类何以能够通过他们的感官获取周遭环境的信息，也有兴趣。她进行了一项彻底的眼睛解剖观察工作，发现眼睛借着6块不同的肌肉而转动。她也研究泪腺、虹膜以及手和眼协调工作的情况。

她研究感觉器官，这与一个更广泛的有关身心关系的哲学辩论有关。事实上，这个辩论在启蒙时代就一直进行着。英国哲学家约翰·洛克（1632—1704）在1689年出版的《人类理解论》一书中，对那些认为知识乃基于"与生俱来的思想"的理性主义者已经持反对态度。约翰·洛克捍卫实证观点，并且主张所有知识都基于经验和感官的观察。在最后的分析里，他说，科学只能通过各种感官来研究可观察的现象。解剖学学者，例如安娜·莫兰迪·曼佐利尼，则尝试解释感官的生理运作知识，以让人类了解我们如何获得和自身环境有关的信息及知识。

安娜·莫兰迪·曼佐利尼的工作在她去世后并未遭到遗忘。她的蜡质模型在博洛尼亚解剖博物馆内占据很荣耀的地位，而且在指导许多未来时代的学生时，它们依旧是重要的材料。今天，它们被保存起来并供来宾瞻仰。

玛丽亚·盖达娜·阿涅西其人及她和数字的"相处方式"

玛丽亚·盖达娜·阿涅西（1718—1799）是个神童。她的父亲皮耶特罗·阿涅西是米兰一位富有的丝绸商人，在自己的华丽城堡内为该市的上流社会人士组织沙龙。在沙龙中最吸引人的，就是他那对还不到 10 岁、才华横溢的女儿玛丽亚·盖达娜与玛丽亚·特雷莎。在这些聚会上，玛丽亚·特雷莎会以大键琴演奏自创曲目，而玛丽亚·盖达娜则背诵那些由她翻译成拉丁文的外国诗和演讲词。在 18 世纪，让孩子为上流社会人士表演是很流行的娱乐方式。有名且有音乐才华的玛丽亚·安娜和沃夫冈·阿玛迪斯·莫扎特也是一对类似的表演者；他们被野心勃勃的父亲带着到欧洲各处的宫廷进行表演。

1727 年在她们父亲的沙龙里，9 岁的玛丽亚·盖达娜·阿涅西以拉丁语为女性读书的权利做了有名的辩护，正如同卡桑德拉·菲德勒当年在威尼斯所做的那样[240]。这位神童的演讲稿无疑是她的老师撰写的，不过由此轻易可见，18 世纪 20 年代，在意大利精英之间，有关博学女性的问题是多么热门。不论演讲稿是不是她写

玛丽亚·盖达娜·阿涅西生前在数学领域的成就早已广为欧洲的博学人士圈子所承认。不过，后来她斩断了所有和学术界的联系，献身于慈善工作。

的，一个年轻女孩为女性争取更多学习的机会并没什么害处。玛丽亚·盖达娜在她的演说中强调，给予女性的指导可以加强婚姻关系，因为有学问的妻子能成为更好的伴侣，此外还精确说明了要如何让基督教女性学以致用。政治和宗教是属于男性的，但应准许女性通过文学、语言、学术活动提升自己。这个演讲，与100年前安娜·玛丽亚·凡·舒尔曼针对相同主题所做的极为相像[241]。

（对页）玛丽亚·盖达娜·阿涅西所写的数学教科书的封面。这本书被翻译成数种文字，新版本一再印刷发行；在欧洲各地有很长的一段时间，它被用作数学教材。

INSTITUZIONI
ANALITICHE
AD USO
DELLA GIOVENTU' ITALIANA
DI D.ᴺᴬ MARIA GAETANA
AGNESI
MILANESE
Dell' Accademia delle Scienze di Bologna.

TOMO I.

IN MILANO, MDCCXLVIII.

NELLA REGIA-DUCAL CORTE.

CON LICENZA DE' SUPERIORI.

到 13 岁时，玛丽亚·盖达娜可以流利地说很多当时的欧洲语言，也会一些希伯来文、古希腊文、拉丁文。在 20 岁时，她不但希望停止在沙龙上的表演——因为原本她这样做也不过是为了取悦父亲，而且还要求准许她隐居于修道院。皮耶特罗·阿涅西非常反对女儿想成为修女的这种想法。玛丽亚·盖达娜同意留在家里，条件是她不再被要求在观众面前表演。玛丽亚·盖达娜·阿涅西在她年轻时写的演讲稿，于 1738 年被集结在《哲学命题》一书中。

玛丽亚·盖达娜在母亲去世后肩负起所有家务事，而且还教育和照料她的妹妹与弟弟。她父亲再婚两次，所以她要负责 20 个孩子的教育工作。一直以来，她都在家研究自然哲学和数学，并且为一本和数学有关的教科书搜集材料。由于有最佳的语言知识，而且在数学方面也有才华，因此她可以研究欧洲所有主要数学家的理论，比如笛卡儿、牛顿、莱布尼茨、费马、欧拉、伯努利兄弟的。

18 世纪 40 年代，最新的微分和积分尚未合并成一个统一的表述。出版于 1748 年的《体系分析》是由玛丽亚·盖达娜·阿涅西执笔的两卷本数学教科书，也是第一本对当代广泛的数学领域进行系统性介绍的图书。它讨论的问题，包括有限数量的分析、圆锥曲线、曲线的最大和最小值、切线、无穷小量、积分和微分方程式。这本书很快将玛丽亚·盖达娜·阿涅西的名声传播至欧洲各地。

她将她的教科书献给当代具有影响力的政治人物：玛丽亚·特雷莎（1717—1780）——神圣罗马帝国皇后、奥地利女大公、匈牙利和波希米亚国王，以及 16 个孩子的母亲。皇后本人对改进国家教育制度很有兴趣，她回赠了这位米兰数学家一枚价值高昂的钻石戒指及盒子。后来，皇后的礼物和其他属于玛丽亚·阿涅西的有价值之物，在她自己的要求之下悉数出售，所得款项则用来设立一处庇护所，供穷人、病人、遭摒弃的女性居住。

《体系分析》一书被学术界热情接纳。法国科学院找来顶尖数学家组成一个特别团体来检阅这本书。在来自科学院的信中，一位委员会秘书写了以下的话："夫人，容我在科学院所给予你的赞美之上，再附上我个人的钦佩。科学院授予我荣誉，代表整个科学院对于你赠送给我们的著作说几句话……这本书将你的工作介绍到我们的国家，而且也带给意大利极大的荣耀和名声。你的作品非常有用，其实我们引颈期盼像这样的书已经很久了。它超越了过去所有的尝试，比如，雷诺的分析和近期发表于英国的研究报告。在这些尝试里，没有一个能帮助那些想研究数学的人进步得那么快，走得那么远……如果与法国数学家合作，能带给你任何乐趣，我将很高兴地尽我所能提供一切协助。请接受我由衷的敬意与推崇。"[242]

纵使有这么多赞誉之辞，法国科学院也并没有接受玛丽亚·盖达娜·阿涅西。然而她应邀成为博洛尼亚科学院荣誉院士，同时在大学也获得了荣誉数学教授头衔。不过，人们并不清楚她实际上在大学里授了多少课。她接受所有加诸在她身上的学术荣誉，因为那是她父亲的希望，可是在父亲去世后，她退出了学术界。她终身未婚，反而献身于照顾穷人；她借着教授小孩子收取的费用谋生。当她 81 岁谢世时，她已失去听觉和视觉，并且将她所有的财产捐赠给穷人。这位受到皇后、教皇、整个学术界钦佩和奖励的聪明数学家，匿名埋骨于供穷人和病人使用的普通墓地里，夹杂在受她后半辈子照顾的那些人中间。

卡罗琳·赫歇尔

天文学领域的灰姑娘

在卡罗琳·赫歇尔（1750—1848）小时候，没有一个亲近她的人会相信，这个又小又瘦、体弱多病的女孩可以活到将近 100 岁，更没有人预料到她将成为她那个时代最有名的天文学家。在回忆录中，卡罗琳·赫歇尔经常自称"灰姑娘"，借此描述她从在故乡汉诺威的不愉快的童年，到成为一位由英国国王支付薪水的天文学家这段漫长的人生旅程。最后，她成为英国第一位被任命为受薪专业天文学家的女性。在后来的日子里，她在天文学方面的工作获得了人们的极大赞赏，而且有两个皇家科学学会将她选为荣誉会员。然而由于身为女性，在当时的环境下，她从未被接受为正式会员。

在回忆录里，卡罗琳·赫歇尔总是强调她从哥哥威廉·赫歇尔（1738—1822）那里所感受到的尊敬，以及对哥哥表达的感谢："我自己什么都不是，也没做什么事情；因为从我整个人以及我所知的一切来说，我都难以和哥哥相提并论。"[243] 威廉·赫歇尔对她妹妹在天文学兴趣的培养上无疑扮演了一个重要角色，可是如果卡罗琳自己没有热情献身给这个学科，那他们在天文学领域的共同成就就将极为平凡。她协助哥哥做天文研究将近 50 年。他们成为一对合作无间的工作伙伴长达 20 年，而且他们的成就广为人知。然而应该指出的是，卡罗琳·赫歇尔并非只是哥哥手中的工具，而

🐟 （对页）卡罗琳·赫歇尔活到98岁高龄。在图中，她指着天王星的轨道，该行星是她哥哥威廉·赫歇尔发现的。

是一位靠自己努力的、熟练又独立的天文学家。

这对兄妹也共享另一种爱好——音乐。在她们转任全职的天文学家之前，那是他们的专业。在天文学家生涯的初期，威廉·赫歇尔借着撰写文章和指挥音乐而获得他们工作上所需的款项。在移居到英国之后，卡罗琳通过自学和一定的天赋成为一名水平很高的歌手——尽管事实上她从没有受过正式的歌唱训练。每年有一部分时间，他们一起表演，威廉指挥，卡罗琳唱歌，其余的时间则献身于天文学。

因 "恐怖的汉诺威" 而逃往巴斯

卡罗琳·赫歇尔在她长寿的一生中写过两次回忆录 [244]。在这些回忆录中她强调，就整体说来，她只是哥哥微不足道的助手而已，不论是在音乐还是后来的天文学领域。她的回忆录中散发着某种淡淡的辛酸，想想她不安的童年，即可理解这一点。固然基于杰出的天文学工作，她最后获得了皇家科学学会的认可，但是，对她的人生来说，这项奖励来得相当迟。此外，在她的回忆录中经常表现出来的自嘲，应该被看成一种有意为之的行为。她觉得她被迫在冲突的压力下过日子，这种强加在她身上的压力，一方面来自家庭的义务，另一方面来自她个人的抱负。在孩提时期的家中，母亲一直努力地想把她塑造成传统的谦卑女性。然而从父亲那里她却获知了另一种人生，亦即通过勤奋的工作和明确的目标，有机会改善自我，并且把自己的社会地位提升至较高的程度。她想要成为对他人有用的人，而不是如同她母亲所要求的那样只做个仆人 [245]。

1750 年，卡罗琳出生在一个较低层的中产阶级家庭，在家中的 8 个小孩里乃是第四个女儿。她童年的日子并不好过。以现代的词汇来说，她的母亲安娜和大哥雅各布对待她的方式，既有身

在18世纪，英国西南部的巴斯是广受欢迎的温泉胜地和文化中心。欧洲的上流社会人士聚集在这里享受休闲时光。此画由托马斯·罗斯绘制。

体上的虐待，又有精神上的贬损。卡罗琳在很年轻时就知道，她必须不断地向他人证明自己是有用的。家中成员对这个最年幼的女儿，极少表现出任何的亲情与和蔼的态度，甚至在 90 岁高龄时，她仍记得仅有几次家人让她感受到些微好意的事情。卡罗琳几次愉快的童年记忆都与她父亲艾萨克·赫歇尔和哥哥威廉有关，后者并没有把她当成无关紧要的女仆那样对待。还是小女孩的时候，她有一次在母亲不知情的情况下，和父亲偷偷溜出去欣赏繁星点点的夜空，并且看到了她人生中的第一颗彗星。

安娜·赫歇尔计划把她年纪最小且存活下来的女儿拉扯长大，让她成为没有薪水的佣人。卡罗琳 4 岁时患了天花，在脸上留下了麻子，因此家中其他人都臆测将来没人会娶她。很快卡罗琳开始认同父母的想法，尤其是 10 到 20 岁的这段生活经历促使她决定过独身生活。虽然安娜并不希望她女儿学习任何技术，只要学会家务事和缝纫即可，但父亲却坚持女儿至少应该读小学，学习读和写。卡罗琳虽然学习这些技能，但她的母亲却给她安排了很多家务，以确保在她做完这些家务事以后再没有时间可以读其他的东西了。安娜本身甚至连阅读也不会，但博学的女儿思想却远远超过她的水平。

多亏艾萨克·赫歇尔的坚持和才华，他以自己的方式成功地走上社会的阶梯。起初他只是个园丁的儿子，但他通过努力，最终在军乐队里占有一席之地，成为令人尊敬的音乐家。艾萨克也对自然哲学、数学、天文学感兴趣，并且试着将这些兴趣传给他的儿子们。在父亲于 1767 年去世之后，卡罗琳便完全任由母亲和哥哥摆布。早在 22 岁时，她就已经被说服，她往后将会成为服务于她的家庭成员的免费佣人。安娜甚至不准女儿学法语，因为这有可能让卡罗琳成为家庭教师。在 18 世纪，欧洲的所有宫廷均认为法语是最优雅的语言，因此上流社会家庭的父母希望孩子学习它。对家庭教师来说，懂法语是必备条件。

1771 年 10 月，威廉寄来一封令人惊讶的信，他建议卡罗琳搬到英国巴斯的温泉小镇，和他住在一起。威廉于 1757 年前往英国，留在巴斯，而且成功地开启了蓬勃发展的音乐家生涯。

汉诺威与英国的频繁接触，原因可以回溯到 17 世纪英国斯图亚特王室与汉诺威王室之间的联姻。1714 年，汉诺威选侯乔治一世（1660—1727）通过母亲伊丽莎白·斯图亚特与斯图亚特王室建立起关系，并在国会的支持下继承了英国王位。这个在汉诺威与英国之间的个人联盟，一直维持到1837年。尽管英国受来自德国的国王统治超过100年，但英国人总认为德国人迟早会回去的。事实上，许多德国人，就像赫歇尔兄妹以及作曲家乔治·弗里德里希·亨德尔（1685—1759），都成功地在英国开始了自己重要的职业生涯。

当时在英国，巴斯是最为时尚和文化最盛行的城镇，它给音乐和剧场的表演者提供了丰富的素材。威廉已为他的3个兄弟雅各布、亚历山大、迪特里希在巴斯找到工作，这一次则是给亲爱的妹妹提供机会。亚历山大和威廉鼓励妹妹展示她美丽的歌喉并进一步学习，然而她的母亲和大哥认为整个计划很荒唐。卡罗琳的母亲不准她的女儿远赴巴斯，直到威廉同意为母亲所需要的仆人支付工资，方才改变主意。

经过近12个月的痛苦等待，威廉终于回来接妹妹到巴斯去。1772年8月16日，他们乘坐马车——从字面上来说，它载着卡罗琳进入了一个新世界，结果新世界却为她开辟了一条通往星星之路。在这个阶段，卡罗琳自己实在无法想象未来的天文学家生涯。这趟旅程从德国北部穿过荷兰到达英国，一路颇为辛苦，马车加上船舶，经历了10天的时间。起初落脚在陌生的新家，卡罗琳感到很孤独。她连一个英文单词也不会，而且从前在家里她不喜欢社交，她并没有太多机会练习那种想要融入一个新环境时所需要的社交技巧。在英国的头一年，卡罗琳备感艰辛。她尝试学习声乐和获取更多英语知识；只要威廉可以从音乐会匀出时间来，便教她以及无数的学生，包括大提琴、小提琴、大键琴、双簧管。每天下午，卡罗琳带着热情，自己练习大键琴。她下定决心要在音乐方面有所成就，以便成为对她哥哥有用的人，而且她觉得这是自己的主要任务。她也负责家务事，除了自己和威廉的，还包括另外一位哥哥亚历山大的家务事。

KEMPLEN

音乐会与望远镜

靠着自己的练习，卡罗琳在两年内将她的歌唱水平发展至职业歌手水准，因此很快获准在合唱团中演出。大约就在这个时候，威廉在他的新兴趣天文学上越来越需要妹妹帮忙。威廉·赫歇尔想建造一座尽可能最大的望远镜，让研究天体现象变得容易些。1774 年夏天，赫歇尔兄妹搬入一所较大的房子，威廉将它改为望远镜工作坊。在卡罗琳和亚历山大的协助下，在接下来的两年当中，威廉建造了 3 座大型望远镜。望远镜里的反射镜以铜锡合金研磨而成。研磨镜子是一件既需要精确的操作又耗时的工作，威廉坚持要靠自己的双手做出来。不论何时，卡罗琳只要有时间就练习唱歌和学习数学，以便能够在天文学的研究上为哥哥提供更多的协助。

1777 年 3 月，在卡罗琳的人生中发生了一件里程碑性质的大事——她成了歌手。在那之前，她只在哥哥指挥的合唱团里表演，然而接下来她要第一次进行独唱演出：她是亨德尔的流行清唱剧《犹大·马加比》里的两位女独唱者之一。往后数年，她都担任亨德尔有名的清唱剧《弥赛亚》的首席歌手。在 5 年内，卡罗琳·赫歇尔从一名业余的音乐爱好者上升到英国严肃音乐世界的顶峰。试想，在歌唱方面，她受过的正式训练这么少，而且她还必须花很多时间在家务事与哥哥的天文学研究上，因此，这真是一个很重要的成就。

🌿　（对页）威廉·赫歇尔和他妹妹卡罗琳·赫歇尔合作无间。图片摘自法国天文学家卡米伊·弗拉马利翁（1842—1925）所著的《热门天文学》（1880）。

卡罗琳·赫歇尔渴望有一个光辉灿烂的歌手生涯，甚至在伯明翰还有人向她求婚。汉诺威的灰姑娘闪耀得有如一位受到整个英国音乐界赞美的明星歌手。

28 岁时，卡罗琳·赫歇尔终于有了一个机会，不论在经济上或社会地位上，都可以拥有独立的生活，但她并没有去抓住这个机会。相反地，她选择继续协助哥哥威廉的天文工作，而且她不支薪。直到 1782 年，这对兄妹偶尔还会在音乐会中联袂演出，可是天文学工作占用他们的时间越来越多。卡罗琳·赫歇尔在她的回忆录里没有清楚地解释为何她放弃令人羡慕的歌手生涯。固然她想独立，但恐怕她还没有足够的勇气离开哥哥庇护下的家，走进属于自己的世界吧。也许她宁可成为反射星光的镜子也说不定。另一方面，或许她不能单独做出决定，因为在天文学的研究上，威廉·赫歇尔需要妹妹无偿的协助。可能她哥哥故意强调艺术家生涯的财务风险，并且鼓励她选择无风险的一种生活：和哥哥一起从事天文学工作。卡罗琳感觉自己一生都欠哥哥的债，因为他的"拯救"，自己得以免于沦为汉诺威的女仆。既然知道哥哥在他的天文学工作中需要她的帮助，如果选择成为歌手，过独立的生活，卡罗琳觉得这样做是不合乎情理的。于是，英国天文学研究领域获得了英国歌剧界所失去的卡罗琳·赫歇尔。

新的生涯

到了 1781 年 3 月 13 日的晚上，卡罗琳·赫歇尔的生活与哥哥的新生涯交织得更紧密了。在那特别的一夜，威廉·赫歇尔有了一项发现，进而使自己从一位默默无闻的德国业余天文爱好者变成了一位有名的天文学家。在那一晚，他所研究的对象是一个盘状的星体。他向伦敦皇家科学院报告说，他发现了一颗新彗星，

威廉·赫歇尔正在做埃米莉·德·夏特莱于70年前就已提过的一个三棱镜实验。他制造了一个可以测量不同颜色光线温度的灵敏仪器。这项实验显示不同颜色的光线有不同的温度，就如同埃米莉·德·夏特莱夫人所预言的。

因为他没有勇气公开说自己发现了新的行星。经过数个月仔细的观察后，专业的天文学家成功计算出了这个星体的轨道，并且能够确认威廉·赫歇尔的猜测——他的确用自己建造的强力望远镜发现了一颗新星。这颗新星后来按照古希腊天文学的缪斯"乌拉尼亚"之名，被称为天王星，这个名字是柏林天文学家约翰·波得（1747—1826）建议的，而他也是天文学家玛丽亚·温克曼－基尔希的外孙。

威廉和卡罗琳·赫歇尔在欧洲天文学家中最早将研究焦点放在我们太阳系以外的太空。为了研究外层空间的现象，威廉不断建造更大更好的望远镜，然而这件事需要投入许多时间和金钱。为了能够不做音乐家的工作，而把所有的时间投入天文学，他必须找到一位赞助者。在威廉·赫歇尔发现天王星之后，英国国王乔治三世开始对他的工作感兴趣，而且询问他的王室天文官内维尔·马斯基林（1732—1811）赫歇尔是否值得赞助。

1782 年 3 月，威廉和卡罗琳·赫歇尔接受国王乔治三世的邀请到格林尼治天文台，示范如何操作他的望远镜。和国王的会面显然是成功的，因为国王给予赫歇尔两百镑的年薪，同时也表示，希望赫歇尔移居到坐落于温莎的王室城堡附近，如果有需要，赫歇尔还必须能随时教王室家庭成员使用望远镜，这也是他的部分工作。威廉·赫歇尔接受了这个机会，尽管薪水只有他担任音乐家时所赚的一半[246]。

在 18 世纪，科学研究仍然属于有很多空闲时间的、上流社会男士的嗜好，因为他们的学术活动是挣不到钱的。如果一个学者在经济上无法独立，为了维持他的研究，就必须疯狂地努力以谋生计。事实上，王室赞助并不意味着威廉和卡罗琳·赫歇尔在经济上有了保障，因此他们不得不通过制作和出售望远镜赚取外快。此外，撰写和出售有关天文学的图书与论文，则是他们其他的收入来源。

观察夜空这项工作本身需要许多协助，比如，在把大型望远镜对准观察目标的定向工作上，威廉必须雇用男性。然而在他所有的助手当中，最重要的仍是卡罗琳，因为她夜复一夜地坐在操作望远镜的哥哥身旁。当威廉瞄准夜空和望远镜取景器时，卡罗琳总是坐在小桌子旁研究由英国人约翰·弗兰斯蒂德（1646—1719）制作的星图《天体图谱》，以及由法国的"彗星猎手"查尔斯·梅西耶（1730—1817）制作的《梅西耶星团星云列表》。卡罗琳记录威廉的发现，然后利用图表引导哥哥把焦点放在某些目标上。每天早上她都会对前晚的笔记加以精简和编排，并且动手进行在判断星星和星云位置时所需的全部计算。

没有卡罗琳的无薪协助，威廉将无法工作得如此有效率。他的分析和理论乃是根据经过妹妹仔细精简的观察材料得出的，其实他也付不起薪水雇用像卡罗琳那样具有专业技术的助手。如果说威廉·赫歇尔的高效率和最后的成功，大部分依靠卡罗琳的无偿、无私、谨慎的工作，其实一点也不为过。当赫歇尔兄妹开始研究外层空间时，天文学家已经知道其中约有 100 个天体，而且包括由梅西耶所制作的、已知的《梅西耶星团星云列表》中的。在 20 年的时间里，卡罗琳与威廉发现和计算出位置的新外层空间天体约有 2 400 个，他们进一步扩展了人类与外层空间有关的知识。

卡罗琳在学习天文学研究所需的数学知识方面速度快得惊人。威廉也教妹妹如何使用望远镜，同时他们开始把注意力集中在鲜为人知的外层空间现象上，比如双星和星云，星云即由气体、尘埃、少量金属和非金属元素构成的云雾状天体。威廉建造了一座适合"追猎"彗星的望远镜让妹妹拿来练习。在经过两晚的练习后，卡罗琳就已经能看到连她哥哥都不知道的星云。不久后，她发现了更多从未被观察过的天体，例如仙女星系的卫星。到 1783 年年底，卡罗琳发现的在她之前从未被天文学家看到过的天体数量总计有 100 个。这是一项令人惊异的成就，因为她用的是一个小小的、构造简单的、让她练习观察用的望远镜，而不是她哥哥的大型望远镜。仅仅用了 12 个月的时间，卡罗琳·赫歇尔就成长为观测天文学的全面且专业的人士。由于深信妹妹的能力，威廉·赫歇尔决定为她建造一座能放大 24 倍、性能更好的反射式望远镜。

从"彗星猎手"到国王聘用的天文学家

1786 年春天，卡罗琳和威廉·赫歇尔迁居至斯劳村的新家。同年 7 月，威廉·赫歇尔前往德国数星期，目的是运送国王乔治三世订购和付款并且由他建造的望远镜到哥廷根大学天文台。在哥哥出差期间，卡罗琳专注于自己的研究，并且开始享受独自在天文台里进行天文观察的乐趣。1786 年 8 月 2 日，卡罗琳在笔记簿中写下："今天我计算了 150 个星云。我怕今晚会看不清楚它们，因为一整天都下着雨，不过现在似乎清楚了点。一点钟。昨晚的天体是颗彗星。"[247] 她在写信给英国皇家科学院的秘书和另一位天文学家亚历山大·奥贝尔特（1730—1805）告知自己的发现之前，无法安定下来睡觉。很快地，卡罗琳·赫歇尔和她所发现的彗星名满整个欧洲学术界。

夜复一夜，卡罗琳持续将夜空中的景象制成图表，并"追猎"彗星。在她的天文学生涯里，她一共发现了 8 颗从未被观察到的新彗星。她将约翰·弗兰斯蒂德的《天体图谱》里面的 3 000 个天体重新进行排列，并把天空划分成许多一度宽的条状，此举更提高了威廉系统性观察法的效率。卡罗琳在弗兰斯蒂德的图谱中发现了几个错误，并尝试更正它们。这件工作耗时数年，终于在 1798 年完成。当卡罗琳更正弗兰斯蒂德的图谱时，另外加入了到 1786 年为止她收集在她图谱内的所有星云，其数目超过 100 个。

1786 年，卡罗琳的哥哥威廉在他们乔迁到斯劳之后，宣布说他计划与女房东的亲戚玛丽·皮特结婚。婚礼之后，卡罗琳不想再和哥哥、嫂嫂同住一个屋檐下，因此决定另找一个安身之地。独居需要有自立的方法，然而她没有。为了能支付生活开支，她鼓起全部勇气向国王要求一份作为她哥哥正式助手的薪水。1787 年 10 月，卡罗琳·赫歇尔终于获得此生的第一笔薪水：12 镑 10 先令。

这是每年分 4 次付款中的头一笔，总金额 50 镑，可以领到她去世为止。虽然她的薪水只有哥哥的 1/4，但它仍旧是 18 世纪 80 年代在英国较优秀的女性家庭教师所得的高薪的两倍[248]。卡罗琳·赫歇尔也是第一位因科学工作而由英国国王提供薪水和退休金的女性。

接下来的 20 年，卡罗琳作为独立天文学家的名声渐稳。法国天文学家约瑟夫－杰罗姆·德·拉朗德（1732—1807）经常与卡罗琳通信，在信中称赞她的成就。拉朗德曾遇到过几位才华横溢的法国女天文学家，而且他早在 18 世纪 60 年代便以巴黎皇家天文台台长的身份聘请妮可－雷讷·勒波特（1723—1788）计算木星和土星的引力对哈雷彗星的影响。此外，他一生的伴侣路易丝－伊丽莎白－菲利希特·杜·皮耶里也是有才华的天文学家，而且还教授天文学。

靠着薪水，卡罗琳·赫歇尔想方设法过着节俭而稳当的生活。1792 年，新生的侄子约翰·赫歇尔带给她的生活新的色彩。多年后，卡罗琳变得和约翰很亲近，而且成为她侄子天文学方面的启蒙者。王室家庭经常邀请卡罗琳到温莎城堡用餐，她也很高兴告诉王室的小孩有关她天文学方面的工作内容。1799 年，她受邀到格林尼治的皇家天文台，这对一个独立的天文学家来说是一项极大的荣誉。卡罗琳·赫歇尔也继续协助哥哥工作，直到 1822 年哥哥去世为止。

回到汉诺威：最终的金牌与荣耀

在威廉·赫歇尔去世后，卡罗琳突然决定回到故乡汉诺威，回到她最年轻的哥哥迪特里希的家里。约翰·赫歇尔经常拜访她，在 1832 年他还向人们说到他 82 岁的姑姑依然充满活力与警觉性。虽然她经常在信中向侄子和侄媳妇玛格丽特抱怨汉诺威是个沉闷的地方，但是她积极参与这个城市的文化生活，比如定期出席剧场活动和音乐会。卡罗琳·赫歇尔变成一个名人，拜访她的人来自欧洲各地。她最高兴的是能够在 1831 年遇见小提琴大师尼科洛·帕格尼尼（1782—1840）。

卡罗琳·赫歇尔回到汉诺威之后，并没有放弃天文学工作。在侄子约翰·赫歇尔的请求下，她开始整理有关星云和星团的庞大数据，并做成了一个系统性目录。首先，她为 2 500 个星云计算出精确的坐标，而后将它们归类。1825 年，在不到两年的时间里，卡罗琳·赫歇尔完成了这项庞杂的工作，而天文学界则带着赞许，接受了她的星云目录。

1828 年 2 月，皇家天文学会颁给卡罗琳·赫歇尔一面金牌，以奖励她在天文学方面的工作。在这光荣的场合上，当学会副主席詹姆士·邵斯赞美她是威廉·赫歇尔无价的助手时说："谁参与他（威廉·赫歇尔）的辛劳工作？谁在恶劣气候下勇敢陪着他？谁与他同享穷困？一位女性！她是谁？他的妹妹，也就是在晚上担任听写员的赫歇尔女士。当威廉的观察结果一出口，她就是他的笔，将内容传送到纸上。正是她，注记了被观察对象的赤经度和极距；正是她，在仪器附近度过夜晚。黎明时，她带着昨夜记录的粗略手稿回到小屋，早上便将其制作成清楚的文本。正是她，每天计划下一个夜晚的工作；正是她，简化每个观测结果，着手每项计算；正是她，按顺序详尽地安排每件事；正是她，帮助自己的哥哥获得不朽的名声……的确，看着这些杰出人物的共同劳动，我们很难知道，最应该钦佩的是哥哥的知性能力，还是妹妹打不倒的辛苦工作。"[249] 这个讲演称赞了卡罗琳·赫歇尔作为观测天文学家的成就，同时演讲者还列举了 5 颗她所发现的新彗星，并强调了她在发现那些从未被观测过的星云和双星上的重要性。

7年后，在1835年，皇家天文学会推举卡罗琳·赫歇尔和玛丽·萨默维尔（1780—1872）同为荣誉会员。在写给学会的感谢信中，赫歇尔女士说，能和苏格兰数学家相提并论乃是巨大的荣耀。1838年，爱尔兰皇家学会推举卡罗琳·赫歇尔为荣誉会员；1846年，当她96岁的时候，基于她对天文学的贡献，普鲁士国王腓特烈·威廉四世（1795—1861）颁赠给她一枚科学金质奖章，以资鼓励。有名的德国学者、探险家、国际化人士亚历山大·冯·洪堡（1769—1859）在通知卡罗琳·赫歇尔有关国王颁赠金质奖章一事的信中，强调这枚奖章所奖励的，不仅是她作为哥哥的助手对天文学所做出的贡献，而且还包括她身为天文学家所取得的成就[250]。在走向人生尽头之前，卡罗琳·赫歇尔因她的科学工作获得了许多荣耀，在她之前的所有女性没有一人享受过这样的荣耀。加诸她身上的荣耀，对于19世纪后半段那些有志进入大学学习，以及在科学领域中担任研究者的许许多多女性来说，不啻给她们的前景带来了光明。

玛丽·波尔兹·拉瓦锡

"现代化学之母"——法国大革命阴影下的女科学家

1794 年 3 月 8 日，玛丽-安娜·波尔兹·拉瓦锡（1758—1836）的世界崩溃了。架设在巴黎革命广场（今称协和广场）附近的断头台上开始了一个血腥的事件：28 个男性遭处死，包括拉瓦锡夫人的丈夫安托万·拉瓦锡（1743—1794）和她的父亲雅克·波尔兹。在那个下午，除了生命，她失去了一切。国民大会没收了她所有的财产，包括她的住宅。她被监禁数个月。当她出狱后，随即发现所有以前的朋友都离她而去，只剩一个忠心的仆人愿意支持她，直到她设法取回部分财产。根据法国共和历，那是共和国第一年。

恐怖流血事件与残酷镇压一切反抗力量的消息，在一星期内从全国各地传来，整个法国处于动荡的状态中。在极端的环境下，在普遍的混乱中，许多人无情地、不择手段地追求他们自身的利益。

始于 1789 年的法国大革命的口号"自由、平等、博爱"，在国家的恐怖统治下全都被粉碎了。实际上，任何人，甚至只是些许遭到怀疑反抗革命的人，都可能被处死。到 1793 年，几乎天天发生处死事件。虽然那些遭处死的人，包括王室家庭成员、贵族、

🌿（对页）法国大革命，从1793年6月到1794年7月的这段时期，众所皆知，是在罗伯斯庇尔领导下的恐怖统治时期：每天都有人被送上断头台。这张版画描绘了路易十六被处决的场景。

1789年10月5日，巴黎的贫穷妇女举行了示威活动，并进入凡尔赛宫，要求国王夫妇给巴黎的穷人和饥民提供面包。随后有个未经证实的谣言传播开来，内容是说有人听到王后玛丽·安托瓦内特说："若无面包，何不食蛋糕？"

教士，但最多的还是工人、农民、小资产阶级。最后，连处决者本人，也就是雅各宾派的领袖们——丹东（1759—1794）、马拉（1743—1793）、罗伯斯庇尔（1758—1794）——也遭处死或暗杀。

从十来岁的妻子到科学沙龙的女主人

1771 年，亦即大革命爆发前大约 20 年，年轻的玛丽·波尔兹必须做一个影响她整个未来的重大决定：若不选择嫁给那位由已故母亲的亲戚为她介绍的男人，便会被送去修道院，由她选择。候选新郎是个 50 岁的富有伯爵，他可以提供给她未来的经济保障和将她引进宫廷。这个女孩不愿意服从她亲戚所做的安排，不想嫁给这个男人。雅克·波尔兹支持他女儿的决定，因此玛丽开始准备进入一家修道院，她认为这是两个差劲的选择中比较好的一个。

同年的 11 月，她父亲带来了一个新的丈夫人选：年轻又和蔼可亲的安托万·拉瓦锡，28 岁的律师和法国科学院的会员。雅克·波尔兹之所以遇见这个年轻人，是因为他是一名税务人员。数百年来法国的税金是通过商定来确定的，因此收取那些支付给国王的各种税金及费用的工作被国王发包给私人收税员。这些税务人员有权对盐、烟草等这类东西课税，以及在巴黎的各大城门收取通行费。赐予收税权的特许文件极为抢手，因为对握有此文件的人来说，自饱私囊是完全合法的，而所付出的努力却又如此之小。安托万·拉瓦锡和雅克·波尔兹两人都获得了 6 年的特许之权。这种权力只会给予社会地位高、人脉关系良好的人。身为国王的税务人员，拉瓦锡能够把他的时间投入他的最爱——科学，尤其是化学上。

玛丽·波尔兹发现第二位人选比第一位强很多，即使这位比较年轻的人不是伯爵。由于玛丽·波尔兹和拉瓦锡都是低阶贵族，这一点有助于新娘的亲戚们迅速做出决定。在这对新人第一次见面后的 4 个星期他们便举行了婚礼：新娘 13 岁，新郎 28 岁。这个十来岁的妻子很快发现，如果想见到她忙碌的丈夫，即使惊鸿一瞥，那么她最好对科学有点兴趣。她并不厌恶做这件事情，因为她在娘家接受过良好的基础教育。在丈夫及其聘请的教师的指导下，她学习自然哲学和化学。她也学习视觉艺术和语言，因为这些技艺对他们的共通兴趣——化学——是有用的。只不过几年之后，她便已经以安托万·拉瓦锡的"哲学妻子"之名闻名于巴黎学术圈[251]。拉瓦锡夫人沙龙里的一位常客以热情的口吻描述道："在所有的各种研究上，没有一个人比她有更多的智力、能力、才华……她女性的身体中藏着一副男性的灵魂。"[252]

随着时间的推移，玛丽·拉瓦锡成长为她丈夫的无价之宝：实验室助手、译者、科学书籍插画家。她将自己奉献给丈夫的科学工作，就像在英吉利海峡对岸的卡罗琳·赫歇尔把自己奉献给哥哥的天文学事业一样。固然这两位女性是同一时代的人，而且两人都和男性家庭成员一起进行重要的科学工作，但是她们的个性非常不同，过着极为不同的人生。虽然当时英国政治动荡，却没有影响到一向沉默的卡罗琳·赫歇尔的生活。然而个性外向、社交活跃的玛丽·拉瓦锡则成长和生活于社会动荡不安的巴黎。在大革命爆发之前，在失去丈夫之前，玛丽·拉瓦锡曾经是丈夫在科学上积极的伙伴长达近 20 年的时间，而且在丈夫将化学建立成为现代科学的工作方面做出了贡献。

拉瓦锡夫人还不到 20 岁时，已经在自己家里老练地主持沙龙了。获邀的来宾有巴黎的知识分子和外国的访问学者。这一类沙龙非正式又自由的气氛，让与会者可以就社会事件和最新的科学成就交换意见。拉瓦锡夫人的沙龙不仅法国人常来，外国的科学人士，比如美国的本杰明·富兰克林（1706—1790）、英国的约瑟夫·普里斯特利（1733—1804）和詹姆斯·瓦特（1736—1819）也是常客。

1775 年，安托万·拉瓦锡被授予火药委员会中的重要职位，这对夫妻于是在巴黎军火库里住下来，并在此设立了当时最棒的化学实验室。接下来的 13 年，是他们活跃又快乐的时光，即便如此，他们却无法有孩子，虽然那是他们所期许的。拉瓦锡参加了许多非营利组织和计划的工作。在娶玛丽之前，他已经有某些想法，比如提出照亮巴黎街道的建议。此外，他基于多年的研究，绘制了法国的地质图。身为火药委员会的领导人，他成功改善了火药的质量，因而减少了相当多的意外。他也试图改善佃农的耕作方式，并通过发展新方法拿硝石做肥料，增加了农作物产量。在监狱和医院的营运上，他提出诸多改善之道；他还研究了巴黎的饮水供应问题，以及尝试改进热气球飞行的安全性。拉瓦锡还是度量衡委员会的会员，这方面的才能使他成为现代米制系统的重要开发者之一。这对夫妻拥有很广的社会关系网，以至于他们的社交活动十分频繁，然而两人依然有时间从事自然科学的工作，特别是化学。安托万·拉瓦锡被视为"现代化学之父"，而拉瓦锡夫人与丈夫的合作如此紧密且重要，所以她也可以被称为"现代化学之母"。

化学革命——对燃素之战

亚里士多德的自然哲学观对后世的化学研究和与物质最终性质有关的理念的影响，一直持续到18世纪晚期。虽然罗伯特·波义耳（1627—1691）在自己的《怀疑的化学家》一书中已经列出了由4种基本元素"气、火、水、土"和3个基本原则所引起的问题，但是他没有推导出更好的综合性理论。波义耳对元素提出了一个新的定义：一种已不能再被分解为更基本的物质之物。然而这样的定义并没有被采用，因为在18世纪70年代，多数的化学家仍信守"燃素"理论。该理论说，一切物体都是由空气、水、两种不同类的土（汞土和石土）及燃素所组成的。燃素则被认为是由极细小的分子构成的，它唯有从燃烧的物体中逸出时才能被观察到。因此，所谓燃烧就只是燃素从物体中分离而已。

早在18世纪30年代，很多博学人士就对化学产生了兴趣，包括埃米莉·德·夏特莱和伏尔泰，事实上他们宣称，当某些金属加热至足够的高温时，质量会增加。然而多数的化学家没有兴趣在定量条件下解释化学现象。在18世纪末期，化学家仍然缺乏

对18世纪80年代的巴黎人而言，热气球飞行是让人惊叹和钦佩的事情。安托万与玛丽亚·拉瓦锡也研究找寻可用于热气球的气体。此图描绘的是1783年12月1日法国人雅克·夏尔（1746—1823）和尼古拉斯·罗伯特（1758—1820）第一次搭乘载人氢气球，悬在杜乐丽花园上方。

足够精密的仪器，来测量出燃烧前后这么微小的质量差别。

安托万·拉瓦锡在做化学实验时对于仪器的精确度要求极高。由于没有适当的仪器，他只好自行设计，并请人专门替他制造。他坚持所有的实验在实施前必须仔细规划，同时在整个过程中写下正确的记录。在他的实验室日志中，许多条目都是玛丽·拉瓦锡手写的，由此可见，设计实验和做正确的笔记都是她的工作。她对这些用来做实验的仪器知之甚详，因为她在铜板上描绘和雕刻了所有仪器的模型，供她丈夫所写的图书之用。

安托万·拉瓦锡想把化学转变成有系统的学科，同时完全脱离炼金术和古希腊的元素学说。为完成这样的革命，仅仅是证明普遍存在的观点的错误仍显不足；他必须建立一套新理论，并为化学发展出一种新语言。在这个工作上，他得到玛丽·拉瓦锡的协助。在他积极的职业生涯里，两人一起工作了将近 20 年。

当时，在英吉利海峡两岸，人们对化学的研究从来没有像这样投入过，而且在英国和法国之间，似乎有某种非正式的竞争存在着。玛丽·拉瓦锡有语言天分，因此她决定学习英语，以便能够为她那位语言不灵光的丈夫翻译英国最新的化学研究报告。虽然许多有名的英国化学家，例如约瑟夫·布莱克（1728—1799）、约瑟夫·普里斯特利、亨利·卡文迪什（1731—1810）也有不少新发现，甚至这些最后还帮助拉瓦锡发展出他自己的理论，可是，他们仍然不能用这位法国同行的全新观点来看待化学。所有重要的英国化学家仍信守燃素理论。1783 年，拉瓦锡写信给法国科学院："……化学家将燃素塑造成一个模糊的学说，完全未经严格定义，结果变成随需要而解释……有时它是自然的火，有时它是结合土元素的火；有时它通过容器的孔，有时透不过它们……它是名副其实的普罗透斯 [253]，每一瞬间都在改变它的形状。" [254]

安托万和玛丽·拉瓦锡一点一点地反驳燃素理论。他们证明了空气不是元素而是混合物。他们成功地把氧气从空气中分离出来，并且显示出它的真正性质；在当时，氧气被称为"明显地可被呼吸的气体"。安托万·拉瓦锡认为这种气体是所有酸类的重要成分，后来将它命名为 oxygène，意思是酸的形成者（希腊语 oksys，是"酸"的意思；genein，是"产生、形成"之意）。接下来，他确认了亨利·卡文迪什以前所提出的说法，亦即水也不是一个元素，而是由氧气和"可燃的气体"组成的混合物。他重新将"可燃的气体"命名为 hydrogéné，意思是水的形成者（希腊语 hydro，是"水"的意思；genein，是"产生、形成"之意）。燃素理论的支持者特别注意燃烧现象，并将它定义为燃素从物质中分离。安托万和玛丽·拉瓦锡设法根据实证显示，燃烧是物质和氧气的结合。因此，燃素并不存在。

　　燃素理论的多数支持者在看了拉瓦锡的研究论文之后便放弃了该理论，但是对燃素之战仍未取得胜利。1787 年，爱尔兰化学家理查德·科万（1733—1812）的作品《论燃素》出版，在书中他仍固执地捍卫旧理论。安托万和玛丽·拉瓦锡决定向该理论的支持者发动反击，并将燃素理论彻底丢进科学史的垃圾桶内。玛丽·拉瓦锡在这最后的反击中扮演了重要角色。在理查德·科万的书出版后第二年，玛丽·拉瓦锡将它编译成法文。每章的结尾都附带一篇由法国化学家执笔的批判性文章，反驳理查德·科万的观点。除了安托万·拉瓦锡以外，这些批判性文章的写手还包括皮埃尔－西蒙·德·拉普拉斯（1749—1827）、加斯帕尔·蒙日（1746—1818）、克劳德·路易·贝托莱（1748—1822）。

　　1789 年，安托万·拉瓦锡出版了一本书，名为《化学基本论述》，他希望新时代学化学的学生会使用它。很快该书被译成欧洲的多种文字，而且对化学的研究与指导产生革命性的影响。在这本书的写作过程中，玛丽·拉瓦锡也扮演了一个重要角色，她负责为这本书画插图。用于化学实验的仪器的详图是该书的重要组成部分。《化学基本论述》完全不像以往与化学有关的教科书一般，它是以教导人如何去准备各种物质为主的一本书。拉瓦锡脱离四元素的旧原则，建立了新的定义："所有我们到目前所发现的物质，若无法将其分解，对我们而言，它就是元素。"固然罗伯特·波义耳在 100 年前便提出类似的定义，但拉瓦锡设法将元素表系统化，同时为它们命名，甚至这一命名法至今仍被使用着。他也第一个清楚地表达了质量守恒定律；根据此定律，在化学反应中物质的质量维持不变——没有东西消失，也没有东西增加。

虽然引发了化学世界的一场革命，但安托万·拉瓦锡最后却成为法国大革命牺牲者中最有名的人士之一。他的妻子玛丽·拉瓦锡只差之毫厘就躲不过这些恐怖的岁月，事实上她从来没有从大革命引起的创伤中完全恢复过来。安托万·拉瓦锡在大革命前曾经是税务人员，遭控诉犯有有关收税的罪行，而玛丽·拉瓦锡则被认为分享了来自税收的不义之财。安托万·拉瓦锡被处以上断头台的死刑，但是对他的控诉从未得到证明——不论当时或以后。他在整个人生中都在尝试帮助其他人，而且还规划和参与了各种有利于整个国家的项目与计划，这让他的判刑显得非常不公平。

玛丽·拉瓦锡于丈夫去世后再婚。她与美国伯爵拉姆福德的婚姻是场暴风雨，4 年后两人便离婚了。此后，玛丽·拉瓦锡将她的余生投入对第一任丈夫的回忆中。她编写了安托万·拉瓦锡的回忆录，在 1805 年以《化学回忆录》之名出版。她没有写自己的回忆录，这就是为什么我们从来没听过与她的生活故事及科学工作有关的、她自己的说法。

她本身是科学的缪斯或科学家？

1788 年，由艺术家雅克－路易·大卫（1748—1825）所绘的玛丽和安托万·拉瓦锡肖像，是科学史上的名作之一。观察这幅绘画作品如何反映启蒙时代与追求科学的贵族夫人有关的理念是件很有趣的事。在这幅双人肖像中，我们的注意力首先被拉至玛丽·拉瓦锡的脸上：她直接望向观赏者。安托万·拉瓦锡则转头

🖎 画面中，安托万·拉瓦锡正在他的实验室指导一项与呼吸有关的实验。在图的右侧，玛丽·拉瓦锡在书桌前正记载有关过程和发现的笔记。源自玛丽·拉瓦锡制作的凹版原画作（阿伦茨，1888）。

看着妻子。妻子站着，丈夫正在写着什么。这样的画面是象征着一个男性正望着他以寻求灵感的、科学的缪斯吗？在妻子的身后，观赏者可以看见绘画工具，这意味着玛丽·拉瓦锡扮演了一个活跃的科学教科书插画者的角色。对于一个缪斯来说，她的姿态过于自信。画中这位自信满满的女性，拉瓦锡夫人，很清楚地知道自己的地位较高：她是自家的科学沙龙里受过良好教育的女性，精通许多语言，对科学的追求和丈夫不分轩轾。为了更进一步强调她的重要性，在画中她站着，而且高过丈夫。实际上，对这幅画有许多种解读都说得通。如果这位艺术家也想把她视为缪斯，似

🖎 （对页）安托万·拉瓦锡和妻子玛丽·拉瓦锡的肖像画（1788），由伟大的新古典主义画派大师之一雅克−路易·大卫（1748—1825）绘制。

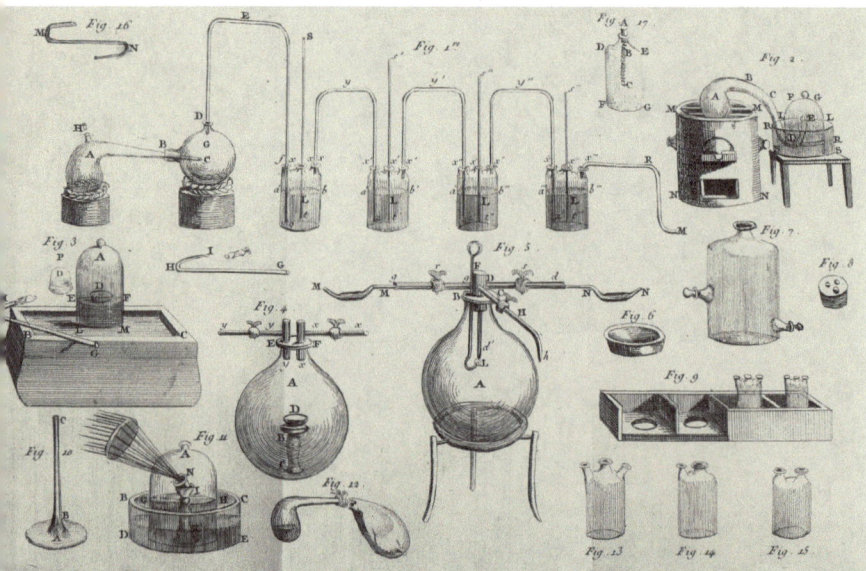

🌰 安托万·拉瓦锡所著的《化学基本论述》出版于1789年，书中插画出自他的妻子玛丽·拉瓦锡。她在铜板上签名时还加上了自己的姓氏"波尔兹·拉瓦锡"，这是为了强调作品是她而不是她丈夫做的。

乎也无妨。然而对现代观赏者来说，或许很难将玛丽·拉瓦锡优雅的长薄纱礼服、这对夫妻扑粉的假发与他们在化学实验室里的严肃工作联系起来，虽说 18 世纪人们通常穿着符合他们身份与社会地位的服装，而且不管什么活动，贵族总是展现令人印象深刻的态度。在画中那些与化学相关的物品，无疑在凸显画中人的主要兴趣。

这位画家与肖像里的人物相知颇深，因为玛丽·拉瓦锡曾在大卫的辅导下学习视觉艺术。在社会动荡期间，大卫转为大革命忠实的支持者，在安托万·拉瓦锡遭处死之后，毋庸置疑地和以前的这位学生关系变冷淡了。不过，玛丽·拉瓦锡仍视大卫为艺术家，因为在大革命之后，这张由大卫所绘的双人肖像画就挂在她新家用来招待访客的房间内最显眼的位置。和拉姆福德伯爵离婚后，玛丽·拉瓦锡在巴黎重新办起文学沙龙，一星期聚会一次，以招待她的来宾，并讨论科学和社会事件，直到她去世——好像那里从来没发生过什么革命似的。

结　语

当午后漫步在巴黎的拉丁区——今天被视为艺术家和知识分子的家——的醇厚气氛里时，人们可能突然发现自己正沿着著名的索菲·杰曼街的安静小街道行走。只有少数走在这条街上的人知道谁是索菲·杰曼（1776—1831）。把这位才华横溢的数学家收录在与博学女性有关的书中绝对应该。但不巧的是，当她获得名声而成为博学女性之一时，本书的故事早已经结束了。

我的故事结束于法国大革命余波中的18世纪末，因为在新世纪开始时，拿破仑·波拿巴（1769—1821）引起的战争在法国和全欧的历史中开启了一个全新的时代。

在思想史上，人们认为启蒙时代结束于18世纪末，但有关社会平等的理念却延续下去，再经发展，逐渐扎根于欧洲社会之中。虽然欧洲的社会制度仍按照社会地位的不同而制定，但人们逐渐可以选择脱离他们出生时的阶级——一个科西嘉的士兵设法成为法国的皇帝。

由于欧洲的女权运动在19世纪开始初具规模，而且要求女性社会地位平等的声浪越来越高，所以女性开始有较好的机会提高她们的教育水平，而且在19世纪60年代第一所欧洲大学终于打开大门欢迎女性前来就读。就在同时，各种学术活动在不同方向上持续发展，对现代组织提供了较好的指导。

严肃的科学追求最后终于摆脱了绅士团体和贵族夫人的沙龙，而回归大学和学术研究机构。当科研工作被当作19世纪和20世纪政府的部分应办事项之时，科学家开始享有较佳的薪资。现在，专业科学家被置于台座上，当作进步的代表，并以一种新的方式服务他们的国家。这也意味着女性在科学领域拥有了新的地位——不过，这是另一本书的另一则故事了。

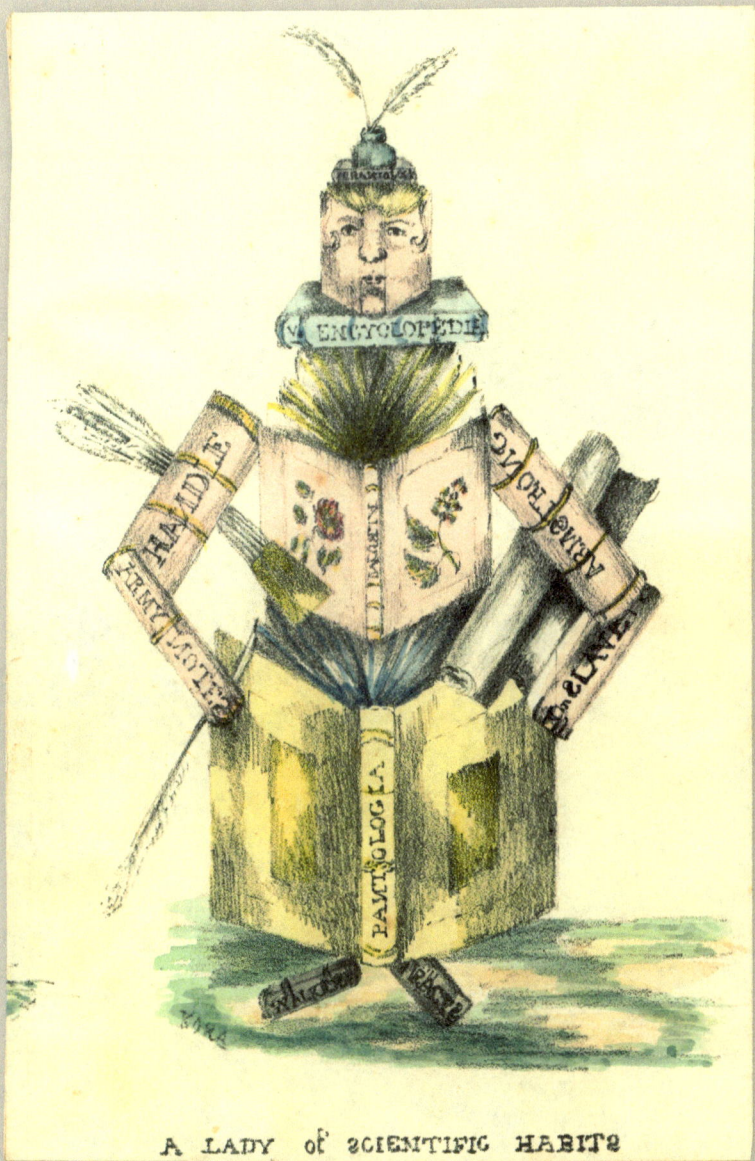

A LADY OF SCIENTIFIC HABITS

对渴望知识的女性的讽刺性描绘：她的身体由书本组成，头是墨水瓶的形状。在19世纪，博学女性引起的烦恼事比以前的世纪更多。这是19世纪早期的石版画。

摘自玛丽亚·西比拉·梅里安所著的《苏里南昆虫变态图谱》的植物和昆虫画。

致　谢

知识因互动而增加。许多学者和非小说类作家读过本书某部分的草稿，并且在我写作的不同阶段评论过它们。如果没有他们在专业上的指导，最重要的，是他们的鼓励，这本书便不可能完成。我想对以下的学者表达由衷的感谢：迈亚·卡里南教授、塔皮欧·马尔坎南教授、奥蒂·美里沙罗教授、西莫·帕尔波拉教授、汉努·里科南教授、艾默立塔斯·侯格尔·特斯雷夫教授、海奇·米克里讲师、安娜·欧里拉讲师、欧斯摩·佩克内讲师、亚娜·托伊瓦里－瓦尔特拉讲师、希尼·康格斯博士、马提娜·路透博士、马库·罗伊尼拉博士、派薇·萨梅斯沃里博士，以及作家伊芙·伊萨克森和卡尔里·乌崔欧。艾默立塔斯·安托·雷可拉教授从头到尾读过我的草稿，对此我极为感谢。理所当然，本书中所表达的理念由我负全责。

我衷心感谢伊尔卡·卡尔图南，他将许多外语的引文翻译成芬兰文。感谢之情也要送给热心的图片编辑玛丽亚·格隆罗斯和平面艺术家托米·约奇瓦拉。格隆罗斯帮助我在世界各地的博物馆、图书馆以及网络图片中寻找本书所需的插图。在编写"博学女性一览"过程中，她的帮助也是无价的。约奇瓦拉则负责这本书令人印象深刻的封面的设计工作。我也要感谢出版公司的编辑凯沙·考皮拉和整个 WSOY 团队。我更要衷心感谢 WSOY 团队的非小说类出版经理亚历克希·希尔塔拉，在 2006 年秋天其第一个对本书产生兴趣。

感谢当我遇到困难时，在我身边鼓励我的所有人。最后，我想感谢我的家人，没有他们，我的作品就没有任何意义。

博学女性一览

（在本书中单列章节的女性用 ★ 标注）

古代的博学女性

佩丝谢特（Peseshet，生活和工作于公元前 24 世纪）

古埃及的内科医生

佩丝谢特是第一位官方承认且知其姓名的女性内科医生。在吉萨，她儿子坟墓上的一段铭文指出，佩丝谢特是古埃及女性内科的高级教导者。古王国时期（约公元前 2686—公元前 2181），女性在孟斐斯北边塞易斯的寺庙里，接受医药方面的指导。

恩海杜阿娜（Enheduanna，约公元前 2285—公元前 2250）

苏美尔公主

恩海杜阿娜是第一位人们知其姓名的作家和诗人。她用苏美尔文字撰写赞美女神伊南娜的诗歌。根据考古挖掘出来的楔形泥板文书记载，她是阿卡德国王沙卡德之女，但是人们无法确定她真的是国王的女儿，还是该文书只是对其做了象征性的描述。

阿玛特－玛姆（Amat-Mamu，生活和工作于公元前 18 世纪 50 年代）

巴比伦的书记员

阿玛特－玛姆在汉谟拉比家族统治期间担任书记员工作。她在一个类似修道会、只限少数有钱女性加入的团体中接受训练。人们发现，以她名义起草的文件，时间跨越了 40 年之久。像阿玛特－玛姆那样，其他拥有特权的博学女性也长于事务，而且在她们本地城市的商业上，扮演着举足轻重的角色。

哈特谢普苏特（Hatshepsut，公元前 1518—公元前 1458）★

古埃及统治者

这位图特摩斯一世性格坚毅的女儿，以法老之尊统治古埃及长达 20 年。在她统治下的和平时期，她借着在代尔·埃尔－巴哈里建造一座有名的神殿，将王国的经济活动扩张发展到西奈半岛的采矿业上。她提供资金援助的普恩特国（据推测应位于非洲某个海角）航海之旅，是最早有文件可资证明的商业探险之一。

塔佩蒂－贝拉特－埃卡里（Tapputi-Belat-Ekalli，约公元前1250—约公元前1200）*

亚述的香水制造者

塔佩蒂－贝拉特－埃卡里是第一位知其姓名的化学家。在考古发掘中出土的、写着香水成分的楔形泥板文书显示，在图库尔蒂－尼努尔塔一世统治期间（公元前1243—公元前1207），她在亚述神庙里担任调制香水的高级技师。

萨福（Sappho，约公元前630—公元前570）

古希腊女诗人

古希腊最出名的女诗人萨福，来自当时的文化中心莱斯沃斯岛。除了写诗之外，她还在女子学校担任督导和教师。她写的独特诗作，内容涉及女性爱情的所有范畴。她以"萨福诗体"写成的诗，目前只留存下来断编残简。

西雅娜（Theano，生活和工作在公元前6世纪）*

古希腊哲学家

按照传统说法，西雅娜如果不是出生于克里特岛，便是出生于意大利南部的克罗顿市。她是古希腊哲学家毕达哥拉斯（约公元前580—公元前500）的学生，后来成为他的妻子。有一本名为《论美德》的著作署的是她的名字，内容与毕达哥拉斯的数论、灵魂的轮回、宇宙的和谐结构有关。作为一名博学的女性，西雅娜的名声代代相传。在叙利亚的新柏拉图学派哲学家杨布里科斯（约245—约325）的书中，以及毕达哥拉斯的第一本传记的作者，都指出西雅娜和其他数位博学多闻的女性，从事毕达哥拉斯的哲学思想的研究。

米利都的阿斯帕西娅（Aspasia of Miletus，约公元前470—公元前410）*

有影响力的雅典人

阿斯帕西娅出生于米利都，一个坐落在属于今日土耳其某个地区的城市。随着家族搬迁至雅典之后，她与城中最有权势的政治家伯里克利（约公元前495—公元前429）相熟。虽然同一时代与阿斯帕西娅有关的资料内容常常相互矛盾，但是一般人都认可她非常博学，完全不像当时大多数的雅典女性。古代的喜剧作家们称她为交际花，但她根本就不是。阿斯帕西娅和伯里克利的儿子被承认为雅典公民，不过阿斯帕西娅本人却不是。她是雅典某个哲学圈的组织者，而城内最出名的学者都会出现在这个圈子里。

昔兰尼的阿雷特（Arete of Cyrene，生活与工作于公元前370—公元前340）

古希腊哲学家

阿雷特的父亲，昔兰尼的阿瑞斯提普斯（约公元前435—公元前355），曾经是苏格拉底的学生。父亲和女儿在他们的故乡昔兰尼城，都属于昔兰尼学派的哲学家。阿雷特的儿子小阿瑞斯提普斯也是该派的领导人。阿雷特在她那个时代是最知名的女性哲学家之一。根据第欧根尼·拉尔修的说法，她写了好几本书，但无一流传下来。根据传统说法，在她的墓碑上有以下的铭文："希腊之大、海伦之美、舍马之德、阿瑞斯提普斯之笔、苏格拉底之魂、荷马之言。"

雷翁提翁（Leontion，生活和工作于公元前4世纪）

古希腊哲学家

雷翁提翁是雅典伊壁鸠鲁（公元前341—公元前270）学派中最有名的女性哲学家。如同毕达哥拉斯和昔兰尼学派一般，伊壁鸠鲁学派以准许女性和奴隶参加学理讲授而闻名。据说伊壁鸠鲁著名的学生雷翁提翁，曾经针对后来成为亚里士多德学派领导人的泰奥弗拉斯托斯（公元前371—公元前287）的论述写了批评性的评论。如此挑衅的行为，使得后人，例如老普林尼（约23—79）和薄伽丘（1313—1375），谴责她身为女性却大胆批评她那个时代最受尊敬的哲学家的思想。她的作品无一留存下来。

贝勒尼基二世（Bernice II，约公元前267—公元前221）

古埃及王后

贝勒尼基二世是昔兰尼国王的女儿。在她嫁给古埃及法老托勒密三世之后，住进她丈夫位于亚历山大城的宫殿。多亏托勒密王朝，亚历山大城成为古希腊世界航海和文化的中心。这对统治者夫妇后来成为权力斗争下的牺牲者，遭到谋杀。托勒密三世统治时期的一个纪念碑上所刻的《卡诺普斯敕令》，是以3种不同的字体——埃及圣书体、世俗体（当地日常生活中使用的手写体）、古希腊文字——雕刻出来的。"罗塞塔石碑系列"包括3个石碑：第一个，也是最早的，正是《卡诺普斯敕令》（公元前239）；第二个，是托勒密四世的《孟斐斯敕令》（公元前218）；第三个，是托勒密五世的《孟斐斯敕令》（公元前196）。如同《卡诺普斯敕令》，托勒密四世的《孟斐斯敕令》一般，罗塞塔石碑也以相同的3种字体书写。虽然托勒密三世和托勒密四世的石碑早于罗塞塔石碑，但罗塞塔石碑却因最早翻译出来而用以命名这类石碑，而且它在解码古埃及象形文字方面具有重要地位，为我们奠定了古埃及语言和文化的知识基础。

克利奥帕特拉七世（Cleopatra VII，公元前69—公元前30）

古埃及统治者

克利奥帕特拉七世是托勒密王朝的最后一任统治者。她闻名于世，乃基于她的美貌与学问。根据希腊历史学者普鲁塔克（约46—120）的说法，她是个通晓数种语言的人，例如希伯来语、阿拉米语，以及数种非洲语言。她也是少数能说埃及语的托勒密王朝统治者。为了拯救她的王国，她向强大的罗马帝国寻求援助。克利奥帕特拉和尤利乌斯·恺撒（公元前100—公元前44）产下一子恺撒里翁（托勒密十五世，公元前47—公元前30），后来又与马克·安东尼（公元前83—公元前30）生下3个孩子。公元前51年她成为女王，公元前44年以后她从旁辅佐儿子恺撒里翁统治国家。她希望以3种文化——埃及、希腊、罗马——的女王而为人所知。在儿子出生时，她已是统治古埃及的女王。总之，她没有成为罗马女皇。当马克·安东尼在权力斗争中败给屋大维（公元前63—公元14），克利奥帕特拉选择自杀，因为她不想受到屋大维的羞辱。她的长子恺撒里翁在母亲去世后立即遭谋杀。

佩蓓图（Perpetua，约180—203）

被宣称是一位神圣殉教者和作家

佩蓓图写的拉丁文文章，是最早为人所知、由基督教女性所写的文书之一。她出生于富裕家庭，结婚后育有一子。佩蓓图在21岁时被囚禁于迦太基，理由是她信奉基督教，拒绝礼拜罗马皇帝。就在入监之前，她在地牢中记录下她的一些经历，包括在牢中的灵视，还有与恳求她放弃基督信仰的父亲之间的对话。由于佩蓓图拒绝放弃信仰基督教，她和她的侍妾菲莉绮达丝在公元203年被处死。后来天主教会宣称他们两人为殉道者，并将其封为圣徒。在她去世后不久，一位匿名作家撰写了她的故事，其中也包含了她殉教时目击者的叙述，这篇文章的名字就是《圣佩蓓图与圣菲莉绮达丝的激情》。

希帕蒂亚（Hypatia，约370—415）★

亚历山大城的数学家、天文学家、哲学家

希帕蒂亚是古希腊最出名的博学女性。她的父亲席昂是个数学家、天文学家，以及他女儿功利心强烈的导师。希帕蒂亚则成长为杰出的数学学者，以及与父亲一样伟大的天文学家。虽然她原始的科学论述已经遗失，但是许多当时和后来的文字作品都参考过它们。根据这些信息，可以下此结论：她是个才华横溢的学者和有成就的科学实践者，而且还教导新柏拉图哲学。在亚历山大城的新主教西里尔的任期（412—444）之初，希帕蒂亚在该城的一场政治与宗教的斗争中被捕，最后在415年被谋杀。

中世纪的博学女性

杜欧达（Dhouda，约 800—843）
法国南部的贵族博学女性

杜欧达大概生在弗兰克斯王国的北部，该地使用条顿民族的语言，不过，她成人后大部分时间在法国南部的于泽市生活。823 年，她在亚琛嫁给塞普提马尼亚的贝尔纳多（约 795—844），他是个有名又富裕的贵族，也是神圣罗马帝国皇帝和法兰克王国国王"虔诚者"路易（778—840）的孙子。塞普提马尼亚是地中海沿岸在中世纪的名称，它从罗讷河之西延伸到比利牛斯山，大约对应于今日的朗格多克－鲁西永行政区。在丈夫失宠于路易的宫廷后，杜欧达被送往于泽，以逃避他的敌人。杜欧达生了两个儿子，当他们还小时，丈夫便将她拘禁起来。与世隔绝、孤单的杜欧达开始用拉丁文为大儿子威廉写一本与实用道德指导有关的书。《送给儿子威廉的手册》这本书被视为第一本由中世纪女性所写的重要著作。这也显示出当有些女性贵族已经相当博学时，大部分男性贵族甚至还不识字。

赫罗斯维塔（Hrotsvitha，约 935—约 1002）
博学的德国修女、剧作家、疗愈者

赫罗斯维塔（又叫作赫罗斯维塔·冯·甘德斯海姆）是中世纪第一位人们知其姓名的女剧作家。她的作品包括 6 出喜剧、圣徒传说以及《鄂图大帝》——与神圣罗马帝国皇帝鄂图一世有关的故事。赫罗斯维塔也以药草提倡者和开发者的身份被载入史册，而且是位技术娴熟的民俗疗愈者。尽管如此，她的名字最终还是逐渐被遗忘。19 世纪的研究者在研读她的作品时，难以相信如此之好的拉丁文文本竟然出自一位女性。

特洛图拉（Trotula，生活和工作于 11 世纪）
萨莱诺的医师

人们相信，特洛图拉在意大利南部的萨莱诺城担任女医师。《特洛图拉》这部中世纪盛期妇科方面最负盛名的医学手稿，便以她的名字为名。在当时并没有和她本人有关的信息的记载，唯有她的手稿留存了下来。根据目前的研究，它所汇编的内容来源甚广。莫尼卡·格林研究了《特洛图拉》，并将它翻译成英文，她认为其中的许多部分很可能是由女性治疗者写的。（Green, Monica H: *Trotula*. University of Pennsylvania Press, Philadelphia, 2002, pgs. xii-xvii）

安娜·科穆宁娜（Anna Comnena，1083—1153）*
拜占庭公主和历史学家

安娜·科穆宁娜是欧洲第一位写出卓越的编年体史书之女性。她是拜占庭皇帝阿历克塞一世与皇后伊琳·杜卡纳的长女。年轻时，她在宫中接受了良好的教育，后来对于古代文学拥有丰富的知识。安娜·科穆宁娜和尼基弗鲁斯·布里恩尼奥斯结婚，并育有三子。皇后希望安娜和她的丈夫尼基弗鲁斯在阿历克塞一世去世后能够继任皇位。然而安娜的弟弟约翰一世最终登上皇位，并将母亲和姐姐放逐到一个修道院里，理由是她们企图争夺皇位。由于坐困于修道院，这位皇帝的女儿开始写有关她父亲的统治的编年史。她将自己的作品定名为《阿历克塞》。此书非常出色，而且也是在研究拜占庭历史与 11 世纪的东西方关系时经常被引用的数据源。

宾根的赫德嘉（Hildegard of Bingen，1098—1179）*
博学的德国修道院院长、作家、神秘主义者、教会音乐作曲者

赫德嘉出生于靠近宾根与莱茵的贝尔梅尔斯海姆的贵族家庭，排行第十。根据当时的风俗，贵族家庭至少要送一个孩子去修道院接受教育，因此年纪最小的赫德嘉在 8 岁时进入本笃会修道院，并且在 10 岁之前立誓成为修道士。在她的自传中，她解释为何在孩提时期她的灵视充满强烈的白光，以及在 42 岁时她相信上帝直接点醒她要把这些记录下来。此乃赫德嘉多产的写作生涯的伊始。她的书《认识主道》是一本根据灵视而来、特殊且附插图的三

部曲，也是对世界的诞生、天使、人类、人类的堕落、救济的奇迹等的神学和宇宙学方面的描述。多亏《自然界》——赫德嘉所写的与自然的历史和医药有关的书——以及《病因与疗法》，她的著作也引起了现代科学史家的兴趣。宾根的赫德嘉在鲁培兹堡创立了自己的修道院，而且终其余生都扮演着文化人物的重要角色，她积极地与教皇、皇帝、许多教士领导人保持通信联络。她有 300 多封信件被保留了下来。

爱洛伊丝（Héloïse，约 1101—约 1164）
博学的法国修道院院长

爱洛伊丝成长于巴黎。她和身为圣母大教堂教士会成员的叔父富尔贝尔住在一起，同时在该教堂接受良好的教育。人们已知她通晓拉丁、希腊、希伯来语。富尔贝尔聘请巴黎最有名的教师彼得·阿伯拉担任 13 岁侄女爱洛伊丝的教师。这一对男女堕入爱河，后来爱洛伊丝产下一子，按天文学仪器"星盘"之名，取名为阿斯特罗拉比斯。爱洛伊丝和阿伯拉秘密结婚，触怒了富尔贝尔，他将阿伯拉赶出家门，同时把爱洛伊丝送去修道院。两人终其余生都在修道院度过。在他们遭放逐 10 年后，他们开始热烈地鱼雁来往，信件内容显示出他们渊博的学识。后来爱洛伊丝升任修道院院长。她去世后，被埋葬在位于圣灵修道院阿伯拉的墓旁。1817 年，这对爱人的遗骸被移到巴黎的拉雪兹神父公墓，而且在他们的坟墓上竖立了一块令人难忘的新歌德式纪念碑。爱洛伊丝和阿伯拉的爱情故事激发了几代诗人和作家的灵感。

法国的玛丽（Marie de France，生活在 12 世纪末期）
博学的法国女贵族和诗人

在文学史上，法国的玛丽之所以出名，主要是因为她所写的有关爱的抒情小诗和其他诗歌意趣兼具娱乐及有益于道德的效果；甚至今天人们还读得津津有味。有关她个人的身世，我们一无所知。在一首诗中，她解释道："玛丽是我名，我生于法国。"根据她的诗作，人们认为她生活于英国国王亨利二世（1133—1189）和王后埃莉诺的时代。她的诗歌语言属

于奥依语，也是今天使用于法国北部的法语的前身，在当时它乃是在英吉利海峡两岸的贵族之间的通用语言。已知玛丽出版过 3 部作品：《抒情小诗》（诗）、《伊索普》（寓言）、《圣派崔克的试炼》。

玛格丽特·波雷特（Marguerite Porete，于 1310 年去世）
法国密契者与作家

在玛格丽特·波雷特被宣判为异端分子之前的一切，我们所知极少。她的著作《单纯灵魂之镜》因引起流言蜚语而遭禁，而且在 1310 年波雷特还被宣判为宣扬异端邪说，并处以火刑。从审讯报告看来，很明显地她对神学与法律非常熟悉。因为她有几位深具影响力的教士保护者，所以人们认为她有贵族家庭的背景。玛格丽特·波雷特所支持的观点是，信徒可以直接与上帝沟通，不必经过中间的教会。后来在 15 世纪，玛格丽特·德·那瓦尔很赞赏她的作品。

圣妇彼济大（Birgitta Birgersdotter，1303—1373）
瑞典密契者及"彼济大制度"的创立人，瑞典的圣·彼济大

圣妇彼济大生于乌普兰的贵族家庭，她的父亲在该地担任司法人员。她还很小时便接受良好的教育，而且早期就显示出对宗教问题的兴趣。她在 13 岁时嫁给枢密院成员乌尔夫·吉马修恩，这对夫妻有 8 个孩子。她第一次朝圣是和丈夫一起去西班牙的圣地亚哥·德·孔波斯特拉。彼济大的丈夫死于 1344 年，此后她致力于宗教生活。1349 年她为了说服教皇从亚维农迁回罗马而旅行到罗马。她与当时有权力的人，例如教皇及神圣罗马帝国皇帝，频繁通信联络。1370 年，彼济大获得教皇乌尔班五世的许可，在瓦斯泰纳建立圣奥古斯丁制度的修道院。1371 年到 1372 年她前往耶路撒冷朝圣，次年死于罗马。在她去世后数年，教皇确认了彼济大制度的规则。她的女儿，瓦斯泰纳的凯瑟琳，继续她母亲的工作直到 1381 年。彼济大在 1391 年被封为圣徒，3 年后成为瑞典的守护神。

圣加大利纳（Catharine of Siena, 1347—1380）

意大利的密契者及多米尼克修女

圣加大利纳出生于富裕的工匠家庭，而这个家有 20 多个孩子。在这个家庭，父母非常重视子女的教育，而最小的加大利纳也蒙受教育的好处。尽管她的家族有所期望，但她拒绝婚姻，并且将她的生命献给上帝。16 岁时，她宣誓成为一名多米尼克修道院的修女，而且致力于照顾穷人和病人。她聚集了一群信徒在身边，并前往意大利北部传教。加大利纳以密契者获得名声而敢于写信给教皇，并鼓励他从亚维农回归罗马。加大利纳的信件差不多有 400 封被保留下来，而且在今天它们被当作早期托斯卡纳文学的主要作品来研究。

克里斯蒂娜·德·皮桑（Christine de Pizan, 1364—1430）*

法国职业作家

克里斯蒂娜·德·皮桑出生于威尼斯，孩提时期随同家人迁至巴黎。查理五世（"智者查理"）聘请她有名的父亲担任宫廷医师和占星师，因此她成长于重视文学和音乐的法王宫廷。当她还小的时候，父亲便带她去国王的图书室。克里斯蒂娜·德·皮桑接受了属于年轻贵族女性的高水平教育，即使她本身只有较低的社会地位。她嫁给国王的秘书艾蒂安·德·凯斯提勒，生下 3 个孩子，其中一个早夭。在丈夫去世后，克里斯蒂娜·德·皮桑不想再婚，而想借着写作支撑自己和孩子们的生活。尽管遇到无数挫折，事实上她的文学生涯还是成功的。除了诗歌以外，克里斯蒂娜·德·皮桑还出版了超过 30 本以法文写成的图书；这些作品涉及历史、教育、良好的统治、战争的传统，以及女性的地位。1404 年她出版了和死于 1381 年的法国国王有关的传记，它就是《有关英明的国王之书》，历史学家一直对该书很感兴趣。出版于 1405 年的《淑女之城》，被视为第一本为保护女性且由女性写成的书。在当前的学者中，克里斯蒂娜·德·皮桑以女性史学家、军事史学家、政治科学家的地位，而获得再次的尊重。

15 世纪和 16 世纪的博学女性

伊索塔·诺加罗拉（Isotta Nogarola, 1418—1466）

维罗纳的人文主义者

伊索塔·诺加罗拉出生于维罗纳的富裕家庭，双亲重视女儿们的教育。成年后，她与博学的男性通信，比如维罗纳的瓜里诺（1370—1460）。瓜里诺在君士坦丁堡研究古希腊文，后来在费拉拉的艾斯特宫廷工作。1439 年移居威尼斯后，她开始因学问而赢得名声。因为一封诽谤的匿名信所引起的轰动，她人文主义者及古代语文学者的短暂生涯被迫结束。回到维罗纳之后，她和兄弟的家庭生活在一起，致力于《圣经》的研究。她仍然和许多博学之人保持联络，并参与深刻的讨论，尤其和威尼斯的人文主义者、贵族出身的卢多维奇·福斯卡里尼，讨论有关是否夏娃的罪比亚当的大等哲学问题。由于听从福斯卡里尼的忠告，她拒绝了一次求婚，后来一直保持单身。

卢克雷齐娅·托纳波尼（Lucrezia Tornabuoni, 1425—1483）

诗人和权力代言人

卢克雷齐娅·托纳波尼在 1444 年嫁给皮耶罗·德·美第奇（1416—1469），而且在美第奇家族中拥有重要的地位。她鼓励儿子洛伦佐（1449—1492）继续学院的工作。该学院由洛伦佐的祖父科西莫·德·美第奇创立，专门致力于古代史的研究。其他许多文艺复兴时期的公主不能担任公职，可是卢克雷齐娅在幕后握有极大的权力。她写作和出版了赞美诗《烙地》，她这个榜样激励了其他许多上流社会的女性也出版她们自己的诗歌。

伊莎贝拉（Isabella the Catholic, 1451—1504）

西班牙女王

伊莎贝拉是卡斯蒂利亚国王约翰二世和

第二任妻子的长女。她的父亲死于 1454 年，她父亲第一次婚姻所生的长子亨利四世（绰号"无能者"）继承王位。伊莎贝拉在小时候的家阿雷瓦洛城堡接受了良好的教育。11 岁时，她和弟弟阿方索一起搬入同父异母兄弟、国王亨利四世的王宫。1469 年，她违背国王的意志，嫁给表弟阿拉贡的费迪南德二世。1474 年亨利去世，伊莎贝拉成为卡斯蒂利亚女王，同时费迪南德必须安于王夫的角色。伊莎贝拉喜欢学习，并积极地和许多博学女性通信，比如威尼斯的卡桑德拉·菲德勒。在女王统治期间，第一本西班牙语文法书被写出来，同时国民的读写能力也得到提高，尤其在男性之间。她资助哥伦布（1451—1506）寻找通往印度的航线，从而发现了美洲。

卡桑德拉·菲德勒（Cassandra Fedele，1465—1558）*

威尼斯人文主义者

卡桑德拉·菲德勒出生于平凡的中产阶级家庭。她的律师父亲注意到女儿的语言天赋，于是开始教她拉丁文和希腊文。因为是天才儿童，卡桑德拉用拉丁语和希腊语在威尼斯上流社会人士举办的社交聚会上演讲。1487 年，她在就读帕多瓦大学的表兄的毕业典礼上做了有名的公开演说，内容与哲学研究的重要性有关。但无论如何，她不曾获得进入大学读书的许可。卡桑德拉·菲德勒密集地与许多博学人士及重要的教士通信联络。她的信件在去世 8 年后出版。虽然西班牙的伊莎贝拉女王邀请卡桑德拉到她的宫廷，但由于意大利城邦与法国之间的战争，她无法接受邀请。之后卡桑德拉嫁给医师吉安—玛利亚·马佩里，而且和他一起住在克里特岛数年。返回威尼斯的 1520 年之后，他们失去所有家产，不久丈夫也去世。她没有自己的孩子，便承担照顾她母亲和外甥、外甥女的责任。她向教皇利奥十世求助，但没有回应。不过在 1547 年，教皇保罗三世和威尼斯元老院帮她安排了一个去督导孤儿院的正式职务。1556 年，在她 91 岁时，为祝贺波兰王后博纳·斯福尔扎（1494—1557）来访威尼斯，她做了最后一次公开演讲。卡桑德拉·菲德勒死于 1558 年，威尼斯元老院为这位如此长寿、值得尊敬又博学的女性，举办了正式的葬礼。

劳拉·切蕾塔（Laura Cereta，1469—1499）*

布雷西亚的人文主义者

劳拉·切蕾塔在 7 岁时被送往修道院，在那里除了刺绣之外，她还学会了读和写。11 岁时，劳拉结束在修道院的学习，回到孩提时期的家照顾年幼的妹妹。在家里，这个天赋甚佳的女孩继续学习拉丁文，并在父亲的指导下学习希腊文的基础知识。虽然年纪尚轻，但她受到启发，也学习数学和天文学，而且对道德哲学的问题感兴趣。她 15 岁时嫁给威尼斯商人彼得罗·塞库纳，然而短短 18 个月的婚姻生活后，她的丈夫在 1486 年意外死于传染性疾病。没有孩子的寡妇劳拉从此没有再嫁。她致力于古文学的研究，并协助担任治安法官的父亲处理他广泛的通信事宜。劳拉也尝试发表自己的文章，但没有成功。在劳拉去世后百余年的 17 世纪所出版的《家常书信》中，收录了她写于 1488 年的书信。劳拉·切蕾塔在生前因为她所从事的工作——热情地维护女性读书的权利——而非常有名气。

纳瓦尔王后玛格丽特（Marguerite de Navarre，1492—1549）

纳瓦尔王后、作家、赞助人

纳瓦尔王后玛格丽特是昂古莱姆伯爵及路易丝·德·萨沃伊之女。她的弟弟弗朗索瓦后来成为法国国王。从小时候起，玛格丽特便接受良好的教育。她在 1509 年因政治因素嫁给查理四世（阿朗松公爵，1489—1525），当时 17 岁。待丈夫去世后，1526 年玛格丽特再嫁纳瓦尔国王亨利二世（亨利·达布雷，1503—1555）。1530 年，当她 6 个月大的儿子死去的时候，她写了一首诗《罪恶的灵魂之镜》，遂被索邦大学宣布为异端分子。玛格丽特的文学沙龙在宗教改革者中非常受欢迎，她也写了许多首诗和戏剧。在她最有名的一本书《七日谈》里，她对贵族女孩们的遭遇表达了同情和不满：在一些国家里，为了维护国家的利益，她们被当作婚姻交易的对象。她本人就有这种经历，在国王路易二世（1462—1515）命令下，和第一任丈夫查理四世结婚。玛格丽特由于照顾和保护了许多她那个时代有名的作家，诸如弗朗索瓦·拉伯雷、克莱芒·马罗、皮埃尔·德·龙沙，而为人所知。

图利亚·阿拉戈纳（Tullia d' Aragona，1510—1556）

知性的罗马交际花

罗马最有名且美丽的交际花之一朱莉亚·费拉勒斯，在1510年产下一名女婴，取名为图利亚。据推测，枢机主教路易基·阿拉戈纳是这个女孩的父亲，因为他为她提供教育经费。这位枢机主教死于1519年，此后图利亚待在西恩纳7年，直到1526年才返回罗马。当她长到18岁，像她母亲那样成了职业演艺人员，并且以"知性的交际花"来推销自己。她30岁时迁往威尼斯，很快便成为当地最有名的交际花之一。最后她住在费拉拉和佛罗伦萨，在那里和美第奇家族的重要成员产生友谊。为了赢取佛罗伦萨诗人贝内德托·瓦尔基的青睐，终于她开始写阿谀的十四行诗。图利亚的努力是成功的，她逐渐以自己的方式赢得不但来自瓦尔基，也来自该城市广大的文化精英们的青睐。她把自家改为文艺沙龙，同时继续她认真的作家与诗人生涯。她出版过几本书，其中最后一本系史诗形式，讲述的是类似《一个不幸的男孩叫瓜里诺》的有关中世纪骑士的故事——图利亚·阿拉戈纳把安德烈·德·巴贝里诺写于15世纪末的《都拉佐的不幸男孩》改编成诗的形式，这本书的主角是瓜里诺，他遭海盗绑架并被卖为奴隶。而《一个不幸的男孩叫瓜里诺》讲述了一个年轻人在家里遭到绑架，而后在欧洲、炼狱、地狱各处找寻父母的故事。有关图利亚·阿拉戈纳的其余生活人们所知极少。她从佛罗伦萨迁回罗马，并于1556年死于此。她的作品的新版本一再发行，直到现在。在图利亚之后，威尼斯的维罗尼卡·佛朗哥（1546—1591）是文艺复兴时期最有名的交际花。

凯瑟琳·德·美第奇（Catherine de' Medici，1519—1589）

法国王后

凯瑟琳·德·美第奇的双亲洛伦佐·德·美第奇和玛德莱娜·德·拉·图尔·德·奥弗涅，在她小时候便去世。这个权势家庭的女儿嫁给奥尔良公爵亨利，他后来成为法王亨利二世。婚后很长一段时间，他们膝下无子，凯瑟琳受到责备。结婚10年之后的1544年，她生下第一个孩子。最后她生了9个小孩，其中6个长大成人。1559年，她的丈夫在一次比武大赛中死亡，她将丈夫具有影响力的情妇黛安·德·波迪耶逐出宫廷。凯瑟琳在他儿子弗朗索瓦二世去世后，在宗教战争中扮演摄政的角色。她宣扬贵族女性应接受良好的教育，这样才能从旁辅助丈夫的统治，就像她那样。凯瑟琳留给后人的遗产包括6 000封她亲笔书写或口述的信件。在查理四世去世后，凯瑟琳最喜爱的儿子亨利三世成为国王。亨利三世在她母亲去世后遭到谋杀，法国的瓦卢瓦王朝也随之接近尾声。

奥林匹亚·莫拉塔（Olimpia Morata，1526—1555）

意大利人文主义者

奥林匹亚·莫拉塔的父亲是有名的人文主义者富尔维奥·莫拉塔，1532年他因为自己的宗教观点与当地教会存在冲突而被迫离开费拉拉。这个家庭在意大利北部待了6年，在此地演讲与路德教派及加尔文教派有关的东西。奥林匹亚·莫拉塔被纳入埃斯特家族保护，而她的学问令人钦佩。在费拉拉，她遇到安德烈亚斯·古温特拉，他是来自德国的医学生，也支持宗教改革。1550年，两人结婚。在两人迁至什文福之后，奥林匹亚继续以拉丁文写作。1553年，她的一部诗作和两部书信集出版。由于当时战争肆虐各地，这个家庭从什文福逃至海德堡。奥林匹亚在这里的家中教授拉丁文和希腊文。她的健康状况逐渐不佳，于1555年去世。在什文福被包围期间，奥林匹亚的大多数作品都遭损毁，不过某些诗和书信则保留了下来。在她去世3年后的1558年，她的朋友开始收集她的作品。这些文字最后被集结成书。

伊丽莎白一世（Elizabeth I，1533—1603）

英格兰和爱尔兰女王

父亲是英国国王亨利八世，母亲是安妮·博林。她接受了新教教诲和非常好的教育。她会说 6 种语言：英语、法语、意大利语、西班牙语、希腊语、拉丁语。在她父亲和异母兄弟爱德华六世去世后，她的异母姐姐玛丽一世登基。1558 年，玛丽去世，她成为英国女王。她的海军在对西班牙海战中获得几次胜利，以此打下了往后数十年英国海上霸权的基础。她把小岛王国提升为和法国、西班牙比肩的一般重要政治力量，后来变成欧洲最强大的力量。在她统治期间，她所重视的教育和文化生活在英国欣欣向荣。伊丽莎白一生未婚，赢得了"圣洁女王"的绰号，她把自己的一生都投入到治理国家之中。

莫德拉塔·冯特（Moderata Fonte，1555—1592）

威尼斯作家

莫德拉塔·冯特原本的名字是莫德斯塔·波佐。她出生于威尼斯富裕的中产阶级家庭，很小时便与哥哥成了孤儿。孩提时期，她和祖父母同住，而后跟姨妈住在一起，在这里她获得了良好的教育。她的姨夫乔瓦尼·多约尼成为她第一个重要的文学赞助人。1581 年，莫德斯塔·波佐开始以莫德拉塔·冯特之名出版诗歌。以她那个时代的观点来看，她算相当晚婚，在 27 岁时才嫁给一个小自己两岁的人。这对夫妇有 4 个孩子，在他们成长期间，莫德拉塔·冯特在威尼斯公爵的保护下，继续她的文学生涯。《妇人的美德》出版于 1600 年，这也是她最有名的作品。

苏菲·布拉赫（Sophie Brahe，1559—1643）★

博学的丹麦贵族女性

苏菲·布拉赫是奥特和贝蒂·布拉赫 10 个孩子当中最小的。她和当天文学家的哥哥第谷·布拉赫一起研究天文学、自然哲学、帕拉塞尔苏斯（1493—1541）的医药学。成年后，她和哥哥在文岛上耗费了许多时间，在这里第谷·布拉赫有当时最好的个人天文台。苏菲·布拉赫在 20 岁时嫁给奥托·索特，两人育有一个孩子。1588 年奥托去世后，苏菲在叶克斯霍姆管理她的控股土地，同时研究帕拉塞尔苏斯的医药学和化学。她最后嫁给埃里克·郎捷，一个想成为炼金术士的人。在第二任丈夫去世后，苏菲致力于园艺、系谱研究、制药化学等工作。她也以疗愈者赢得名声。苏菲·布拉赫被视为博学的新教女性之典范。

奥莉娃·萨布克·德·南特斯·巴雷拉（Oliva Sabuco de Nantes Barrera，1562—1625）

西班牙的医学作家

奥莉娃·萨布克以西班牙文和拉丁文写下对于人的生理和心理状态的研究。她知道那个时代的医学文献，而且也相信各种情绪，诸如恐惧、愤恨、沮丧、爱、羞耻、热忱、怜悯等乃是大脑分泌激素的结果，而这些情绪也会影响生理健康。1587 年，她的书在马德里出版；1588 年再版，并献给西班牙国王菲利普二世。虽然宗教裁判所意图销毁这本书的所有复本，但仍保留住了两卷，在 1728 年重新出版。这本书最近被翻译成现代英文，译为中文名为《人性的新原理：古代伟大哲学家所不知，也无法达成，却足以增进人的生命与健康》（奥莉娃·萨布克，伊利诺伊大学出版社，2007）。

路易丝·布尔乔亚（Louise Bourgeois，1563—1636）★

博学的法国助产士

路易丝·布尔乔亚撰写并出版了她那个时代最流行的分娩手册。《多样的观察》（1610）是 3 卷本作品中的第一卷，极为流行，而且被翻译成数种文字。路易丝·布尔乔亚在她外科手术师丈夫及名师安布鲁瓦兹·帕雷的指导下，悉心学习而成为助产士。她的技术如此之高，因而被选为法国王后玛丽亚·德·美第奇的御用助产士，而且她成功地为王后接生了 6 个孩子。

维托丽娅·科隆纳（Vittoria Colonna, 1492—1547）

意大利诗人

贵族家庭的孩子维托丽娅·科隆纳出生于靠近罗马的马里诺市，并接受了当时所能提供的最佳教育。19 岁时，她嫁给服务于西班牙陆军的弗朗切斯科·费兰特·达瓦洛斯将军。她丈夫死于 1525 年，之后她待在伊斯基亚几年时间，拒绝了几次求婚，专心写作宗教诗歌。在 1536 年迁居罗马之后，她赢得枢机主教雷吉纳尔德·博勒的青睐，而且与米开朗基罗成为朋友。受到这种深厚友谊的启发，维托丽娅·科隆纳写出了她最为出名的诗。它们是 14 行的爱情诗，并显现了彼特拉克的影响。她也涉入社会和宗教论争，参与公开讨论，并积极与教皇和皇帝书信联络。事实上，她被视为意大利文艺复兴时期最具影响力的女性。1544 年，她来到圣西尔维斯特修道院，并在此度过余生。

卢克雷齐娅·马里内拉（Lucrezia Marinella, 1571—1652）

威尼斯诗人

卢克雷齐娅·马里内拉是一位威尼斯医师和哲学家的女儿，她从父亲那儿得到了良好的教育。后来，她嫁给医师杰罗拉莫·瓦卡，育有两个孩子。她在 1591 年出版了几本诗集。朱塞皮·帕西在 1599 年发行了《女性的缺陷》一书，那是厌恶女性者对于"女性的悲惨性质"的谩骂。翌年，针对该书，马里内拉以她主要的作品《女性的高贵与优秀，以及男性的不足与恶癖》做出回应。这是一本赞扬女性的演说集。1989 年，一群女性在靠近米兰的塞斯托-圣乔瓦尼设立卢克雷齐娅·马里内拉协会。这个组织针对电影中的女性角色进行研究，并分析女性制作的电影。1995 年，在这个组织的赞助下一本参考书《女性之眼：导演和她们的电影，1896—1996》出版了。这本书解释了为何女性参与电影工作，以及为何在电影史上，始终有女性导演、制作人，也有技术方面的先行者。

伊丽莎白·格雷（Elizabeth Grey, 1582—1651）**及阿莱西亚·塔波特**（Alethea Talbot, 1585—1654）

博学的英国贵族女性

伊丽莎白和阿莱西亚都是出身英国贵族家庭的女性。伊丽莎白嫁给肯特伯爵亨利·格雷。伯爵去世后，她再嫁作家约翰·赛登。1653 年，她唯一的书《稀少和细选秘密的精选手册》出版。这本书与厨房化学和药用植物有关，获得相当大的知名度，后来又发行了不少版本。像姐姐伊丽莎白那样，阿莱西亚也对化学和药用植物有兴趣。她的配方书《大自然之开肠破肚》于 1655 年出版。

马丁娜·德·博索莱伊（Martine de Beausoleil，生活和工作在 17 世纪初期）

法国采矿专家

有关马丁娜·德·博索莱伊的儿童和青少年时期的事情，我们毫无所知，只知道她的娘家姓德·贝尔特。1601 年，她嫁给德·博索莱伊男爵让·杜·夏特勒，一位比利时的冶金学家、炼金术士、黄金矿主。男爵夫人马丁娜·德·博索莱伊协助丈夫工作，写了两本有关采矿的书：《有关矿山和采矿之发现的真实陈述》（巴黎，1632）、《岩体复原》（巴黎，1640）。在这些书中，她建议法国国王应该善用国家的矿产资源。这两本书显示出男爵夫人是采矿、矿物学、机械学、水力学等方面的专家。这对夫妇的坚持明显激怒了枢机主教黎塞留，因而他们被关入巴士底狱。男爵在 1645 年死于狱中。在配偶去世后，马丁娜·德·博索莱伊和女儿安妮被软禁在文森城堡内。

玛丽亚·库尼茨（Maria Cunitz，约 1604—1664）★

西里西亚天文学家

玛丽亚·库尼茨是继希帕蒂亚之后第一位出版与天文学有关的杰作之女性。她小时候在西里西亚的家中从身为医师的父亲那里获得了良好的教育。在她年轻时，已经学过许多语言，而且研究数学和天文学。医师和业余天文学家埃利亚斯·冯·鲁文后来成为她的家庭教师。最后他们结婚，并育有两个孩子。在做了超过20年的研究之后的1650年，玛丽亚·库尼茨出版了《和蔼可亲的乌拉尼亚》一书。出版之所以延迟，是因为在许多情况下，她和她的家族要被迫迁居他处以躲避三十年战争。本书是第一本针对由约翰尼斯·开普勒提出的天体力学理论——此理论提出行星的椭圆形轨道之说——的系统性研究著作。因为精通数学，玛丽亚·库尼茨意图改进开普勒的计算方法。她以德文和拉丁文写下她大量的重要著作，因此她是第一个对德文的科学术语发展做出贡献的博学女性。玛丽亚·库尼茨与同时代的许多受尊敬的天文学家通信，她的作品受到称赞，但《和蔼可亲的乌拉尼亚》的发行量从未达到她所希望的数量。

安娜·玛丽亚·凡·舒尔曼（Anna Maria van Schurman，1607—1678）*

荷兰语言学家和宗教哲学家

安娜·玛丽亚·凡·舒尔曼是她那个时代荷兰最有名的博学女性。她出生于科隆，不过当她还小时，举家迁往乌特勒支。早年，她因为语言和艺术天分而出名，所以乌特勒支大学神学与东方语言学教授希斯贝特斯·沃舍斯（1589—1676），特别安排机会让他的这位具有天分的学生参加大学讲座。她在1638年发表了一篇有名的论文《博学的女仆，或者女仆是否可成为学者》，在文章中她运用了正统亚里士多德学派的论证，指出并没有任何基于一般道德或女性能力之上的障碍，足以限制基督教女性做学术方面的追求。这篇论文被翻译成许多种文字——法文、荷兰文、拉丁文、希腊文、希伯来文——而且发行了许多版。在沃舍斯教授的指导下，安娜·玛丽亚·凡·舒尔曼也研读了许多东方和古代的作品，包括阿拉伯文、迦勒底文、叙利亚文、科普特文的著作，它们也被她用来研究《圣经》和其他基督教文本。1669年，她参加了法国传教士让·德·拉巴第（1610—1674）的复古主义宗教运动。因

这个觉醒的启发，她出版了名为《正确的选择》的图书，这本书既是自传，又是对17世纪的哲学思想派别、有趣的神学及哲学的研究性著作。

亨丽埃塔·玛丽亚（Henrietta Maria，1609—1669）

英国王后

亨丽埃塔·玛丽亚是法国国王亨利四世与玛丽亚·德·美第奇的女儿，在1625年嫁给英国国王查理一世。当1644年英国内战爆发，她带着两个儿子逃回法国的娘家。这次战争的结果是，1649年查理一世战败。国会控诉他叛国，在同年处死了他。超过10年的时间，这个国家处于共和状态，但后来国会决定恢复王权，并邀请亨丽埃塔·玛丽亚的儿子查理二世回来统治国家。亨丽埃塔·玛丽亚也跟着返回英国，定居萨默塞特府。她对日用化工品深感兴趣，她所撰写的与药品、烘焙以及烹饪食谱有关的书《王后的壁厨开了》出版于1655年。亨丽埃塔·玛丽亚后来搬回法国，在自己建立的夏洛宫安享了最后的几年时光。

凯瑟琳·琼斯（Katherine Jones，1614—1691）

博学的英国贵族

凯瑟琳·琼斯出生于爱尔兰。她17岁结婚，有4个孩子，但没有和嗜酒成性的丈夫住在一起。1641年她搬去伦敦，在家设立了沙龙。几年后，这个沙龙成为受英国知识分子欢迎的聚会场所。她也聘请诗人约翰·弥尔顿（1608—1674）来教导她的儿子。凯瑟琳·琼斯对于当代的科学与哲学之辩论非常感兴趣，并且资助本杰明·沃斯里、塞缪尔·哈特利布、约翰·杜里。她对弟弟罗伯特·波义耳（1627—1691）产生重大影响，后来他成为受尊敬的科学家和皇家学会会员。在凯瑟琳·琼斯去世时，她的弟弟写道，姐姐是那个时代最重要的女性之一。

巴拉丁的伊丽莎白公主（Elisabeth of the Palatinate，1618—1680）★

博学的德国公主

伊丽莎白生于海德堡，父亲是腓特烈五世（1596—1632），母亲是英国国王詹姆斯一世的女儿伊丽莎白·斯图亚特（1596—1662），她是长女。1619 年，她父亲成为波希米亚的选王，但翌年国王和他的家族惨遭放逐。腓特烈带着家族成员到了安全的荷兰，但伊丽莎白却留在故乡海德堡由祖母照顾。7 年以后，她才回到海牙的家中。伊丽莎白在语言和数学方面天赋异禀，而且在 1643 年，她遇到了法国哲学家笛卡儿（1596—1650），他后来成为她重要的哲学讨论的伙伴。伊丽莎白公主和笛卡儿之间完整的通信内容在 19 世纪末首次出版。1667 年，她被任命为坐落于威斯特伐利亚地区黑尔福德市利伯维尔的新教修道院负责人，而且成为整个城镇最有影响力的女性，其力量足以与主教抗衡。当她于 1680 年去世时，她以一位博学的贵族女性名扬欧洲所有宫廷。

玛格丽特·卡文迪什（Margaret Cavendish，约 1624—1674）★

英国作家及哲学家

玛格丽特是富有的地主托马斯·卢卡斯爵士的 8 个孩子中最年幼的一个。少女时代，她成为英国王后亨丽埃塔·玛丽亚的侍女。当 1644 年英国内战爆发，她陪着王后流亡到巴黎。在法国，她遇见后来的丈夫新堡侯爵威廉·卡文迪什（后来被授予新堡公爵头衔）。在他们巴黎的家，这对夫妇开设了流行的文学沙龙，这件事鼓励玛格丽特开始研读文学和哲学著作。她进一步受到丈夫和小叔查尔斯爵士的指导，成长为一位多产的作家。除了诗、散文、随笔、戏剧之外，她还出版了数本有关自然哲学的书。1660 年她结束流亡生活，和丈夫回到英国，开始积极参与有关学问的公开辩论。在多数女性仍以匿名方式写作的时代，她却以自己的名字出版了所有著作，这显现出极大的勇气。她也在著作里大力抨击新近成立的皇家学会所支持的实证自然哲学和机械式的形而上学。她的行为不被当时的人视为女性应有

的，像塞缪尔·佩皮斯便说她"疯狂、自大、可笑"，因此她也被人们称为"疯狂的玛琪"。新堡公爵夫人玛格丽特·卡文迪什被葬在伦敦威斯敏斯特大教堂丈夫的坟墓旁边。在石棺雕像上，她被雕刻成一个手握最爱且最有价值的财产——一本书、一支笔、一瓶墨水——的形象。

克里斯蒂娜（Christina，1626—1689）

瑞典女王和有影响力的欧洲思想家

克里斯蒂娜的父亲是古斯塔夫二世·阿道夫国王，死于她 6 岁的时候。10 岁时，克里斯蒂娜公主为了接受未来作为君主所需的训练而与母亲分开。她被当作王子培养，除了书本的学问之外，还学习骑马、狩猎、击剑。小时候，克里斯蒂娜就展现出极大的天赋；在接近成年时，她已可以流利地讲 7 种语言。1644 年她正式成为"国家元首"。她喜欢科学和艺术，而且借着邀请重要的学者和艺术家到斯德哥尔摩来，将她的宫廷转变为北方最兴盛的文艺中心。在她 22 年的统治期间，瑞典的文化虽有了长足的进步，但是国库却空了。1654 年，克里斯蒂娜放弃王位，并宣布有意转换成天主教信仰，此举带给国内的新教徒巨大的震撼。后来，克里斯蒂娜取得在罗马的永久居住权，而且尝试了数年企图影响教皇选举。1656 年，她企图成为那不勒斯国王；在 1668 年，她则想成为波兰的君主。在 17 世纪 70 年代，她将注意力转到文化的追求上，于是在罗马设立了一间剧场和私人学院。1676 年，她派遣自己的代表出席奈梅亨的和平会议。这场会议的目的在于结束法、荷、英三国之间的敌意。克里斯蒂娜女王被葬在梵蒂冈的圣彼得大教堂的地穴中。

索菲娅（Sophia，1630—1714）

汉诺威选侯夫人和赞助者

巴拉丁的伊丽莎白之妹——巴拉丁的索菲娅嫁给了恩斯特·奥古斯特，亦即不伦瑞克-吕讷堡公爵，1658 年他成为汉诺威选侯。他们的儿子被加冕为大不列颠及爱尔兰国王乔治一世（1660—1727），而他们的女儿索菲娅·夏洛特（1668—1705）则嫁给勃兰登堡选侯腓特

烈三世（1657—1713）。选侯夫人索菲娅和她的女儿——后来通过婚姻而成为普鲁士王后的索菲娅·夏洛特——因为与伟大的德国学者戈特弗里德·莱布尼茨（1646—1716）大量的通信而闻名。

玛格丽特·德·拉·萨布利埃（Marguerite de la Sablière，约 1630—1693）

博学的法国贵族

当玛格丽特的父亲吉伯·伊沙成为鳏夫时，他安排 14 岁的女儿嫁给富人安托万·德·朗布依埃。在玛格丽特名字当中的"萨布利埃"（Sablière，sand pit）是指在位于朗布依埃，她公公给他们的土地上所进行的采砂活动。这不是一桩成功的婚姻，在玛格丽特生了 3 个孩子之后，以离婚收场。玛格丽特·德·拉·萨布利埃开始独立的新生活，自己在巴黎开了一间文艺沙龙。这间沙龙在博学的欧洲人圈子里非常受欢迎。玛格丽特·德·拉·萨布利埃在法国皇家科学学会会员吉鲁·德·罗贝瓦勒和约瑟夫·索弗尔的指导下研读数学、物理、天文学著作。约翰·伯尔尼指导她自然史和解剖学，并激发了她对冥想的自然哲学——尤其是皮埃尔·伽桑狄所撰写的文章——的兴趣。法国作家尼古拉·布瓦洛（1636—1711）在他的讽刺文章（针对女性）中嘲笑她和其他博学的女性，而且把她描写成一个傻子，因为她整晚拿着一个星盘进行计算，而失去了美貌及视力。住在玛格丽特家的作家拉·封丹，则称她是他的缪斯。1693 年，玛格丽特·德·拉·萨布利埃死于癌症。

安妮·康威（Anne Conway，1631—1679）★

博学的英国贵族

安妮·康威，本姓芬奇，诞生于英国一个富裕的旧贵族家庭。她父亲在她出生前一星期过世。安妮从小身体就不好，但这不能阻止她自主地学习拉丁文、希腊文、希伯来文，学费则由兄长约翰·芬奇爵士支付。约翰·芬奇爵士将他这个拥有天赋的继妹介绍给剑桥有名的哲学家亨利·摩尔（1614—1687），后来摩尔成为她最重要的老师。他们一起研究笛卡儿哲学，而且他们的通信持续了几近 30 年的时间。20 岁时，安妮嫁给爱德华·康威，他以前也是摩尔的学生。看起来安妮·康威罹患极糟糕的偏头痛，而且过度使用汞来治疗，因而她的健康情况进一步恶化。最后她为了健康问题，向有名的炼金术士及医师弗朗西斯·毛克利·海尔蒙特（1614—1698）求助。两人开始一同研究卡巴拉，而且在海尔蒙特的引导下，安妮·康威熟悉了贵格会运动。直到生命结束，她都参加这个教派，然而在贵族圈内，该派却受到广泛声讨。她的哲学论文《古今哲学原理》，在她去世 10 多年后匿名出版，它让莱布尼茨印象非常深刻。今天，安妮·康威被视为当时最有趣的女性哲学家之一。

阿芙拉·贝恩（Aphre Behn，约 1640—1689）

英国作者、译者、探险家

有关阿芙拉·贝恩的家庭背景，没什么是可以确定的。她与一个名叫贝恩的商人结婚，但婚姻只维系了几年。从 1666 年起，她在荷兰担任英王查理二世的政治情报人员。她在南美洲和非洲到处旅行。她回到英国后，因为其言论而入狱。出狱后，阿芙拉·贝恩开始了其作家生涯，并赢得名声。她被视为第一个以写作为专业的英国女性。她最有名的作品包括戏剧《幻想病人爵士》（1678）和《月亮皇帝》（1687）；小说《欧罗诺可（皇家奴隶）》（1688）；她还把法国作家伯纳德·勒·波维尔·德·丰特奈尔的《关于世界多样性的对话》翻译成英文，并且以《新世界的发现》为名出版于 1688 年。

埃莱娜·科尔纳罗·皮斯考皮亚（Elena Cornaro Piscopia，1646—1684）

来自帕多瓦的院士

埃莱娜·科尔纳罗·皮斯考皮亚从孩提时期早期开始便接受良好的教育。在父亲的支持下，她继续在帕多瓦大学读书，并成为第一位取得博士学位的意大利女性。罗马大学也接受她就读。整个欧洲都知道她的名字，而且她的学问非常令人钦佩。她的父母亲试着说服女儿结婚，但她比较喜欢宗教生活。由于认真地投入研究和宗教活动，伴随严格的禁食，她的健康状况恶化了。1684 年当她死于帕多瓦的时候，还不到38 岁。

玛丽亚·西比拉·梅里安（Maria Sibylla Merian, 1647—1717）＊

德国昆虫研究者、科学插画家、探险者

玛丽亚·西比拉·梅里安在她那个时代是最重要的植物和昆虫研究者之一。她生于法兰克福一个富有的艺术家和工匠家庭。她的父亲大马提欧斯·梅里安（1593—1650）是一位受尊敬的铜版雕刻家和出版商，而且从他第一任妻子的祖父特奥多雷·德·布里（1528—1598）处继承了一家有名的印刷厂。当她父亲去世后，母亲改嫁给艺术家雅各布·马雷（1613—1681）。这位继父培养具有天赋的继女成为艺术家。对女性艺术家来说，花和植物通常是特别适合描绘的对象，但是玛丽亚·西比拉却很快地对昆虫和它们的变态表现出同样的兴趣。她有系统地研究昆虫，而且早在 13 岁时就发现昆虫是从卵生出来的，而不是由泥土里生出来的。在当时的大学里仍按照亚里士多德学说"昆虫是从泥土里生出来的"来教导学生。她在出版于 1679 年的《毛虫之书》中，第一次提出这种观察。1665 年，玛丽亚·西比拉·梅里安嫁给艺术工匠约翰·安德烈亚斯·格拉夫，他们有两个女儿约翰娜·海伦娜与多罗蒂亚·玛丽亚。这桩婚姻以离异收场，玛丽亚·西比拉和女儿们在 1685 年迁居荷兰。6 年后，她和女儿搬到阿姆斯特丹。在那里，她的工作是独立艺术家和年轻女孩的视觉艺术老师。她一步步计划和小女儿赴南美洲探险，这将带给她研究当地植物和昆虫的机会。最后，她终于在 1699 年至 1701 年到访荷属苏里南，而且根据她在此地的考察活动，于1705 年出版了《苏里南昆虫变态图谱》。这是人类第一次呈现南美洲昆虫的变态过程。玛丽亚·西比拉·梅里安对于后世昆虫的研究，以及后世昆虫插画书的惯例等，都产生重大的影响。她是该领域的第一位研究者，显示了昆虫是它们所处的自然环境的一部分，而昆虫所赖以维生的植物也一样是自然环境的一部分。

伊丽莎白·赫维留（Elisabetha Hevelius, 1647—1693）

德国天文学家

伊丽莎白·卡塔里娜·柯普曼，一个富有商人的女儿，在 1663 年成为天文学家约翰内斯·赫维留的第二任妻子。这对夫妻有 4 个孩子。伊丽莎白由于帮助丈夫打理格但斯克天文台而成长为一名成熟的天文学家。在丈夫去世后，她编辑了许多他尚未出版的天文学手稿并进行了出版，其中最著名的是《星表》（1690）——包含近 1 600 颗恒星的目录。

达玛丽斯·马莎姆（Damaris Masham, 1659—1708）

英国作家和哲学家

达玛丽斯是剑桥哲学家拉夫·卡德沃斯的女儿，孩提时期便在家里接受良好的教育。她嫁给了弗朗西斯·马莎姆爵士。他在前次婚姻中育有 9 个孩子，而且和当时英国最有名的哲学家约翰·洛克（1632—1704）是好友。洛克在生命的最后 10 年都住在马莎姆爵士家。除了对文学的追求，达玛丽斯·马莎姆还写了洛克的传记，而且从 1704 年至 1706 年，和莱布尼茨通信。她最重要的哲学著作有《与上帝之爱有关的对话》（1696）和《与道德或基督生活相关的偶思》（1705），不过都是匿名出版的。

玛丽·默尔德拉克（Marie Meurdrac, 约1610—1680）

法国化学家

基于玛丽·默尔德拉克所写的与家用化学品有关的著作《为女性而写的、慈善而简单的化学》，我们才多少知道一点这位巴黎人的情况。1666 年，这本书首次在巴黎问世，而后又印了些新版本，还被翻译成德文和意大利文。书名中的"慈善"一词的意思，是指书中提供了药品配方，那么即使穷人也能使用其中便宜又容易入手的药物。在谈到化妆品的篇章里，她警告读者某些东西是有毒的物质，例如被广泛使用的汞。

玛丽·艾斯泰尔（Marie Meurdrac, 1666—1731）

英国作家和女性权利捍卫者

玛丽的父亲是个有钱的煤炭商人，在英国内战期间是保皇党人。虽然玛丽从来没上过学，但是接受了叔父的私人指导。她叔父因为酗酒而被从教堂里的办公室开除。当还是小女孩时，玛丽已经熟悉哲学、神学、拉丁文，以及英国文学。在母亲去世后，玛丽所继承的财产已不足以应付生活所需。她迁往切尔西，在那里遇见一些贵族妇人，这些人不仅将她置于羽翼保护之下，还鼓励她出版自己的作品，也就是那些维护女性读书权利的文章。她也为贫穷女孩创立了一所慈善学校。玛丽·艾斯泰尔去世时 65 岁，就在她做完乳腺癌手术之后。她被视为英国最早的女权主义者之一，同时她的文学作品在女权主义研究者之间获得重新评价。

索菲娅·夏洛特（Sophia Charlotte, 1668—1705）

普鲁士王后和赞助人

索菲娅·夏洛特是选侯汉诺威的恩斯特·奥古斯特（1629—1698）和巴拉丁的索菲娅的女儿，1684 年她嫁给未来的普鲁士国王腓特烈一世（1657—1713）。通过这桩婚姻，索菲娅·夏洛特成为第一位普鲁士王后，因为 1701 年她的丈夫加冕自己为普鲁士国王腓特烈一世。身为第一位普鲁士王后，这位对哲学很有兴趣的睿智女性积极设立了柏林科学院。为了领导这个学院，她选择了他们的宫廷哲学家莱布尼茨出任院长。此外，如同她母亲索菲娅选侯夫人所为，她和莱布尼茨也密集地进行哲学方面的通信。

玛丽亚·温克曼－基尔希（Maria Winkelmann-Kirch, 1670—1720）*

德国天文学家

玛丽亚的父亲是路德派的牧师，他在女儿年幼时便让她接触天文学。1692 年，年轻的玛丽亚嫁给知名天文学家戈特弗里德·基尔希（1639—1710），他曾经在波兰知名天文学家约翰内斯·赫维留的私人天文台当过学徒。她和戈特弗里德·基尔希的婚姻，让她可以继续从事天文学方面的工作。她丈夫被选为刚成立的柏林科学院的第一位天文学家，而玛丽亚被指定为她丈夫的正式助手。这对夫妇在科学院的最主要工作是为新的普鲁士君主制作官方日历。这个家庭有 3 个孩子——克里斯福利德、克里斯廷、玛格丽特，他们后来也都成为天文学家。1702 年，她发现了一颗彗星；在 1709 年到 1711 年之间，发表了 3 篇天文学论文。1710 年丈夫去世，玛丽亚·温克曼－基尔希望继续她在柏林科学院的工作，担任编日历的人，但是院方却不愿意聘请一个女性担任天文学家的职位，因此她必须在柏林的私人天文台找份工作。1716 年，当克里斯福利德·基尔希被指定为科学院的学院天文学家和柏林天文台的主任时，他的母亲被邀请回到科学院担任他的助手。

玛丽亚·克拉拉·艾马尔特（Maria Clara Eimmart, 1676—1707）

德国天文学家和科学插画家

在身为纽伦堡文艺学院院长的父亲的指导下，玛丽亚学习了法文、拉丁文、数学、素描。她嫁给物理教师约翰·海因里希·穆勒，后来他成为纽伦堡天文台主任。她协助丈夫从事天文学研究，而且还擅长科学插画。玛丽亚·克拉拉画出了月球和太阳，以及它们的相位的精确图画——据估计，在 1693 年到 1698 年之间她所画的月球素描约有 250 张。1706 年，她画了两张完整的月食图。这位具有天赋的天文学者和铜版雕刻家以及科学插画家，在 1707 年因难产而死，终止了具有远大希望的前程。

克里斯廷·基尔希（Christine Kirch, 1696—1782）

德国天文学家

克里斯廷是玛丽亚·玛格丽特·温克曼－基尔希和戈特弗里德·基尔希的女儿，从孩提时期便接受了与天文学有关的指导，她的兄妹克里斯福利德、玛格丽特也都一样。在父亲去世后，她协助母亲和哥哥在柏林科学院做天文学上的研究。在哥哥去世后的好几年内，她负责为普鲁士君主编定日历。克里斯廷也将妹妹玛格丽特的儿子约翰·波得（1747—1826）培养成了天文学家。

珍妮·迪梅（Jeanne Dumée，于 1706 年去世）

法国天文学家

人们关于珍妮·迪梅的童年事迹一无所知。她很年轻便结婚了，丈夫因为战争而离开数年。她致力于天文学研究。在 17 世纪 80 年代，她公开宣称女性和男性的大脑相似，所以女性也有能力从事知性的工作，因而赢得名声。在她的论文《哥白尼有关地球可动性之意见的讨论》中，她证明了何以"对于金星和木星之卫星的观察可以确认与地球的可动性有关的学说"是正确的，同时也显示哥白尼的理论是正确的。她未出版的手稿目前仍保存在巴黎的法国国家图书馆内。

玛丽·蒙塔古（Mary Montagu, 1689—1762）

博学的英国贵族和作家

玛丽·蒙塔古在 18 世纪 20 年代变得很有名气，因为她推广天花接种。她是赫尔河畔金斯顿公爵伊夫林·皮尔庞特与玛丽·菲尔丁夫人的女儿。她 5 岁丧母。小时候在家中，她受到良好的教育，十来岁时，她已能将拉丁文学作品翻译成英文了。她嫁给爱德华·沃特利·蒙塔古，育有两个孩子。玛丽·蒙塔古在宫廷和博学人士的小圈子里都一样受到欢迎。她写的诗受到英国文学史上最重要的诗人之一亚历山大·蒲柏的大力称赞。当玛丽·蒙塔古的丈夫被指派为驻土耳其大使，整个家庭

在 1717 年迁往伊斯坦布尔。在土耳其，她学习到当地的民间医学，知道如何保护人们免于天花——刮破手臂，用牛的天花感染伤口。在她返回英国之后，她开始宣传接种，但直到约 50 年后，英国医师爱德华·詹纳（1749—1823）才成功开发出有效的疫苗。1739 年，玛丽·蒙塔古取得外国的居留权，后来因丈夫去世，才于 1762 年返回英国。玛丽·蒙塔古的通信主要表现出对自然史的兴趣，她的信件在她去世后集结为 3 卷出版。

18 世纪的博学女性

埃米莉·德·夏特莱（Emilie du Châtele, 1706—1749）＊

法国物理学家

埃米莉·德·夏特莱生于富有的贵族家庭。她的父亲路易·夏尔·奥古斯特·勒通内利耶·德·布勒特伊——布勒特伊男爵，普卢利男爵——是法王路易十四的王室礼仪主管，因此埃米莉年轻时便在王宫出入。埃米莉在语言和数学方面拥有天赋，甚至很小的时候，意大利语、德语、拉丁语、希腊语都已经说得很流利。1725 年，她嫁给德·夏特莱侯爵，他是个军官。这对夫妻有 3 个孩子，其中一个早夭。1733 年，德·夏特莱侯爵夫人遇到了伏尔泰，很快地在位于布莱斯河畔的西雷的一座侯爵家族所拥有的城堡内，设立了一间属于他们自己的学院。在这里他们把时间投入自然哲学的研究上。德·夏特莱侯爵夫人开始研究牛顿的数学和力学，以及莱布尼茨的动力学和形而上学。1737 年，她匿名参加了一个由法国科学院主办的竞赛。这个竞赛的主题是解释火的本质。她的论文名为《论火的本质与传播》，获得科学院佳作的奖赏。1740 年，她出版了一本有关物理学的教科书《基础物理》。这本书使侯爵夫人名满欧洲所有博学之士的圈子，而她作为一个自然哲学家，尤其是身为牛顿和莱布尼茨理论的专家，名气逐渐高涨。1748 年，她与一个比自己年轻的贵族诗人德·圣－兰伯坠入情网并怀孕了。原本她已花费数年时间把牛顿的《自然哲学的数学原

理》翻译成法文了，这下更决心要在生产之前完成撰写评论的工作。工作完成了，但侯爵夫人在生产之后便去世了，时值 1749 年。总体来说，埃米莉·德·夏特莱可以说是一个超越时代的人物。她天赋异禀，她的丰厚人生和多方面的工作，甚至对现代学者也显得很有吸引力。

劳拉·巴锡（Laura Bassi, 1711—1778）*
意大利物理学家

劳拉·玛丽亚·卡塔莉娜·巴锡的父亲是个律师，他要给自己唯一幸存的孩子优良的教育。为了这个女儿，一份雄心勃勃的指导计划被设计出来，从 5 岁到 19 岁的教育都根据此计划执行。劳拉·巴锡的老师将禀赋优异的学生介绍给博洛尼亚的上流社会，而这个女孩的学术水平令人惊艳。1732 年，劳拉·巴锡被授予哲学博士学位。1738 年，她嫁给医师杰赛普·韦拉蒂，这对夫妻生了几个孩子，其中至少有 5 个长大成人。巴锡和韦拉蒂以急遽的步调进行研究，尤其是涉及有关电学的实验。既然女性不得在大学教书，巴锡便在自己家开课，而有关牛顿力学的讲授极受欢迎。1776 年，大学与博洛尼亚元老院终于以应用物理学教授的资格来奖励她。劳拉·巴锡那时已经 60 岁，她在去世之前担任了两年的教授。

伊丽莎白·布莱克威尔（Elizabeth Blackwell, 1712—1770）
英国植物学家和插画家

伊丽莎白·布莱克威尔是英国第一位女性植物学家。当她嫁给亚历山大·布莱克威尔，也就是她的从表兄，生活发生了戏剧性转变。这对夫妻迁往伦敦，她丈夫在这里成立了一家自己的印刷厂。然而他未按公会的要求经营，被判入监服刑两年，理由是破坏交易规则以及他的债务。为了养活自己，伊丽莎白·布莱克威尔针对药用植物标本开始搜集材料。在这个工作上，她受到汉斯·斯隆爵士（1660—1753）的鼓励。爵士本身就是搜集者，也是切尔西植物园的主任。1739 年，伊丽莎白·布莱克威尔出版了她的名作《稀奇的草药》，为此书她素描、雕刻、上色了 500 张漂亮又正确的插图。这个作品非常成功，同时也被翻译成许多种欧洲文字。1742 年，她的丈夫搬去瑞典担任医师，但伊丽莎白仍留在英国。数年后，她丈夫是英国国王的情报人员的身份终于暴露，而且他被卷入瑞典内部与继承有关的钩心斗角之中。1747 年亚历山大·布莱克威尔被处以死刑，此后伊丽莎白·布莱克威尔不再敢用她的名字出版任何东西。

安娜·莫兰迪·曼佐利尼（Anna Morandi Manzolini, 1716—1774）*
意大利女科学工匠和解剖学教授

除了知道安娜·莫兰迪·曼佐利尼在年幼时家里准许她学习艺术以外，对于她小时候和青年时期的事情人们所知甚少。24 岁时，她嫁给乔瓦尼·曼佐利尼，他在博洛尼亚大学担任天文学教授，而且也是视觉艺术家，专长解剖模型的制作。这对夫妇专心于制作蜡质解剖模型，而且有许多工作订单。当乔瓦尼健康状况恶化后，所有工作都由安娜一肩挑起。大学方面让她代替丈夫讲授解剖学。丈夫去世之后，博洛尼亚大学指定安娜·莫兰迪·曼佐利尼为解剖学教授，而且她的名声传遍欧洲各地。1769 年，神圣罗马帝国皇帝约瑟夫二世在访问博洛尼亚时，就买了几套她所制作的解剖模型，而且凯瑟琳大帝还邀请她到俄国演讲。如今，安娜·莫兰迪·曼佐利尼制作的几个解剖模型已被恢复成原来的模样供人们观赏。

伊丽莎白·卡特（Elizabeth Carte, 1717—1806）
英国作家、译者、女性参政倡导者

当伊丽莎白·卡特才十来岁时，开始以伊丽萨为笔名在《绅士杂志》上发表文章。她熟谙拉丁文和希腊文等古典语言，同时也翻译用其他欧洲文字所写的文章。在 1739 年出版的作品中，她将弗朗切斯科·阿尔加罗蒂所写的和牛顿哲学有关的图书从意大利文译成英文，书名是《写给女性的牛顿之教导，或光和颜色的对话》。为了推进自己的翻译工作，她研究了天文学和数学，并且聘请有名的天文学者托马斯·莱特来教自己。经由他，伊丽莎白后来

遇到了凯瑟琳·塔尔博特，又因为她而熟悉了英国主张女性权利的圈子"蓝袜会"。伊丽莎白·卡特从未结婚，终身投入女性权利的改善和她的文学工作中。在老年时，她的健康状况恶化，不过去世时近 90 岁。

玛丽亚·特蕾莎（Maria Theresa, 1717—1780）

神圣罗马帝国皇后，以及奥地利、匈牙利、波希米亚的统治者

玛丽亚·特蕾莎是皇帝查理六世的长女。由于没有男性继承人，皇帝确定了女儿的继承帝位之权。因此查理六世去世后，由玛丽亚·特蕾莎和她的丈夫（后登基成为弗朗茨一世）继位。这位皇后有 16 名子女，其中包括玛丽·安托瓦内特和利奥波德二世。虽然这对夫妇在统治期间发动了许多战争，但玛丽亚·特蕾莎是个积极的改革支持者，并将目标对准发展国家贸易、农业、军队、教育系统。1765 年丈夫去世后，她的儿子约瑟夫成为皇帝，而玛丽亚·特蕾莎继续和她的儿子一起治理国家，直到她去世。

玛丽亚·盖达娜·阿涅西（Maria Gaetana Agnesi, 1718—1799）*

意大利数学家

玛丽亚·盖达娜·阿涅西是个神童，在她 11 岁的时候，法语、德语、西班牙语、拉丁语、希腊语、希伯来语说得都很流利，尤其在数学上更显出过人的天赋。她的父亲皮耶特罗·阿涅西是米兰富有的丝绸商人，很喜欢在上流社会炫耀他天赋异禀的女儿。几年后，玛丽亚·盖达娜·阿涅西拒绝参加父亲用于向众人炫耀她才华的沙龙，还威胁家人将进入修道院。在母亲去世后，她留在家里照料家务。她的父亲再婚两次，因而她必须负起抚育 20 个弟妹的责任。她所写的与哲学有关的文章搜集出版于 1738 年，书名为《哲学的命题》。后来，她逐渐对数学产生兴趣，同时开始为她的新书搜集材料。1748 年，她出版了一本两卷本的数学教科书《体系分析》，并献给神圣罗马帝国皇后玛丽亚·特蕾莎。这本书被译成多种文字，而科学支持者、博洛尼亚人教皇本笃十四世颁赠给她一面金牌。教皇还建议博洛尼亚大学授予玛丽亚·盖达娜·阿涅西数学教授的资格。1752 年她的父亲逝世，她不再想和大学有任何联系，并将余生投入宗教和慈善工作。玛丽亚·盖达娜·阿涅西去世时很穷又遭人遗忘，她被埋葬于穷人下葬的大型坟场内。

玛丽-珍妮维叶芙-夏洛特·蒂鲁·德·阿尔孔维尔（Marie-Geneviève-Charlotte Thiroux d'Arconville, 1720—1805）

法国天文学家和化学研究者，以及插画家、译者

玛丽-珍妮维叶芙-夏洛特（本姓达吕）出生于巴黎富裕的贵族家庭。她嫁给了路易-拉扎·蒂鲁·德·阿尔孔维尔，他是巴黎议会——法国主要的司法机构——的成员，直到 1790 年。他们有两个孩子。23 岁时，她罹患天花，在脸上留下严重疤痕。玛丽-珍妮维叶芙-夏洛特决定完全退出社交生活，而将时间投入对文艺的研究。对于自然史、化学、天文学，她是个狂热的学生，她还参加了举办于巴黎皇家花园的公开讲座。虽然玛丽-珍妮维叶芙-夏洛特是一位非常博学的女性，但她不喜欢女性公开参与科学方面的事情，因此都以笔名出版她所有的著作。多年来，她从事与食物腐烂有关的研究，而且出版了和这个主题相关的著作，深具影响力。在解剖学领域里，她最有名的作品是，把英国医师亚历山大·门罗（1697—1767）的著作《人骨的解剖学》（1726）翻译成法文，书名为《骨学约定》（1759）。在书中，她附上了自己所绘的、精彩的人骨插图。

妮可-雷讷·勒波特（原姓伊塔博，Nicole-Reine Lepaute "née Étable", 1723—1788）

法国天文学家

她的父亲是西班牙裔王后路易丝-伊丽莎白·德·奥尔良（1709—1742）的内部小圈子的一名成员。小时候，妮可-雷讷因卓越的才智而出名。1748 年，她嫁给了法国国王的钟表师让－安德烈·勒波特（1720—1787）。在协助丈夫工作时，她对数学和天文学产生浓厚兴趣。固然妮可－雷讷·勒波特没有自己的孩子，但她鼓励和指导她丈夫家族里的年轻人研读学术著作。她第一个重要的研究课题发表在由她丈夫主编的《钟表学论文》上，文中讨论了在不同长度时钟摆的振动。1757年，巴黎天文台主任约瑟夫－杰罗姆·拉朗德（1732—1807）雇用妮可－雷讷·勒波特和数学家亚历克西·克莱罗计算哈雷彗星的轨道。克莱罗后来写道，若没有妮可－雷讷·勒波特的协助，就无法处理这么庞大的任务。在18世纪60年代早期，妮可－雷讷研究、计算以及预测了日食。从1759年到1774年，她和拉朗德负责编写天文日历《与时间有关的知识》。她负责编写法国官方的历书或天文年鉴，并计算包括日、月、星星等移动的天体，从1774年至1783年为止每天的位置。在月球上有个火山口，直径16千米，就叫作勒波特口。由于健康状况不良，视力欠佳，她最终结束了天文学家的生涯。

安娜·布莱克本（Anna Blackburne，1726—1793）

英国植物学家和自然科学家

安娜·布莱克本出生在一个受人尊敬的花园农场主与富有的盐、奴隶商人家庭。随着一天天地长大，她对自然科学产生了兴趣，并且成年后一直在兰开夏郡奥福德馆的植物园中工作。第一株成长在英国的可可树和茶树丛、甘蔗、柑橘树，便生长在奥福德馆的温室里。园内搜集的植物还包括棕榈、稀有的热带水果，以及水生植物。安娜·布莱克本通过和德国自然历史学家彼得·西蒙·帕拉斯的交换协议，获得了许多品种。安娜·布莱克本也和有名的瑞典自然历史学家卡尔·林奈（1707—1778）通信；林奈的学生约翰·克里斯蒂安·法布里丘斯（1745—1808），以安娜·布莱克本之名为某个甲虫类命名。这座奥福德馆漂亮的主建筑物随时间而慢慢老化，在1935年因糟糕的房屋状况而遭拆毁。围绕大楼四周的广大花园在1917年对大众开放，而且为此还规划了一个极具吸引力的户外和娱乐区域。

玛丽亚·安吉拉·阿尔丁杰利（Maria Angela Ardinghelli，约1728/1730—1825）

意大利科学著作译者

玛丽亚·安吉拉·阿尔丁杰利是那不勒斯人，研究数学、物理、化学。她将《植物静力学》（1727）重编并翻译成意大利文。该书是有关生物物理学的著作，原作者是英国学者斯蒂芬·海伦斯（1677—1761）。她也翻译法国著作，比较为人所知的翻译是，以研究电学闻名的让－安托万·诺莱（1700—1770）的作品。

凯瑟琳大帝（Catherine the Great，1729—1796）

俄国女皇

她的父母是安哈特－采尔布斯特亲王克里斯蒂安·奥古斯特和荷尔斯泰因－戈托普的约翰娜·伊丽莎白。她被取名为索菲娅·奥古斯塔·弗雷德里卡。1744年，她迁往圣彼得堡，改名为叶卡捷琳娜·阿列克谢耶芙娜。来年，她隆重地嫁给彼得——俄国的皇位继承者。彼得三世1762年成为沙皇，并突然在同年7月死于不明的情况下，之后由妻子继承皇位，取名为凯瑟琳二世（凯瑟琳大帝）。她是个有活力的女皇，在各方面都是有教养的君主，而且她发动了俄国的经济、司法、教育等体系的改革。她将拷打从司法体系中去除，并容忍宗教问题，致使俄国进入欧洲强权之林。凯瑟琳勤于和启蒙运动时期的欧洲重要哲学家互动，例如伏尔泰、狄德罗。她尝试按照启蒙运动的理想进行改革，但这些改革从未完成。凯瑟琳提倡对科学、艺术、文学等文化的追求。为了丰富圣彼得堡艾尔米塔什博物馆的收藏，她通过买家，取得了独特的欧洲艺术作品甚至某个收藏家完整的收藏。购买于1779年的罗伯特·沃波尔爵士的价值连城的收藏品，后来让艾尔米塔什博物馆成为欧洲最重要的博物馆之一。

路易丝－伊丽莎白－菲利希特·杜·皮耶里（Louise-Elizabeth-Félicité du Pierry，1746—1807）

法国天文学家

路易丝·杜·皮耶里是第一位在自己家中教天文学的法国女性，而且她的讲课非常受欢迎。她学术生涯中的伙伴天文学家约瑟夫－杰罗姆·拉朗德，将自己的著作《为女性而写的天文学》（1790）献给她，称赞她的才华、品位、勇气。最重要的是，路易丝·杜·皮耶里进行了有关光的折射的研究，并搜集了在过去百年间所发生的月食的资料。

卡罗琳·赫歇尔（Caroline Herschel，1750—1848）*

德裔英国天文学家

拥有音乐才华的德裔天文学家卡罗琳·赫歇尔，是著名天文学家威廉·赫歇尔（1738—1822）的妹妹。1772年，她搬到巴斯这个历史古镇，而她的哥哥在此地担任音乐指挥。当卡罗琳搬来时，她的哥哥又开始对天文学感兴趣。卡罗琳也对天文学产生兴趣，同时逐渐变成哥哥在天文研究上无价的助手。1782年，威廉为妹妹建造了一座望远镜，于是她开始了自己的天文观察。当威廉·赫歇尔被派为皇家天文学家，卡罗琳于是成为第一位由国王支付薪水的女性天文学家。1786—1797年，她发现了8颗新彗星，而35p/赫歇尔－里戈莱便以她的名字命名（1939年，罗杰·里戈莱重新发现这颗彗星）。1822年，哥哥去世后，卡罗琳迁回汉诺威，在这里应侄子约翰·赫歇尔的要求，开始将她与星云和星团有关的庞大数据进行有系统的归类。卡罗琳于1825年完成了对星云的分类，并且受到天文学者的称赞。1835年，她成为皇家天文学会的荣誉会员。她活到近百岁，于1848年在汉诺威老家去世。

玛丽－艾梅·吕兰（Marie-Aimée Lullin，一直工作到18世纪末）

瑞士自然历史学家

玛丽－艾梅·吕兰是最早进行与昆虫有关的实验研究的女性之一。她和丈夫自然历史学家弗朗索瓦·胡贝尔（1750—1831）一起在日内瓦附近的普雷尼的家中工作。玛丽－艾梅帮助逐渐变成全盲的丈夫研究蜜蜂。研究的结果只以她先生的名字出版，书名为《对蜜蜂的新观察》（1792）。没有妻子积极的贡献和专业的技术，这样的研究对胡贝尔来说是不可能完成的。玛丽－艾梅针对蜜蜂的触角、蜂箱里的雄蜂、雄蜂与蜂后的交配，以及蜂后的受孕进行了观察。

玛丽·波尔兹·拉瓦锡（Marie Paulze Lavoisier，1758—1836）*

法国化学家、译者、插画家

母亲去世的时候，玛丽只有13岁。为了确保她未来的生活，亲戚们施压要她嫁给一个大她将近40岁的伯爵。玛丽拒绝了这桩婚事，反而在1771年时嫁给了28岁的安托万·洛朗·德·拉瓦锡（1743—1794）。这个乐观开朗的年轻人身为化学家，被选为法国科学院院士。如同她的丈夫，这位年轻的妻子想致力于科学研究，于是开始在丈夫和她所聘请的指导者之下进行个人的研究。她帮助丈夫做研究，并且负责为他的著作《化学基本论述》画插画。安托万·洛朗·德·拉瓦锡的这本教科书出版于1789年，引起了化学教学上的革命。在法国大革命期间，她的丈夫和父亲均被逮捕，并在1794年被送上断头台。玛丽·拉瓦锡从不曾完全从丈夫死亡的悲痛中恢复过来。她编辑丈夫的研究报告，且于1805年出版，书名为《化学回忆录》。大革命之后，她重新开设她在巴黎的文学沙龙，并于1805年嫁给美国科学家、物理学者、发明家本杰明·汤普森。在巴伐利亚选侯卡尔·泰奥多尔授予伯爵称号之后，汤普森也以拉姆福德伯爵之名广为人知。玛丽·拉瓦锡仍保持第一次婚姻中的姓氏，4年后二人离婚，之后玛丽·拉瓦锡就没有再婚。1836年她于巴黎去世，年近80岁。

珍·玛西（Jane Marcet，1769—1858）

瑞士裔英国科学普及者

珍·玛西（本姓海地曼德）出生在伦敦富

有的瑞士银行家家庭。1799年，她嫁给瑞士医师和化学家亚历山大·玛西（1770—1822）。这对夫妇在伦敦的文学和科学界很有名，因此，在丈夫的鼓励下，珍参加了由著名化学家和电子化学先驱汉弗莱·戴维爵士（1778—1829）举办的讲座。珍·玛西变得很有兴趣推广科学，尤其是化学、医药、经济。她出版了一些图书，包括《化学之对话》《对基督教的证据之对话》《植物生理之对话》《英国史之对话》。这些书都再版数次，同时也被翻译成多种文字。

约瑟法·冯·西博尔德（Josepha von Siebold, 1771—1849）**与夏洛特·海登莱希·冯·西博尔德**（Charlotte Heidenreich von Siebold, 1788—1859）

德国医师和助产士

约瑟法·冯·西博尔德和她的女儿夏洛特是被准许完成大学教育，并取得妇产科学位的最早期的德国女性。身为第一位在德国获得妇产科博士学位的女性，约瑟法·冯·西博尔德于1815年毕业于吉森大学，获得妇产科医师资格，而她的女儿在1817年追随她的脚步。她们一起在达姆施塔特开业行医，事业顺利，成为受人尊敬的妇产科医师。1819年5月24日，当汉诺威王室的最后一位成员亚历山德丽娜·维多利亚（后来的维多利亚女王）出生时，约瑟法·冯·西博尔德受邀到伦敦的肯辛顿王宫做助产工作。

玛丽·博伊文（Marie Boivin, 1773—1847）

法国助产士

玛丽·博伊文（本姓吉兰）生于蒙特勒伊。她最初是在由修女打理的埃唐普医院接受的教育，当学校因为法国大革命而关闭时，她私下继续学习解剖学和助产术。1797年，她嫁给公务员路易·博伊文，他们有个女儿。丈夫去世后，她开始自行从事研究工作，成为医院的护士长。她是第一位使用听诊器听胎儿心跳的医疗实践者之一。作为出色的管理者，她

后来成为许多医院的指导员。她写给助产士的书《助产术》（1817）在欧洲被翻译成多种文字。玛丽·博伊文也将妇科研究报告从英文翻译成法文。1827年，马尔堡大学授予她荣誉医学博士学位。

玛丽亚·达雷·多恩（Marie Dalle Donne, 1776—1842）

意大利医师

玛丽亚·达雷·多恩出生于靠近博洛尼亚的一个小村庄的小康家庭。在很小的时候，这个女孩就显露出特别的天赋，因此，担任牧师的叔父开始教育她。玛丽亚·达雷·多恩被介绍到博洛尼亚的学术圈，并被准许进入博洛尼亚大学学习医学。她在医学专业获得了正式学位，最后成为大学妇产科教授，以及助产士学校的指导员。

索菲·杰曼（Sophie Germain, 1776—1831）

法国数学家

来自巴黎的索菲·杰曼开始对数学产生兴趣，是因为18世纪90年代初期法国大革命时期，她被迫关在室内好几个月。她的双亲不敢让这个年轻女孩在这座扰攘不安的城市到处走动。虽然她的父母不赞同她对数学进行研究工作，但索菲·杰曼仍决定偷偷地学习而不让父母知道。以M.勒布朗的笔名，她寄了一份数学研究报告给有名的巴黎数学家约瑟夫－路易·拉格朗日（1736—1813）。这位数学家对报告大感震惊，很快地作者的身份被揭穿了。在19世纪早期，索菲·杰曼也以笔名针对伟大的德国数学家卡尔·弗里德里希·高斯（1777—1855）所发展出来的数论做评论。甚至在高斯发现M.勒布朗的真实身份之后，他们的通信还持续了数年。索菲·杰曼匿名参加了许多次由法国科学院主办的数学竞赛。1816年，法国科学院奖励了索菲·杰曼所进行的与弹性表面振动有关的研究——在计划竖立埃菲尔铁塔方面，这个研究是有帮助的。然而索菲·杰曼的名字并没有包含在协助竖立铁塔的72位科学家之中。这些人的名字被列在4个

带状装饰上。她从未结婚，也不曾见过她所仰慕的、伟大的德国数学家高斯，但是在高斯的安排之下，1831 年哥廷根大学授予她荣誉博士学位。就在被授予头衔的前一个月，55 岁的索菲·杰曼死于乳腺癌。

玛丽·萨默维尔（Mary Somerville，1780—1872）

苏格兰数学家

玛丽·萨默维尔（本姓菲尔法克斯）的父亲海军上将威廉·菲尔法克斯爵士从海上回来，发现 8 岁的女儿几乎不会读或写。这个女孩就被送去一间寄宿学校，而她的叔叔托马斯·萨默维尔鼓励她读书。很快地，她开始对数学感兴趣，即使她父亲反对女性对数学的追求。1812 年，玛丽在她第一任丈夫去世后，嫁给医师威廉·萨默维尔。丈夫支持妻子的研究，而且他们还往往迁往伦敦，很快地两人的家成为博学人士圈子所喜爱聚会的地方。玛丽·萨默维尔开始写有关天文学、物理学、数学、化学、地理学的文章。第一本让她成名的书是一本译作，而原书《天体力学》的作者是皮埃尔－西蒙·德·拉普拉斯（1749—1827），英文译作的书名则是《天空的机制》。她其余的作品，我们可能听说过《物理科学的联系》（1834）、《物理地理学》（1848）、《分子和显微科学》（1869）。1835 年，她和卡罗琳·赫歇尔成为最早被邀请成为皇家天文学会会员的女性。玛丽·萨默维尔在科学生涯中一直很活跃，直到去世为止。

伊丽莎白·富勒姆（Elizabeth Fulhame，工作于 1780—1794 年）

英国化学家

当安托万和玛丽·拉瓦锡在巴黎化学领域从事重要研究时，一位比较不出名的女性化学家伊丽莎白·富勒姆正在英吉利海峡另一岸的伦敦工作。1794 年，她出版了她在化学方面的重要研究结果，书名是《有关燃烧之论文》。这本书在当时很有名，1798 被翻译成德文。1810 年，新版本在美国印行，但很快就几乎被遗忘了。在该书的前言中，伊丽莎白·富勒姆做出预言，她的书势必被轻视，因为那是女性写的。玛丽·拉瓦锡的第二任丈夫，科学家、物理学者、发明家，后来以拉姆福德伯爵出名的本杰明·汤普森（1753—1814），对她的研究工作非常赞赏。很有可能因为有这位伯爵的帮忙，伊丽莎白·富勒姆最后成为费城化学学会的荣誉会员。

玛丽·安宁（Mary Anning，1799—1847）

英国古生物学家

在玛丽和理查德·安宁的 10 个孩子当中，只有玛丽和约瑟夫长大成人。当她还小时，父亲便教她寻找和辨认化石。玛丽·安宁十来岁时，雇人将完整的鱼龙骨骼挖掘了出来。这副骨骼是 1811 年玛丽的弟弟在她老家多塞特郡的海岸峭壁上发现的。随后她把骨骼卖给地方庄园的主人，获得了 23 英镑，在那个时候，这笔钱足以支撑整个家庭的生计 6 个月。玛丽的父亲去世后，家中经济陷入困境。玛丽为自己争取到了生活保障，但是母亲和弟弟只好贩卖出土的化石。后来德国探险家路德维·莱卡特称赞玛丽·安宁是"古生物学的公主"。1821 年，玛丽·安宁发现了第一副近乎完整的蛇颈龙属动物的骨骼，并且卖了 200 英镑。由于她的工作，一般人才逐渐意识到化石的重要性。1838 年，英国科学促进会授予她一份年金。在她 47 岁死于乳腺癌之前不久，伦敦地理学会批准她成为荣誉会员。她在古生物学方面的贡献本应为她赢得正式会员的资格，但是当时这一头衔不能被授予女性。

注　释

[1] “DNA 追踪证明，这个木乃伊是哈特谢普苏特女王。”《赫尔辛基新闻》2007 年 6 月 28 日。

[2] Steven Shapin 1994。在书中，他检视了在 17 世纪的英国，科学对社会及文化领域的影响。虽然英国皇家学会设法在各个阶级之间尽可能地达成民主和平等，但是“绅士规范”和荣誉观在很大程度上仍决定了谁有资格参加科学论辩会。

[3] 法国哲学家米歇尔·福柯在最早发表于 20 世纪 60 年代的研究中，运用“人文科学考古学”的概念，分析了引起现代人文科学及其观念之起源的思想。见 Foucault 2008。

[4] Heinämaa 2003, p.191。

[5] 参见受人尊敬的科学史家 A. 鲁伯特·霍尔的著作《从伽利略到牛顿》（From Galileo to Newton, 1963）与《科学革命，1500—1750 年》（The Revolution in Science 1500–1750, 1983）。在这些书里的索引中只包括两位女性。

[6] Hoyningen-Huen 1993, pp.14–18。

[7] Cohen 1985。

[8] Lahtinen 2001, p.10。

[9] Aartomaa（edit.）2007, Ahola, Antikainen & Salmesvuori（edit.）2002, Kaartinen 2006, Katinen et al.（edit.）2005, Lahtinen（edit.）2001, Lahtinen 2007, Rahikainen & Vainio-Korhonen（edit.）2006, Oksala & Werner（edit.）2005 and Ollila 1998。

[10] Ollila 2001, p.89。

[11] Lahtinen（edit.）2001。

[12] 弗吉尼亚·布朗最近将薄伽丘的经典著作翻译成了英文。见 Boccaccio 2003。

[13] Christine de Pizan 1998。

[14] Darboy 1850, Mme Glien 1748, Heywood 1624, Le Croix 1769, Lairtullier 1840, Prudhomme 1840 and Wolff 1735，以及 Wood and Fürstenwald 1984，本书包含与数十位 17 世纪和 18 世纪博学女性有关的原始资料。

[15] 1913 年德国天主教神父 John Zahm 以笔名 H. J. Monzans 出版了《科学界的女性》（Woman in Science），这是一本关于博学女性与女性学习史的重要著作。例如，Carolyn Merchant 的《自然之死》（The Death of Nature, 1980）、Patricia H. Labalme 的《超越他们的性别》（Beyond their Sex, 1984）、Margaret Alici 的《希帕蒂亚的传统》（Hypatia's Heritage, 1986）、Londa Schiebinger 的《心灵无性别？》（The Mind has no Sex? 1989）、Patricia Phillips 的《科学女士》（The Scientific Lady, 1990）等目前仍然是重要的、可作为数据源的著作。也可参见 Maria Dzielska 对古代学者进行研究时所提的参考书目；Peter Dronken、Heinrich Schipperges、Barbara Newman、Charity Cannon Willard 等人的与中世纪女性文学和女性作者有关的参考书目；Margaret L. King 和 Diana Robinin 的与文艺复兴时期女性文学和女性作者有关的参考书目；Jacqueline Broad、Paula Finndlen、Erica Harth、Lynette Hunter、Sarah Hutton、Rebecca Messbarger、Natalie Zemon Davis 等人的关于现代女性自然哲学家之研究的参考书目。

[16] Ollila 2001, p.83。

[17] 参见 1980 年 Braudel 针对历史长远的进程和结构进行研究时所提出的论点。第二次世界大战之后，法国历史学家在以期刊年鉴为基础创立“年鉴学派”过

[18] Elomaa 2001，确定了微观历史的问题。

[19] 欲知更详细内容，请读本书第 3 章——"文艺复兴与科学革命时期的博学女性"。

[20] Alanen, Haaparanta & Lumme 1986.

[21] Engman 2005, pp.37–38.

[22] Parpola 2004.

[23] 两河流域指的是从尼罗河谷穿过约旦河谷，到达美索不达米亚的埃兰这一地带，部分还延伸至土耳其东南部。约公元前10000 年前，第一个以农业为根基的文明开始在该处发展起来。

[24] Parpola 1995, pp.48–57。也见 Freeman 2004。就了解古代美索不达米亚和地中海人之间的关系而言，这是一本很好的入门书。

[25] 哈特谢普苏特（Hatshepsut），"Hat"意为"最重要的"，而"shepes"则是"高贵、高等"之意。"t"是女性用语的字尾。此信息由埃及古物学者 Jaana Toivari-Viitala 提供。

[26] Nunn 1996, p.191.

[27] Nunn 1996, p.124。墓碑上的刻文有许多种翻译，这是其中一种。

[28] Alic 1986, pp.20–21.

[29] Lyons & Petrucelli 1987, p.566.

[30] 最近的例子是，2006 年春天在大都会美术馆举办的内容丰富的展览。

[31] Ebeling 1950, p.32.

[32] 和亚述学教授西莫·帕尔波拉的个人讨论。

[33] Ebeling 1950。这是第一个对于以亚述文字写成的香水原始配方的完整研究。

[34] 在古巴比伦文化中，阿卡德语是神圣的。

[35] Harris 2000, p.148.

[36] Gilgamesh 2000.

[37] Parpola 1995, pp.48–57.

[38] 在现代意大利地图上，它被写成 Crotone。

[39] Waithe 1987, pp.11–74。由 Waithe 编辑的 3 卷本《女性哲学家史》（*A History of Women Philosophers*）是对从古代到 18 世纪启蒙运动为止的女性哲学家之系统性研究著作。

[40] 和研究毕达哥拉斯学派女性成员的著作、已退休的 Holger Thesleff 教授的个人讨论。

[41] Lång 2005。以小说形式写成的《作为一个毕达哥拉斯门徒的生活》（*My life as a Pythagorean*），包括了对扎尔莫克西斯引人入胜的描述。书末还附有相当全面的参考书目。

[42] Kajas 2004, pp.17–29.

[43] Kahn 2001.

[44] 很明显，毕达哥拉斯和伊特拉斯坎人之间的关系鲜有人研究。在公元前 6 世纪，伊特拉斯坎文化十分繁荣，而且古希腊人与伊特拉斯坎人有联系。

[45] Waithe 1987, pp.59–74.

[46] Waithe 1987.

[47] Henry 1995。本书是对阿斯帕西娅完整又有趣的研究。

[48] MacLeod 2005.

[49] Waithe, Mary Ellen 1996。本论文检视有关希帕蒂亚最重要的研究，以及在当时她作为数学家和哲学家的角色。Dzielska 1995 年的著作，是针对希帕蒂亚最完整的现代研究。

[50] Knorr 1989, pp.755–816.

[51] Toland 1720: *Hypatia; or The history of the most beautiful, most virtuous, most learned, and in every way accomplished lady; who was torn to pieces by the clergy of Aleksandria, to gratify the pride, emulation, and cruelty of their Archbishop Cyril*.

[52] Wolff, Johann Christian; Mulierum graecarum..., Hamburg, Abraham Vandenhoeck, 1735.

[53] Kaartinen 2006, p.24.

[54] Lindberg 1978, p.52.

[55] Comnena 1928, p.1.

[56] 虽然书尚未翻译成芬兰文，但在这里使用了芬兰文的书名。这是出于芬兰的古希腊专家的建议。

[57] Comnena 2003, p.375.

[58] Comnena 2003, p.194.

[59] Haldon 2005, p.11.

[60] Comnena 2003, p.478.

[61] Comnena 2003, p.507.

[62] Macrides 2000.

[63] 同上。

[64] Tuominen 1997, pp.64–65.

[65] Mäkinen 2003, p.27.

[66] Strehlow, Wighard ja Hertzka, Gottfried 1995, p.20.

[67] Strehlow, Wighard and Hertzka, Gottfried 1995, p.116.

[68] Strehlow, Wighard ja Hertzka, Gottfried 1995, p.160.

[69] Strehlow, Wighard ja Hertzka, Gottfried 1995, pp.243–244.

[70] Hovila 1997, p.81.

[71] Brown-Grant 2003, pp.7–51.

[72] 洛里斯在 1235 年中断了这本书的写作，直到 13 世纪 70 年代才由让·德·默恩将它完成。

[73] Bell 2004, p.20.

[74] 见关于法国皇家图书馆早期阶段的介绍，Sherman 1995, pp.3–12。

[75] Merisalo 2003, p.141.

[76] 同上。

[77] Willard 1984, p.74.

[78] Willard 1984, p.78.

[79] Sherman 1995, pp.11–12.

[80] 克里斯蒂娜·德·皮桑在她的书中经常提及彼特拉克和薄伽丘，她显然对他们的作品知之甚详。她最早通过父亲而熟悉了萨卢塔蒂的思想，因为她父亲与萨卢塔蒂、彼特拉克同时就读于博洛尼亚大学（Willard 1984, pp.10–19）。后来，她从与萨卢塔蒂的思想相契合并让其思想得以为法国人所知的法国文学圈了解到了他的作品（Willard, 1984, pp.47–48）。

[81] Christine de Pizan 2005, p.135.

[82] Merisalo 2003, p.153.

[83] 不合时宜［Anachronism，来自希腊语 ana（against）kronos（time）］，意指一个处于错误时代的现象或观念，或指某个现象和观念不属于某个特殊时代。

[84] Willard 1984, p.173.

[85] Willard 2005, p.1.

[86] Langdon Forhan 2002.

[87] de Pizan 1999, prologue to Willard, pp.1–9.

[88] de Pizan 1999, prologue to Willard, p.8.

[89] Rabelais 1989, p.50.

[90] Burckhardt 1956.

[91] Kelly-Gadol 1977.

[92] King & Rabil 1983, p.70.

[93] Robin 2007, pp.xviii–xix.

[94] the life story of Cassandra Fedele, Fedele 2000, pp.3–15.

[95] Schiebinger 1991, pp.18–19.

[96] Baisdell 1980, p.36.

[97] Kaartinen 2006, p.30.

[98] Merisalo 2003, p.153.

[99] Alnaes 2003, p.451.

[100] 见劳拉·切蕾塔的人生故事，Cereta 1997, pp.3–62。

[101] DiCaprio & Wiesner 2001 pp.172–173.

[102] 信息来自芬兰赫尔辛基国家图书馆的 Sirkka Havu。

[103] Robin 2000 p.162.

[104] Pico della Mirandola 1999, pp.61–62.

[105] King & Rabil 1983, p.127.

[106] Fedele 2000, p.44.

[107] the life story of Isotta Nogarola, King & Rabil 1983, pp.17–18.

[108] Robin 2007, pp.xvii–xxvi.

[109] Clifton 1996.

[110] Perkins 1996, p.30.

[111] Kalisch, Scobey & Kalisch 1981, p.12.

[112] Perkins 1996, pp.56–62.

[113] Kalisch, Scobey & Kalisch 1981, p.7.

[114] Kalisch, Scobey & Kalisch 1981, p.8.

[115] Kalisch, Scobey & Kalisch 1981, p.9.

[116] Kalisch, Scobey & Kalisch 1981, p.10.

[117] Nenonen 2006.

[118] 亦名为玛丽亚·库尼迦（Maria Cunitia）。

[119] Psalms 93:1; 96:10; 104:5, I Chronicles 16:30 Ecclesiastes 1:4, 5.

[120] 第谷·布拉赫开发出来的大型六分仪事实上是天文仪器，在 18 世纪，以它为基础人们开发出来一种在海上用以设定自己位置的较小设备。

[121] Christianson 2003, p.257.

[122] Debus 2002, p.1.

[123] Shackelford 2004, pp.127–128.

[124] Geenberg 2003, pp.89–91.

[125] Christianson 2002, p.32.

[126] 同上，p.42。

[127] Guentherodt 1991, pp.346–348.

[128] W. Wynn Westcott: *Numeroiden salainen voima* (The secret power of numbers), Biokustannus (the year is not given.).

[129] Woods & Fürstenwald 1984.

[130] Guentherodt 1991, p.351.

[131] 摘自德文版的 *Urania Propitian*（1650）的书名页。

[132] 开普勒定律：第一定律，每一颗行星都沿各自的椭圆形轨道环绕太阳运行，而太阳则处在椭圆形的一个焦点上；第二定律，在相等的时间内，太阳和运动着的行星的连线所扫过的面积是相等的；第三定律，各颗行星绕太阳公转周期的二次方和它们的椭圆形轨道的半长轴的三次方成正比。

[133] Woods & Fürstenwald 1984, p.22.

[134] Meurdrac 1656, 摘自此书前言。

[135] Conway 2003, pp.xxx–xxxi.

[136] Descartes 2003, Teokset（Works）Ⅲ, pp.21–23.

[137] Descartes 2005, Teokset（Works）Ⅳ, pp.149–153.

[138] Descartes 2005, Teokset（Works）Ⅳ, pp.146–278.

[139] Broad 2002, p.17.

[140] Descartes 2001, Teokset（Works）Ⅰ, p.272.

[141] Descartes 2001, Teokset（Works）Ⅰ, p.272.

[142] Di Caprio & Wiesner 2001, pp.172–173.

[143] van Schurman 1998, pp.25–37.

[144] Descartes 2002, Teokset（Works）Ⅱ, p.324.

[145] Descartes 2002, Teokset（Works）Ⅱ, p.324.

[146] Descartes 2005, Teokset（Works）Ⅳ, p.254.

[147] van Schurman 1998, p.7。这个故事原本是由安娜·玛丽亚·凡·舒尔曼的朋友皮埃尔·伊沃说出来的。参见他出版于 1715 年的书《已故拉巴第先生简单又真诚的生活及真实情怀》（*Abrégé sincere de la vie et de laconduiteet des vrais sentimens de feu Mr. De Labadie*, 1715）。

[148] Introduction written by Lilli Alanen, Descartes 2001, Teokset（Works）Ⅰ, p.19.

[149] Descartes 2001, Teokset（Works）Ⅰ, pp.117–168.

[150] Descartes 2002, Teokset（Works）Ⅱ.

[151] Descartes 2005, Teokset（Works）Ⅳ, pp.27–143.

[152] Introduction written by Martina Reuter, Descartes 2005, pp.7–21.

[153] Descartes 2005, Teokset（Works）Ⅳ, p.188.

[154] Descartes 2005, Teokset（Works）Ⅳ, pp.154–155.

[155] Descartes 2003, Teokset（Works）Ⅲ, pp.32–33.

[156] Roinila 2004, pp.134–145.

[157] Roothaan 1996, pp.103–116.

[158] Roothaan 1996, pp.103–116.

[159] Roothaan 1996, p.111.

[160] Hutton 2004, p.576.

[161] Aiton 1985, pp.90–100.

[162] 在 17 世纪，英语概念中，"科学的"（scientific）这个字眼尚未被使用。基于研究自然界而得来的知识直到 18 世纪才被称为自然科学。

[163] Hall 1981（1963），p.137.

[164] Hall 1981（1963），p.132.

[165] for example Broad 2002 and Lopez McAlister 1996.

[166] 由 Ilkka Karttunen 翻译。

[167] 欲知更多有关玛格丽特·卡文迪什的形而上学的内容，参见 Broad 2002, pp.35–64。

[168] Descartes 2005, pp.294–297。1646 年，当通信开始时，威廉·卡文迪什的贵族头衔仍旧是新堡侯爵，到 1660 年才受封公爵。

[169] 欲知玛格丽特·卡文迪什对自然的观点，参见 Bowerbank 2004, pp.52–79 的例子。

[170] 本诗发表于《诗与幻想》（Poems and Fancies, 1653）。

[171] Bowerbank 2004, pp.61–62。

[172] 欲知玛格丽特·卡文迪什对实证自然科学的评论，参见 Battigelli 1998, pp.85–113。

[173] Spiller 2004, p.155.

[174] Campbell 2004.

[175] Shapin 1995, pp.42–64.

[176] 同上，pp.86–100。

[177] Siukonen 2006, p.164.

[178] Battigelli 1998, pp.104–105.

[179] Meyner 1955, p.2.

[180] Cavendish 2001, Introduction by Eileen O'Neill, pp.x–xxxvi.

[181] Hutton 2004.

[182] 由罗伯特·胡克设计的雄伟的瑞格里大厅建筑，是在安妮·康威死后的 17 世纪 80 年代才开始兴建的。今天人们记得沃里克郡，主要是因为它是莎士比亚的出生地。

[183] 艾尔弗雷德·鲁珀特·霍尔于 1963 年所撰写的与 17 世纪科学的哲学有关的著作《从伽利略到牛顿》（From Galileo to Newton）当中，唯一提到的女性是瑞尼拉夫人。

[184] Conway 1996, p.1.

[185] Aiton 1985 ja Hirsch 2000.

[186] Conway 1996.

[187] Conway 1996, Coudert and the prologue of Corse, pp.xxx–xxxi.

[188] Coudert 1995, chapter 4.

[189] Leibniz; Monadologia, 1995.

[190] Conway; 1996, p.xxxi。也参见 Coudert; 1995 第二章中有关安妮·康威夫人和海尔蒙特对莱布尼茨的影响的内容。

[191] 欲知由特奥多雷·德·布里画插图的《大航海》（Grand Voyages）一书印刷的历史，参见 Campbell 2004, pp.51–67。

[192] 按照戴维斯的说法，玛丽亚·西比拉·梅里安受洗为路德教派，参见 Davis 1997, p.198。瓦里安特争论说，梅里安是加尔文教派，参见 Valiant 1993, p.478。总之，梅里安接受新教教育，而在她成年时期于纽伦堡的家庭朋友圈都是新教的虔诚信徒，他们认为自然是上帝的创造物。

[193] 《毛虫之书》（Der Raupen Wunderbare Verwandelung undsonderbare Blumen-Nahrung）以 3 卷本的形式，于 1679 到 1717 年陆续出版。《苏里南昆虫变态图谱》（Metamorphosibus Insectorum Surinamensium）于 1705 年首先在阿姆斯特丹面世，是荷兰文版（60 幅插图），同一年又推出拉丁文版（60 幅插图）。1719 年，荷兰文第二版（72 幅插图）和拉丁文第二版（72 幅插图）在阿姆斯特丹问世。第三版和拉丁文暨法文版（72 幅插图）1726 年在海牙出版，并被视为重要资料。另外一个荷兰文版（72 幅插图）在 1730 年出现于阿姆斯特丹。最后一次的拉丁文暨法文版（72 幅插图）于 1771 年出现在巴黎。

[194] 《玛丽亚·西比拉·梅里安；蝴蝶、甲虫和其他昆虫：列宁格勒研究本》（Maria Sibylla Merian; Schmetterling, Käfer und Andere Insekten: Leningrader Studienbuch），卷一，Wolf-Dietrich Beer (Hrsg.). Leipzig 1976。此书是由玛丽亚·西比拉·梅里安亲自画素描和注解的。

[195] Stearn 1982.

[196] Valiant 1992, p.51.

[197] Davis 1997, pp.196–197.

[198] Findlen 2002, pp.297–323.

[199] Davis 1997, pp.177–252。戴维斯通过变态的主题，以一种有趣的方式诠释了玛丽亚·西比拉·梅里安的生活。

[200] 阿芙拉·贝恩是第一位以写作为生的英

国女性。她的作品包括戏剧、小说、游记。她也是一位杰出的科学著作翻译者。1688 年，她将伯纳德·勒·波维尔·德·丰特奈尔写给女性、与科学有关的畅销书翻译成英语，名为《关于世界多样性的对话》（*Conversations on the Plurality of Worlds*）。

[201] Davis 1997, p.226.
[202] Davis 1997, p.228.
[203] 在历史上，柏林科学院还有许多其他的名称，如柏林社会科学院、勃兰登堡选侯社会科学院、普鲁士科学院。
[204] Hunter & Hutton（ed.），1997.
[205] 有关 17 世纪末工匠对于前现代的科学观念之贡献，在克利福德·D.康纳于 2005 年出版的《一般人的科学史》（*A People's History of Science*）一书中，采用一种很有趣的方式进行了介绍。
[206] Quataert 1985.
[207] Shoemaker 1998, p.194.
[208] Aufgebauer 1971, p.244.
[209] Schiebinger 1987, p.48.
[210] Schiebinger 1987, p.52.
[211] Schiebinger 1987, p.61.
[212] Aufgebauer 1971, p.246.
[213] Fox Keller 1988.
[214] Phillips 1990, pp.98–104.
[215] Hanki 1985.
[216] 埃米莉·德·夏特莱两本很全面的传记出版于 2006 年，作者是津泽和波丹尼斯。也参见 Zinsser & Hayes（ed.）2006。
[217] 欲知详情，参见南希·米特福德于 1957 年所著的《恋爱中的伏尔泰》（*Voltaire in Love*）及塞缪尔·爱德华兹于 1971 年所著的《神圣的情妇》（*The Divine Mistress*）。
[218] Moriarty 2006, p.203.
[219] Bodanis 2006, p.104.
[220] Terrall 1995.
[221] Bodanis 2006, p.106.
[222] Bodanis 2006, p.156.
[223] Kaitro 1998, p.289.
[224] for example Fox Keller 1988.
[225] Kaitaro 2003, p.298.
[226] 本书有无数版本——约 175 种，而且被翻译成法文、德文、荷兰文、英文。弗朗切斯科·阿尔加罗蒂不断对它进行编辑修改，光书名就至少改过两次。
[227] Siukonen 2006, p.218.
[228] Zinsser 2006, p.277.
[229] 1756年，埃米莉·德·夏特莱将牛顿《自然哲学的数学原理》一书最早的不完整的版本译成法语并作了注解。
[230] Zinsser 2001, p.238.
[231] Berti Logan 1994, p.791 and 802.
[232] Massbarger 2001, p.67.
[233] Montagu 1908, p.252.
[234] Zinsser 2006, p.210.
[235] Berti Logan 1994, p.795.
[236] Berti Logan 1994, pp.809–811.
[237] Messbarger 2001, p.69.
[238] 同上，p.74。
[239] Messbarger 2001, p.76.
[240] Messbarger & Findel（ed.）2005, pp.128–140
[241] Messbarger & Findel（ed.）2005, pp.117–127.
[242] Ciéslak-Golonka & Morten 2000, p.72.
[243] Mrs John Herschel, 1876, p. IX。这是一本有关卡罗琳·赫歇尔的通信的图书，由玛格丽特·赫歇尔编辑，她是卡罗琳的侄子之妻。
[244] Hoskin（ed）2003a.
[245] Brock 2007。克莱尔·布洛克杰出的著作，对于卡罗琳·赫歇尔及其时代提供了一个新鲜的观点。
[246] Brock 2007, p.123.
[247] Venkatraman 2007, pp.86–87.
[248] Brock 2007, p.157.
[249] Brock 2007, p.208.
[250] Brock 2007, p.212.
[251] Donavan 1993, p.114.
[252] Fara 2004, p.167.
[253] 普罗透斯（Proteus）是古希腊神话中的海神，能够不断地改变自己的外形。
[254] Hudson 2002, p.110.

图片来源说明

（每条说明前面的数字是指于本书中出现的页码）

～～

1   Moth. Merian, Maria Sibylla. *Metamorphosibus Insectorum Surinamensium* ... La Haye, 1726. Photographed by Kari Timonen. Private collection.

10   Beetle and lemon. Merian, Maria Sibylla. *Metamorphosibus Insectorum Surinamensium* ... La Haye, 1726. Photographed by Kari Timonen. Private collection.

11   The nine muses of antiquity. Heywood, Thomas. *Gynaikeion: or Nine Bookes of Various History Concerning Women* ... London, 1642. Photographed by Kari Timonen. Private collection.

26 – 27   Muses. *La femme dans l'antiquité grecque : Texte et dessins de G. Notor. Préface de M. Eugene Müntz.* Paris, 1901. Photographed by Kari Timonen. Private collection.

28   Sappho and retinue. *Ibid.*

30   Mural. Unknown tomb in Theva, 1500 BCA.

31   Statue of Pharaoh Hatshepsut. Photographed by Jürgen Liepe. Cairo museum.

38   Queen of Punt. Reliev, 18th dynasty. Cairo Chafadjin Museum.

40   Female statute from the temple of Chafadji in Mesopotamia, c. 2500 BCA. William Rockwell Nelson Gallery of Art, Atkins Museum, Kansas City.

45   Akkadian cuneiforms, c. 2200 – 2400 BCA. Ashmolean Museum, University of Oxford/ The Bridgeman Art Library.

50   Tombstone from Thasos, 430 BCA. Louvre, Paris.

54   The Bacchae. *La femme ans l'antiquité grecque : Texte et dessins de G. Notor. Préface de M. Eugene Müntz.* Paris, 1901. Photographed by Kari Timonen. Private collection.

57   Alcaeus and Sappho. *Ibid.*

64   Herm of Aspasia, c. 500 BCA. Museum of the Vatican.

66   Sappho and retinue. *La femme dans l'antiquité grecque : Texte et dessins de G. Notor. Préface de M.* Eugene Müntz. Paris, 1901. Photographed by Kari Timonen. Private collection.

69   Happiness of spouses. *La femme dans l'antiquité grecque : Texte et dessins de G. Notor. Préface de M.* Eugene Müntz. Paris, 1901. Photographed by Kari Timonen. Private collection.

76   Mosaic of Alexandria, 530s AD. Church of St. John the Baptist, Gerasa.

78   Mosaic of Queen Bernice. Graeco-Roman Museum, Aleksandria.

83   The doctrines of Euclid. Byrne, Oliver. *The First Six Books of The Elements of Euclid.*

London, 1847. Photographed by Rauno Träskelin. Private collection.

87 "Scenographia Systematis Mundani Ptolemaici". Andreas Cellarius. Amsterdam, 1660. Photographed by Kaius Hedenström. Private collection.

91 19th century astrolabe. Photographed by Rauno Träskelin. Private collection.

93 Arabian manuscript, 17th century Muslim Heritage Consulting, Dubai.

94 The seven free sciences. Herrad of Landsperg. *Hortus Deliciarum* (orginially published c. 1170).

96 Christine de Pizan with her son. Miniature, 1410 – 1411. The British Library, London.

98 Anna Comnena. *Les Femmes Illustres de L'Europe.* Paris, 1850. Private collection.

102 Mosaic, c. 1118. Hagia Sofia, Istanbul.

110 Empress Theodora. Detail of a mosaic, c. 550. San Vitale, Ravenna.

114 Receiving a heavenly vision. Hildegard of Bingen. *Liber Scivias*. 1151. Abtei St. Hildegard.

122 Hildegard's concept of the church. *Ibid.*

127 The first model of the universe. *Ibid.*

128 The second model of the universe. *Liber Divinorum Operum*, 1160. Biblioteca Statale, Lucca.

136 Christine de Pizan at her desk. Miniature, 1410 – 1411. The British Library, London.

149 Building the Cité des Dames. Miniature, 1410 – 1411. The British Library, London.

156 – 157 Detail of fresco in the Spanish Chapel. Andrea Da Firenze, c. 1365. Santa Maria Novella, Ravenna/Photo Scala, Florence.

158 Detail of the map "Typvs cosmographicvs vniversalis". Sebastian Münster, Hans Holben, 1532. Photograhped by Rauno Träskelin. Private collection.

160 Fedele, Cassandra. *Clarissimae feminae Cassandrae Fidelis Venetae Epistolae & orations posthumae.* Patavii, 1636. Universitetsbiblioteket i Trondheim.

166 Princess Marguerite de Navarre. Jean Clouet, c. 1530. Walker Art Gallery, National Museums Liverpool / The Bridgeman Art Library.

170 Portrait of Laura Cereta. Cereta, Laura. *Iam primum e Ms. in lucem productae a J. Ph. Tomasino, qui eius vitam, et notas addidit.* Patavii, 1640. Staats – und Stadtbibliothek Augsburg.

174 Virgin Mary and Child Jesus. Robert Campin, n. 1440. National Gallery, London.

183 The birth of Venus. Sandro Botticelli, n. 1485. Galleria degli Uffizi, Florence.

190 Bourgeois, Louise. *Observations diuerses sur la sterilite perte de fruict foecondi te accouchements et Maladies des femmes et enfants naiueaux naiz ...* Paris, 1609. Photographed by Kari Timonen. National Library of Finland, Helsinki.

197 Giving birth. Ruff, Jacob. *De conceptu et generatione hominis: de matrice et ews partibvs, nec non de ...* Francofurti ad Moenum, 1580. Photographed by Kari Timonen. National Library of Finland, Helsinki.

201 Birth astrology. *Ibid.*

207 Position for delivery. Jansen, Samuel. *Korte en Bondige verhandeling, van de voort – teeling en i kinderbaren Met den aenkkve van dien.* Amsterdam, 1685. Photographed by Kari Timonen. National Library of Finland, Helsinki.

212 Seeing a new star. Flammarion, Camille. *Astronomie populaire Description générale du ciel, Tome second.* Paris, 1880. Photographed by Kari Timonen. Private collection.

224 Stellaeburgum sive observatorium ... 1584. Blaeu, Joan. *Atlas Maior,* 1662. Photographed by Rauno Träskelin, National Library of Finland, Helsinki.

225 Effigies Tychonis Brahe ... *Ibid.*

227 Portrait of Paracelsus. Quentin Massys, 16th century. Louvre, Paris.

238 "Scenographica systematis Copernicani". Andreas Cellarius – Pieter Schenk – Gerard Valk, 1708. Photographed by Rauno Träskelin. Private collection.

239 "Scenographia compagis mundanae Brahea". Amsterdam, 1708. Photographed by Kaius Hedenström. Private collection.

242 Title page. Cunitz, Maria. *Urania Propitia,* 1650. History of Science Collections, University of Oklahoma Libraries; copyright the Board of Regents of the University of Oklahoma.

246 Margaret Cavendish, Duchess of Newcastle. According to Pieter Louis Van Schuppen Abraham Diepenbeeck, c. 1655 – 1658. © National Portrait Gallery, London.

248 Ragged robin. Merian, Maria Sibylla. *Histoire des insectes de L'Europe* ... Amsterdam, 1730. Photographed by Kari Timonen. Private collection.

250 Princess Elizabeth. Gerard van Honthorst, 17th century. Private collection/The Bridgeman Art Library.

252 Prospectus Grandis Bierkade, Hagoe Comitis. Photographed by Kari Timonen. Private collection.

256 Schurman, Anna Maria van. *Nobiliss. Virginis. Annae Mariae á Schurman, opuscula Hebraea, Graeca, Latina, Gallica.* Lvgd. Batavor, 1648. Photographed by Kari Timonen. National Library of Finland, Helsinki.

259 Schurman, Anna Maria van. *Ibid.*

262 Woman writing a letter. Gerard ter Borch, c. 1655. Royal Cabinet of Paintings Mauritshuis, The Hague.

269 Visit by a physician. Jan Havicksz Steen, n. 1663 – 1665. Apsley House, The Wellington Museum, London/The Bridegaman Art Library.

276 Young woman holding letter. Perspective. Samuel van Hoogstraten, c. 1662 – 1667. Royal Cabinet of Paintings Mauritshuis, The Hague.

282 Ball. Abraham Bosse, 1657. Photographer Jörg P. Anders. bpk / Gemäldegalerie, Staatliche Museen zu Berlin.

289 Microscope. Hooke, Robert. *Micrographia,* 1665. History of Science Collections, University of Oklahoma Libraries; copyright the Board of Regents of the University of Oklahoma.

300 Portrait of Maria Sibylla Merian. Frontispiece. Merian, Maria Sibylla. *Erucarum ortus, alimentum et paradoxa metamorphosis* ... Amsterdam, 1717. History of Science Collections, University of Oklahoma Libraries; copyright the Board of Regents of the University of Oklahoma.

302 Coral bean tree, spinner moth and larva. Moth. Merian, Maria Sibylla. *Metamorphosibus Insectorum Surinamensium* ... La Haye, 1726. Photographed by Kari Timonen. Private

collection.

307 Metamorphosis of a silk worm. Merian, Maria Sibylla. *Histoire des insectes de L'Europe* ... Amsterdam, 1730. Photographed by Kari Timonen. Private collection.

311 Curiosity cabinet (上图). Imperato, Ferrante. *Historia Naturale*, Venedig 1672. Universitätsbibliothek Erlangen–Nürnberg.

311 Cayman (下图). Merian, Maria Sibylla. *Metamorphosibus Insectorum Surinamensium* ... La Haye, 1726. Photographed by Kari Timonen. Private collection.

320 Frontispiece of *Metamorphosibus Insectorum Surinamensium... Ibid.*

323 Pineapple. *Ibid.*

325 Butterfly and pomegranate. *Ibid.*

327 Lizard and banana. *Ibid.*

329 Beetle and palm. *Ibid.*

330 Urania, the muse of astronomy. Flammarion, Camille. *Astronomie populaire Description générale du ciel, Tome second.* Paris, 1880. Photographed by Kari Timonen. Private collection.

333 The Heveliuses with a quadrant. Hevelii, Johannis. *Machina coelestis*, 1673. Posner Memorial Collection.

338 Observations of a comet. Lubieniecki, Stanislaw. *Theatrum cometicum*, 1666 – 1668. Bibliothéque nationale de France, Paris.

343 The view from a roof in Danzig. Hevelii, Johannis. *Machina coelestis*, 1673. Posner Memorial Collection.

345 Portrait of Margaret Bryan and her daughters. According to William Nutter Samuel Shelley, 1797. © National Portrait Gallery, London.

349 Frontispiece in Benjamin Martin, *Young Gentleman and Lady's Philosophy*, 1755. Adler Planetarium & Astronomy Museum, Chicago.

350 Frontispiece of *Encyclopédie, ou dictionnaire raisonné des sciences, des arts et des métiers*, 1750. Photographed by Rauno Träskelin. Private collection.

352 Swing. Detail. Jean Honoré Fragonard. n. 1766. Wallace Collection, London.

354 Portrait of Marquise Gabrielle–Emilie Le Tonnelier de Breteuil. Marianne Loir, 18th century. Musée des Beaux–Arts, Bordeaux/Photo CNAC/ MNAM, Dist. RMN.

356 Swing. Jean Honoré Fragonard. n. 1766. Wallace Collection, London.

362 Frontispiece and title page in Voltaire, *Elémens de la philosophie de Neuton, Mis a portée de tout le monde. Par Mr. De Voltaire.* Amsterdam, 1738. Photographed by Kari Timonen, the National Library of Finland, Helsinki.

367 Fil et laine. *Recueil de planches, sur les sciences, les arts*, 1765. Photographed by Rauno Träskelin. Private collection.

376 Laura Bassi giving her first lecture. Minature, 1732. Archivio di Stato di Bologna.

380 – 381 Laura Bassi defends her doctoral thesis. Miniature, 1732. Archivio di Stato di Bologna.

387 Electrostatic device. Laplante. Guillemin, Amedee. *Electricity and Magnetism*. London, 1891. Science Museum / Science & Society Picture Library.

388 Self–portrait of Anna Morandi Manzolini, mid–18th century. Museo di Palazzo Poggi, Bologna.

390 Wax model of the extra-ocular muscles by Anna Morandi Manzolini, mid-18th century. Museo di Palazzo Poggi, Bologna.

391 Wax model of an embryo by Anna Morandi Manzolini, mid-18th century. Museo di Palazzo Poggi, Bologna.

394 19th century portrait of Maria Gaetana Agnesi.

395 Title page. Agnesi, Maria Gaetana. *Instituzioni analitiche* ... Milano, 1748. Archives and Special Collections, Mount Holyoke College.

398 Portrait of Caroline Herschel.

401 A View of the Abbey Mill and Weir on the River Avon, Bath. Thomas Ross, c. 1730–1745. Private collection/The Bridgeman Art Library.

404 William and Caroline Herschel. Flammarion, Camille. *Astronomie populaire Description générale du ciel, Tome second*. Paris, 1880. Photographed by Kari Timonen. Private collection.

407 Portrait of Sir William Herschel. Ken Hodges, 19th century. Private collection/The Bridgeman Art Library.

414 The execution of Louis XVI, 21st January 1793. French school, end of the 18th century. Private collection/The Bridgeman Art Library.

416 Women marching on Versailles 5th October 1789. French school, end of 18th century. Musee de la Ville de Paris, Musee Carnavalet, Paris/The Bridgeman Art Library.

420 Seconds Voyageurs Aëriens, ou Expérience de MM. Charles et Robert. Faite a Paris dans le Parterre de Jardin Roayl des Thuilliers le 1. Decembre 1783. Photographed by Kari Timonen. Private collection.

424 Lavoisiers' laboratory. Grimaux, Édouard. *Lavoisier, 1743 – 1794: d'apres sa correspondance, ses manuscrits, ses papiers de famille et d'autres documents*. Paris, 1888. The Edgar Fahs Smith Collection/Schoenberg Center for Electronic Text & Image.

425 Antoine-Laurent Lavoisier and his wife. Jacques Louis David, 1788. The Metropolitan Museum of Art/Art Resource/Scala, Florence.

426 Electrical instruments. Lavoisier, Antoine-Laurent. *Traité élémentaire de Chimie, présenté dans un ordre nouveau et d'apres les découvertes modernes; avec figures: Par M. Laviosier, ... Tome second*. Paris, 1789. Photographed by Kari Timonen. National Library of Finland, Helsinki.

429 A Lady of Scientific Habits. Lithograph from beginning of 19th century. With permission from Jim Secord.

430 Rose. Merian, Maria Sibylla. *Metamorphosibus Insectorum Surinamensium* ... La Haye, 1726. Photographed by Kari Timonen. Private collection.

432 Beetle. *Ibid.*

参 考 书 目

绪论

在科学领域中的考古、权力游戏及性别角色

Aartomaa, Ulla (ed.). *Naisten salonki – 1700-luvun eurooppalaisia naistaitelijoita* (A salon for women – European women artists in the 18th century). WSOY, Helsinki, 2007.

Ahola, Minna & Antikainen, Marjo-Riitta & Salmesvuori, Päivi. *Eevan tie alttarille* (Eeva's road to the altar). Edita, Helsinki, 2002.

Alanen, Lilli & Haaparanta, Leila & Lumme, Terhi (toim.). *Nainen, Järki ja ihmisarvo* (Woman, reason and human dignity). WSOY, Helsinki, 1986.

Alic, Margaret. *Hypatia's Heritage. A History of Women in Science from Antiquity to the Late Nineteenth Century*. Boston, Beacon Press, 1986.

Braudel, Fernand. *On history*. Weidenfeld & Nicolson, London 1980.

Boccaccio. *Famous Women* (trans. Virginia Brown). Harvard University Press, Cambridge, MA, 2003.

Christine de Pizan. *The Book of the City of Ladies* (trans. Earl Jeffrey Richards). Persea Books, New York, 1998.

Cohen, Bernard J. *Revolution in Science*. Harvard University Press, Cambridge, MA, 1985.

Darboy, George. *Les femmes de la Bible*. Garnier freres, Paris, 1850.

Elomaa, Hanna. Mikrohistoria johtolankojen jäljillä, *Kulttuurihistoria – johdatus tutkimukseen* (On the trail of microhistory, *Cultural history – introduction to research*). SKS, Helsinki, 2001.

Engman, Marja. Suomen varhaisimmat tutkijanaiset, *Tiede, tieto ja sukupuoli* (The earliest Finnish women researchers, *Science, knowledge and gender*). Liisa Husu & Kristina Rolin (ed.). Gaudeamus, Helsinki, 2005.

Foucault, Michel. *The Order of Things: An Archaeology of the Human Science*. Pantheon, New York, 1970.

Galien, Mme. *Apologie des dames, appuyée sur l'histoire*. Didot, Paris 1748.

Gourdon de Genouillac, H. *Les Françaises a toutes les époques de notre historie*. A. Hennyer, Paris, 1893.

Hall, A. Rupert. *From Galileo to Newton*. Dover Publication, New York, 1963.

——— *The Revolution in Science 1500 – 1750*. Longman, London, 1983.

Heinämaa, Sara. Naisia filosofiassa! (Women in philosophy!), *Spiritus animalis, Kirjoituksia filosofian historiasta* (Writings on the history of philosophy). Sara Heinämaa, Marina Reuter ja Mikko Yrjönsuuri (ed.). Gaudeamus, Helsinki, 2003.

Heywood, Thomas. *Gynaikeion: or, Nine Bookes of Various History Concerninge Women*. Adam Islip, London, 1624.

Hoyningen-Huen, Paul. *Reconstructing Scientific Revolution: Thomas S. Kuhn's Philosophy of Science*. The University of Chicago Press, Chicago, 1993.

Kaartinen, Marjo. *Arjesta Ihmeisiin – Eliitin kulttuurihistoriaa 1500–1800 –luvun Euroopassa* (*From the everyday to wonders*). Tammi, Helsinki, 2006.

Korhonen, Anu. Mentaliteetti ja kulttuurihistoria, *Kulttuurihistoria – johdatus tutkimukseen* (Mentality and cultural history, *Cultural history – introduction to research*). SKS, Helsinki, 2001.

Katainen, Elina; Kinnunen, Tiina; Packalén, Eva ja Tuomaala, Saara (ed.). *Oma Pöytä – Naiset historiankirjoittajina Suomessa* (A desk of your own: women as writers of history in Finland). SKS, Helsinki, 2005.

Kuhn, Thomas S. *The Structure of Scientific Revolutions* (Finnish Translation). Art House, Helsinki 1994.

Labalme, Patricia H. (ed.). *Beyond their Sex – Learned Women of the European Past.* New York University Press, New York, 1984.

La Croix, Jean–François de. *Dictionnaire historique portative des femmes célebres.* Le Cellot, Paris, 1769.

Lahtinen, Anu (ed.). *Tanssiva mies, pakinoiva nainen – Sukupuolten historiaa* (Male dancers, female commentators – History of the genders). Turun historiallinen yhdistys, Turku, 2001.

Lahtinen, Anu. *Sopeutuvat, neuvottelevat, kapinalliset – Naiset toimijoina Flemingin sukupiirissä* 1470 – 1620 (Conforming, conferring, rebelling – Active women in the Fleming family 1470 – 1620). SKS, Helsinki, 2007.

Lairtulier, E. *Les femmes célebres de 1789 a 1795 et leur influence dans la revolution.* Libraire politique, Paris, 1840.

Merchant, Carolyn. *The Death of Nature – Women, Ecology and Scientific Revolution.* Harper, San Francisco, New York, 1990 (1st edition 1980).

Monzans, H. J. *Woman in Science.*

University of Notre Dame Press, Notre Dame, Indiana, 1991(1913).

Oksala, Johanna & Werner Laura (ed.). *Feministinen filosofia* (Feminist philosophy). Gaudeamus, Helsinki, 2005.

Phillips, Patricia. *The Scientific Lady – A Social History of Woman's Scientific Interests 1520 – 1918.* Weidenfeld and Nicolson, London, 1990.

Prudhomme, Louis–Marie (éd.). *Biogrphie universelle et historique des femmes célebres mortes ou vivantes.* Lebigre, Paris, 1830.

Rahikainen, Marjatta & Vainio–Korhonen, Kirsi (ed.). *Työteliäs ja Uskollinen – Naiset piikoina ja palvelijoina keskiajalta nykypäivään* (Hard–working and loyal – women as maids and servants from the Middle Ages to the present day). SKS, Helsinki, 2006.

Raivio, Kari & Rydman, Jan & Sinnemäki, Anssi(ed.). *Rajalla – Tiede rajojaan etsimässä* (On the border – Science seeks its limits). Gaudeamus, Helsinki, 2007.

Schiebinger, Londa. *The Mind has no Sex? Women in the Origins of Modern Science.* Harvard University Press, Cambridge, MA, 1989.

Shapin, Steven. *A Social History of Truth.* The University of Chicago Press, Chicago, 1994.

Wolff, Johann Christian. *Mulierum graecarum.* Abraham Vandenhoeck, Hamburg, 1735.

Woods, Jean M. & Fürstenwald, Maria. *Schriftellerinnen. Künslerinnen und gelehrte Frauen des deutschen Barock, Ein Lexikon.* J. B. Metzlersche Verlagsbuchhandlung, Stuttgard, 1984.

第 1 章　古代的博学女性

Freeman, Charles. *Egypt, Greece and Rome: Civilizations of the Ancient Mediterranean.* Oxford University Press, Oxford, 2004.

Parpola, Simo. Länsimaisen kulttuurin

mesopotamialainen sielu (The Mesopotamian soul of western culture), *Tutkimuksen etulinjassa (On the frontline of research)*. Jan Rydman (ed.). WSOY, Porvoo, 1995.

—— Light from the east, *Länsimaisen sivistyksen juuret* (The roots of western civilization).

Miia Pesonen, Harri Westermarck (ed.). Helsingin yliopiston vapaan sivistystyön toimikunta, Helsinki, 2004.

哈特谢普苏特
古埃及综合运用知识、权力、宗教的女性统治者

Alic, Margaret. *Hypatia's Heritage, A History of Woman in Science from Antiquity to Late Nineteenth Century*. The Women's Press, London, 1986.

Dorman, Peter, F. *The Tombs of Senenmut*. Kegan Paul International, London, 1988.

Holthoer, Rostislav. *Muinaisen Egyptin kulttuuri* (The history of ancient Egyptian culture). Otava, Helsinki, 1994.

Lyons, Albert & Petrucelli, R. J. *Medicine: An Illustrated History*. Abradale Press, New York, 1987.

Naville, Edouard. *The Temple of Deir el-Bahari*, 7 vols. 1895 – 1908.

Nunn, John F. *Ancient Egyptian Medicine*. The British Museum Press, London, 1997.

Parker, Richard A. Ancient Egyptian Astronomy, *Philosophical Transactions of the Royal Society of London*. A. 276, 1974.

Robins, Gay. *Women in Ancient Egypt*. The British Museum Press, London, 1993.

Roehring Catharine H. (ed.). *Hatshepsut. From Queen to Pharaoh*. The Metropolitan Museum of Art, New York, 2005.

Tyldesley, Joyce A. *Daughters of Isis, Women of Ancient Egypt*. Penguin Books, London, 1994.

Tyldesley, Joyce A. *Hatchepsut: The Female Pharaoh*. Penguin Books, London, 1996.

塔佩蒂－贝拉特－埃卡里
美索不达米亚的"化学之母"

Bottéro, Jean (ed.). *Everyday Life in Ancient Mesopotamia*. Maryland John Hopkins University Press, Maryland, 2001.

Burkert, Walter. *The Orientalizing Revolution: Near Eastern Influence on Greek Culture in Early Archaic Age*. Translated by Walter Burkert and Margaret Pinder. Cambridge, Harvard University Press, 1992.

Ebeling, E. *Parfümrezepte und kultische Texte aus Assur*. Roma, 1950.

Gilgamesh. Kertomus ikuisen elämän etsimisestä (Gilgamesh; a tale of the quest for eternal life). Translated into Finnish by Jaakko Hämeen-Anttila. Basam Books, Helsinki, 2000.

Harris, Rivkah. *Gender and Aging in Mesopotamia: The Gilgamesh Epic and Other Ancient Literature*. University of Oklahoma Press, Oklahoma, 2003.

Ide, Arthur Frederick. *Woman in the Ancient Near East* (Women in History Series). Mesquite (Tex.), IdeHouse, 1982.

Levey, Martin. *Chemistry and Chemical Technology in Ancient Mesopotamia*. Elsevier Publishing Company, New York, 1959.

Nemet-Nejat, Karen Rhea. *Daily life in ancient Mesopotamia*. Hendrickson Publishers, New York, 2002.

Oppenheim, A. Leo. *Ancient Mesopotamia*. The University of Chicago Press, Chicago, 1964.

Parpola, Simo. Länsimaisen kulttuurin mesopotamialainen sielu (The Mesopotamian soul of western culture, *Tutkimuksen etulinjassa – Tieteen päivät 1995 (On the frontline of research – Science Seminar 1995)*. Jan Rydman (ed.). WSOY, Porvoo, 1995.

—— Idästä tuli valo, *Länsimaisen sivistyksen juuret* (Light came from the east, *The roots of western civilisation*). Miia Pesonen, Harri Westermarck (ed.). Helsingin yliopiston vapaan sivistystyön toimikunta, Helsinki, 2004.

Seibert, Ilse. *Women in the Ancient Near East*. Edition Leipzig, Leipzig, 1974.

西雅娜

毕达哥拉斯的追随者——第一位女性哲学家

Burkert, Walter. *Lore and Science in Ancient Pythagoreanism*. Harvard University Press, Harvard, 1972.

Fantham, Elaine & Peet Foley, Helene et al. *Women in the Classical World*. Oxford University Press, Oxford, 1994.

Fideler, David R. (ed.). *The Pythagorean Sourcebook and Library*. Grand Rapids. Phanes Press, 1987.

Gorman, Peter. *Pythagoras. A Life*. Routledge and Kegan Paul Ltd., London, 1979.

Kahn, Charles H. *Pythagoras and the Pythagoreans. A Brief History*. Hackett Publishing Company, Indianapolis, 2001.

Kajas, Antti. Pythagoras – Tappavat pavut, *Filosofin kuolema* (Killer beans, the death of philosophy). Timo Kaitaro and Markku Roinila (ed.). Kustannusosakeyhtiö Summa, Helsinki, 2004.

Laertios, Diogenes. *Merkittävien filosofien elämät ja opit* (*The lives and doctrines of significant philosophers*) (translated into Finnish by Marke Ahonen). Kustannusosakeyhtiö Summa, Helsinki, 2003.

Lång, Fredrik. *Elämäni Pythagoraana* (My life as a Pythagorean). Tammi, Jyväskylä, 2005.

Setälä, Päivi. *Antiikin nainen* (Woman of antiquity). Otava, 1993.

Thesleff, Holger. *An Introduction to the Pythagorean Writings of the Hellenistic Period*. Abo: Abo Akademi, 1961.

Thesleff, Holger & Sihvola, Juha. *Antiikin filosofia ja aatemaailma* (The philosophy and world of ideas of antiquity). WSOY, Porvoo, 1994.

Waithe, Mary Ellen (ed.). *A History of Women Philosophers*, Vol. 1, Ancient Women Philosophers 600 B.C. – 500 A.D., (pp. 11 – 74).

Dordrecht: Nijhoff, 1987.

Wider, Kathleen. Women Philosophers in the Ancient Greek World: Donning the Mantle, *Hypatia,* Vol. I (I), 1986.

阿斯帕西娅

女性能思考吗?

Alanen, Lilli. Naisen asema valtiossa Platonin ja Aristoteleen mukaan, *Nainen, järki ja ihmisarvo. Esseitä filosofian klassikoiden naiskäsityksistä* (Woman, reason and human dignity. Essays on the classical concepts of women in philosophy). Lilli Alanen, Leila Haaparanta, Terhi Lumme (ed.) WSOY, Helsinki, 1985.

Aristotle. Politiikka (Politics), *Teokset* (Works), osa (volume) VIII (translated into Finnish by A. M. Anttila). Gaudeamus, Helsinki, 1991.

Bloedow, Edmund F. Aspasia and the Mystery of the Menexenos, *Wiener Studien* NF 9, 1975.

Henry, Madeleine M. *Prisoner of History. Aspasia of Miletus and her Biographical Tradition*. Oxford University Press, Oxford, 1995.

Hesiod. *Works and Days* (*Erga kai hemerai*). Translation into Finnish by Paavo Castrén. Tammi, Helsinki 2004.

Montuori, Mario. *Socrates. An Approach*. Gieben, Amsterdam, 1988.

Platon. Menexenus, *Teokset* (Works), osa (volume) II (transl. into Finnish by Marja Itkonen–Kaila). Otava, Helsinki, 1999.

Platon. Valtio (The Republic), *Teokset* (Works), osa (volume) IV (transl. into Finnish by Marja Itkonen–Kaila). Otava, Helsinki, 1999.

Setälä, Päivi. *Antiikin nainen* (Woman of antiquity). Otava, Helsinki, 1993.

Thesleff, Holger & Sihvola, Juha. *Antiikin filosofia ja aatemaailma* (The philosophy and world of ideas of antiquity). WSOY, Helsinki, 1994.

Waithe, Mary Ellen. Aspasia of Miletus, *A History of Women Philosophers*. E. Waithe (ed.).

Vol. I: Ancient Women Philosophers, 600 BC – 500 AD. Martinus Nijhoff Publishers, Boston, Dordrecht, Lancaster, 1987.

希帕蒂亚
从缪斯女神到学者

Cameron, Alan. Isidore of Miletus and Hypatia: On Editing of Mathematical Texts, *Greek, Roman and Byzantine Studies*, Vol. 31, No. 1, 1990.

Deakin, Michael, A. B. Hypatia and Her Mathematics, *The American Mathematical Monthly,* Vol. 101, No. 3, 1994.

Dzielska, Maria. *Hypatia of Alexandria.* Harvard University Press, Cambridge, MA, 1995.

Eukleides. *Euklideen Alkeista Kuusi ensimäistä kirjaa (The first six books of Euclid's Elements).* Suom. Pekka Aschan. Kuopio, 1859.

Evans, James. *The History and Practice of Ancient Astronomy.* Oxford University Press, USA, 1998.

Heath, Thomas Little, *A History of Greek Mathematics.* Clarendon Press, Oxford, 1960.

Isaksson, Eva. *Nainen ja maailmankaikkeus* (Woman and the universe). Ursan julkaisuja 31, Helsinki, 1987.

Knorr, Wilbur. *Textual studies in Ancient and Medieval Geometry.* Birkhäuser, Boston, Basel & Berlin, 1989.

MacLeod, Roy (ed.). *The Library of Alexandria. Centre of learning in the ancient world.* I. B. Tauris, London, 2005.

Vrettos, Theodore. *Alexandria, City of the Western Mind.* The Free Press, New York, 2001.

Waithe, Mary Ellen. Hypatia of Alexandria, *A History of Women Philosophers.* E. Waithe (ed.). Vol. I: Ancient Women Philosophers, 600 BC – 500 AD. Martinus Nijhoff Publishers, Boston, Dordrecht, Lancaster, 1987.

——— Finding Bits and Pieces of Hypatia, *Hypatia's Daughters.* Linda Lopez McAlister(ed.). Indian University Press, Bloomington, 1996.

第 2 章　中世纪博学的修女和温文尔雅的女性

Bishop, Morris. *The Middle Ages.* Houghton Mifflin Books, 2001.

Lindberg, David C. The Transmission of Greek and Arabic Learning to the West, *Science in the Middle Ages.* Edited by David C. Lindberg. Series: (CHSM) Chicago History of Science and Medicine. The University of Chicago Press. Chicago, 1978.

安娜·科穆宁娜
把自己写进历史的拜占庭公主

Buckler, Georgina. *Anna Comnena, A Study.* Oxford University Press, Oxford, 1929.

Comnena, Anna. *The Alexiad* (trans. Elizabeth Dawes). Kegan Paul, Trench, Trubner & Co., London, 1928.

——— *The Alexiad* (trans. E. R. A. Sewter). Penguin Classics, London, 2003 (1969).

Dalven, Rae. *Anna Comnena.* Twayne Publishers, New York, 1972.

Gouma-Peterson, Thalia (ed.). *Anna Komnene and Her Times.* Garland Publishing, New York, 2000.

Haldon, John. *Byzantium. A History.* Tempus, Gloucestershire, 2005.

Macrides, Ruth. The Pen and The Sword: Who Wrote the Alexiad? *Anna Komnene and Her Times.* Thalia Gouma-Peterson (ed.). Garland Publishing, New York, 2000.

Mango, Cyril (ed.). *The Oxford History of Byzantium.* Oxford University Press, Oxford, 2002.

Stephenson, Paul. Anna Comnena's Alexiad as a Source for the Second Crusade, *Journal of Medival History* 29, 2003.

Tuominen, Marja. *Bysanttilainen Triptyykki, kolme esseetä Jumalansynnyttäjän kuvasta* (A Byzantine triptych, three essays about the icon of the Mother of God). SKS, Helsinki, 1997.

宾根的赫德嘉
写作了宇宙学、医药、自然史著作的修女

Chamberlain, Marcia Kathleen. Hildegard of Bingen's Causes and Cures: A Radical Feminist Response to the Doctor–Cook Binary, *Hildegard of Bingen: A Book of Essays*. Edited by Maud Burnett McInerney. Garland Publishing, New York and London, 1998.

Dronke, Peter. *Women Writers of the Middle Ages*. Cambridge University Press, Cambridge, 1984.

Hovila, Marjaleena. *Hildegard Bingeniläisen kivet, kasvit ja metallit* (Hildegard of Bingen's stones, plants and metals). Biokustannus Oy, Helsinki, 1997.

Kitchell, Kenneth & Resnick, Irven. Hildegard as a Medieval "Zoologist" : The Animals of the Physica, *Hildegard of Bingen: A Book of Essays*. Edited by Maud Burnett McInerney. Garland Publishing, New York, 1998.

Mäkinen, Virpi. *Keskiajan aatehistoria* (Intellectual history of the Middle Ages). Atena Kustannus Oy, Jyväskylä, 2003.

Newman, Barbara (ed.). *Voice of the Living Light*. University of California Press, Berkeley, 1998.

Raittila, Anna-Maija. *Hildegard Bingeniläinen – Hengähdä minussa Vihanta Henki*. Kirjapaja, Helsinki, 1997.

Schipperges, Heinrich. *The World of Hildegard of Bingen – Her Life, Times and Visions*. Burns & Oates, Kent, 1998.

—— *Hildegard of Bingen, Healing and the Nature of the Cosmos*. Markus Wiener Publisher, Princeton, NJ, 1998.

Singer, Charles. The Scientific Views and Visions of Saint Hildegard, *Studies in The History and Method of Science*. Charles Singer (ed.). William Dawson & Sons, London, 1955.

Strehlow, Wighard ja Hertzka, Gottfried. *Hildegard Bingeniläisen hoidot* (The treatments of Hildegard of Bingen). Translated into Finnish by Airi Mäkinen. AM–Broker Oy, Helsinki, 1995.

克里斯蒂娜·德·皮桑
法国职业作家

Bell, Susan Groag. *The Lost Tapestries of the City of Ladies*. Christine de Pizan's Renaissance Legacy. University of California Press, Berkeley, 2004.

Boethius, Anicius Manlius Severinus. *Filosofian lohdutus* (*The consolation of philosophy*) De Consolatione Philosophiae Liibri Quinque. Translated into Finnish and provided with notes by Juhani Sarsila. Vastapaino, Tampere, 2001.

Brown-Grant, Rosalind. *Christine de Pizan and The Moral Defence of Woman*. Cambridge University Press, Cambridge, 1999.

Dante, Alighieri. *Jumalainen näytelmä. La Divina Commedia*. Translated into Finnish by Eino Leino. Karisto, Hämeenlinna, 1990.

De Pizan, Christine see Pizan, Christine de esmond, Marilynn (ed.). *Christine de Pizan and the Categories of Difference*. University of Minnesota Press, Minneapolis, 1998.

Forhan, Kate Lagdon. *The Political Theory of Christine de Pizan*. Ashgate Publishing, Aldershot, 2002.

Livius, Titus. *Rooman synty* (History of Rome). (Original work: *Ab urbe condita*). *I–II*. Latinan kielestä suomentanut ja nimihakemistolla varustanut Marja Itkonen-Kaila (Translated from Latin into Finnish and provided with an index of names by Marja Itkonen-Kaila). WSOY, Porvoo–Helsinki–Juva, 1994.

Merisalo, Outi. *Manu Scripta. Länsimaisen kirjan historia keskiajalla (500–1500)* (The history of the western book in the Middle Ages). Kampus Kustannus, Jyväskylä, 2003.

Ovidius Naso, Publius. *Muodonmuutoksia. Metamorphoseon libri I–XV*. Suomennos, esipuhe ja hakemisto (Translation into Finnish, prologue and index): Alpo Rönty. WSOY,

Porvoo–Helsinki–Juva, 1997.

Pizan, Christine de. *The Epistle of Othéa*. Translated by Stephen Scrope & Curt F. Bühler. Oxford University Press, Oxford, 1970.

—— *The Treasury of the City of Ladies, or, The Book of the Three Virtues*. Trans. Sarah Lawson. Penguin, London 1985.

—— *The Book of the Duke of True Lovers*. Translated by Thelma Fenster and Nadia Margolis. Persea Books, New York, 1991.

—— *The Book of the Body Politic*. Translated by Kate Langdon Forhan. Cambridge University Press, Cambridge, 1994.

—— *The Book of the City of Ladies*. Translated by Earl Jeffrey Richard. Persea Books, New York, 1998.

—— *The Book of Deeds of Arms and of Chivalry*. Translated by Sumner Willard. Edited by Charity Cannon Willard. Pennsylvania State University Press, University Park, Pa, 1999.

—— *The Vision of Christine de Pizan*. Translated by Glenda McLeod & Charity Cannon Willard. D. S. Brewer, Suffolk, 2005.

Quilligan, Maureen. *The Allegory of Female Authority, Christine de Pizan's Cité des Dames*. Cornell University Press, Ithaca, 1991.

Sherman, Claire. *Imaging Aristotele, Verbal and Visual Representation in Fourteenth-Century France*. University of California Press, Berkeley, 1995.

Willard, Charity Cannon. *Christine de Pizan, Her Life and Works*. Persea Books, New York, 1984.

第 3 章 文艺复兴与科学革命时期的博学女性

Burckhardt, Jacob. *The Civilisation of the Renaissance in Italy*. WSOY, Porvoo, 1956 (Finnish translation).

Kelly–Gadol, Joan. Did Women Have a Renaissance? *Becoming Visible: Women in European History*. Renata Bridentgal & Claudia Koonz (ed.). Houghton Mifflin, Boston, 1977.

Leikola, Anto. Renessanssin luonnontiede, *Renessanssi* (Natural science in the Renaissance, *Renaissance*). Matilainen, Pekka (ed.). Painatuskeskus, Helsinki, 1995.

Rabelais, François. *Pantagruel, Dipsodien kuningas* (Pantagruel, King of the Dipsodi). Translated into Finnish by Erkki Salo. Kustannuskiila Oy, Kuopio, 1989.

劳拉·切蕾塔和卡桑德拉·菲德勒

女性参与过文艺复兴吗？女性可以是人文主义者吗？

Alnaes, Karsten. *The Awakening: European history 1300 – 1600*. Translation into Finnish by Heikki Eskelinen. Otava, Helsinki, 2005.

Blaisdell, C. J. Marguerite de Navarre and Her Circle (1492 – 1549), *Female Scholars: A Tradition of Learned Women before 1800*. Jean R. Brink (ed.). Eden Press Women's Publications, Montreal, 1980.

Burckhardt, Jacob: *The Civilisation of the Renaissance in Italy* (Finnish translation). WSOY, Porvoo, 1956.

Cereta, Laura. *Collected Letters of a Renaissance Feminist*. Transcribed, translated, and edited by Diana Robin. The University of Chicago Press, Chicago, 1997.

Clifton, Cloria. *Directory of British Scientific Instrument Makers 1550 – 1851*. Zwemmer, London, 1996.

Dicaprio, Lisa & Wiesner, Merry E. *Lives and Voices, Sources in European Women's History*. Houghton Mifflin Company, Boston, 2001.

Fedele, Cassandra. *Letters and Orations*. Edited and translated by Diana Robin. The University of Chicago Press, Chicago, 2000.

Joutsivuo, Timo & Mikkeli, Heikki (edit.). *Renessanssin tiede* (Science in the Renaissance). SKS, Helsinki, 2000.

Kaartinen, Marjo. *Arjesta Ihmeisiin. Eliitin*

kulttuurihistoriaa 1500–1800–luvun Euroopassa (From the everyday to wonders. The cultural history of the elite in Europe from the 16th to the 19th centuries). Tammi, Helsinki, 2006.

King, Margaret L. *Women of the Renaissance*. The University of Chicago Press, Chicago, 1991.

—— *The Renaissance in Europe*. Laurence King Publising, London, 2003.

—— *Humanism, Venice, and Women – Essays an the Italian Renaissance*. Ashgate Publishing, London 2005.

King, Margaret L. & Rabil, Albert Jr. *Her Immaculate Hand*. Pegasus Press, Asheville, NC, 1997.

Kristeller, Paul Oskar. Learned Women of Early Modern Italy: Humanists and University Scholars, *Beyond Their Sex, Learned Women of the European Past*. Patricia H. Labalme (ed.). New York University Press, New York, 1980.

Merisalo, Outi. *Manu Scripta. Länsimaisen kirjan historia keskiajalla 500–1500* (Manu Scripta. History of the western book in the Middle Ages 500 – 1500). Kampus Kustannus, Jyväskylän yliopiston ylioppilaskunnan julkaisusarja 69, Jyväskylä, 2003.

Pico della Mirandola. On human dignity. Translated into Finnish by Tapio Martikainen. Atena, Jyväskylä, 1999.

Rabil Albert Jr. *Laura Cereta – Quattrocento Humanist*. Center for Medieval & Early Renaissance Studies, State University of New York, Binghamton, N.Y, 1981.

Rice, Eugene F. Jr & Grafton, Anthony. *The Fundations of Early Modern Europe 1460 – 1559*. W. W. Norton & Company, New York, 1994.

Robin, Diana. Cassandra Fedele's Epistolae (1488 – 1521): Biography as Effacement, *The Rhetoric of Life–Writing in Early Modern Europe*. Thomas F. Mayer & D. R. Woolf (eds.). The University of Michigan Press, Ann Arbor, 1995.

—— *Publishing Women*. The University of Chicago Press, Chicago, 2007.

Servadio, Gaia. *Renaissance Woman*. I. B. Tauris, London, 2005.

路易丝·布尔乔亚
来自巴黎的博学的专业助产士

Donnison, Jean. *Midwives and Medical Men, A History of the Struggle for the Control of Childbirth*. Heinemann Educational Books, London, 1977.

Conrad, Lawrence I. & Neve, Michael et al. *The Western Medical Tradition: 800 BC to 1800 AD*. Cambridge University Press, 1995.

Kalisch, Philip & Scobey, Margaret & Kalish, Beatrice. Louyse Bourgeois and the Emergence of Modern Midwifery, *Journal of Nurse–Midwifery*, Vol. 26, No 4, 1981, pp. 3 – 17.

Lindemann, Mary. *Medicine and Society in Early Modern Europe*. Cambridge University Press, Cambridge 1999.

Perkins, Wendy. *Midwifery and Medicine in Early Modern France, Louise Bourgeois*. University of Exeter Press, Exeter, 1996.

Speert, Harold. *Obstetrics and Gynecology, A History and Iconography*. The Parthenon Publishing Group, New York, 2004.

苏菲·布拉赫与玛丽亚·库尼茨
科学革命中的北欧女性

Arndt, Margarete. Die Astronomin Maria Cunitz, eine Gelehrte des schlesischen Barock, *Jahrbuch der Schlesischen Friedrich–Wilhelms–Universität zu Breslau*. Bd. 27: 1986, pp. 87 – 98.

Christianson, John Robert. *On Tycho's Island – Tycho Brahe, Science and Culture in the Sixteenth Century*. Cambridge University Press, Cambridge, 2000.

—— Tycho and Sophie Brahe: Gender and Science in the Late Sixteenth Century, *Acta Historica astronomiae* 2002, Vol. 16, pp. 30 – 45.

Cohen, I. Bernard. *Revolution in Science*. Harvard University Press, Cambridge, 1985.

Connor, James, A. *Keplers's Witch – An*

Astronomer's Discovery of Cosmic Order Amid Religious War, Political Intrigue, and the Heresy Trail of His Mother. Harper Collins, New York, 2004.

Cunitia, Maria. *Urania propitia sive Tabulae Astronomicae mire faciles* [...]. Excudebat typographus Olsnensis J. Seyffertus, Olsnae Silesiorum, 1650.

Debus, Allen George. *The Chemical Philosophy: Paracelsian Science and Medicine in the Sixteenth and Seventeenth Centuries*. Courier Dover Publications, Mineola, N.Y, 2003.

Dreyer, John L. *Tycho Brahe: A Picture of Scientific Life and Work in the Sixteenth Century*. Adam & Charles Black, Edinburgh, 1890; Kessinger Publishing LLC, Whitefish, MT, 2004 (reprint).

Greenberg, Arthur. *The Art of Chemistry, Myths, Medicines and Materials*. John Wiley & Sons Inc., Hoboken N. J, 2003.

Guentherodt, Ingrid. Maria Cunitia: Urania Propitia. Intendiertes, erwartetes und tatsächliches Lesepublikum einer Astronomin des 17. Jahrhunderts, *Daphnis,* Bd. 20, Heft 2, 1991: 311 – 353 facsims.

Guentherodt, Ingrid. Maria Cunitz und Maria Sibylla Merian: Pionierinnen der deutschen Wissenschaftssprache im 17. Jahrhundert: *Zeitschrift für germanistische Linguistik*, Bd. 14, Heft 1, 1986, 24 – 49 facsims.

Nenonen, Marko. *Noitavainot Euroopassa – Myytin synty* (Witch hunts in Europe – the origins of myth). Atena Kustannus, Jyväskylä, 2006.

Shackelford, Jole. *A Philosophical Path for Paracelsian Medicine*. Museum Tusculanum Press, Copenhagen, 2004.

Schiebinger, Londa. *The Mind has no Sex? – Women in the Orgins of Modern Science*. Harvard University Press, Cambridge, MA, 1989.

—— Maria Winkelmann at the Berlin Academy – A Turning Point for Women in Science. *ISIS*, 78, 1987, pp. 39 – 65.

第 4 章　17 世纪和 18 世纪博学的贵族女性、探险家和科学工匠

De Baar, Mirjam; Löwensteyn, Machteld; Monteiro, Marit & Sneller, Agnes (eds.). *Choosing the Better Part: Anna Maria van Schurman (1607 – 1678)*. Translated from the Dutch by Lynne Richards. Series: International Archives of the History of Ideas 146. Kluwer Academic Publishers, Dordrecht, Boston, London, 1996.

Woods, Jean, M. & Fürstenwald, Maria. *Schriftsellerinnen, Künstlerinnen und gelehrte Frauen des deutschen Barock*. J. B. Metzlersche Verlagsbuchhandlung, Stuttgart, 1984.

巴拉丁的伊丽莎白公主与安娜·玛丽亚·凡·舒尔曼

荷兰的知性女性

Aiton, E. J. *Leibniz: A Biogrphy*. Adam Hilger, Bristol, 1985.

Alanen, Lilli. Descartesin elämä, tieteellinen työ ja filosofinen ajattelu. (The life of Descartes, scientific work and philosophical thinking). Introduction in the work: Descartes, René: *Teokset I* (Works Ⅰ). Gaudeamus, Helsinki, 2001.

—— Descartes ja Elisabeth – filosofinen dialogi? (Descartes and Elizabeth – philosophical dialogue?), *Spiritus Animalis, Kirjoituksia filosofian historiasta*. (Spiritus Animalis, Writings on the philosophy of history). Heinämaa, Sara; Reuter, Martina & Yrjönsuuri, Mikko (ed.). Gaudeamus, Helsinki, 2003.

Broad, Jacqueline. *Women Philosophers of the Seventeenth Century* (pp. 13–34). Cambridge University Press, Cambridge, 2002.

Conley, John, J. *The Suspicion of Virtue, Women Philosophers in Neoclassical France*. Cornell University Press, Ithaca, 2002.

De Baar, Mirjam, Machteld Löwensteyn, Marit Monteiro, A. Agnes Sneller (toim.). *Choosing the Better Part, Anna Maria van*

Schurman (*1607 – 1678*). Kluwer Academic Publisher, Dordrecht, 1996.

Descartes, René. *Teokset I* (Works I) *(*Rules for the Direction of the Mind, Discourse on Method, Optis and letters 1619 – 1640). Translated into Finnish by Sami Jansson. Gaudeamus, Helsinki, 2001.

—— *Teokset II* (Works II) (Meditations on First Philosophy. Letters 1640 – 1641). Translated into Finnish and provided with notes by Tuomo Aho and Mikko Yrjönsuuri. Forword by Lilli Alanen. Gaudeamus, Helsinki, 2002.

—— *Teokset III* (Works III) (Principles of Philosophy. Totuuden tutkimus luonnollisella valolla. Huomautuksia erääseen ohjelmajulistukseen. Letters 1641 – 1645). Translated into Finnish by Mikko Yrjönsuuri, Jari Kaukua, Sami Jansson and Tuomo Aho. Gaudeamus, 2003.

—— *Teokset IV* (Works IV) (Passions of the soul. Description of the human body. Development of the foetus. Correspondence with Princess Elizabeth. Letters 1646 – 1650. The origins of peace). Translated into Finnish and provided with notes by Timo Kaitaro, Mikko Yrjönsuuri, Markku Roinila and Tuomo Aho. Introduction by Martina Reuter. Gaudeamus, Helsinki, 2005.

Fara, Patricia. *Pandora's Breeches, Women, Science & Powerin the Enlightenment*. Pimlico, London 2004.

Hart, Erica. *Cartesian Women*. Cornell University Press, New York, 1992.

Hutton, Sarah. *The Conway Letters*. Clarendon Press, Oxford, 2004.

Irwing, Joyce L. Anna Maria van Schurman: The Star of Utrecht (1607 – 1678), *Female Scholars, A Tradition of Learned Women Before 1800*. Jean R. Brink (ed.). Eden Press, Women's Publications, Montreal, 1980.

Meurdrac, Marie. *La Chymie Chariable et Facile, en Faveur des Dames,* 1656.

Nye, Andrea. Polity and Prudence, The

Ethics of Elisabeth, Princess Palatine, *Hypatia's Daughters*. Linda Lopez McAlister (ed.). Indiana University Press, Indianapolis, 1996.

Nye, Andrea. *The Princess and the Philosopher, Letters of Elisabeth of the Palatine to René Descartes*. Rowman & Littlefield Publishers, New York, 1999.

Roinila, Markku. René Descartes – Hyisen pohjolan viettelys, *Filosofin kuolema (The enticement of the frigid north, the death of philosophy)*. Timo Kaitaro & Markku Roinila (ed.). Summa, Helsinki, 2004.

Russell, Bertrand, *The History of Western Philosophy*, 1–2. Translated into Finnish by J. A. Hollo. WSOY, Helsinki–Porvoo–Juva, 1992.

Saarinen, Esa. *Länsimäisen filosofian historia huipulta huipulle* (The history of western philosophy from peak to peak). WSOY, Helsinki–Porvoo–Juva, 1985.

Schiebinger, Londa. *The Mind has no Sex? Women in the Orgins of Modern Science*. Harvard University Press, Cambridge MA, 1991.

Van Schurman, Anna Maria. *Whether a Christian Woman Should Be Educated and Other Writings from Her Intellectual Circle*. Edited and translated by Joyce L. Irwing. The University of Chicago Press, Chicago, 1998.

玛格丽特·卡文迪什与安妮·康威
两位哲学家——渴求知识的英国贵族女性

E. J. Aiton. *Leibniz. A Biography*. Adam Hilger, Bristol & Boston, 1985.

Hirsch, Eike Christian. *Der berühmte Herr Leibniz*. Beck, München, 2000.

Battigelli, Anna. *Margaret Cavendish and the Exiles of the Mind*. The University Press of Kentucky, Lexington, 1998.

Broad, Jacqueline. *Women Philosophers of the Seventeenth Century*. Cambridge University Press, Cambridge, 2002.

Bowerbank, Sylvia. *Speaking for Nature – Women and Ecologies of Early Modern England*. The Johns Hopkins University Press, Baltimore,

2004.

Bowerbank, Sylvia & Mendelson, Sara (eds.). *Paper Bodies – A Margaret Cavendish Reader*. Broadview Press, Peterborough, 2000.

Campbell, Mary Baine, *Wonder and Science*. Cornell University Press, Ithaca, 2004.

Cavendish, Margaret. *Observations upon Experimental Philosophy*. Edited by Eileen O'Neill. Cambridge Texts in the History of Philosophy series. Cambridge University Press, Cambridge, 2001.

—— *The Blazing World and Other Writings*. Kate Lilley (ed.). Penguin Books, London, 2004.

—— *Philosophical and Physical Opinions*. Enlarged edition. Printed by William Wilson, Anno Dom. M.DC.L XIII . London, 1663.

Conway, Anne. *The Principles of the Most Ancient and Modern Philosophy*. Edited by Allison P. Coudert and Taylor Corse. Cambridge Texts in the History of Philosophy series. Cambridge University Press, Cambridge, 1996 (2003).

Coudert, Allison P. *Leibniz and The Kabbalah*. Kluver Academic Publisher, Dordrecht, 1995.

Duran, Jane. Anne Viscountess Conway – A Seventeenth-Century Rationalist, *Hypatia's Daughters*. Edited by Linda Lopez McAlister. Indiana University Press, Indianapolis, 1996.

E. J. Aiton. *Leibniz. A Biography*. Adam Hilger, Bristol & Boston, 1985.

Fara, Patricia. *Pandora's Breeches – Women, Science & Power in the Enlightenment*. Pimlico, London, 2004.

Frankel, Lois. Damaris Cudworth Masham – A Seventeenth-Century Feminist Philosopher, *Hypatia's Daughters*. Edited by Linda Lopez McAlister. Indiana University Press, Indianapolis, 1996.

Hall, A. Rupert. *From Galileo to Newton*. Dover Publications, New York, (1963) 1981.

Hirsch, Eike Christian. *Der berühmte Herr Leibniz*. Beck, München, 2000.

Hobbes, Thomas. Leviathan or The Matter, Forme and Power of a Common Wealth Ecclesiastical and Civil (Finnish translation). Vastapaino, Tampere, 1999.

Hunter Lynette & Hutton, Sarah. *Women, Science and Medicine 1500 – 1700: Mothers and Sisters of the Royal Society*, Sutton Publishing, London, 1997.

Hutton, Sarah. *Anne Conway – A Woman Philosopher*. Cambridge University Press, Cambridge–New York, 2004.

—— *The Conway Letters*: Clarendon Press. Oxford, 2004.

Meyner, Gerald Dennis. *The Scientific Lady in England 1650 – 1760: An account of her Rise with emphasis on the Major Roles of the Telescope and Microscope*. University of California Press, Berkeley, 1955.

Shapin, Steven: *Social History of Truth, Civility and Science in Seventeenth-Century England*. The University of Chicago Press, Chicago, 1995.

Spiller, Elizabeth. *Science, Reading, and Renaissance* Literature: The Art of Making Knowledge, 1580 – 1670 (Cambridge Studies in Renaissance Literature and Culture). Cambridge University Press, Cambridge– New York, 2005.

Whitaker, Katie. *Mad Madge: Margaret Cavendish, Duchess of Newcastle, Royalist, Writer and Romantic*. Vintage, London, 2004

玛丽亚·西比拉·梅里安
科学插画家、昆虫学开创者、探险家

Davis, Natalie Zemon. *Three Seventeenth-century lives* (Finnish translation). Otava, Helsinki, 1997.

Jonston, Jan (1603 – 1675). Historiae Naturalis de Insectis Libri III. De Serpentibus et Draconibus Libri II, Merian, Frankfurt am Main, 1650 – 1653.

Findlen, Paula. Inventing nature: Commerce,

art and science in the early modern cabinet of curiosities', *Merchants & Marvels – Commerce, Science and Art in Early Modern Europe*. Edited by Pamela H. Smith & Paula Findlen. Routledge, New York, 2002.

Merian, Maria Sibylla. *Metamorphosibus Insectorum Surinamensium*. Haag, 1726.

—— *Leningrad Watercolors*: Facsimile, 2 folio vols.: ed. Ernst Ullman. Harcourt Brace Jovanovich, New York and London, 1974.

—— *Schmettering, Käfer und Andere Insekten: Leningrader Studienbuch*. Hrsg. von Wolf-Dietrich Beer. Bd. 1–2, Leipzig und Luzem, 1976.

Stearn, William T. Maria Sibylla Merian (1647 – 1717) as a Botanical Artist, *Taxon*, Vol.31, 1982, pp. 529 – 534.

Todd, Kim. Chrysalis: *Maria Sibylla Merian and the Secrets of Metamorphosis*. Harcourt, New York 2007. Valiant, Sharon: Questioning the Caterpillar, *Natural History*, Vol. 101, 1992, pp.46 – 59.

Valiant, Sharon. Maria Sibylla Merian: Recovering an Eighteenth-Century Legend, *Eighteenth-Century Studies*, Vol. 26, 1993, pp.467 – 479.

Wettengl, Kurt (ed.). *Maria Sibylla Merian(1647 – 1717): Artist and Naturalist*. Ostfildern-Ruit: Verlag Gerd Hatje, 1998. A catalog of an exhibition held at Historisches Museum in Frankfurt am Main in the winter of 1997/98.

玛丽亚·温克曼 - 基尔希
柏林科学院的女科学工匠

Aufgebauer, P. Die Astronomenfamilie Kirch, *Die Sterne* 47, 1971, pp. 241 – 247.

Conner, Clifford D. *A People's History of Science–Miners, Midwives and Low Mechanicks*. Nation Books, New York, 2005.

Fox Keller, Evelyn. *Tieteen sisarpuoli*. Vastapaino, Tampere, 1988.

Euler, Leonhard. *Letters to a German princess on physics and philosophy*. Translated into Finnish and provided with notes by Johan Stén. Omakustanne. Oy Fram Ab, Vaasa, 2007.

Hunter, Lynette & Hutton, Sarah (ed.). *Women, Science and Medicine 1500 – 1700, Mothers and Sisters of Royal Society*, Sutton Publishing, Gloucestershire, 1997.

Isaksson, Eva. *Nainen ja maailmankaikkeus* (Woman and the universe). Ursan julkaisuja 31, Helsinki, 1987.

Phillips, Patricia. *The Scientific Lady, A Social History of Woman's Scientific Interests 1520 – 1918*. Weidenfeld and Nicolson Lyd, London, 1990.

Roinila, Markku. Tieteen historian tähtihetkiä: G. W. Leibniz ja Berliinin tiedeakatemian varhaisvaiheet (Highlights in the history of science; G.W Leibniz and the early days of academy of science in Berlin), *Tieteessä tapahtuu* No 1, 2004, pp. 32 – 36.

Schiebinger, Londa. *The Mind has no Sex? Women in the Origins of Modern Science*. Harvard University Press: Cambridge, MA, 1989.

—— Maria Winkelmann at the Berlin Academy, A Turning Point for Women in Science, *ISIS*, 1987, 78, pp. 39 – 65.

Shoemaker, Robert B. *Gender in English Society 1650 – 1850: The Emergence of Separate Shperes?*, Longman, London, 1998.

Quataert, Jean H. The Shaping of Women's Work in Manufacturing: Guild, Households, and the State in Central Europe, 1648 – 1870, *The American Historical Review*, Vol. 90 (5), 1985.

第 5 章　启蒙时代沙龙、大学、科学学会中的博学女性

Conley, Johm J. *The Suspicion of Virtue, Woman Philosophers in Neoclassical France*. Cornell University Press, Ithaca and London, 2002.

埃米莉·德·夏特莱
法国新物理学的先锋

Bodanis, David. $E=mc^2$, *A biography of the World's Most Famous Equation*. Translated into Finnish by Ilkka Rekiaro. Tammi, Helsinki, 2001.

—— *Passionate Minds*: Crown Publishers, New York, 2006.

Du Châtelet, Emilie. *Institutions de Physique*. Prault, Paris, 1740.

—— Principies mathématiques de la philosophie naturelle Ⅰ－Ⅱ. Éditions Jacques Gabay, Paris, 1990 (facsimile of 1759 edition).

Ekeland, Ⅳ ar. *The Best of Possible Worlds. Mathematics and Destiny* (Finnish translation). Art House, Helsinki, 2004.

Hankins, Thomas L. *Science and the Enlightenment*. Cambridge University Press, Cambridge, (1985) 2003.

Hutton, Sarah. Women, Science, and Newtonianism: Emilie du Châtelet versus Francesco Algarotti: *Newton and Newtonianism, New Studies*. J. E. Force & S. Hutton (ed.). Kluwer Academic Publishers, Dordrecht, 2004.

—— Emilie du Châtelet's *Institutions de physique* as a document in the history of French Newtonianism: *Studies in History and Philosophy of Science Part A*, 35 (3), 2004.

Janik, Linda Gardiner. Searching for the metaphysics of science: the structure and composition of Madame Du Châtelet's Institutions de physique 1737－1740, *Studies on Voltarire and the Eighteenth Century*, Vol. 201, 1982.

Kaitaro, Timo. Ranskalainen valistus ja järjen kritiikki, *Filosofian historian kehityslinjoja* (The French Enlightenment and the critique of reason, developments in the history of philosophy). Korkman, Petter & Yrjönsuuri, Mikko(ed.). Gaudeamus, Helsinki, 2003.

Pekonen, Osmo. Esipuhe, IVar Ekeland: *The Best of Possible Worlds. Mathematics*

and *Destiny* (Finnish translation). Art House, Helsinki, 2004.

Siukonen, Jyrki. *Mies palavassa hatussa. Professori Johan Welinin maailma* (Man in the burning hat. The world of Professor of Welin). Sarja: Suomalaisen Kirjallisuuden Seuran Toimituksia 1052, Helsinki, 2006.

Terrall, Mary. Emilie du Châtelet and the gendering of Science, *History of Science*, Vol 33 (1995).

Zinsser, Judith P. Translating Newton's Principia: The Marquise du Châtelet Revision and Additions for a French Audience, *Notes and Records of the Royal Society of London,* Vol. 55 (2), 2001.

—— *La Dame d'Esprit, A Biography of the Marquise Du Châtelet*. Viking: London, 2006.

Zinsser, Judith P. & Candler Hayes, Julie (ed.). *Emilie du Châtelet: rewriting Enlightenment philosophy and science*. Voltaire Foundation, Oxford, 2006.

劳拉·巴锡、安娜·莫兰迪·曼佐利尼、玛丽亚·盖达娜·阿涅西
博洛尼亚大学的3位博学女性

Berti Logan, Gabriella. The Desire to Contribute: An Eighteenth-Century Italian Woman of Science, *American Historical Review*, No. 1, 1994.

Bertucci, Paola. Sparking controversy. Jean- Antoine Nollet and Medical Electricity South of Alps, *Nuncius: Journal of the History of Science*, Vol. 20, 2005.

Ciéslak-Golonka, Maria & Morten, Bruno. The Women scientist of Bologna, *American Scientist*, Vol. 88, 2000.

Elena, Alberto. Im Lode della filosofessa di Bologna: an Introduction to Laura Bassi, *ISIS*, Vol. 82, 1991.

Fara, Patricia. *An Entertainment for Angles, Electricity in the Enlightenment*. Icon Book, Cambridge, 2002.

Findel, Paula. Science as a Career in Enlightenment Italy, The Strategies of Laura Bassi, *ISIS*, Vol. 84, 1993.

Lynn, Michael R. *Popular science and public opinion in eighteenth-century France*. Manchester University Press, Manchester, 2006.

Messbarger, Rebecca. Waxing Poetic: Anna Morandi Manzolini's Anatomical Sculpture, *Configurations*, No 9, 2001.

—— Re-membering a Body of Work: Anatomist and Anatomical Designer Anna Morandi Manzolini, *Studies in Eigteenth Century Culture*, Vol. 32, 2003.

Messbarger, Rebecca & Findel, Paula (ed). *The Contest for Knowledge, Debates over Women's Learning in Eighteenth-Century Italy*. The University of Chicago Press, Chicago, 2005.

Montagu, Lady Mary Wortley. *The Letters and Works*. Lord Wharncliffe and W. Moy Thomas (eds.), George Bell, London 1886 (vol. I), London 1908 (vol. II).

Schiebinger, Londa. *The Mind has no Sex? Women in the Origins of Modern Science*. Harvard University Press, MA, 1989.

卡罗琳·赫歇尔

天文学领域的灰姑娘

Brock, Claire. *The Comet Sweeper, Caroline Herschel's Astronomical Ambition*. Icon Books, Cambridge, 2007.

Hershel, Margaret Brodie. *Memoir and Correspondence of Caroline Herschel by Mrs. John Herschel*. D. Appleton and Co, New York, 1876. First Am. edition.

Hoskin, Michael (ed.). *Caroline Herschel's Autobiographies*. Science History Publications, Cambridge, 2003a.

—— (ed.) *The Herschel Partnership: as viewed by Caroline*. Science History Publications, Cambridge, 2003b.

Isaksson, Eva. *Nainen ja maailmankaikkeus*. Ursan julkaisuja 31, Helsinki, 1987.

Karttunen, Hannu. *Vanhin tiede, Tähtitiedettä kivikaudesta kuulentoihin* (The oldest science, astronomy from the Stone Age to lunar flights). Ursan julkaisuja, Helsinki, 2003.

Venkatraman, Padma. *Double Stars, The Story of Caroline Herschel*. Morgan Reynolds Publishing, Greenboro, 2007.

玛丽亚·波尔兹·拉瓦锡

"现代化学之母"——法国大革命阴影下的女科学家

Donovan, Arthur. *Antoine Lavoisier: Science, Admistration, and Revolution*. Cambridge University Press, Cambridge, 1996.

Duveen, Debis I. Madame Lavoisier, 1758 – 1836, *Chymia*, Vol. 4, 1953.

Hoffman, Roald. Madame Lavoisier, *American Scientist*, Vol. 90, 2002.

Hudson, John. *Suurin tiede – kemian historia*. Art House, Helsinki, 2002.

McKie, Douglas. *Antoine Lavoisier: Scientist, Economist, Social Reformer*. Constable, London, 1952.

Smeaton, William. Monsieur and Madame Lavoisier in 1789: the chemical revolution and the French Revolution, *Ambix*, Vol. 36, 1989.

Vidal, Mary. David among the moderns: art, science and the Lavoisiers, *Journal of the History of Ideas*, Vol. 56, 1995.

中外文人名对照

希波的奥古斯丁 Augustine of Hippo
伊萨博 Isabeau
索尔兹伯里的约翰 John of Salisbury
阿尔迪尔·德·理希蒙 Arthur de Richemont
维盖提乌斯 Vegetius
奥诺莱·布维 Honorè Bouvet

第 3 章
弗朗索瓦·拉伯雷 François Rabelais
纳瓦尔王后玛格丽特 Margaret, Queen of Navarre
雅各布·布克哈特 Jacob Burckhardt
苏菲·布拉赫 Sophie Brahe
伊索塔·诺加罗拉 Isotta Nogarola
图利亚·阿拉戈纳 Tullia d'Aragona
埃莱娜·卢克雷齐娅·科尔纳罗·皮斯考皮亚 Elena Lucrezia Cornaro Piscopia
巴尔达萨雷·卡斯蒂利奥内 Baldassare Castiglione
伊利欧诺拉·德·埃斯特 Eleonora d'Este
伊莎贝拉 Isabella
比阿特丽斯·德·埃斯特 Beatrice d'Este
凯瑟琳·德·美第奇 Catherine de Medici
纳瓦尔王后玛格丽特 Marguerite de Navarre
朱利亚诺·德·美第奇 Giuliano de'Medici
卢多维科·玛丽亚·斯福尔扎 Ludovico Maria Sforza
尼科洛·马基雅维利 Niccoló Machiavelli
莱昂·巴蒂斯塔·阿尔伯蒂 Leon Battista Alberti
赛内卡 Seneca
西塞罗 Cicero
弗朗西斯科·巴巴罗 Francesco Barbaro
李奥纳度·布伦尼 Leonardo Bruni
伊壁鸠鲁 Epicurus
托马斯·阿奎纳 Thomas Aquinas
约翰内斯·古登堡 Johannes Gutenberg
庇护二世 Pius Ⅱ
安吉罗·波利齐亚诺 Angelo Poliziano
比布鲁斯·塞姆普罗尼乌斯 Bibulus Sempronius
德西德里乌斯·伊拉斯谟 Desiderius Erasmus
乔万尼·皮科·德拉·米兰多拉 Giovanni Pico della Mirandola

胡安·罗德里格斯·德·拉·卡马拉 Juan Rodriguez de la Camara
加莱阿佐·弗拉维奥·卡佩拉 Galeazzo Flavio Capella
阿格里帕·冯·内特斯海姆 Agrippa von Nettesheim
洛伦佐·瓦拉 Lorenzo Valla
科西莫·德·美第奇 Cosimo de'Medici
老科西莫 Cosimo il Vecchio (Cosimo the Elder)
洛伦佐·德·美第奇 Lorenzo de'Medici
卢克雷齐娅·托纳波尼 Lucrezia Tornabuoni
马尔西利奥·费奇诺 Marsilio Ficino
波吉亚 Borgia
巴尔蒂 Bardy
吉洛拉谟·萨伏那洛拉 Girolamo Savonarola
吉安-玛丽亚·马佩里 Gian-Maria Mappelli
博纳·斯福尔扎 Bona Sforza
克里斯弗·哥伦布 Christopher Columbus
瓦斯科·达·伽马 Vasco da Gama
尼古拉·哥白尼 Nicolaus Copernicus
费迪南德 Ferdinan
伊波莉塔·斯福尔扎 Ipolitta Sforza
安东尼娅·普尔奇 Antonia Pulci
莫德拉塔·冯特 Moderate Fonte
卢克雷齐娅·马里内拉 Lucrezia Marinella
玛丽亚·德·美第奇 Maria de'Medici
杜普伊 Dupuis
帕拉塞尔苏斯 Paracelsus
安德雷亚斯·维萨里 Andreas Vesalius
威廉·哈维 William Harvey
安布鲁瓦兹·帕雷 Ambroise Paré
以弗所的索兰纳斯 Soranus of Efesos
马丁·路德 Martin Luther
欧夏留乌斯·罗斯林 Eucharius Rösslin
雅各布·拉夫 Jacob Ruff
维雅特 Wertt
张伯伦 Chamberlin
马丁·布尔乔亚 Martin Boursier
玛丽·德·波旁 Marie de Bourbon
第谷·布拉赫 Tycho Brahe
伽利略·伽利雷 Galileo Galilei
帕拉斯 Pallas
雅各布·斯普林格 Jacob Sprenger
海因里希·克雷默 Heinrich Kramer

杨·威尔 Jan Wier
萨摩斯的阿里斯塔克斯 Aristarchus of Samos
安德烈亚斯·奥西安德 Andreas Osiander
乌尔班八世 Urban Ⅷ
弗朗西斯·培根 Francis Bacon
弗雷德里克二世 Frederick Ⅱ
奥托·索特 Otte Thott
埃里克·朗捷 Erik Longe
奥里欧勒斯·德奥弗拉斯特·博姆巴斯茨·冯·霍恩海姆 Aureolus Theophrastus Bombastus von Hohenheim
阿维森纳 Avicenna
玛丽·默尔德拉克 Marie Meurdrac
伊丽莎白·格雷 Elizabeth Grey
阿莱西亚·塔波特 Alethea Talbot
亨丽埃塔·玛丽亚 Henrietta Maria
海因里希·库尼茨 Heinrich Cunitz
埃利亚斯·冯·鲁文 Elias von Löwen
约翰内斯·赫维留 Johannes Hevelius
伊斯梅尔·布里奥 Ismael Boulliau
阿尔布雷赫特·冯·华伦斯坦 Albrecht von Wallenstein
费迪南德二世 Ferdinand Ⅱ
伊丽莎白·赫维留 Elisabetha Hevelius
玛丽亚·克拉拉·艾马尔特 Maria Clara Eimmart
克里斯廷·基尔希 Christine Kirch
鲁道夫二世 Rudolf Ⅱ

第 4 章
玛丽·默尔德拉克 Marie Meurdrac
勒内·笛卡儿 René Descartes
巴拉丁的伊丽莎白 Elisabeth of the Palatine
让·德·拉巴第 Jean de Labadie
戈特弗里德·基尔希 Gottfried Kirch
伊丽莎白·斯图尔特 Elisabeth Stuart
腓特烈五世 Frederick Ⅴ
赫里特·凡·洪特霍斯特 Gerard van Honthorst
朱迪斯·莱斯特 Judith Leyster
希斯贝特斯·沃舍斯 Gisbertus Voetius
克里斯蒂娜 Christina
查理一世 Charles Ⅰ
丽莉·阿勒宁 Lilli Alanen
弗朗索瓦·普兰 Francois Pouillain

安吉拉·罗特汉 Angela Roothaan
巴鲁赫·斯宾诺莎 Baruch Spinoza
米歇尔·德·蒙田 Michel de Montaigne
索菲娅 Sophia
戈特弗里德·威廉·莱布尼茨 Gottfried Wilhelm Leibniz
索菲娅·夏洛特 Sophia Charlotte
腓特烈三世 Frederick Ⅲ
罗伯特·胡克 Robert Hooke
玛格丽特·卢卡斯 Margaret Lucas
威廉·卡文迪什 William Cavendish
查尔斯·卡文迪什 Charles Cavendish
托马斯·霍布斯 Thomas Hobbes
皮埃尔·伽桑狄 Pierre Gassendi
鲁本斯 Rubens
皮埃尔·德·费马 Pierre de Fermat
吉尔斯·德·罗贝瓦尔 Gilles de Roberval
卢克莱修 Lucretius
奥利弗·克伦威尔 Oliver Cromwell
约翰·道尔顿 John Dalton
马尔切洛·马尔皮吉 Marcello Malpighi
安东尼·范·列文虎克 Antoni van Leeuwenhoek
乔纳森·斯威夫特 Jonathan Swift
安妮·芬奇 Anne Finch
约翰·芬奇 John Finch
亨利·摩尔 Henry More
爱德华·康威 Edward Conway
弗朗西斯·毛克利·范·海尔蒙特 Francis Mercury van Helmont
凯瑟琳·琼斯 Katherine Jones
罗伯特·波义耳 Robert Boyle
埃里克·艾顿 Erik Aiton
德谟克利特 Democritus
埃里森·高特 Allison P. Coudert
乔尔丹诺·布鲁诺 Giordano Bruno
巴斯苏瓦·梅金 Bathsua Makin
大马提欧斯·梅里安 Mattäus Merian the Elder
特奥多雷·德·布里 Theodor de Bry
约翰娜·海姆 Johanna Meim
雅各布·马雷 Jacob Marrel
小马提欧斯·梅里安 Mattäus Merian the Younger
卡斯珀·梅里安 Caspar Merian
格奥尔格·弗莱格尔 Georg Flegel

阿尔布雷特·丢勒 Albrecht Dürer

乔恩·庄士敦 Jon Johnston

约翰·安德烈亚斯·格拉夫 Johann Andreas Graff

约翰娜·海伦娜 Johanna Helena

多罗蒂亚·玛丽亚 Dorothea Maria

弗朗切斯科·雷迪 Francesco Redi

约翰内斯·胡达尔特 Johannes Goedaert

玛丽亚·西比拉·格拉夫 Maria Sibylla Graff

亚历山大·冯·洪堡 Alexander von Humboldt

查尔斯·达尔文 Charles Darwin

卡尔·冯·林奈 Carl von Linné

杨·斯瓦默丹 Jan Swammerdam

科尼利厄斯·范·索梅莱史迪克 Cornelius van Sommelsdijk

雅各布·亨德里克·何罗 Jacob Hendrik Herolt

卡斯珀·柯梅林 Caspar Commelin

阿格内塔·布洛克 Agneta Block

莱维努斯·文森特 Levinus Vincent

尼古拉斯·维特森 Nicolaes Witsen

乔纳斯·维特森 Jonas Witsen

阿芙拉·贝恩 Aprha Behn

格奥尔格·艾伯赫·郎弗安斯 Georg Eberhard Rumphius

詹姆士·佩蒂夫 James Petiver

格奥尔格·格塞尔 Georg Gsell

约翰·克里斯蒂安·法布里丘斯 Johann Christian Fabricius

以利亚撒·埃尔滨 Eleazar Albin

约翰·阿博特 John Abbot

帕利索·德·博瓦 Palisot de Beauvois

克里斯福利德 Christfried

克里斯托夫·阿诺德 Christoph Arnold

雅布隆斯基 Joblonski

冯·克罗希克 von krosigk

阿方斯·德·维尼奥勒 Alphones des Vignoles

约翰·埃尔特·波得 Johann Elert Bode

伯纳德·勒·波维尔·德·丰特奈尔 Bernard le Bovier de Fontenelle

约翰·哈里斯 John Harris

本杰明·马丁 Benjamin Martin

弗朗切斯科·阿尔加罗蒂 Francesco Algarotti

伊丽莎白·卡特 Elizabeth Carter

莱昂哈德·欧拉 Leonhard Euler

玛格丽特·德·拉·萨布利埃 Marguerite de la Sablière

第 5 章

伊曼努尔·康德 Immanuel Kant

兰贝蒂尼 Lambertini

本笃十四世 Benedict XIV

德克·扬·斯特洛伊克 Dirk Jan Struik

卡罗琳·赫歇尔 Caroline Herschel

玛丽·拉瓦锡 Marie Lavoisier

威廉·赫歇尔 William Herschel

安东尼·拉瓦锡 Antonie Lavoisier

夏特莱侯爵夫人 Gabrielle Emilie Le Tonnelier de Breteuil

安娜·德·福黎－迭斯 Anne de Froullay

路易·夏尔·奥古斯特·勒通内利耶·德·布勒特伊, 布勒特伊男爵, 普卢利男爵 Louis Nicholas de Breteuil

夏洛特侯爵 Florent Claude du Châtelet–Lomont

皮埃尔·莫佩尔蒂 Pierre Maupertuis

亚历克西斯·克劳德·德·克莱罗 Alexis Claude de Clairaut

伏尔泰 Voltaire

德尼·狄德罗 Denis Diderot

安－罗伯特－雅克·杜尔哥 Anne–Robert–Jacques Turgot

威廉斯·赫拉弗桑德 Willems' Gravesande

詹姆士·朱林 James Jurin

克里斯蒂安·沃夫 Christian Wolff

塞缪尔·柯尼希 Samuel König

让·德尚 Jean Deschamps

斯坦尼斯瓦夫·莱什琴斯基 Stanislaw Leszczyński

玛丽·莱什琴斯基 Marie Leszczyński

德·蓬帕杜 de Pompadour

德·圣－兰伯 de Saint–Lambert

埃德蒙·哈雷 Edmund Halley

朱塞佩·埃莉奥诺拉·巴尔巴皮科拉 Giuseppa Eleonora Barbapiccola

阿方索·戴尔斐尼·多西 Alfonso Delfini Dosi

玛丽亚·维多利亚·多西 Maria Victoria Dosi

路易吉·费迪南多·马西里 Luigi Ferdinando Marsili

埃莱娜·科尔纳罗·皮斯考皮亚 Elena

Cornado Piscopia

加布里埃尔·曼弗雷迪 Gabrielle Manfredi

杰赛普·韦拉蒂 Giuseppe Veratti

保罗·韦拉蒂 Paolo Veratti

泰勒斯 Thales

圣艾尔摩 St. Elmo

斯蒂芬·格雷 Stephen Gray

彼得勒斯·范·米森布鲁克 Petrus van Musschenbroek

让－安托万·诺莱 Jean-Antoine Nollet

本杰明·富兰克林 Benjamin Franklin

亚历山德罗·伏特 Alessandro Volta

詹弗朗切斯科·皮瓦蒂 Gianfrancesco Pivati

安德雷亚斯·维萨里 Andreas Vesalius

安东·玛丽亚·瓦尔沙尔瓦 Anton Maria Valsava

乔瓦尼·曼佐利尼 Giovanni Manzolini

埃尔科里·黎里 Ercole Lelli

乔瓦尼·安东尼奥·加里 Giovanni Antonio Galli

约瑟夫二世 Joseph II

凯瑟琳大帝，叶卡捷琳娜女皇 Catherine the Great

皮耶特罗·阿涅西 Pietro Agnesi

玛丽亚·特雷莎 Maria Teresa

玛丽亚·安娜 Maria Anna

沃夫冈·阿玛迪斯·莫扎特 Wolfgang Amadeus Mozart

艾萨克·赫歇尔 Isaak Herschel

安娜·赫歇尔 Anna Herschel

乔治一世 George I

伊丽莎白·斯图亚特 Elizabeth Stuart

乔治·弗里德里希·亨德尔 George Friedrich Händel

迪特里希 Dietrich

内维尔·马斯基林 Nevil Maskelyne

约翰·弗兰斯蒂德 John Flamsteed

查尔斯·梅西耶 Charles Messier

亚历山大·奥贝尔特 Alexander Aubert

玛丽·皮特 Mary Pitt

约瑟夫－杰罗姆·德·拉朗德 Joseph-Jérôme de Lalande

妮可－雷讷·勒波特 Nicole-Reine Lepaute

路易丝－伊丽莎白－菲利希特·杜·皮耶里 Louise-Elisabeth-Felicité du Pierry

尼科洛·帕格尼尼 Niccoló Paganini

詹姆士·邵斯 James South

玛丽·萨默维尔 Mary Somerville

腓特烈·威廉四世 Frederick William IV

亚历山大·冯·洪堡 Alexander von Humboldt

雅克·波尔兹 Jacques Paulze

丹东 Danton

马拉 Marat

罗伯斯庇尔 Robespierre

安托万·拉瓦锡 Antoine Lavoisier

约瑟夫·普里斯特利 Joseph Priestly

詹姆斯·瓦特 James Watt

约瑟夫·布莱克 Joseph Black

亨利·卡文迪什 Henry Cavendish

普罗透斯 Proteus

理查德·科万 Richard Kirwan

皮埃尔－西蒙·德·拉普拉斯 Pirrer-Simon de Laplace

加斯帕尔·蒙日 Gaspard Monge

克劳德·路易·贝托莱 Claude Louis Berthollet

拉姆福德 de Rumford

雅克－路易·大卫 Jacques-Louis David

结语

索菲·杰曼 Sophie Germain

拿破仑·波拿巴 Napoleon Bonaparte

博学女性一览

沙卡德 Sarkadi

托勒密三世 Ptolemy III

尤利乌斯·恺撒 Julius Caesar

恺撒里翁 Caesarion

马克·安东尼 Mark Anthony

屋大维 Octavian

西里尔 Cyril

塞普提马尼亚的贝尔纳多 Bernard of Septimania

"虔诚者"路易 Louis the Pious

赫罗斯维塔·冯·甘德斯海姆 Hrotsvitha von Gandersheim

莫尼卡·H. 格林 Monica H. Green

富尔贝尔 Fulbert

彼得·阿伯拉 Peter Abelard

玛格丽特·德·那瓦尔 Marguerite de Navarre
乌尔夫·吉马修恩 Ulf Gudmarsson
乌尔班五世 Urban V
瓦斯泰纳的凯瑟琳 Catharine of Vadstena
查理五世（"智者查理"）Charles V (Charles the Wise)
维罗纳的瓜里诺 Guarino Veronese
卢多维奇·福斯卡里尼 Ludovici Foscarlini
皮耶罗·德·美第奇 Piero de'Medici
洛伦佐 Lorenzo
约翰二世 John II
阿方索 Alfonso
亨利四世（绰号"无能者"）Henry IV (the "impotent")
吉安－玛利亚·马佩里 Gian-Maria Mappelli
保罗三世 Paul III
彼得罗·塞里纳 Pietro Serina
昂古莱姆 Angoulème
路易丝·德·萨沃伊 Louise de Savoy
弗朗索瓦 François
查理四世（阿朗松公爵）Charles IV (Duck of Alençon)
亨利二世（亨利·达布雷）Henry II (Henri d'Albret)
弗朗索瓦·拉伯雷 François Rabelais
克莱芒·马罗 Clément Marot
皮埃尔·德·龙沙 Pierre de Ronsard
朱莉亚·费拉勒斯 Giulia Ferrarese
路易基·阿拉戈纳 Luigi d'Aragona
贝内德托·瓦尔基 Benedetto Varchi
安德烈·德·巴贝里诺 Andrea da Barberino
洛伦佐·德·美第奇 Lorenzo de'Medici
玛德莱娜·德·拉·图尔·德·奥弗涅 Madeleine de la Tour d'Auvergne
黛安·德·波迪耶 Diane de Poitiers
弗朗索瓦二世 François II
查理四世 Charle IV
亨利三世 Henry II
富尔维奥·莫拉塔 Fulvio Morata
安德烈亚斯·古温特拉 Andreas Grunthler
亨利八世 Henry VIII
安妮·博林 Anne Boleyn
爱德华六世 Edward VI
玛丽一世 Mary I

莫德斯塔·波佐 Modesta Pozzo
乔瓦尼·多约尼 Giovanni Doglioni
奥特和贝蒂·布拉赫 Otte and Beate Brahe
菲利普二世 Philip II
弗朗切斯科·费兰特·达瓦洛斯 Francesco Ferrante d'Avalos
雷吉纳尔德·博勒 Reginald Pole
米开朗基罗 Michelangelo
杰罗拉莫·瓦卡 Gerolamo Vacca
朱塞皮·帕西 Giuseppi Passi
亨利·格雷 Henry Grey
约翰·赛登 John Seiden
让·杜·夏特勒 Jean du Châtelet
黎塞留 Richelieu
玛丽亚·德·美第奇 Maria de'Medici
约翰·弥尔顿 John Milton
本杰明·沃斯里 Benjamin Worsley
塞缪尔·哈特利布 Samuel Hartlib
约翰·杜里 John Dury
腓特烈五世 Frederick V
詹姆斯一世 James I
伊丽莎白·斯图亚特 Elizabeth Stuart
托马斯·卢卡斯 Thomas Lucas
塞缪尔·佩皮斯 Samuel Pepys
古斯塔夫二世·阿道夫 Gustavus II Adolphus
恩斯特·奥古斯特 Ernest Augustus
吉伯·伊沙 Gilbert Hessein
安托万·德·朗布依埃 Antoine de Rambouillet
吉鲁·德·罗贝瓦勒 Gilles de Roberval
约瑟夫·索弗尔 Joseph Sauveur
约翰·伯尔尼 John Bernier
皮埃尔·伽桑狄 Pierre Gassendi
尼古拉·布瓦洛 Nicolas Boileau
拉·封丹 La Fontaine
雅各布·梅尔赫 Jacob Marrel
伊丽莎白·卡塔里娜·柯普曼 Elisabetha Catherina Koopmann
拉夫·卡德沃斯 Ralph Cudworth
弗朗西斯·马莎姆 Francis Masham
约翰·海因里希·穆勒 John Heinrich Muller
伊夫林·皮尔庞特 Evelyn Pierrepoint
玛丽·菲尔丁 Mary Fielding
爱德华·沃特利·蒙塔古 Edward Wortley Montagu